Max Baumann

Mülligen – Geschichte eines Dorfes an der Reuss

# Mülligen

Max Baumann   Geschichte eines Dorfes an der Reuss

Vorderer Vorsatz: Blick auf Mülligen von Westen, 1999. Foto Multimage, Brugg.
Titelbild: Blick auf Mülligen von Osten, 2005. Foto Desair, Wermatswil/ZH.
Hinterer Vorsatz: Fotomontage mit Leuten aus Mülligen. Foto Thomas Schirmann.

Copyright beim Verfasser, den Fotografen und der Gemeinde Mülligen
Herstellung durch die buag Grafisches Unternehmen AG, Baden-Dättwil
Papier von Antalis AG, Lupfig: Presto Silk matt, 150 gm$^2$
Den Einband fertigte die Buchbinderei Grollimund AG, Reinach/BL
Die Gestaltung besorgte Paul Bieger, Brugg
Erschienen ist das Werk im Baden-Verlag, Baden-Dättwil, 2005

ISBN 3-85545-136-2

# Inhalt

| | |
|---|---:|
| **Vorwort** | 11 |
| **Einleitung** | 12 |

## Ein Spaziergang durch Mülligen um 1735 – und etwas Dorfklatsch

| | |
|---|---:|
| Im Löh | 15 |
| Beim Hochstudhaus | 19 |
| In der Mühle | 25 |
| Im «Hof» und Oberdorf, an der Strasse ins Birrfeld | 26 |
| Im Stock | 33 |

## Ursprünge

| | |
|---|---:|
| Die ersten Mülliger | 41 |
| Die ältesten schriftlichen Dokumente über Mülligen | 43 |

## Untertan – nicht mehr untertan: Die politische Ordnung

| | |
|---|---:|
| Im Machtzentrum der Grafen von Habsburg | 47 |
| Der gewaltsame Tod König Albrechts und die Gründung des Klosters Königsfelden | 49 |
| Die Familien von Mülinen | 52 |
| Mülligen unter der Herrschaft der «Gnädigen Herren» von Bern | 57 |
|     Die Aufhebung des Klosters Königsfelden | 57 |
|     Der Aufbau der Berner Landvogtei im Eigenamt | 58 |
|     Amtsgericht, Blutgericht, Chorgericht | 60 |

| | |
|---|---|
| Die Helvetische Revolution | 64 |
| Nicht mehr untertan: Die Gemeinde Mülligen im Kanton Aargau | 66 |
|     Vorgeschichte: Die Dorfgemeinde unter der Berner Herrschaft | 66 |
|     Gemeindeversammlung und Gemeinderat Mülligen im Kanton Aargau | 70 |
|     Wahlkämpfe und weitere politische Auseinandersetzungen | 74 |
| Die Gemeindeverwaltung | 78 |

## Mülligen auf dem Weg zum modernen Lebensstandard

| | |
|---|---|
| Vom Sodbrunnen zur Wasseruhr | 85 |
| Von der Jauchegrube zur Abwasserreinigung | 91 |
| Vom Abfallloch zur Kehrichtverbrennung | 93 |
| Von der Kerze zum elektrischen Strom | 95 |
| Von den Karrenwegen zu den Autobahnen | 98 |
| Von der Fähre zur Brücke | 102 |
| Vom Fussmarsch zur Postautofahrt | 104 |
| Von der Postkarte zum SMS | 106 |
| Vom Löschkessel zum Tanklöschfahrzeug | 109 |
| Vom Gemeindewaschhaus zur Waschmaschine | 112 |
| Von der Hauspflege zum Pflegeheim | 113 |
| Von der freien Bauweise zur Ortsplanung und Zonenordnung | 116 |
| Von der privaten Schulstube zur Mehrzweck-Schulanlage | 119 |
| Die Mülliger Dorfschule vor 1800 | 119 |
|     Das erste Gemeindeschulhaus | 121 |
|     Unterricht im «alten Schulhaus» | 123 |
|     Turnplatz und Turnhalle | 126 |
|     Ein neues Schulhaus und eine Mehrzweckhalle | 129 |
| Von der Stille zum Auto- und Fluglärm | 134 |
| Wer soll das bezahlen? | 137 |

## Arbeiten und Überleben

| | |
|---|---|
| Der traditionelle Landbau vor 1800 | 143 |
|     Die Dreizelgenwirtschaft | 143 |
|     Viehhaltung und Viehfütterung | 148 |
| Der Weinbau | 152 |
|     Erste Reformen am Ende des 18. Jahrhunderts | 155 |
| Der landwirtschaftliche Wandel nach 1800 | 156 |
|     Die Abschaffung des Flurzwangs | 156 |
|     Die Verlagerung vom Ackerbau zu Milchwirtschaft und Viehzucht | 158 |
|     Die Käserei in Mülligen | 160 |
|     Vom Gemeinde-Muni zur künstlichen Besamung | 162 |
|     Gemeinde und Landwirtschaft | 165 |
|     Die Pflege des Waldes | 168 |
|     Der Niedergang des Weinbaus am Eitenberg | 173 |
| Die Landwirtschaft in Mülligen seit dem Zweiten Weltkrieg | 175 |
| Die Mühlen | 179 |
| Das Gastgewerbe | 189 |
| Der Laden im Dorf | 193 |
| Altes Handwerk – neues Gewerbe | 195 |
| Fährleute, Fischer und Gipsmüller | 199 |
| Im Solde fremder Mächte | 209 |
| Industrielle Arbeit | 211 |
|     Die Heimindustrie | 211 |
|     Beschäftigung in der Spinnerei Kunz in Windisch | 213 |
|     Die dorfeigene Fabrik | 218 |
| Kies aus Mülligen | 221 |

## Mülligerinnen und Mülliger

| | |
|---|---|
| Mülliger Leute zählen | 227 |
| Geborenwerden – Heiraten – Gebären – Sterben | 230 |
|     Die «Normalfamilie» | 230 |
|     Aussereheliche Kinder | 241 |
|     Sterben in Mülligen | 246 |
| Auf nach Mülligen: der Zuzug von Fremden | 252 |
|     Einbürgerung oder Abweisung? | 252 |
|     Hintersassen | 262 |
| Fort von Mülligen: der Wegzug der Einheimischen | 265 |
|     Auszug auf Zeit | 265 |
|     Auszug für immer | 266 |
|     Auf, in die Neue Welt: die Auswanderung nach Übersee | 267 |
| Reich und Arm | 274 |
|     Wer galt als reich? | 275 |
|     Was bedeutete Armut in Mülligen? | 277 |
| Die private Lebensgestaltung unter der Berner Herrschaft | 283 |
|     Sittengesetze und Chorgerichte | 284 |
|     Freizeit und religiöser Alltag | 286 |
|     Tanzen und Fröhlichsein | 289 |
|     Spielen und Rauchen | 292 |
|     Trinken, Fluchen, Verprügeln und anderes «Unwesen» | 293 |
| Organisierte Freizeitgestaltung im 19. und 20. Jahrhundert: Die Vereine | 297 |
| Das Dorf Mülligen | 303 |
|     Die alte Dorfsiedlung | 303 |
|     Die Mülliger Dorfbrände | 304 |
|     Mülligen wird grösser | 310 |
| | |
| Quellen und Literatur | 317 |
| Personenregister | 323 |
| Ortsregister | 327 |
| Verzeichnis der Illustrationen | 330 |
| Dank | 334 |

Mülligen auf einer frühen Ansichtskarte. Oben Gesamtansicht von Südwesten. In der Mitte das alte Schulhaus, das Gasthaus Rössli und die Wirtschaft Eintracht. Unten der alte Konsum im ursprünglichen Zustand (Hauptstrasse 42).

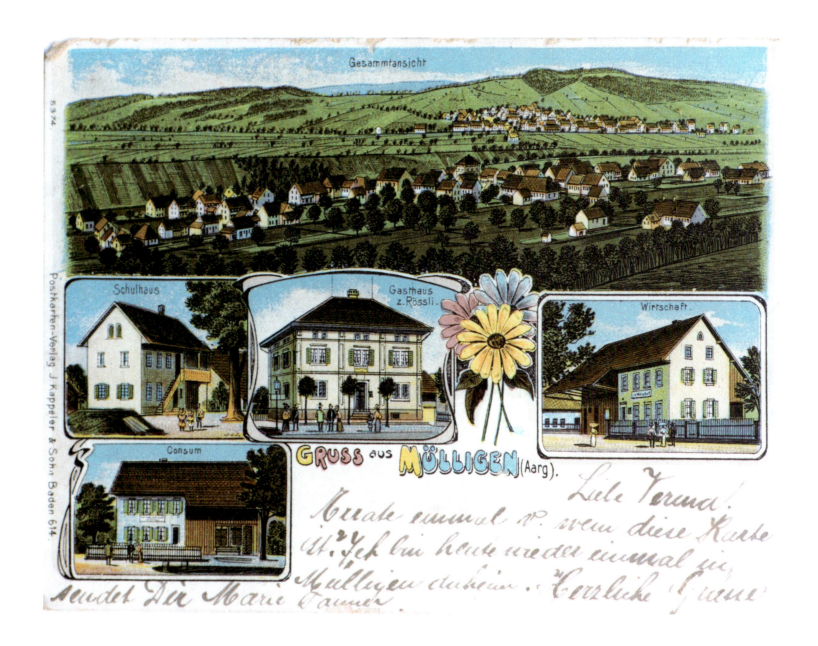

Der Rat zu Bern bewilligt Mülligen 1711
die Erhöhung der Einbürgerungsgebühr von
50 auf 100 Gulden. Originalurkunde im
Gemeindehaus Mülligen.

## Vorwort

Weshalb eine Mülliger Dorfchronik? Es gibt kein Jubiläum zu feiern, das an die erste Erwähnung des Dorfnamens auf einem alten Dokument erinnern soll. Nein, dieses Werk wurde nur deshalb geschrieben, damit die Mülligerinnen und Mülliger ihr Dorf auch aus der Sicht ihrer Vorfahren betrachten können und sich hineinversetzen können in den Alltag jener Menschen, die in nicht allzu ferner Zeit in stark brandgefährdeten Strohdachhäusern wohnten und nur zu Fuss oder gemächlich mit dem Fuhrwerk in die Nachbardörfer gelangen konnten. Noch leben Zeitzeugen in unserem Dorf, für die es noch vor wenigen Jahrzehnten selbstverständlich war, dass sie unser Nachbardorf Birmenstorf nur mit Hilfe einer Fähre erreichen konnten. Was für ein epochales Erlebnis muss es für diese Mitbürgerinnen und Mitbürger gewesen sein, als sie das erste Mal mit ihren eigenen Füssen auf einer provisorischen Holzbrücke von Mülligen nach Birmenstorf gehen konnten. Ich wünsche allen Mülligerinnen und Mülligern eine spannende Entdeckungsreise durch die nahe und ferne Vergangenheit ihres schönen Dorfes an der Reuss.

Ein besonderer Dank gebührt an dieser Stelle dem Historiker Max Baumann, der unermüdlich und mit grosser Sorgfalt und Gewissenhaftigkeit die vielen Bruchstücke der Mülliger Vergangenheit gesammelt und dann aufgrund dieser Nachforschungen das Werk verfasst hat. Ein herzliches Dankeschön auch allen weiteren Mitwirkenden, speziell den Mitgliedern der Kommission Dorfchronik, den Fotografen, Paul Bieger und allen weiteren Helferinnen und Helfern, die zum Gelingen dieses Werkes beigetragen haben.

Ich wünsche Ihnen viel Spass bei der Lektüre und beim Betrachten der alten und neuen Bilder.

Im Namen des Gemeinderates Mülligen
Catherine Hägler-Ammann

## Einleitung

Eine Geschichte von Mülligen, dem kleinen Dorf zwischen Reuss und Birrfeld? – Lohnt es sich, die Vergangenheit eines so unscheinbaren Ortes zu erforschen und darzustellen? Findet man überhaupt genügend Material darüber? – Das vorliegende, über 300 Seiten starke Buch lässt keinen Zweifel darüber offen: Mülligen hat eine spannende Geschichte, die es wert ist, dass man sich in sie vertieft.

Den Einstieg in dieses Buch soll ein Rundgang durch das Dorf um 1735 erleichtern: Er gibt die Gelegenheit, die damaligen Menschen etwas kennen zu lernen – ihre Häuser, ihre Probleme, ihre Familienverhältnisse.

Die nachfolgenden Kapitel sind nach Sachgebieten aufgebaut:
– die ältesten Spuren von Menschen in Mülligen,
– der Wandel der politischen Ordnung von den Habsburgern über die Berner Herrschaft bis zum Kanton Aargau,
– die politische Gemeinde, ihre Behörden und Verwalter, ihre Geschäfte und Wahlkämpfe,
– die Entwicklung von einfachsten Lebensverhältnissen bis zur heutigen Wohlstandsgesellschaft,
– die Existenzgrundlagen in Landwirtschaft, Handwerk, Gewerbe und Industrie,
– die Bevölkerung von Mülligen, ihr Familienleben, ihr Existenzkampf, ihre Freuden und Leiden.

Im Zentrum aller Kapitel stehen die Menschen von Mülligen. Alles ist aus der Sicht von unten, aus der Perspektive kleiner Leute dargestellt. In diesem Sinn hoffe ich, das Buch werde nicht nur im Gestell versorgt, sondern von den heutigen Mülligerinnen und Mülligern wirklich gelesen, gerade auch von jenen, die sich nicht in erster Linie für Könige, Päpste und Kriegsführer, für Namen und Jahreszahlen interessieren.

Mein Dank gilt der Einwohnergemeinde Mülligen, welche die Erarbeitung dieses Werkes ermöglichte, den Sponsoren, die den Druck finanzierten, sowie allen, die ein gutes Umfeld für die Entstehung dieses Buches schufen: Gemeindeschreiber Alfred Schelldorfer sorgte für angenehme Arbeitsbedingungen im Gemeindehaus. Die gemeinderätliche Kommission unter der Leitung von Catherine Hägler-Ammann begleitete die Entstehung von Text und Buch mit viel Interesse und Nachdruck. Lukas Zellweger engagierte sich bei den Illustrationen und übernahm den Kontakt mit den beiden Fotografen Andreas Dietiker und Thomas Schirmann. Felix Kaufmann erarbeitete die Computerzeichnungen. Bruno Baumann sprang überall ein, wo Beiträge in verschiedensten Bereichen zu leisten waren. Die Zusammenarbeit mit Elisabeth Fernández-Sieber beim Lektorat und mit Paul Bieger bei der Gestaltung des Buches hat sich aufs Neue bestens bewährt. Mein letzter Dank geht an Jakob Baumann-Marolf, den Hort der mündlichen Überlieferung in Mülligen; mit seinen lebendigen Schilderungen hat er die Informationen aus den schriftlichen Quellen massgeblich bereichert.

Max Baumann

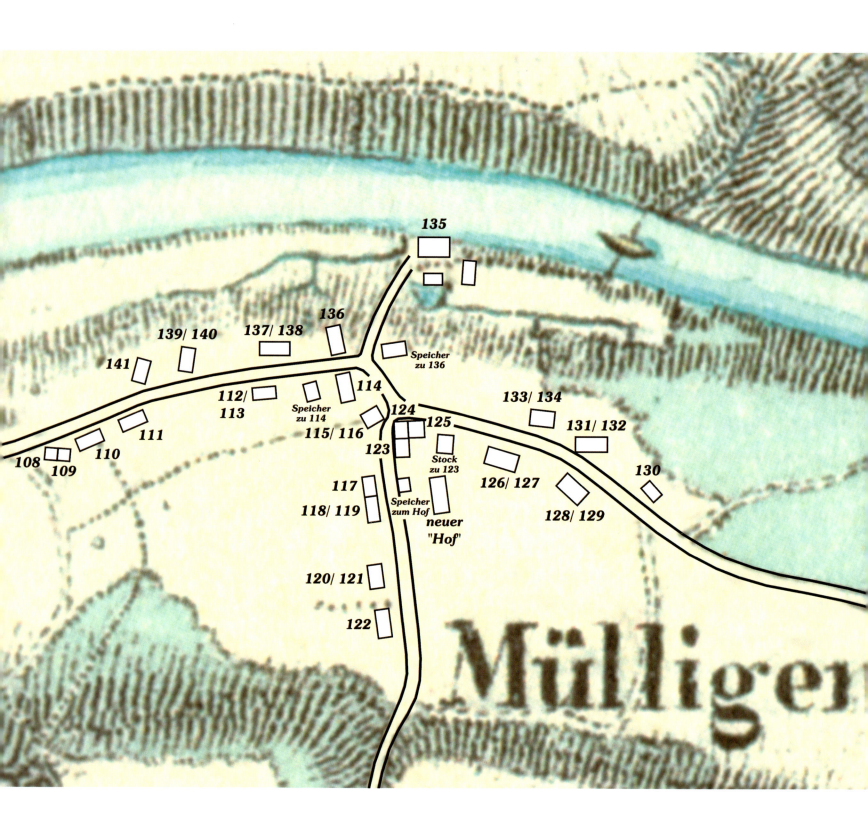

## Ein Spaziergang durch Mülligen um 1735 – und etwas Dorfklatsch

Im Jahr 1735 entschloss sich der Windischer Pfarrer Kaspar Friedrich König, alle Personen seiner weitläufigen Kirchgemeinde aufzuschreiben. Mit seinen Aufzeichnungen, die ein kleines Büchlein füllen, ging er von Haushaltung zu Haushaltung und notierte alle Männer, Frauen und Kinder samt ihren Jahrgängen. In Mülligen erhielten die Häuser die Nummern 108 bis 135. Er und sein Nachfolger, Johann Heinrich Wassmer, fügten jeweils Ergänzungen hinzu, etwa die Geburt weiterer Kinder, Heiraten, Todesfälle und auswärtige Aufenthalte; der letzte Eintrag datiert aus dem Jahr 1751.

Dieses Haushaltungsverzeichnis gibt erstmals einen vollständigen Überblick über die Bevölkerung Mülligens. Mit Hilfe weiterer Quellen aus der gleichen Zeit lässt sich feststellen, wo die verschiedenen Häuser standen, und man erfährt auch einiges über die unterschiedlichen Lebensumstände der einzelnen Familien.[1]
Die Leserinnen und Leser werden nun auf einen Spaziergang durch das Dorf eingeladen, um auch die damaligen Menschen etwas kennen zu lernen.

### Im Löh

Wer von Windisch her nach Mülligen kam, traf rechter Hand auf das erste Haus *Nr. 108*, das vermutlich mit Haus *Nr. 109* zusammengebaut war, wobei sich die Scheune zwischen den beiden Wohnteilen befand (heute neben Hauptstrasse 20 in der Ecke zum Löhweg). Im vorderen Teil lebte der Witwer Ruedi Rinderknecht mit seinen Töchtern Maria und Anna. Da kein Sohn vorhanden war, konnte An-

Dorfplan von Mülligen um 1735, rekonstruiert aufgrund alter Karten. Die Hausnummern entsprechen dem damaligen Haushaltverzeichnis der Kirchgemeinde Windisch. Computermontage von Felix Kaufmann (Hintergrund Michaeliskarte).

---

[1] Das Haushaltungsverzeichnis befindet sich im Archiv der ref. Kirchgemeinde Windisch. Die Eigentumsverhältnisse liessen sich aufgrund der Handänderungen in den Gerichtsprotokollen von Königsfelden rekonstruieren. Die Schilderungen persönlicher Verhältnisse beruhen vorwiegend auf den Protokollen des Chorgerichts Windisch und sind dort unter den angegebenen Jahren zu finden. Einzelnachweise werden in diesem Kapitel nur ausnahmsweise angegeben.

nas Bräutigam Johannes Baumann 1735 hier einziehen. Anna gebar im folgenden Jahr das Töchterchen Maria. Bei diesem einen Kind blieb es, weil der Mann in Basel arbeitete – mangels Verdienst im eigenen Dorf.

Im anschliessenden Hausteil wohnte das Ehepaar Alexander Barth und Anna Hoffmann. Die Frau hatte innerhalb von zwanzig Jahren zehn Kinder geboren. Die einen waren früh gestorben, die Töchter weggezogen, so dass nur noch der Stammhalter Hans Jakob daheim blieb. Wie manche Männer des Geschlechts Barth verdiente er sich seinen Lebensunterhalt als Zimmermann.

Zwischen den beiden Familien herrschte nicht immer eitel Wonne. Im einfachen Strohdachhaus besass man die Scheune gemeinsam und ohne Trennwand. So hatte sich Rinderknecht einmal (1731) in den Garben des Nachbarn zu schaffen gemacht und war dabei von diesem erwischt worden. Die beiden Männer hatten sich darauf geeinigt, dass Barth auf eine Anzeige verzichte, Rinderknecht ihm dafür einen Taler bezahle. Als Barths Frau denselben bei der damals noch lebenden Nachbarin einforderte, erwiderte diese, Barth solle ihr zuerst den Hurenlohn entrichten, den er ihr schulde. Fälle dieser Art wurden vor dem Sitten- oder Chorgericht der Kirchgemeinde Windisch behandelt.[2] Dort gestand Frau Rinderknecht, sie habe dies nur gesagt, um die andere in Zorn zu versetzen. Für diese Verleumdung musste sie einen halben Gulden Busse bezahlen und zwölf Stunden im Kerker absitzen.

Im nächsten Haus *Nr. 110* (heute Hauptstrasse 22) wohnte eine Drei-Generationen-Familie: Mit Jahrgang 1666 war Grossmutter Katharina Meyer aus Birmenstorf, Witwe von Hans Rudolf Baumann, die damals älteste Mülligerin. Ihre Tochter Maria war mit Hans Baumann verheiratet; das einzige Söhnchen Christoph war 1733, erst fünfjährig, gestorben. Doch lebte hier noch Marias aussereheliche Sohn Hans Jakob Barth. Als junge Frau hatte sie mit dem um 18 Jahre älteren, verheirateten Nachbarn Uli Barth Ehebruch begangen und war dabei schwanger geworden; um dies zu vertuschen, hatte Barth sie nach Benken ins Baselbiet gebracht, wo sie das Knäblein 1723 geboren hatte. Maria war dann doch wieder heimgekommen, worauf sie sich mit dem Nachbarn vor dem Chorgericht verantworten musste. Die Vaterschaft war völlig klar, so dass das Oberchorgericht den Buben dem Vater Ulrich Barth als aussereheliche zusprach, weshalb dieser auch dessen Namen trug. Hans Jakob Barth erlernte später das Schuhmacherhandwerk, mit dem er seine vierzehnköpfige Familie aber nur kümmerlich ernähren

[2] siehe unten Seiten 268–269, 283–296.

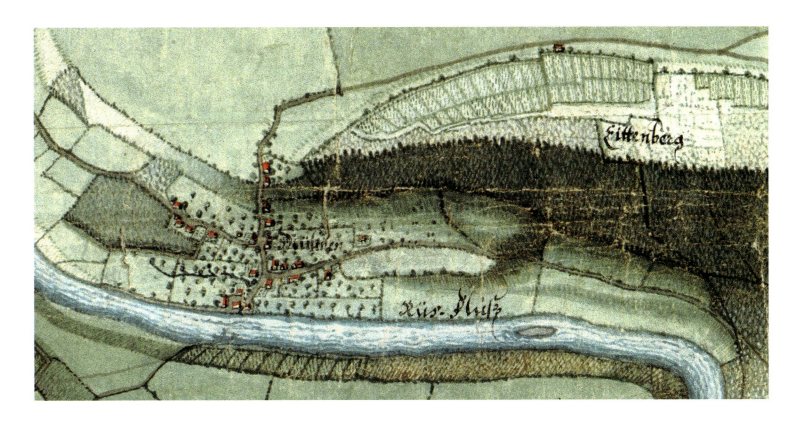

Ausschnitt aus der Karte «Eigenamt» von Hans Conrad Gyger, um 1660. Ältester Plan von Mülligen. Sehr gut erkennbar sind die Strassen nach Birrhard, Windisch, zur Mühle und auf das Birrfeld. Die heutige Kreuzung gab es allerdings noch nicht; die Strasse von Windisch folgte dem heutigen Nussweg. Die Lage der meisten Häuser ist realistisch; sie lassen sich zum grössten Teil identifizieren.

konnte; er starb bereits in seinem vierzigsten Altersjahr, worauf seine Hinterbliebenen auf öffentliche Unterstützung angewiesen waren. Man mag heute darüber schmunzeln (und sich auch Gedanken machen), dass der berühmteste Mülliger, der Theologe Karl Barth, und seine illustre Basler Verwandtschaft in direkter Linie genau von diesem unehelichen Hans Jakob Barth abstammen. Hätte das Oberchorgericht damals das Kind der Mutter zugesprochen, würden die Nachkommen heute Baumann heissen! ...

In kleinem Abstand folgte das Haus *Nr. 111* (heute Hauptstrasse 24), in welchem die Familie des obigen Uli Barth wohnte. Dieser war zwar bereits am Neujahrstag 1730 gestorben. 1735 lebten hier seine Witwe Elsbeth Egg, ihr Sohn Hans, ebenfalls Schuhmacher, die Schwiegertochter Elsbeth Huber und zwei Enkel, denen noch vier folgen sollten. Die Familie war sehr arm.

Gegenüber stand das Haus *Nr. 141* (heute ungefähr Hauptstrasse 27), in dem Ulis Bruder Hans Barth wohnte. Er war sehr viel erfolgreicher, betrieb eine Zeit lang die Mülliger Mühle und stieg zum Mitglied des Gerichts Eigenamt auf. Vermutlich hatte ihm seine Gattin Anna Käser beträchtliche Mittel eingebracht. Ihre einzige

Einfaches Kleinbauernhaus mit kleinem Tenn im Löh (heute Löhweg 2), erbaut 1847. In solchen einfachen Wohnhäusern lebte die Mülliger Unterschicht schon im 18. Jahrhundert; damals waren die Gebäude allerdings oft aus Holz gebaut und ausschliesslich mit Stroh gedeckt.

Tochter Anna hatte den wohlhabenden Bauernsohn Jakob Schneider (Haus Nr. 136) geheiratet. Nach Barths Tod ehelichte Witwe Anna den tüchtigen Müllerssohn Albrecht Rüegger, der am Ende seines Lebens als reichster Mülliger gelten sollte.

Daneben duckte sich das langgezogene Doppelhaus *Nr. 139/140* (heute Hauptstrasse 29), früher ausschliesslich Barth'scher Besitz. In der einen Hälfte wohnte Hans Franz Barth, der sogenannte «Spinner»; er verdiente sein Brot vermutlich mit Baumwollspinnen. Schon als Dreissigjähriger war er Witwer geworden und nun mit Sara Hummel aus Egliswil verheiratet. Seine Mutter Anna Hartmann, die im andern Teil wohnte, hatte die Schwiegertochter wegen deren früherem Lebenswandel abgelehnt und die Hochzeit vergeblich zu verhindern versucht.[3] Seither herrschte unversöhnlicher Hass zwischen den beiden Frauen; die ältere mischte sich ständig ein, die jüngere beschimpfte sie, oft unter Alkoholeinfluss. Das Chorgericht musste immer wieder eingreifen, doch ohne Erfolg. Im Gegenteil: Anna Hartmann klagte, «es werde von Tag zu Tag böser»; die Schwiegertochter «rede ihr nicht nur allerlei Schand- und Lasterworte zu, sondern tue entsetzliche Flüche wider sie, ja sie habe sie schon mehrmals geschlagen, mit der

[3] siehe unten Seiten 231–232.

Hand, mit feurigen Scheitern etc». Die alte Frau tauschte ihren Wohnteil schliesslich gegen einen andern und zog aus.

1732 zog Alexander Huber mit Frau und drei Kindern hier ein. Sein Vater, Rudolf Huber, genannt «Brüetsch», war Schlosswächter auf der Habsburg gewesen, ein Bruder ihm in diesem Amt nachgefolgt. Die Familie lebte in Armut und erhielt öffentliche Almosen. Der Sohn Fridli (Friedrich) zog in fremde Kriegsdienste nach Piemont-Sardinien; man vernahm nie mehr etwas von ihm. Zwei andere blieben in Mülligen. Vom alten Schlosswächter stammt die weitverzweigte Nachkommenschaft der Huber vom Stamm «Brüetschen» ab, der im 20. Jahrhundert einen Gemeindeammann stellte.

Alle bisher beschriebenen Häuser bestanden aus Holz und waren mit einem Strohdach gedeckt. Sie brannten im Jahr 1872 zusammen mit weiteren Gebäuden im Löh in einer Feuersbrunst nieder. Von ihnen haben sich höchstens einige gewölbte Keller erhalten.[4]

**Beim Hochstudhaus**

Die Spaziergänger nähern sich nun dem Dorfzentrum. Das erste Haus, das dem Grossbrand entging, steht noch heute, 1735 trug es die Doppelnummer *137/138* (heute Chleematte 15/16). Es ist das mächtige Hochstudhaus, dessen tief herabgezogenes Walmdach ab 1898 allmählich von Stroh auf Ziegel umgedeckt wurde. Der westliche Teil ist original, der östliche Anbau wurde später hinzugefügt. Es handelt sich um ein klassisches «Mittertennhaus», in welchem das Tenn (Scheune) zwischen dem Wohnteil und dem Stall liegt. Gemäss Untersuchungen von 1998 präsentiert sich der östliche Wohnteil noch weitgehend im ursprünglichen Kleid eines traditionellen Holzbaus. Typisch sind die aneinander gereihten Fensteröffnungen («Fensterwagen»). Die durchlaufenden, profilierten Brüstungs- und Sturzbalken sind mit Würfelfriesen beschnitzt, die auf die Erbauung im 17. Jahrhundert schliessen lassen. Das Erdgeschoss ist in ein südseitiges Vorderhaus mit Stube und Nebenstube (Schlafkammer) und ein nordseitiges Hinterhaus mit Küche und kleinem Raum (vielleicht Vorratskammer) sowie einer Kammer gegen das Tenn gegliedert.[5]

---

[4] siehe unten Seiten 304–305.
[5] Edith Hunziker, Kurzinventar der Kulturgüter der Gemeinde Mülligen, Objekt Nr.901.

Aufgrund der erwähnten Datierung ist anzunehmen, dass das Hochstudhaus in der ersten Hälfte des 17. Jahrhunderts durch Jakob Baumann errichtet wurde. Vielleicht hat er durch diesen Hausbau seine finanziellen Verhältnisse überfordert, weshalb er um 1642 in Konkurs geriet. Hans Ulrich Kummler, der eine Bürge, zog hierauf von auswärts nach Mülligen und übernahm hier diese Liegenschaft; sie wurde dadurch zum Stammhaus des Geschlechts Kummler. Sein Sohn Konrad haushaltete in seiner ersten Lebenshälfte schlecht, so dass er 1670 einen Teil verkaufen musste.[6] Seither war das Haus in zwei, später in drei Teile unterteilt.

1735 wohnte Abraham Kummler, Konrads Sohn, im einen Hausteil. Seine Gattin, Anna Friedrich, amtete als Hebamme. Von den vier Töchtern überlebten zwei das Kleinkindalter; die ältere, Barbara, später mit dem Mülliger Christian Knecht verheiratet, übernahm diese Wohnung, musste sie dann aber wegen tiefer Armut gegen eine einfachere im gleichen Gebäude eintauschen. – Im andern Hausteil wohnte Fridli (Friedrich) Baumann, genannt «Summer» oder «Sumber», mit seiner Frau Johanna Leutwyler. Von seinem älteren Sohn, dem Maurer Johannes, genannt «Sumberhäusi», stammt eine zahlreiche Nachkommenschaft ab, die in einem Zweig bis heute den Zunamen «Sumbers» («Sümbi») trägt.

[6] siehe unten Seiten 296–297.

Das letzte Mülliger Hochstudhaus.
Links originaler Zustand mit Strohdach.
Radierung von Emil Anner.
Rechts heutiger Zustand mit dem bis 1924 auf Ziegel umgedeckten Dach.
Foto Edith Hunziker,
Kantonale Denkmalpflege, Aarau.

Auf der andern Strassenseite stand das Doppelhaus *Nr. 112/113* (heute Hauptstrasse 34/36). Es war vermutlich uralter Baumann'scher Stammbesitz («des Baumanns Gut genannt»), der 1569 den Brüdern Jakob und Hans Baumann gehört und Erbgut ihres Vaters dargestellt hatte. Im östlichen Hausteil Nr. 112 wohnte 1735 noch immer ein Angehöriger dieses Geschlechts, nämlich Johannes Baumann, mit seiner Frau Margreth Kaufmann aus Veltheim. Auch diese Familie war mausarm. Die Mutter erhielt später Almosen. Die acht Kinder konnten es sich kaum leisten zu heiraten. Die älteste Tochter, Katharina, hatte einen ausserehelichen Sohn Hans Jakob, dessen Vater Hans Rinderknecht sich «auf Nimmerwiedersehen» davongemacht hatte; dennoch wurde der Knabe dem Vater zugesprochen. Die zweite Tochter, Barbara, war von Kaspar Kuhn aus Pfäffikon ZH schwanger geworden; dieser starb aber vor der Hochzeit; der Knabe Salomon galt rechtlich trotzdem als Kaspars ehelicher Sohn, trug daher den Familiennamen Kuhn und war Bürger von Pfäffikon ZH. Der älteste Sohn, Balthasar, Knecht beim reichen Konrad Rauber in Oberburg/Windisch, wurde seinerseits von der dortigen Magd der Schwängerung angezeigt; auch er machte sich aus dem Staub; viel später meldete er die Geburt einer ehelichen Tochter, nämlich aus Brenschelbach, Kirchgemeinde Hornbach in der Pfalz; er hatte dort eine neue Heimat gefunden. Der zweite Sohn, Samuel, zog als

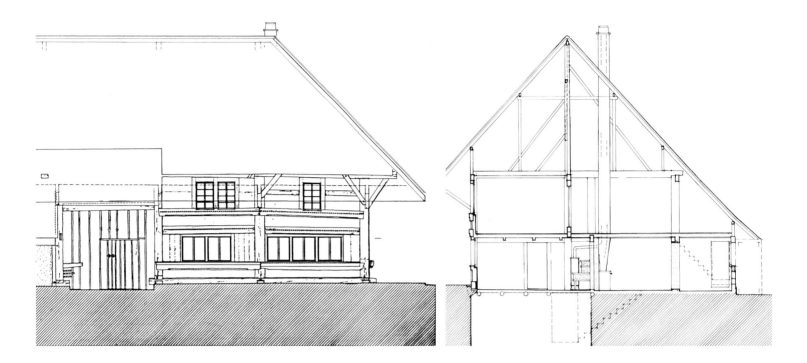

Südfassade des Kernbaus mit Stubenfront nach Süden. Traditionelle Holzbauweise mit durchlaufendem Ständerwerk, das in einen eichenen Schwellenkranz eingezäpft und mit eingenuteten, liegenden Bohlen gefüllt ist. Im Erdgeschoss ein zwei- und ein dreiteiliger Fensterwagen mit durchlaufenden, profilierten Brüstungs- und Sturzbalken, die mit Würfelfriesen beschnitzt sind.

Querschnitt durch den östlichen Wohnteil des Hochstudhauses. In der Mitte einer der Hochstüde, die das strohgedeckte Walmdach tragen.

Das Erdgeschoss des Kernbaus im Grundriss. Hauseingang direkt in die Küche. Das Tenn liegt zwischen Wohnteil und Stall; daher stammt die Bezeichnung «Mittertennhaus».

Aufnahmen durch das Architekturbüro Metron, Brugg, 1984.

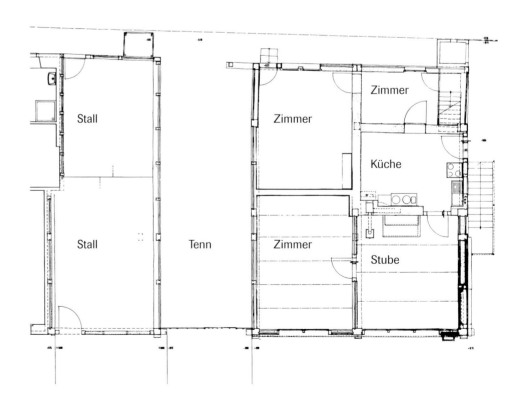

Zwanzigjähriger in niederländische Kriegsdienste und kehrte vermutlich nicht mehr zurück.

Den westlichen Hausteil (Nr. 113) hatte Fridli (Friedrich) Huber 1715 von einem andern Baumann, nämlich Beat Ludwig, erworben. 1735 lebte er hier mit drei Töchtern und einem Sohn, die aber alle ihr Brot in der Fremde verdienen mussten. Ein weiteres Töchterchen, Barbara, war als Fünfjähriges zu nahe an die Asche getreten; dabei hatten seine Kleider Feuer gefangen.

Die Hauptstrasse führte ursprünglich vom Hochstudhaus über den heutigen Nussweg zum Mülirain. Dort stand bis gegen Ende des 19. Jahrhunderts ein weiteres stattliches Hochstudhaus *Nr. 136* (heute ungefähr Chleematte 9–14). Wahrscheinlich war es früher einer der grossen Höfe des reichen Geschlechts Meyer gewesen, das im 16. Jahrhundert den Ton im Dorf angegeben hatte. Hofmeister Wolfgang von Mülinen erwarb das 86 Jucharten (= rund 31 Hektaren) grosse Gut um 1650 und liess es durch einen Schaffner bewirtschaften. Unter dem strohgedeckten Walmdach befanden sich neben dem Wohnhaus zwei Tennen, ein Doppelstall für das Grossvieh sowie ein doppelter Schweinestall. Die Erben seiner Tochter Margaritha von Mülinen, verwitweten von May, veräusserten es 1711 dem wohlhabenden Bauern Martin Schneider vom Oberhard/Gemeinde Birmenstorf; im Kauf eingeschlossen waren acht Ochsen, drei Kühe und das ganze

Die Grossfamilie Widmer-Huber vor der grossen Scheune des einstigen Schneider'schen Gutsbetriebs am Mülirain. Das Strohdach wurde 1930 auf Ziegel umgedeckt.
Abgebrochen 1992. Aufnahme ca. 1918/20.

Inventar. Der Preis betrug 6300 Gulden, was mehr als fünfzig Jahreslöhnen eines vollbeschäftigten Handwerksmeisters entsprach. Mit diesem Landgut verschaffte Schneider seinem Sohn Jakob eine standesgemässe Existenz. Erst nach zwei Generationen, 1771, als Jakobs Sohn Hans Heinrich alt war, teilte dieser Haus und Scheune unter zwei seiner vier Söhne auf. Zwischen 1880 und 1920 wurde der teils zerfallene Gebäudekomplex total umgestaltet, mit Ziegeln gedeckt und teils abgebrochen. 1984 musste das Haus der Überbauung Chleematte weichen.

Was von der Schneider'schen Herrlichkeit blieb, ist die jenseits des Müliweges stehende einstige «Schütti». Sie enthält unten einen riesigen, tonnengewölbten Keller, der von aussen durch ein breites Rundbogenportal aus Muschelkalk betreten werden kann. Darüber erhebt sich ein ehemaliger Speicher, der im Untergeschoss aus verputztem Bruchsteinmauerwerk besteht und Fenster mit spätgotisch gekehlten Gewänden aufweist. Mit Ausnahme einer steinernen Stirnfront besteht das Obergeschoss aus Fachwerk (Riegel).[7]

Zwischen 1788 und 1791 baute einer der Söhne Schneiders das Gebäude zum Wohnhaus um. Es erhielt erst im 19. Jahrhundert das jetzige ungeknickte Pfettenrafendach (heute Mülirain 2). Glücklicherweise wurde es von den Dorfbränden verschont und bildet nun eine wahre Zierde des Dorfes.

[7] Edith Hunziker, Kurzinventar der Kulturgüter der Gemeinde Mülligen, Objekt Nr.902.

Der einstige Speicher des Bauerngutes Schneider am Mülirain. Zwischen 1788 und 1791 zum Wohnhaus umgebaut. Heute eines der schönsten Häuser Mülligens. Im Hintergrund die alte, strohgedeckte Scheune, im Vordergrund die Familie Widmer-Huber. Aufnahme ca. 1918/19.

**In der Mühle**

Von diesem Riegelhaus führt der Weg an den Ursprungsort Mülligens hinunter, zu den Mühlen an der Reuss *(Nr. 135)*. Diese Wasserwerke, die nicht vom Fluss, sondern von landwärts austretenden Grundwasserquellen angetrieben wurden, lassen sich bis ins 13. Jahrhundert zurückverfolgen.[8] Das spätgotische Wohnhaus mit dem gegen Osten noch erhaltenen eindrücklichen Treppengiebel bildet bis heute ein Wahrzeichen Mülligens. Auch der Dachstuhl ist – abgesehen von einigen Reparaturen – noch vollständig erhalten. Aufgrund der Jahrringe (Dendrochronologie) der Bauhölzer lässt sich feststellen, dass die betreffenden Bäume im Winter 1546/47 gefällt worden waren. Der imposante Bau wurde folglich in der Mitte des 16. Jahrhunderts errichtet. Bauherr war der reiche Hans Meyer, der hier als Müller zwischen 1534 und 1570 nachgewiesen ist. In der Mitte des 17. Jahrhunderts ging die Mühle von Meyers Nachkommen an Wolfgang von Mülinen über; dieser regierte damals als Hofmeister (Landvogt) in Königsfelden und erwarb auch das nachmals Schneider'sche Gut (Haus Nr. 136) sowie ausgedehnte Rebberge am Eitenberg. Seine Tochter Margaretha, Gattin des Junkers Johann Rudolf von May, des Herrn von Rued und Schöftland, besass diese Güter bis zu ihrem Tod.[9]

Ab 1717 gehörte die Mühle dem Hans Rudolf Rüegger, der von der obern Lindmühle hierhergezogen war und sie samt Inventar, vier Pferden, Fähre und Land für 12 000 Gulden gekauft hatte. Auf der ganzen Liegenschaft lastete eine Schuld von 7500 Gulden, was jährliche Zinsen von 375 Gulden erforderte, die allein etwa drei Jahreslöhnen eines Handwerksmeisters entsprachen. Der Mühlebetrieb musste also einen beträchtlichen Umsatz erzielen.

Zur Zeit dieses Rundgangs 1735 zählte Rüegger 59 Jahre; er war seit einiger Zeit verwitwet. Von seinen vier Söhnen stand der älteste, Hans Jakob, vor der Hochzeit mit der Zofinger Stadtbürgerin Barbara Ringier. Sohn Emanuel wurde vermutlich von Schwermut geplagt und ertrank später unter nicht geklärten Umständen in der Reuss. Sohn Abraham studierte, erwarb sich das Patent als öffentlicher Notar und liess sich danach in Langenthal nieder. Der jüngste Sohn, Albrecht, heiratete, wie erwähnt, die reiche Witwe des Richters Hans Barth im Haus Nr. 141. In der Mühle wohnten ferner einige meist unverheiratete Knechte und Mägde, die hier

[8] siehe unten Seiten 182–184.
[9] Dendrochronologische Altersbestimmung durch Raymond Kontic, Basel, im November 2000.

arbeiteten. Die Familie Rüegger war sehr angesehen in Mülligen. Vater Hans Rudolf erwarb das dortige Bürgerrecht, und Sohn Hans Jakob sollte dereinst Mitglied des Amts- und des Chorgerichts werden.

**Im «Hof» und Oberdorf, an der Strasse ins Birrfeld**

Der Spaziergang führt nun wieder zurück, den Mülirain hinauf und am Haus Schneider vorbei. Jenseits der alten Durchgangssstrasse, heute zwischen Nussweg und Hauptstrasse, stand ein weiteres bemerkenswertes Bauernhaus *Nr. 114* (jetzt ungefähr Nussweg 1). Während des ganzen 17. Jahrhunderts war es ebenfalls im Besitz des Geschlechts Meyer. Im Zuge des sozialen Abstiegs dieser Familie gelangte das Gut, das mit vier Ochsen bewirtschaftet wurde, an den angesehenen

Blick von Südwesten auf den Mülliger Dorfkern. Ganz links das einstige «Balti-Haus» (mit langem Dach). Ansichtskarte von 1926.

Der gemauerte, unterkellerte Speicher (ebenfalls ein steinerner «Stock»), der im Garten des heutigen Hauses Nussweg 1 stand und 1973 abgebrochen wurde. Er gehörte zum sogenannten «Balti-Haus».

Richter Jakob Barth und nach dessen Tod an seinen Bruder Balthasar, genannt Balti, der ihm im Richteramt ebenfalls folgte.

Balti Barth wohnte hier mit seiner zweiten Frau, Ursula Meyer von Oberburg. Seine erste, um elf Jahre ältere Gattin war Ursula Baumann gewesen; er hatte jahrelang bei ihr gekiltet und sie erst auf Drängen des Chorgerichts geheiratet;[10] schon nach fünf Jahren war sie gestorben – «wegen eines kalten Trunks», wie der Windischer Pfarrer ins Totenbuch schrieb. Beide Ehefrauen hatten insgesamt neun Kinder zur Welt gebracht, von denen einige früh starben. Eine besonders schwere Zeit hatte Ursula Meyer zu ertragen, als ihr Gemahl im März 1742 einem Schlaganfall erlag und zwei Töchter im August 1743 in der Reuss ertranken. 1750 liquidierte sie den ganzen Besitz. Nachbar Schneider ersteigerte das so genannte «Balti-Haus» und übergab es später einem seiner vier Söhne. Es blieb bis gegen Ende des 19. Jahrhunderts im Besitz von dessen Nachkommen.

Im Baumgarten dieses Hauses stand ebenfalls ein gemauerter und unterkellerter Speicher, der seit 1662 schriftlich dokumentiert ist und demnach mindestens in die Mitte des 17. Jahrhunderts zurückreichte. Dieser Speicher wurde 1972 zusammen mit dem «Balti-Haus» abgebrochen. Der damalige, aus Mülligen stammende Redaktor des «Brugger Tagblatts» hatte mit einem Zeitungsartikel vergeblich versucht, die Zerstörung zu verhindern. Seine Idee, den Speicher im

[10] siehe unten Seite 231.

Zusammenhang mit der 700-Jahr-Feier Mülligens zu erhalten, wurde abgelehnt; eine Renovation hätte mindestens 20 000 Franken gekostet. So sind mit dem «Balti-Haus» und dem Speicher tatsächlich zwei der ganz wenigen Gebäude verschwunden, die alle Dorfbrände überstanden hatten.[11]

Neben dem «Balti-Haus» verzweigte sich die Strasse, die von Windisch her kam, einerseits in Richtung Lupfig–Birr, anderseits nach Birrhard. Der Rundgang von 1735 folgt zuerst der Birrfeldstrasse:

Als erstes ist das Doppelhaus *Nr. 115/116* zu erwähnen. Es stand auf dem heute freien Platz vor dem Gemeindewaschhäuschen (neben Mitteldorfweg 2). Dabei handelte es sich um das Stammhaus des Geschlechts Huber. Stammvater Hans Huber, genannt «Küehbub», hatte hier mit zwei Frauen fünf Söhne grossgezogen, auf die alle heutigen Mülliger Huber zurückgehen. 1735 lebten da zwei Vettern aus verschiedenen Zweigen, die das Gebäude unter sich aufgeteilt hatten. 1797

Das Stammhaus des Mülliger Geschlechts Huber an der heutigen Kreuzung Hauptstrasse/Birrfeldstrasse-Mülirain. 1797 nach einem Brand neu aufgebaut, 1956 abgebrochen. Ganz rechts eine Ecke des «Balti-Hauses», links das Haus Birrfeldstrasse 1, dahinter das alte Schulhaus.

brannte es ab, wurde dann neu aufgebaut und blieb im Besitz des Geschlechts Huber ungefähr bis 1911. Es musste 1956 der Erweiterung der Ortsverbindungsstrasse weichen.

Das folgende, langgezogene Gebäude *Nr. 117–119* war das ursprüngliche Gebäude des «Hofs» (heute Birrfeldstrasse 2 A–D). Vermutlich handelte es sich ebenfalls um eines der alten Baumann-Güter. Im nördlichen, bescheideneren Teil

[11] Gemeindearchiv Mülligen, Zeitungsausschnitte, u.a. H.P.W. Es hat nicht sollen sein ...

wohnte 1735 Beat Ludwig, genannt Batludi Baumann. Er hatte sehr früh geheiratet, doch ohne ausreichendes Einkommen, weshalb er nach der Geburt des dritten Kindes in niederländische Kriegsdienste getreten war. Nach seiner Rückkehr schenkte die Frau nach fünfjährigem Abstand noch zwei Knaben das Leben. Dann ging er wieder weg, ob erneut in den Kriegsdienst oder an eine auswärtige Arbeitsstelle, ist nicht bekannt. Jedenfalls musste seine in Mülligen gebliebene Gattin mit öffentlicher Unterstützung über die Runden gebracht werden. In der Folge übernahm der zweitjüngste Sohn Samuel den Hausteil; dessen Frau gebar vier Mädchen, von denen drei innerhalb von fünf Wochen starben; vermutlich erlagen sie dem Keuchhusten. Die einzige überlebende Tochter heiratete den Mülliger Schulmeister Hans Jakob Baumann, der hier einzog und in der überaus einfachen Stube Unterricht hielt.

Das vormalige Haus Birrfeldstrasse 2d, im 18. Jahrhundert mit Strohdach, kurz nach 1790 grundlegend umgebaut. Ursprünglich gehörte es zum gegenüberliegenden «Hof» der Brugger Schultheissen Frölich. Eines der wenigen Gebäude, die nie einem Dorfbrand zum Opfer fielen. Abgebrochen 1997/98.

Der grössere, besser ausgestattete Teil dieses Strohdachhauses gehörte dem Brugger Patrizier Johann Heinrich Frölich, der von 1732 bis 1754 als Schultheiss des Städtchens amtete. Als Inhaber einer Speditionsfirma machte er grosse Gewinne, die er in Mülligen in den Kauf von Landparzellen investierte. Wann und von wem er das alte Bauernhaus erworben hat, ist leider nicht bekannt. Bis 1735 war Frölichs Besitz an Boden derart angewachsen, dass es sich lohnte, einen Teil zu verpachten und den andern durch einen angestellten Bauern bewirtschaften zu lassen. Pächter war damals Hans Barth, von dem noch zu lesen sein wird, in welch «böser Ehe» er mit seiner dritten Frau lebte.¹² Der entlöhnte Bauer hiess Hans Keller, vielleicht aus Hottwil; über ihn ist fast nichts bekannt.

Ungefähr zur gleichen Zeit erbaute sich Schultheiss Frölich auf der andern Seite der Strasse den neuen «Hof» als persönlichen Landsitz, wie dies bei der reichen Brugger Oberschicht damals üblich war (heute Birrfeldstrasse 5–9). Obwohl er es – in Anlehnung an den französischen König Louis XIV – selbstbewusst «Versailles» genannt haben soll, war es ein eher bescheidenes, einstöckiges Doppelhaus, dessen eine Hälfte erst 1935 erhöht wurde. Vornehm wirkt vor allem der Hauseingang mit den kunstvoll zugehauenen Türgewänden aus Muschelkalk. Im Innern waren die Zimmer standesgemäss ausgestattet. Noch um 1950 besass das Südostzimmer eine reich verzierte Decke mit Stukkaturen, die jetzt nicht mehr sichtbar,

¹² siehe unten Seite 239.

Der «Hof», der einstige Landsitz der Brugger Schultheissenfamilie Frölich. Erbaut im 2. Viertel des 18. Jahrhunderts. Die Scheune links war ursprünglich bedeutend grösser, fiel aber dem Dorfbrand von 1885 zum Opfer. Bild eines unbekannten Malers.

Stukkaturen im Südostzimmer des «Hofs». Der Stil weist ebenfalls in die Mitte des 18. Jahrhunderts.
Foto Denkmalpflege Aarau.

vielleicht aber unter einer herabgehängten Gipsdecke noch vorhanden sind. Das Mittelzimmer zeigt noch heute eine Stuckdecke mit einfacheren Motiven.[13] Am Wohnhaus war eine grosse Doppelscheune angebaut. Davor stand ein dazugehöriger steinerner Speicher an der Strasse.

Die Erben Hans Jakob Frölichs veräusserten den ganzen Komplex des alten und neuen «Hofs» 1779 dem Bauern Johannes Ackermann von Riniken. Dieser hatte – mit seiner Gattin Magdalena Schatzmann vom Bözberg – sechs Söhne und zwei Töchter. Fünf der Söhne heirateten später und bevölkerten mit ihren Familien alle Wohngebäude im «Hof». Für zwei Sohnsfamilien liess Vater Ackermann im Speicher je eine Wohnung im Erdgeschoss und im ersten Stock einrichten. Dieser Bau sollte im 19. Jahrhundert zum ersten Mülliger Schulhaus umgestaltet werden. Er musste 1979 ebenfalls der Verbreiterung der Strasse weichen.

Südlich des «Hofs», auf der Westseite der Birrfeldstrasse, befanden sich noch drei kleinbäuerliche Anwesen. Das vordere war zweiteilig, rechts das Stammhaus der Koprio, links jenes der Grimm (*Nrn. 120/121*, heute Birrfeldstrasse 10). 1735 wohnten hier Hans Koprio mit Verena Wüst und damals vier Kindern, zu denen sich noch zwei weitere gesellen sollten. Der Mann erlag schon bald, 42-jährig, einer «aussorenden Krankheit» (vermutlich Tuberkulose); Frau und Kinder blieben armengenössig zurück. Die Tochter Anna Margaritha, genannt Gritli, diente später als Magd bei Schultheiss Frölich in Brugg, wo sie bereits im Alter von 22 Jahren starb. – Nebenan lebten damals Rudolf Grimm, der Mülliger Bannwart, mit seiner ersten Frau Barbara Brack und einem Töchterchen, ebenfalls in bedürftigen Verhältnissen.

Zuhinterst, fast im Steinebühl, wohnte der zweimal verwitwete Hans Konrad Kummler (*Nr. 122*, heute Birrfeldstrasse 12) in der Haushaltung seiner Tochter Anna Maria. Sie war mit Anton Müller aus Birmenstorf verehelicht, der als einer der wenigen Hintersässen (Nichtbürger) in Mülligen nur geduldet war. Einige Kinder belebten das Haus. Aus dieser Schar sollte Margreth 1760 den Witwer Kaspar Knecht vom Stock heiraten. Im Besitz ihrer Nachkommen blieb die Liegenschaft während etwas mehr als zwei Jahrhunderten.

Da die Ostseite der Birrfeldstrasse bis zum «Hof» noch gar nicht überbaut war, führt der Rundgang zurück zur Verzweigung der Hauptstrasse beim Stammhaus Huber (Nr. 115/116).

[13] Edith Hunziker, Kurzinventar der Kulturgüter der Gemeinde Mülligen, Objekt Nr. 905.

Heinrich Pestalozzi und seine Frau Anna Schulthess. Aus: «Pestalozzi et son temps», Zürich 1928, Abbildungen 5 und 18.

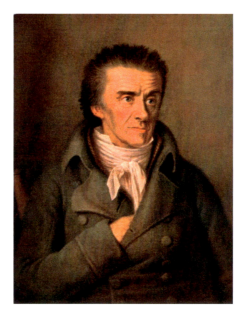 

Rechts: Das herrschaftliche Eingangsportal des «Hofs» mit Oberlichtschlitz, darüber eine profilierte Gesimsbekrönung.
Foto Denkmalpflege Aarau.

*Heinrich und Anna Pestalozzi in Mülligen*

Nach dem Tod Johann Heinrich Frölichs 1754 ging der «Hof» an seinen Sohn Johann Jakob, von 1762 bis 1778 ebenfalls Brugger Schultheiss, über. Dieser war mit Heinrich Pestalozzi befreundet, dessen Frau, Anna Schulthess, über Patenschaften und verwandtschaftliche Beziehungen mit dem Brugger Patriziat vielfach verknüpft war. Im Jahr 1769 vermietete Frölich sein «Versailles» an Pestalozzi. Dieser war begeistert von Mülligen, ja er schwärmte von der «Einfalt, Einsamkeit, Stille» des Ortes. Hier wollte er seinen ersten Hausstand begründen; Mutter und Magd halfen ihm beim Einrichten. «Wir haben in drei Zimmern abwechselnd Morgen-, Abend- und Mittagssonne, alle Morgen ein Gewirr von den schönsten Singvögeln, gerade vor unsern Zimmern, Wasser so reines, dass man behauptet, in zehn Stunden von hier kein so reines zu finden; die gesündeste Luft, die man haben kann.» Und so rief er seiner Braut zu: «Eile in meine Arme zu Deinem ganzen Glück, das ich Dir nunmehr mit froher, heiterer Seele verspreche! Auch mich wirst Du ruhiger finden, als ich in Zürich war. Ich bin unaussprechlich zufrieden, dass die Vorsehung mich hieher geführt.»
Pestalozzi wollte in dieser Gegend einen Landwirtschaftsbetrieb gemäss den damaligen Reformideen aufbauen. Ausserdem gedachte er heimindustrieller Baumwollunternehmer zu werden. Die Bedingungen schienen ihm hier besonders ge-

## Im Stock

An der Südostecke Birrfeld-/Hauptstrasse beginnt das Mülliger «Westquartier» im Stock. Als «Stock» bezeichnete man früher einen massiv beschaffenen Steinbau – im Unterschied zu einem Holz- oder Riegelhaus. So nannte man das Herrenhaus im «Hof» auch den «Herrenstock», den Speicher davor den «kleinen Stock».

Der Flurname stammt vermutlich von einem eindrücklichen Steinbau im Osten Mülligens, wo der Wald noch bis dicht an die äussersten Häuser des Dorfes reichte. Man nannte ihn den «Stock». Der Name übertrug sich auf die ganze Gegend (auch in Kombination zu Stockholz, Stockfeld und Stockgasse).

Doch wo stand dieser Stock? – Als der Neubau des VOLG in den 1960er-Jahren errichtet wurde, stiess man in der Nähe unter dem Boden auf dicke Mauern, von denen überliefert war, dass sie einen Keller umfasst hatten. Rasch stieg der Verdacht eignet, die Aussichten auf fette Gewinne günstig: «Das ganze Dorf, ja die ganze Gegend um mich her ist ausserordentlich arm, folglich die Taglöhne äusserst niedrig.» Und: «Mein Aufenthalt ist just der vorteilhafteste; weit um mich herum ist keiner, der etwas Beträchtliches hierin tut, und die Armut der Leute ist so gross, dass sie dermalen äusserst wohlfeil spinnen.» Hier sprach noch nicht der Menschenfreund, sondern der Geschäftsmann Pestalozzi, der seine Braut und die skeptischen Schwiegereltern von seiner Tüchtigkeit überzeugen wollte.

Am 30. September 1769 liessen sich Heinrich Pestalozzi und Anna Schulthess durch Pfarrer Hans Georg Schulthess, Annas Vetter, im alten Kirchlein zu Gebenstorf trauen. Im Mülliger «Hof» verlebten sie ihre Flitterwochen. Viele Besucher kamen; Frau Anna führte ein gastfreundliches Haus. Hier kam auch der einzige Sohn Jacques zur Welt. In dieser Zeit kaufte Pestalozzi gegen 100 Jucharten (etwa 36 Hektaren) Land auf dem Birrfeld. Im Frühjahr 1770 begann er mit dem Bau von Haus und Scheune auf dem Neuhof, wo die junge Familie im folgenden Frühling einziehen konnte. Damit war der Aufenthalt Pestalozzis in Mülligen schon nach gut zwei Jahren abgeschlossen.[14]

[14] Johann Heinrich Pestalozzi, Sämtliche Briefe, Band 2, Zürich 1946, S.134–296, besonders S.180, 196–200.

Rechts: Die älteste Dorfansicht von Mülligen aus dem Jahr 1705. An der Reuss die beiden ziegelgedeckten Mühlen samt Wohnhaus und Scheune. Im nur ungenau angedeuteten Dorf sind sämtliche Gebäude strohgedeckt – mit einer Ausnahme: Der reiche Gutshof an der Ecke der Strassen nach Birrfeld und Birrhard (heute ungefähr Birrfeldstrase 1) besass ein rotes Dach. Aquarell von Samuel Bodmer in einem Grenzatlas der Republik Bern (Staatsarchiv Bern).

auf, es könnte sich um den gesuchten Stock handeln, und ein Historiker malte sich in der Phantasie bereits einen einstigen Meierhof, ja den Herrenhof des Geschlechts von Mülinen aus. Doch gemäss den Gebäudelisten der Brandversicherung hatte dort ein bescheidenes Holzhaus mit Strohdach gestanden, das der Feuersbrunst von 1885 zum Opfer gefallen war. Es passte nicht zu einem steinernen Stock.

In den schriftlichen Quellen ist das Gut mit dem Stock 1615 wie folgt umschrieben: Wohnhaus, Hof, hinteres Haus, fünf Äcker und Matten; 1652 waren es 10 Jucharten (3,6 Hektaren); «darauf steht ein gemauerter Stock», dessen unterer Teil einen Keller, der obere einen Speicher bildete. Der ganze Komplex war eingezäunt, lag «oben im Dorf Mülligen», stiess vorne und daneben an die Strasse, oben und hinten an den Gemeindewald.

Aufgrund dieser Beschreibung und der späteren Eigentumsverhältnisse drängt sich die Annahme auf, dass das Wohnhaus an der Ecke Haupt-/Birrfeldstrasse stand (1735 *Nr. 123–125*, heute Birrfeldstrasse 1); das hintere Haus entsprach der heutigen Liegenschaft Birrfeldstrasse 3. – Doch wo erhob sich der steinerne Stock? Für die 1770er-Jahre ist eindeutig nachgewiesen, dass zu diesem Bauerngut ein steinerner, mit Ziegeln gedeckter Speicher gehörte. Dieser wurde damals im Zuge eines Konkursverfahrens abgetrennt und gelangte an den Baumwollfabrikanten Jakob Baumann, der ihn zu einem Wohnhaus umgestaltete.[15] 1906 richtete die Konsumgenossenschaft Mülligen hier ihren Verkaufsladen ein (heute Hauptstrasse 42). Das Gebäude wurde später weitgehend abgetragen und neu aufgebaut; doch der Keller im «alten Konsum» dürfte noch von jenem steinernen Stock herrühren, der dem östlichen Dorfteil seinen Namen gab.

Diese Lokalisierung des Stocks wird durch zwei alte Karten bestätigt. Bereits Hans Jakob Gyger hat auf seiner Landkarte um 1660 neben dem obigen Eckhaus einen Speicher eingezeichnet. Auch auf einem recht genauen Dorfplan von etwa 1787 ist er deutlich eingetragen.

Die Geschichte dieses Hofes lässt sich bis 1552 zurückverfolgen. Damals gehörte er dem Jakob Wyacker. 1615 befand er sich im Besitz des Jakob Baumann. Nach dessen Konkurs um 1642 ging er an einen der Bürgen über, Jakob Friedrich, der damals dieses Mülliger Geschlecht begründete. Seine Söhne Hans Joggli und Joggli Friedrich, genannt «Stock-Joggeli», teilten sich in die zwei Häuser. Beide Männer galten als «üble Haushalter», die lieber in Wirtshäusern sassen, als sich

[15] siehe unten Seiten 212–213.

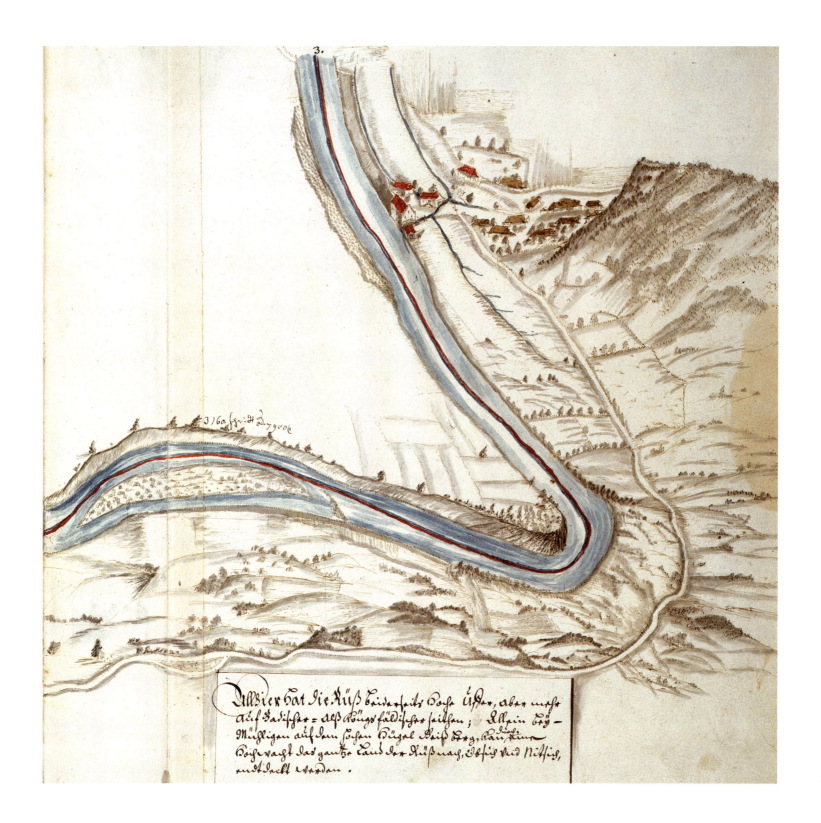

um Hof und Familie zu kümmern. Ungezählte Male standen sie vor dem Chorgericht und mussten sich wegen ihres «liederlichen Lebenswandels» verantworten. So ging es mit dem schönen Haus, das ausser der Mühle als einziges ein Ziegeldach trug, rasch abwärts.

Anlässlich des Rundgangs durch Mülligen im Jahre 1735 wohnten vorne im Eckhaus *Nr. 124/125* zwei Familien Baumann: Hans Jakob Baumann und seine Frau Anna Haller mit damals drei Kindern sowie Hans Baumann mit seiner zweiten Gattin Maria Bossart und deren Sohn aus erster Ehe, Johannes Barth; bei den Letzteren lebte ferner der früh verwaiste Hans Jakob Grimm, der erst nach dem Tod seines 84-jährigen Vaters zur Welt gekommen war. Hans Baumann war ein Frauenverächter; vor Chorgericht hatte er schon bei der ersten Gattin auf sein Recht gepocht, sie zu schlagen; die zweite lief schon wenige Wochen nach der Hochzeit davon; sie liess sich dann aber vom Chorgericht dazu bewegen, schon aus ökonomischen Gründen zu ihm zurückzukehren.

Das obere Haus *Nr. 123* gegen den «Hof» besass Hans Jakob Grimm, der es von seinem Schwiegervater Joggli Friedrich geerbt hatte. Seine zweite Frau, Katharina Käser, hatte eine Tochter Susanna Maria geboren, die später einmal alles erben sollte. Sie heiratete Johannes Widmer von Hausen, der sich in Mülligen einbürgerte und rasch zum Richter aufstieg. Beide Wohnhäuser gingen 1797 ebenfalls samt den hölzernen Teilen des ehemaligen Stocks in Flammen auf.

An der Strasse nach Birrhard standen auf der Südseite damals erst zwei, auf der Nordseite drei Gebäude. In einigem Abstand zum Stock lag ein weiteres Baumann'sches Gütchen. Hier waren Samuel und Fridli Baumann aufgewachsen. Das Häuschen aber war für zwei Familien zu klein gewesen, weshalb ihnen Vater Friedrich 1714 die Erweiterung zu einem zweiten Hausteil ermöglichte. Daraus entstand das Gebäude, das 1735 die Nummer *126/127* trug (heute Hauptstrasse 44–48). Im einen wohnte Samuels Witwe Barbara Kummler mit drei Kindern zwischen 22 und 13 Jahren, im andern der noch lebende Fridli mit Gattin Anna Byland und damals vier Kindern. Bei ihnen handelte es sich um ruhige Leute, die kaum auffielen und daher nur wenige Aufzeichnungen bewirkten.

Im äussersten Doppelhaus *Nrn. 128/129* lebten ebenfalls zwei Brüder, nämlich Kaspar und Fridli (Friedrich) Barth. Ihre Mutter hatte es 1702 gegen ein anderes eingetauscht. Fridli und seine zweite Gattin Maria Hauenstein bewohnten den einen Teil mit drei Kindern; die Kinder aus erster Ehe waren bereits ausgeflogen, der Sohn Rudolf in holländische Kriegsdienste, aus denen er nie zurückkam. Im andern Teil hatte sich Kaspar, ein Zimmermann, eingerichtet. Seine beiden Ehefrauen, Susanna Maurer und Barbara Erismann, stammten von Rued; vermutlich waren sie als Mägde nach Mülligen gekommen, als die Herren von May aus Rued und Schöftland hier ausgedehnte Güter besassen. Kaspar wurde später Schulmeister, ebenso sein Sohn Hans Georg. Ausserdem stieg Kaspar Barth zum Mitglied des Chorgerichts auf. Umso peinlicher muss diesem Wächter über die guten Sitten die folgende Geschichte gewesen sein:

Das Dorf Mülligen auf den Zehnt- und Bodenzinsplänen Königsfeldens um 1784/85. Der «steinerne Stock» an der Stelle des heutigen alten Konsums ist deutlich zu erkennen. Computermontage aufgrund der Karten 02/0050/11–14 im Staatsarchiv Aarau.

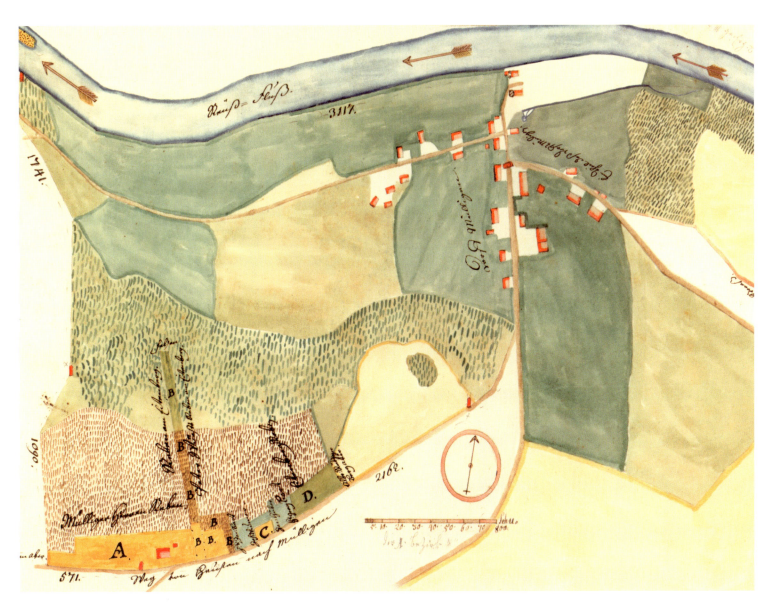

Eines Tages kam seine 31-jährige Tochter Barbara, die in Nyon in Diensten stand, schwanger nach Hause. Sie berichtete von einem Liebesabenteuer mit einem der Soldaten, die häufig von Coppet kamen; sie wisse aber nur, dass er Jakob heisse, schwarze Haare habe und aus der Grafschaft Lenzburg stamme. Mit dieser vagen Beschreibung konnte keine Abklärung der Vaterschaft erfolgen. So blieb dem Oberchorgericht nichts anderes übrig, als das Knäblein der Mutter und damit der Gemeinde Mülligen zuzusprechen. Geradezu erleichtert fügte der Windischer Pfarrer dem betreffenden Taufeintrag den folgenden Nachsatz bei: «Das Beste hierbei ist, dass das Kind den 9. Jan. 1745 verstorben ist.»

Auf der andern Strassenseite, zuäusserst im Stock, duckte sich die armselige Liegenschaft *Nr. 130* (heute Hauptstrasse 51 oder 53). Anlässlich eines Verkaufs wurde sie als «Behausungli und Scheuerli» umschrieben. Hier fristete Johannes Rinderknecht sein Leben mit seiner Frau Barbara Hediger. Sein Sohn war jener Hans Rinderknecht, der 1730 Katharina Baumann aus Haus Nr. 112 geschwängert hatte und seither landesflüchtig war.[16]

Westlich davon stand das Doppelhaus *Nr. 131/132* (heute Hauptstrasse 47). Die eine Hälfte bildete das Stammhaus des Geschlechts Knecht, das hier bereits 1654 nachgewiesen ist. 1735 war es von Hans Knecht bewohnt. Seine erste Frau Anna Käser war schon bei der Geburt des ersten Kindes Kaspar gestorben. Noch im gleichen Jahr fand Knecht in der Person von Anna Wüst aus Lupfig für sich eine zweite Frau und für das Söhnchen eine zweite Mutter; sie brachte vier weitere Kinder zur Welt. – Im andern Hausteil lebte Hans Georg Baumann. Sein Vater, der Zimmermann Heinrich Baumann, war schon 1674 hier Hausbesitzer gewesen. Hans Georg hatte dreimal eine Gemahlin heimgeführt; zwei von ihnen gebaren zusammen elf Kinder, von denen aber nicht alle das Erwachsenenalter erreichten. Der Sohn Abraham suchte sein Glück in der damals unterbevölkerten Pfalz. Mit der zweiten Gattin stand Hans Georg mehrmals vor dem Chorgericht, teils wegen Versäumens der Predigt und des Abendmahls, teils weil sie die Chilbi in Birmenstorf aufgesucht hatten; im Übrigen galt die Frau als zänkisch; sie stritt sich vor allem mit Nachbarinnen, weshalb sie einmal ehrenrührige Worte zurücknehmen, um Verzeihung bitten und zwölf Stunden im Kerker absitzen musste.

Der Rundgang nähert sich beim Haus *Nr. 134/135* (heute neben Hauptstrasse 47) seinem Abschluss. Im einen Teil wohnte Niklaus Friedrich, ein Enkel des um 1642 zugezogenen Jakob Friedrich. Sein Vater Hans hatte hier eine Schmiede betrie-

[16] siehe oben Seite 21.

ben, aber wie seine Brüder ein unsolides Leben geführt, so dass er seine Familie in tiefster Armut hinterliess. Sohn Niklaus war dagegen ein ruhiger Kleinbauer. Von ihm, seiner Frau Barbara Huber und den beiden Söhnen ist daher fast nichts bekannt. – Im andern Hausteil wohnte Hans Georg Barth, des obigen Schulmeisters Sohn und Nachfolger. Seine erste Ehe mit Elisabeth Bolliger war überschattet vom Tod aller sieben Kinder. Erst seine zweite Frau, Anna Rinderknecht verwitwete Baumann, schenkte ihm noch eine Tochter, die er als gesundes Mädchen aufwachsen sehen durfte.

Alle beschriebenen Häuser im Stock – von der Frölich'schen Scheune im «Hof» über das Eckhaus Nr. 124/125 bis hinaus zum Rinderknecht'schen «Behausungli» brannten am 23. April 1885 nieder – mit Ausnahme des ziegelgedeckten, gemauerten Stocks.

Mit diesem Hinweis endet der Spaziergang durch das Dorf Mülligen im Jahr 1735. Die Leserinnen und Leser haben die damaligen Menschen etwas kennen gelernt und können sich nun überlegen, in welchem Haus sie einkehren und ein Mass selbstgekelterten Mülliger trinken würden!

Archäologische Funde: Frühmittelalterliche Grabbeigaben (Kantonsarchäologie Aargau).

Grosses Messer und Sax (kurzes, einschneidiges Schwert).

Gürtelschnalle aus Eisen mit Verzierung (aus Silber und Gold).

Zwei Ohrringe.

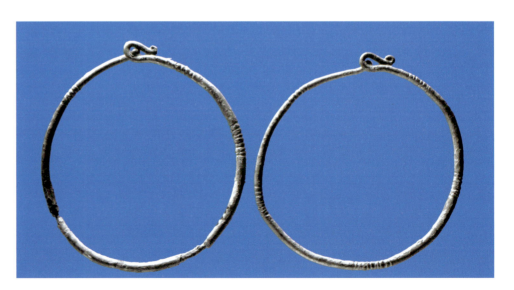

# Ursprünge

**Die ersten Mülliger**

Im Jahre 1911 baute der Bahnangestellte Albert Baumann sein Wohnhaus im Löh (heute Hauptstrasse 5). Beim Aushub stiessen die Bauarbeiter auf ein Gräberfeld. Es handelte sich um sogenannte Steinkistengräber, von denen das eine aus Tuffsteinplatten bestand. Im Innern befanden sich Skelette. Andere menschliche Knochen lagen in der blossen Erde; vermutlich waren die Leichen in Holzsärgen bestattet worden, die nachher verrotteten.

Früher gaben die Hinterbliebenen den Toten Waffen, Kleider und Schmuck mit auf die Reise in die Ewigkeit. So fanden sich auch hier zwei Dolche und ein Schwert neben einzelnen Skeletten, ausserdem die silber- und goldtauschierte Schnalle eines Ledergürtels sowie zwei bronzene Ohrringe und ein gravierter Zierknopf aus Bronze (wohl von einer Schwertscheide).

45 Jahre danach, 1956, baute die Gemeinde die Kanalisation. Beim Ausbaggern des Grabens stiess man im Löh erneut auf zwei Gräber in Tuffsteinkisten. Beim Eintreffen des Kantonsarchäologen Rudolf Fellmann war das erste bereits völlig zerstört. Im zweiten konnte er nur noch Teile des Schädels und der Unterschenkelknochen bergen. Hier waren keine Beigaben festzustellen. Die Anwohner berichteten Fellmann, im Garten des benachbarten Hauses Hauptstrasse 15 liege noch eine ungeöffnete Steinkiste. Welche Geheimnisse birgt sie wohl?

Offenbar hatte sich im Löh ein alter Friedhof befunden. Die Archäologen datieren die Funde in das 7. Jahrhundert, eine Zeit, in welcher die Alemannen von Norden her das Gebiet allmählich besiedelten.

Beim Bau der Birmenstorferstrasse zur Reussbrücke stiess man im Bereich der heutigen Pausenhalle (zwischen Schul- und Gemeindehaus) ebenfalls auf ein Grab ohne Beigaben. Bereits im 18. Jahrhundert war ein Gräberfeld im Rosengarten (südwestlich der Trotte) entdeckt worden.

Einzelne Zierniete von einer Sax-Scheide.

Das Rodungsdorf Mülligen. Noch auf dieser Flugaufnahme von 1999 ist gut sichtbar, dass die ursprüngliche Dorfsiedlung bis heute fast vollständig von Wald und Wasser umgeben ist. Foto Multimage, Brugg.

Alle diese Spuren menschlicher Besiedlung zeigen auf, dass das Gebiet des heutigen Mülligen schon im Frühmittelalter bewohnt war. Dagegen fehlen bisher jegliche älteren Funde aus der römischen Epoche, geschweige denn aus der Stein- oder Bronzezeit.[1]

**Die ältesten schriftlichen Dokumente über Mülligen**

Im 13. Jahrhundert beherrschten die Grafen von Habsburg die Gegend zwischen Aare und Reuss. Um 1273 liessen sie ihre Einkünfte in einem Verzeichnis zusammentragen. In der lateinisch abgefassten Liste steht im Abschnitt über das Eigenamt «C molendinator de Mulinon 1 quart. siliginis». Auf Deutsch: Konrad, der Müller von Mülligen, schuldete den Landesherren jährlich eine Abgabe von einem Viertel Dinkel (knapp 20 kg). Aufgrund dieser frühesten Erwähnung Mülligens beging die Bevölkerung 1973 die 700-Jahr-Feier in festlichem Rahmen.

Genaueres erfahren wir aus dem ausführlicheren Habsburger Urbar, einem weiteren Verzeichnis, das um 1305 abgefasst wurde. Damals verfügten die Grafen in Mülligen über vier Hofstätten (Bauernhöfe), deren Inhaber jährlich einen Zins von je 3 Viertel Hafer (etwa 33 kg) entrichteten. Ausserdem lagen hier «Gerüte», also Rodungsflächen. Sie brachten der Herrschaft viel mehr ein, nämlich 23¾

[1] Kantonsarchäologie Brugg: Dokumentation zu Mülligen.
[2] Beat Zehnder, Die Gemeindenamen des Kantons Aargau, Aarau 1991, S.286–287.

*Der Ortsname Mülligen*

Mülligen hiess ursprünglich «ze Mulinon», dann bis in die Frühe Neuzeit «Mülinen», also «bei den Mühlen». Der Ortsname leitete sich demnach von den Getreidemühlen ab, die hier während Jahrhunderten betrieben wurden.
Andere Ortsbezeichnungen in der Umgebung enden ebenfalls auf -igen oder -ingen: Remigen, Villigen, Mellingen oder Hägglingen. Diese gehen in die Zeit der alemannischen Einwanderung (5./6. Jahrhundert) zurück. Der Dorfname Mülligen lässt sich jedoch nicht in diese Gruppe einreihen. Wann er entstanden ist, kann daher nicht festgestellt werden.[2]

Mütt Roggen (etwa 1570 kg) sowie 10¼ Mütt Hafer (etwa 460 kg). Ein weiteres Rodungsgebiet befand sich auf dem zu Mülligen gehörenden Birrfeld; es trug insgesamt sogar 53½ Mütt Roggen (gut 3500 kg) ein.[3]

Diese Quellen vermitteln uns bereits einige wichtige Einsichten über Mülligen vor und um 1300: Im Bereich des heutigen Dorfes befanden sich die Mühle sowie vier Bauernhöfe, umrahmt von Wald und Reuss. Die Grafen von Habsburg hatten schon vor 1300 die Ausdehnung der Kulturflächen gefördert; sie liessen Waldungen, deren Eigentum sie als Grafen beanspruchten, roden und bebauen und verlangten dafür Zins. Diese Rodungen erfolgten einerseits auf der Ebene am Fluss, anderseits auf der nächstoberen Geländestufe des Birrfeldes; aufgrund des Zinses handelte es sich vermutlich um eine mehr als doppelt so grosse Fläche. Damit war die von den Mülligern bewirtschaftete Bodenfläche bereits abgesteckt; sie entsprach schon damals ungefähr dem heutigen Gemeindebann.

Mülligen war demnach das, was die Historiker einen «Rodungshof» nennen, eine wirtschaftliche Einheit, die aus dem Urwald herausgeschnitten und urbarisiert wurde. Dies ist bis heute sichtbar, wird das Dorf doch noch immer vollständig von Wald (und von der Reuss) umgeben, mit Ausnahme einer Lücke im Nordosten beim Kieswerk. Rodungshöfe dieser Art haben sich in der Umgebung viele erhalten: Inlauf (Birrhard), Schwobenberg (Gebenstorf), Baldegg (Baden), Steinenbüel und Freudenau (Untersiggenthal), Adlisberg und Birch (Bözberg).

Am vergleichbarsten ist die Lage Mülligens mit jener von Stilli. Beide Dörfer liegen auf der untersten Geländestufe am Fluss. Bei beiden ist der anschliessende Prallhang zur nächsthöheren Stufe (in Mülligen der Halderai) bewaldet. Im Unterschied zu den Stillern ist es den Mülligern jedoch gelungen, sich auf der nächstoberen Fläche des Birrfeldes ein grosses Stück Land für ihren Gemeindebann zu sichern.

Analog zu Mülligen dürfen wir uns die Entwicklung von Lupfig, Birr und Birrhard (mit Inlauf) vorstellen. Die zunehmende Bevölkerung im Mittelalter hatte auch die dortigen Bewohner veranlasst, von ihren Dörfern aus allmählich immer mehr Wald auf dem Birrfeld zu roden und in Besitz zu nehmen. Zu einem uns nicht bekannten Zeitpunkt war das ganze Birrfeld urbarisiert. Die bewirtschafteten Flächen der Nachbarn stiessen nun aneinander. Um dauernde Konflikte zu vermeiden, mussten die Interessensgebiete der verschiedenen Dörfer gegeneinander abgegrenzt («gebannt») werden. Jede Bauernschaft erhielt ihren Anteil. Auf die-

[3] Habsburger Urbar, Bände I/S.135, II/S.49.

se Weise entstand auch der Gemeindebann von Mülligen. Ob sich dieser Vorgang friedlich durch Übereinkunft unter den Nachbarn abspielte, ist mangels schriftlicher Dokumente nicht festzustellen. Denkbar ist auch, dass allseitige Vertrauensleute die Grenzen durch einen Schiedsspruch festlegten oder dass die Landesherren darüber ein Machtwort sprechen mussten. Es fällt jedoch auf, dass sich offenbar alle Gemeinden letztlich mit ihrem Bann zufrieden gaben und sich nicht jahrhundertelang um den Verlauf der Grenzen stritten (wie etwa Brugg und Windisch oder Villigen und Stilli).

An die Rodungstätigkeit der früheren Mülliger erinnern noch einige Flurnamen: So lassen sich «Rüteli», Eichrüti und die einstigen «Gemeindereutenen» direkt von «Rüten», «Reuten», einem anderen Wort für «Roden», ableiten. In der «Schwändi» hatte man den Wald mit Feuer gerodet.

Die landwirtschaftliche Erschliessung des Birrfeldes. Diese Karte von ungefähr 1840 (Michaelis) zeigt deutlich auf, wie die Dörfer Mülligen, Birrhard, Birr und Lupfig ganz am Rand des Birrfeldes lagen. Im Mittelalter war die grosse Ebene dazwischen noch bewaldet. Mit der Zunahme der Bevölkerung stiessen die Bauern mit ihren Rodungen immer weiter vor, bis das ganze Birrfeld urbarisiert war. Die Dorfschaften legten dann die gegenseitigen Gemeindegrenzen fest.

Die Habsburg um 1776.
Darstellung von N. Pérignon.

# Untertan – nicht mehr untertan: Die politische Ordnung

## Im Machtzentrum der Grafen von Habsburg

Mülligen stand spätestens seit der Zeit um das Jahr 1000 im Herrschaftsbereich der Habsburger. Dieses Hochadelsgeschlecht wies schon damals zwei weit auseinander liegende Schwerpunkte seiner Besitzungen auf: den Aargau und das Elsass. Welches ihr Ursprungsgebiet war, ist unklar. Die Historiker nehmen mehrheitlich an, die Habsburger seien aus dem Elsass in den Aargau zugewandert, vermutlich durch eine reiche Heirat. Zeitgenössische schriftliche Aufzeichnungen fehlen jedoch; solche stammen erst aus späteren Epochen.

Durch eingehende archäologische Untersuchungen ist heute aber gesichert, dass die Burg auf dem Wülpelsberg (beim heutigen Reservoir) um 1020/30 erbaut wurde.[4] Sie wurde «Habichtsburg» geheissen, und nach ihr nannten sich die Bewohner «von Habesburg», dann «von Habsburg».

Zum Stammbesitz dieses damals noch wenig bedeutenden Adelsgeschlechtes gehörte das nähere Umfeld ihrer Burg; sie nannten es ihr «Eigen»; daraus wurde das «Eigenamt». Es umfasste seit jeher das Dreieck zwischen dem Kestenberg und den Flüssen Reuss und Aare mit den Siedlungen Windisch und Oberburg, Hausen, Mülligen, Birrhard, Brunegg, Birr, Lupfig, Scherz, Habsburg, Birrenlauf (seit 1938 Schinznach Bad), Altenburg und das rechts der Aare gelegene Gebiet von Brugg. Im Mittelalter bildete das Eigenamt zugleich eine einzige Kirchgemeinde mit der Pfarrkirche in Windisch.

Die Habsburger beherrschten ihr «Eigen» in jeder Beziehung. Sie waren die grössten Grundbesitzer und dehnten ihr Eigentum durch Rodungen von Urwald noch laufend aus. Die Bauern, die das Land bewirtschafteten, entrichteten ihnen dafür Zinsen, meist in Form von Getreide. Als Kirchherren sorgten sie zwar für den Unterhalt des Pfarrers, nahmen aber den Zehnten (einen Zehntel der Ernte)

[4] Peter Frey, Die Habsburg im Aargau. Bericht über die Ausgrabungen von 1978–83, in: Argovia 1986, S.23–116.

für sich in Anspruch. Politisch übten sie hier «Twing und Bann» aus: Sie durften gebieten und verbieten, verlangten also von der Bevölkerung unbedingten Gehorsam. Auch sassen sie über Leute zu Gericht, die gegen Gesetze verstossen hatten, und sie bestraften sie – unter Umständen sogar mit dem Tod. In dieses Herrschaftssystem waren die Leute von Mülligen voll integriert.

Die Herren auf der Habsburg gaben sich mit ihrem Machtbereich jedoch nicht zufrieden. Sie dehnten ihn – auf Kosten anderer Adeliger – immer mehr aus. Dabei kam ihnen zugute, dass einige grosse Hochadelsgeschlechter der heutigen Schweiz im 12. und 13. Jahrhundert ausstarben. Nach 1173/74 erbten sie von den Grafen von Lenzburg die Grafschaft im westlichen Zürichgau (zwischen Zürichsee, Limmat und Reuss), vielleicht auch die Grafenwürde im Aargau. 1232 wurden sie Grafen im Frickgau (aus dem Erbe der Grafen von Homberg). Schliesslich konnten sie nach 1263/64 die Hinterlassenschaft der Grafen von Kyburg mit vielen Gütern in der Ostschweiz und der Landgrafschaft im Thurgau antreten. Im Übrigen stärkten sie ihre Stellung auf kriegerische Weise, so dass die Grafen von Habsburg im Laufe des 13. Jahrhunderts zum mächtigsten Geschlecht im deutschen Südwesten aufstiegen.

Der erfolgreichste Habsburger dieser Zeit war zweifellos Graf Rudolf IV. (1218–1291). Die damaligen Mülliger mochten ihn als ihren Herrn noch gekannt haben, hielt er sich doch – vor allem in jüngeren Jahren – oft in der Gegend auf, zwar nicht mehr auf der Habsburg, sondern im Städtchen Brugg in seinem Schloss oberhalb der Kirche.

1273 gelang Rudolf von Habsburg der grosse Sprung: Die Kurfürsten wählten ihn zum König über ganz Deutschland. Diesen Machtzuwachs nutzte Rudolf zur Ausdehnung seiner Herrschaft nach Osten: Österreich, Steiermark, Kärnten und Krain gelangten an seine Familie. Aus den Grafen von Habsburg wurden die Herzöge von Österreich. Ihr Machtzentrum verlagerte sich aus dem Aargau nach Wien.

Nach dem Tode Rudolfs erfolgte zwar eine gewisse Schwächung ihrer Position. Die Kurfürsten wählten nicht Rudolfs Sohn Albrecht zum König, sondern Adolf von Nassau. Albrecht von Habsburg-Österreich fand sich damit jedoch nicht ab. Er zog gegen seinen Rivalen in den Krieg und vermochte ihn 1298 zu schlagen und zu töten. Damit war auch für Albrecht der Weg zur Königswürde frei.

Der Aufstieg der Habsburger vom kleinen Adelsgeschlecht im Eigenamt auf den Königsthron erfolgte nicht kostenlos. Sie bedurften dazu eines grossen Gefolges an höheren und niedrigeren Adeligen, die in ihrem Reiterheer mitkämpften und in den unterworfenen Gebieten Regierungsämter übernahmen. Um diese zu entschädigen, mussten ihnen Rudolf und Albrecht Einkünfte verschaffen, Zinsen und Zehnten, die sie bisher selbst bezogen hatten. So verliehen und verpfändeten sie ihren Gefolgsleuten viele Einnahmequellen, auch im Eigenamt. Auf den Burgen Brunegg, Wildegg und selbst auf der Habsburg wohnten nun Rittersfamilien, die an den Kriegszügen der Habsburger teilgenommen hatten und auf deren fernere Treue diese zählten. Den beträchtlichen Ertrag der Kirche Windisch verliehen sie dem Nikolaus von Frauenfeld als Lohn für seinen Einsatz als habsburgisch-österreichischer Diplomat.

Gemäss dem Habsburger Einkünfteverzeichnis von 1305 lieferten die Bauern von Mülligen ihre Zinsen immer noch den Landesherren direkt ab. Sie waren somit weder an Gefolgsleute verliehen noch verpfändet worden. Dagegen fehlt in der Liste die Mülliger Mühle, die offenbar jemandem vergabt worden war; wem, ist nicht bekannt. Belegt ist aber, dass der nahe gelegene Lindhof teils an die Familie Truchsess auf Habsburg, teils an die Herren von Münchingen verliehen war. Aus einer Quelle von 1361 ist auch zu erfahren, dass sich der Eitenberg als Lehen im Besitz von Landadeligen befand. Ebenso besass der Ritter Egbrecht von Mülinen damals ein «Güetli» zu Mülligen.

Für die Bauern änderte sich durch diese Besitzverlagerungen von den Habsburgern zu weniger bedeutenden Geschlechtern kaum etwas. Sie lieferten ihre Zinsen und Zehnten einfach einem andern Empfänger ab, doch hatten die Grafen weder auf ihre Befehls- und Verbotsgewalt noch auf das Recht, hier Gericht zu halten, verzichtet.[5]

### Der gewaltsame Tod König Albrechts und die Gründung des Klosters Königsfelden

Einschneidend für die Geschicke der Mülliger Bevölkerung wurde aber eine Bluttat, die sich am 1. Mai 1308 ganz in ihrer Nähe ereignete. Der Habsburger König Albrecht befand sich an jenem Tag auf einer Reise von seiner Burg Stein bei Baden nach Rheinfelden, wo er seine Gattin Elisabeth besuchen wollte. Nachdem er die Reuss mit der Fähre bei Windisch als Erster überquert hatte, ritt er ahnungs-

---

[5] Ausführliches dazu siehe Max Baumann, Geschichte von Windisch, S.11–23.

los gegen Brugg. Etwa auf halbem Weg wurde er von seinem Neffen Johannes und einigen adeligen Kumpanen überfallen und erschlagen. Bis sein Gefolge eintraf, war Albrecht verblutet. Den Hintergrund der Tat bildeten Streitigkeiten um das Erbe König Rudolfs von Habsburg. Je nach Standpunkt wurde sie als gemeiner Meuchelmord oder als ehrenhafter Totschlag im Sinne des mittelalterlichen Fehderechts beurteilt.

Für das Eigenamt sollte der gewaltsame Tod des Königs bei Windisch tief greifende Folgen haben. Die Angehörigen des Verstorbenen beschlossen nämlich, am Tatort ein Doppelkloster für Nonnen und Mönche zu bauen, welches sie von Anfang an «Königsfelden» nannten. Sie kauften das erforderliche Land; Königinwitwe Elisabeth legte 1310 den Grundstein, und in den folgenden zwanzig Jahren wurde die ganze Anlage erstellt. Zum Abschluss weihte der Bischof von Konstanz im September 1330 den Chor mit den weltberühmten Glasfenstern.

Für den planmässigen Bau des Doppelklosters zeichnete Albrechts Tochter Agnes (1280/81–1364) verantwortlich. Sie war 1298 mit dem damaligen König Andreas III. von Ungarn verheiratet worden, der aber bereits nach drei Jahren das Zeitliche gesegnet hatte. Als Königinwitwe mit grossen Reichtümern ausgestattet, konnte sie sich nun dem Denkmal für ihren Vater widmen, und sie tat dies mit viel Unternehmungsgeist.

Es genügte ja nicht, eine grosse Klosteranlage zu bauen und diese mit Mönchen und Nonnen zu bevölkern. Es musste auch für deren Lebensunterhalt gesorgt werden, und zwar in den Dimensionen einer königlichen Stiftung. Dies zu verwirklichen, eignete sich die einstige Königin von Ungarn bestens. Sie nahm denn auch im Winter 1316/17 für immer Wohnsitz in Königsfelden.

Zu den frühen Erwerbungen des Klosters gehörte der Lindhof samt den Waldungen auf dem Eitenberg. Was dort heute Staatswald ist, stammt aus althabsburgischem Besitz und ging über die erwähnten Ritterfamilien Truchsess und Münchingen an Königsfelden, dann an den Staat Bern und schliesslich an den Kanton Aargau. Mit diesem Kauf war auch ein Bodenzins von einem Gut zu Mülligen verbunden.[6]

Diesen ersten Besitzungen folgten weitere Schlag auf Schlag, und zwar im weiten Umkreis des Aargaus und bis in den Raum Waldshut, ja ins Elsass. Den grössten Teil erhielt dabei das Frauenkloster mit seinen etwa 40 Nonnen, die hier bis zum Tode verblieben. Die zwischen sechs und 14 Mönche vom Franziskanerorden wa-

[6] Staatsarchiv Aarau, Urkunden Königsfelden 53, auch 205.

ren vor allem für die Seelsorge der Klosterfrauen zuständig und wurden vermutlich immer wieder versetzt. Unter der Leitung der Königin Agnes entwickelte sich die Stiftung zur reichsten weit und breit. 1371 betrug das jährliche Gesamteinkommen 649 Mark Silber. Am ehesten damit vergleichbar war das Männerkloster Wettingen mit 400 Mark Silber, während das Klösterchen Gnadental mit 30 und jenes im Fahr mit 21 Mark Silber auskommen mussten.

Für die Bevölkerung Mülligens bedeutete dies zum einen, dass der grössere Teil der Bodenzinsen nun nach Königsfelden ging. Ebenso holten die Klosterknechte den Zehnten, also jede zehnte Garbe, direkt von den Erntefeldern ab; die Habsburger hatten dem Kloster nämlich auch die reiche Kirche von Windisch geschenkt, die allein jährlich 60 Mark Silber einbrachte.

Die Klosteranlage Königsfelden von Süden aus gesehen.
Aquarell von Albrecht Kauw, 1669.

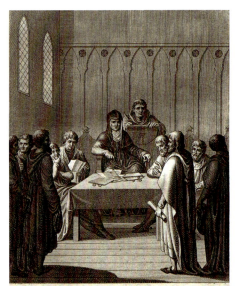

Die Königin Agnes von Ungarn (1280/81–1364), Tochter des bei Windisch getöteten Königs Albrecht von Habsburg, als Landesherrin über das Eigenamt. Neujahrsblatt der Stadtbibliothek Zürich 1807.

Die eigentliche Landesherrschaft mit dem Gericht im Eigenamt blieb aber bei den Habsburgern, die hier einen Vogt als ihren Vertreter einsetzten. 1348 erhielt die Königin Agnes Gericht und Herrschaft über das Eigenamt, Brugg und den Bözberg als ihr persönliches Erbe. Damit wurde sie auch Landesherrin über Mülligen. Sie sass aber nicht selbst zu Gericht, sondern betraute angesehene Persönlichkeiten mit dieser Aufgabe.

Nach dem Tod von Agnes 1364 fiel das Gericht wieder an die Habsburgerdynastie in Österreich zurück. Diese war jedoch derart verschuldet, dass sie es schon 1369 ihrem Gefolgsmann Heinrich Spiess von Tann als Pfand versetzen musste. In der Folge wurde es immer wieder ausgelöst, erneut verpfändet und wiederum ausgelöst.

1397 schenkten die österreichischen Herzöge das ganze Eigenamt dem Kloster Königsfelden, und zwar zu ihrem persönlichen Seelenheil und jenem ihrer Ahnen. Die Nonnen mussten für sie beten und Messen lesen lassen. Damit wurde die Äbtissin erstmals Landesherrin über Mülligen. Die Herzöge widerriefen die Stiftung allerdings nach einiger Zeit. Doch 1411 übertrugen sie dem Kloster die Landesherrschaft im Eigenamt endgültig.

Da die Nonnen das Kloster nicht verlassen durften und – zumal als Frauen – nicht selbst richteten, beauftragten sie einen Beamten mit der Wahrung ihrer politischen und wirtschaftlichen Interessen nach aussen. Dieser Amtmann trug den Titel eines «Hofmeisters» und bildete gleichsam den weltlichen Arm der geistlichen Frauen.[7]

### Die Familien von Mülinen

An dieser Stelle scheint es angebracht, auf jene Familien einzugehen, welche ihren Namen von Mülligen, ursprünglich Mülinen, ableiteten.

Im Frühmittelalter besassen die Menschen lediglich einen einzigen Namen. Erst mit dem Anstieg der Bevölkerung genügte dieser nicht mehr. Zur Unterscheidung der einzelnen Personen legte man sich einen zweiten Namen zu. Der bisherige wurde zum individuellen «Vornamen», während der zweite als «Familien»- oder «Geschlechtsname» vom Vater auf die Kinder vererbt wurde.

[7] Max Baumann, Geschichte von Windisch, S.25–66.

Die Familiennamen wurden allerdings erst im 15./16. Jahrhundert festgelegt; bis dahin konnte man ihn wechseln; ja, viele Menschen trugen zwei unterschiedliche Geschlechtsnamen. So hiess der eine Eigentümer der Mülliger Mühle 1427 bald Uli Stapfer, bald Uli Schmid, während der andere zwischen Heini in der Müli, Heinrich Müller und Heini Fischer abwechselte. Ein Verwandter Stapfers aber hiess «Hans Stapfer, zubenannt der alte Zulauf von Mülligen», und dessen Nachkommen nannten sich ausschliesslich Zulauf.[8]

Oft wurden Berufsbezeichnungen zu Familiennamen (Müller, Schneider, Baumann). Häufig waren es Übernamen (Barth, Grimm, Schwarz). Immer wieder diente der Herkunftsort als Geschlechtsname, eben «von Mülinen».

Doch nicht alle «von Mülinen» stammten aus dem aargauischen Mülligen. Ein Dorf Mülinen gibt es auch im Kanton Bern, ein Mühling im österreichischen Wienerwald, und von allen drei Orten gab es Leute, die sich «von Molinun», «von Molinen», «von Mulinen» oder «von Mülinen» nannten.

Ebenso wenig waren alle Mülliger «von Mülinen» miteinander verwandt. Der Herkunftsort konnte von verschiedenen Personen als Familienname geführt werden. 1333 bebaute beispielsweise ein Bertschi von Mülinon ein Königsfelder Zinsgut, 1395 war ein Rutschmann von Mülinen Wirt zu Windisch, und 1419 tauschte das Stift Zurzach eine Leibeigene Margarethe von Mulinen gegen eine andere Frau aus.

Das heute noch bestehende Geschlecht «von Mülinen» (französisch auch «de Mulinen»), das sowohl das Bürgerrecht von Bern als auch jenes von Brugg besitzt, leitet seine Herkunft aus der Linthebene zwischen Walen- und Zürichsee her, wo drei Burgen mit dem Namen «Mülinen» gestanden haben sollen. Von dort seien sie nach Brugg gekommen und hätten bei Mülligen eine Burg gebaut. Das Dorf habe den Namen von diesem Adelsgeschlecht erhalten.

Wie oben ausgeführt, vermutet die Forschung eher die umgekehrte Abfolge. Mülligen hat seinen Ortsnamen von den dortigen Mühlen an der Reuss. Wenn überhaupt, müsste das Geschlecht von Mülinen den Namen von diesem Dorf erhalten haben. Es gibt aber weder für die eine noch die andere Deutung schriftliche Belege.

Als Erster dieses Geschlechts wird 1256 und 1259 ein Konrad von Mülinen genannt, der als Unfreier im Dienste des Grafen und nachmaligen Königs Rudolf von Habsburg stand.

---

[8] siehe dazu Staatsarchiv Aarau, Register zu den Königsfelder Urkunden, z.B. Nrn. 556, 692, 779.

Als frühester sicherer Vorfahre des heutigen Geschlechts gilt Peter von Mülinen († 1286), der ebenfalls in der zweiten Hälfte des 13. Jahrhunderts in habsburgischen Kriegsdiensten stand und 1273 sowie 1283 als Schultheiss von Brugg nachgewiesen ist.[9] Im damaligen Reiterheer war der Hochadel auf zahlreiche Gefolgsleute angewiesen, die als Kriegerstand in den niederen Adel aufstiegen und oft «Junker» genannt wurden. Peters Söhne Albrecht und Berchtold – Letzterer ebenfalls 1333 Brugger Schultheiss – wurden denn auch ausdrücklich als «Ritter» bezeichnet.[10]

In Brugg besassen die von Mülinen einen standesgemässen, zweifellos befestigten Wohnsitz zwischen Kirchplatz, Spitalrain und Spiegelgasse. Die schöne Liegenschaft ging 1551 an die Bürgerschaft von Brugg über, der sie in der Folge als Pfrundhaus diente; an seiner Stelle errichtete sie 1747 den «Oberen Spittel», einen stattlichen Barockbau, der noch heute eine Zierde der Altstadt (Spitalrain 7) bildet.[11]

Der erwähnte Berchtold von Mülinen gelangte in habsburgischen Diensten offenbar zu Reichtum. 1311 erwarb er die Burg Kasteln im Schenkenbergertal, welche in der Folge während neun Generationen im Besitz des Geschlechtes blieb. Für 240 Jahre besass die adelige Familie somit gleichzeitig eine Burg auf dem Land und einen Sitz in der Stadt.

Der Kasteler Zweig starb im 17. Jahrhundert aus. Dagegen besteht das Geschlecht von Mülinen in der Nachkommenschaft Hans Friedrichs († 1491) noch immer. Dieser hatte das Bürgerrecht der Stadt Bern erworben. Seine Nachfahren stiegen in das dortige Patriziat, die herrschende Klasse der «Gnädigen Herren», auf und bekleideten wichtige Staatsämter als Landvögte, Hofmeister in Königsfelden, Ratsherren, zwei sogar als Schultheissen der Stadt und Republik Bern. Die Brugger blieben daher stolz auf diese erfolgreichen Mitbürger, obwohl die Beziehungen sehr lose geworden waren. Noch 1808 bestätigte ihnen die Gemeindeversammlung das Bürgerrecht, da sie «zu Ehre unserer Stadt und zum Besten unseres gemeinen Wesens gereichend angesehen» würden.[12]

Ob die von Mülinen je in Mülligen gewohnt haben, muss offen bleiben. Der Kontakt zu diesem Dorf verlor sich schon früh. Die Habsburger bestätigten dem er-

Das Schloss Kasteln, 1311–1633 Sitz des Geschlechts von Mülinen. Lithografie von Johann Friedrich Wagner (vor 1840).

---

[9] Stammtafel in Merz, Burganlagen, Band 1/S.279–290.
[10] Samuel Heuberger, Geschichte der Stadt Brugg bis zum Jahre 1415, Brugg 1900, S.83.
[11] Georg Boner, Die Urkunden des Stadtarchivs Brugg, Aarau 1937, Nr. 431. Max Stahl, Brugg um 1530, Bild und Werdegang einer mittelalterlichen Kleinstadt, Berlin 1959, S.70/Nrn. 69a–e.
[12] Stadtarchiv Brugg, Band A Ia.1, S.239–253. Historisch-Biographisches Lexikon der Schweiz V/S.179–181.

wähnten Ritter Egbrecht von Mülinen zwar noch 1361 den Besitz von mehreren Lehensgütern im Eigenamt; darunter befand sich auch das «Güetli zu Mülinen», welches ein gewisser Chuoni (Konrad) Fuchs bewirtschaftete und das einen ansehnlichen Jahreszins einbrachte.[13] Danach lässt sich kein Eigentum der von Mülinen in Mülligen mehr nachweisen.

Die Familientradition, aus Mülligen zu stammen, hielt sich dennoch über Jahrhunderte. Als der Berner Patrizier Wolfgang von Mülinen (1609–1679) von 1650 bis 1656 als Hofmeister in Königsfelden amtete und damit namens der Obrigkeit auch in Mülligen regierte, liess er es sich nicht nehmen, am angeblichen Ursprungsort seines Geschlechts Grundeigentum zu erwerben. So kaufte er 1653 die dortigen Mühlen und in der Folge weitere grössere Landparzellen. Auch lieh er Mülliger Bauern Geld, das sie als Schuldbriefe verzinsen mussten. Diese Vermögenswerte gingen später als Erbschaft an seine einzige Tochter und Erbin Margaretha und mit ihr an das Berner Patriziergeschlecht von May über.[14]

Die ferne Erinnerung an die Urheimat veranlasste einen Angehörigen der Familie von Mülinen, einen Kunstmaler zu beauftragen, Mühle und Dorf Mülligen auf einem Aquarell festzuhalten. Es befindet sich noch heute im Besitz der Nachkommen. Interessant ist dabei die Tatsache, dass der Künstler über den Häusern, am östlichen Ausläufer des Eitenbergs, die Ruine einer Burg samt Burggraben andeutete. Während die Mühlen realistisch dargestellt sind, handelt es sich bei der vermeintlichen Ruine zweifellos um ein Phantasieprodukt, welches der Auftraggeber veranlasst haben mochte, um zu «beweisen», dass die von Mülinen einst die Herren von Mülligen gewesen seien.

Diese angebliche Burg Mülligen/Mülinen hat Forscher und Schriftsteller immer wieder beschäftigt, namentlich zur Zeit der Romantik im 19. Jahrhundert. Im Jahrbuch «Alpenrosen», Jahrgang 1815, findet sich sogar eine ausführliche Beschreibung der Burganlage mit Turm, Kapelle und Stallungen sowie der ganzen Innenausstattung. Restlos alles war der Einbildungskraft des Schreibers entsprungen. Trotzdem wurde die einstige Existenz einer Burg Mülinen immer wieder behauptet, obschon weder Flurnamen noch Reste einer Ruine oder eines Grabens Anhaltspunkte dafür ergeben würden. Das Verschwinden von Bausteinen, ja selbst von Mörtelspuren, erklärte man sich einerseits mit der angeblichen Zerstörung im habsburgischen Rachefeldzug nach dem gewaltsamen Tod König

---

[13] Habsburger Urbar, Band II/S.528–529.
[14] Staatsarchiv Aarau, AA 685/28.3.1653, AA 686/Johanni 1656.

Albrechts; andererseits sollen die Mülliger die Steine zur Einfriedung ihrer Rebgärten verwendet haben.[15]

[15] Familien-Geschichte und Genealogie der Grafen von Mülinen, Berlin 1844. Eine kritischere Darstellung überliefert Niklaus Friedrich von Mülinen in seinem «Stammbuch des Hauses Mülinen», verfasst 1824; auszugsweise Abschrift von Frédéric de Mulinen 2005, der ebenfalls eine kritische Haltung gegenüber dieser Familientradition einnimmt.

Stammt das Brugger (und Berner) Patriziergeschlecht von Mülinen aus Mülligen? – Auf diesem von der Familie von Mülinen 1778 in Auftrag gegebenen Aquarell sind die Landschaft, die Mühle und einige Strohdachhäuser Mülligens recht naturgetreu wiedergegeben. Im Hintergrund die Habsburg. Am Ende des Eitenbergs deutet der Künstler hingegen eine Ruine samt Burggraben an, welche Überreste der angeblichen Stammburg der Herren von Mülinen darstellen sollen. Es handelt sich dabei um eine reine Phantasie- und Wunschvorstellung. Von einer Burg bei oder in Mülligen gibt es weder archäologische Spuren noch schriftliche Belege. Original im Besitz der Familie von Mülinen. Reproduktion im Gemeindehaus Mülligen.

## Mülligen unter der Herrschaft der «Gnädigen Herren» von Bern

Die Klosterfrauen von Königsfelden, die 1411 von den österreichischen Herzögen die Landesherrschaft über das Eigenamt erhalten hatten, konnten sich des Schutzes durch die Habsburger nicht mehr lange erfreuen. Herzog Friedrich IV. von Österreich liess sich nämlich wenig später auf einen schwerwiegenden Konflikt mit dem damaligen König Sigismund ein. Dieser erklärte ihn deshalb für rechtlos und forderte die Eidgenossen auf, habsburgische Gebiete im Namen des Reiches zu besetzen.

Der Rat in Bern liess sich das nicht zweimal sagen. 1415 eroberten seine Truppen den Aargau bis an die Reuss und an die Aare innerhalb von bloss zwei Wochen. Und sie liessen sich bis 1798 nicht mehr vertreiben, obwohl der König sie dazu aufforderte, nachdem Herzog Friedrich sich ihm unterworfen hatte.

Für das Kloster Königsfelden und damit für Mülligen änderte sich vorläufig wenig. Bern anerkannte die Herrschaft der Äbtissin über das Eigenamt, ihre Gerichtshoheit, ebenso alle Einkünfte aus Bodenzinsen und Zehnten. Die Regierung der Aarestadt trat einfach an die Stelle von Habsburg-Österreich. Sie beanspruchte eine vage Oberhoheit über diese Gegend und auferlegte den Bauern, die nun eidgenössische Untertanen geworden waren, eine grundsätzliche Militär- und Steuerpflicht. Im Übrigen versprach sie dem Kloster den gleichen Schutz, den bisher die Habsburger gewährt hatten.

Erst in den Anfängen des 16. Jahrhunderts, als sich die Klosterdisziplin in Königsfelden zu lockern begann und einzelne Nonnen – beeinflusst durch die Lektüre reformatorischer Schriften Zwinglis – aus der Schwesterngemeinschaft auszutreten begannen, mischte sich der Rat von Bern immer mehr in die politischen und wirtschaftlichen Belange des Klosters ein.

*Die Aufhebung des Klosters Königsfelden*

1528 beschloss der Grosse Rat zu Bern die Einführung der Reformation gemäss dem Gedankengut Huldrych Zwinglis. Dessen Lehre lehnte die Lebensform der Mönche und Nonnen als unbiblisch ab und bot der Regierung zugleich die Begründung für ihren Befehl, alle Klöster im Staat Bern aufzuheben. Am 1. März 1528 übergab Katharina Truchsess von Waldburg, die letzte Äbtissin von Königsfelden, der Stadt Bern das Kloster offiziell, obwohl sie dazu eigentlich gar nicht befugt war. Die bisherigen Bewohnerinnen und Bewohner mussten die Gebäulichkeiten verlassen. Die Nonnen konnten ihr eingebrachtes Gut mitnehmen. Den zehn Nonnen, die nicht heiraten wollten, versprach die Regierung nach einigem Zögern eine Leibrente in Form von Getreide, so dass wenigstens ihr Überleben gesichert war.

Damit eignete sich Bern mit einem Schlag den gesamten Besitz der reich dotierten Habsburgerstiftung an. Dazu gehörten nicht nur die Einkünfte von jährlich 649 Mark Silber, sondern auch alle Herrschafts- und Gerichtsrechte des aufgehobenen Klosters. Die Erklärung Zwinglis, das mönchische Leben sei unbiblisch, lieferte den Machthabern in Bern den geeigneten Vorwand, sich den gesamten Reichtum aller Klöster im Land unter den Nagel zu reissen. Der Übergang zur Reformation war somit weniger aus religiöser Überzeugung erfolgt als wegen des damit verbundenen materiellen und machtpolitischen Vorteils.[16]

*Der Aufbau der Berner Landvogtei im Eigenamt*

Für die Leute in Mülligen bedeutete die Aufhebung des Klosters Königsfelden einen ebenso tiefen Eingriff wie seinerzeit dessen Gründung. Im Unterschied zur Eroberung des Aargaus 1415 erhielten sie nun wirklich eine neue Herrschaft, jene der «Gnädigen Herren» von Bern, wie sich diese selbst bezeichneten.

Die Regierung machte aus dem Eigenamt sogleich eine Landvogtei. Den bisherigen *Hofmeister* der Äbtissin ernannte sie zum Landvogt, der aber den bisherigen Titel weiter führte. Er gehörte fortan ausnahmslos der dünnen Berner Patrizierschicht an und blieb jeweils sechs Jahre lang im Amt. Die Stelle eines Hofmeisters in Königsfelden war sehr gefragt. Das Eigenamt bildete die einträglichste Landvogtei im Staat Bern. Ein Teil der Einkünfte floss nämlich in die Tasche des Landvogts. Sie ermöglichten ihm, seinen standesgemässen Lebensstil bis zum Tod zu finanzieren.

Der Hofmeister amtete wie ein kleiner Landesherr in seinem Fürstentum. Er betreute alle Verwaltungszweige wie Polizei, Militär, Gericht, Finanzen, Schulwesen, Armenfürsorge. Zwar herrschte er nicht uneingeschränkt; allfälliger Willkür wurden von der Hauptstadt aus Grenzen gesetzt. Es war der Grosse Rat, der die Richt-

[16] Vgl. dazu Max Baumann, Geschichte von Windisch, S.66–75.

linien für die Verwaltung erliess und die Gesetze beschloss. Gegen die Entscheide des Landvogtes konnten die Untertanen nach Bern rekurrieren. Auch musste er eine peinlich exakte Rechnung führen, die genau kontrolliert wurde. Aber auf der Landschaft war eben doch der Landvogt der «Gnädige Herr», mit dem man im Alltag in Kontakt kam.

Die Berner Regierung war sehr sparsam. Sie finanzierte ihren Landvögten nur einen kleinen Beamtenstab:

Ein wichtiger Mitarbeiter war der *Hofschreiber*. Er führte die Gerichtsprotokolle, Zehnt- und Zinslisten, die Landvogteirechnung und die ganze Korrespondenz mit den Oberbehörden in Bern. Ausgestattet mit dem Patent eines Notars, stellte er alle öffentlichen Urkunden aus, also bei Handänderungen von Liegenschaften, bei Pfändungen, Steigerungen, Testamenten und Verträgen. Da er auf Lebenszeit eingesetzt war, garantierte er die Kontinuität der Verwaltung unter wechselnden Hofmeistern. Mit dem Hofschreiber kamen die Mülliger vor allem beim Erwerb von Land, bei der Errichtung von Schuldbriefen und für Rechtsauskünfte in Kontakt.

Ein zweiter, ebenso unentbehrlicher Beamter war der *Amtsuntervogt*. Er trat als Stellvertreter des Landvogts in Erscheinung. Bei dessen Abwesenheit oder Krankheit übernahm er sämtliche Befugnisse des Hofmeisters. Er führte dann den Vorsitz im Gericht des Eigenamtes, gab Audienzen und besorgte die ganze Korres-

Blick von Westen in den Verwaltungsbezirk von Königsfelden. Rechts die Hofmeisterei (Residenz des Landvogts) mit Schneggenturm. In der Mitte der Westflügel des ehemaligen Frauenklosters, unter der Berner Herrschaft mit dem Audienzzimmer des Landvogtes, der Stube des Amtsuntervogtes und dem Archiv. Links davon das Tor zum Spitalbereich (dahinter die Klosterkirche). Ganz links die grosse Scheune. Im Vordergrund die Pferdeschwemme.
Aquatinta von Friedrich Hegi 1815.

pondenz mit den «Gnädigen Herren». – Der Posten des Amtsuntervogts besass einen ganz speziellen Charakter: Sein Inhaber war nicht Stadtbürger von Bern, sondern ein Untertan aus dem Eigenamt, also ein Bauer. Er kannte seine Mitlandleute und deren Mentalität besser; daher war der Hofmeister auf seine Loyalität ganz besonders angewiesen. Allerdings gelangte nie ein Mülliger zur Würde des «höchsten Eigenämtlers». Dieser Posten befand sich fest in den Händen der dörflichen Oberschicht von Windisch und Oberburg.

Neben diesen wichtigsten Funktionären gab es noch den *Landweibel*, der die obrigkeitlichen Befehle in die Gemeinden brachte, die Landleute vor den Hofmeister oder den Amtsuntervogt zitierte und Bussen einzog. Für die Bauern besass er zudem eine besondere Bedeutung, weil er vor der Ernte den Zehnten schätzte.

Im Eigenamt war schliesslich ein einziger Polizist tätig: der *Profos*. Er nahm Verhaftungen vor, wartete die Gefangenen, verabreichte Prügelstrafen und vertrieb Strolche und Bettler.[17]

Auch Landweibel oder Profos wurde nie ein Mülliger. Beide mussten in der Nähe Königsfeldens wohnen. Dagegen war es durchaus möglich, dass ein Mann oder eine Frau aus diesem Dorf in der Landvogtei als Knecht oder Magd angestellt wurde.

*Amtsgericht, Blutgericht, Chorgericht*

Das Amtsgericht Königsfelden befasste sich vor allem mit zivilen Angelegenheiten. Es gewährte Landverkäufen, Schuldbriefen, Versteigerungen, Erbverträgen und Testamenten ihre öffentliche Bestätigung. Gelegentlich brachten prozessierende Parteien ihren Streit vor das Amtsgericht. Auch beurteilte und bestrafte es leichte Vergehen, etwa Beschimpfungen oder Diebstähle von Obst. Unterlegene Parteien konnten den Entscheid an den Landvogt und von da weiter an das Appellationsgericht in Bern, ja sogar an den Grossen Rat weiterziehen.

Das Eigenamter Gericht tagte üblicherweise in Königsfelden oder im Gasthaus zum Bären am Fahr Windisch. Den Vorsitz führte offiziell der Hofmeister, der sich aber meist durch den Amtsuntervogt vertreten liess. Das Amtsgericht zählte zwölf Mitglieder, je eines aus jedem Dorf des Eigenamts. Mülligen konnte also immer

---

[17] Eine detaillierte Darstellung der Berner Verwaltung in Königsfelden findet sich bei Max Baumann, Geschichte von Windisch, S.77–106.

einen Richter stellen, wobei meistens ein wohlhabender Bauer dieses angesehene Amt bekleidete. Er wurde durch den Hofmeister auf Lebenszeit ernannt, vermutlich auf Empfehlung einflussreicher Bürger.

*Ein Ringkampf mit Folgen*

Am 11. November 1653 liess Hans Huber von Mülligen den Hans Joggli Spörri von Birrhard vor das Amtsgericht nach Königsfelden zitieren. Huber berichtete, ihre beiden Söhne hätten miteinander gerungen und seien dabei zu Boden gefallen. Durch den Sturz habe sein Sohn einen Arm gebrochen, und nun forderte Huber von Spörri die Übernahme der Arztkosten.
Spörri bestätigte, er habe seinen Sohn nach Mülligen in die Mühle geschickt, um Mehl abzuholen. Auf dem Weg habe er sich mit einem andern Knaben in einen Ringkampf eingelassen, während Hubers Sohn dem Spiel von einem Birnbaum herunter zugeschaut habe. Der Letztere sei dann vom Baum heruntergestiegen und habe Spörris Sohn, der habe weitergehen wollen, ebenfalls zu einem Ringkampf genötigt. Hubers Sohn sei somit der eindeutige Verursacher des Unfalls; auch hätte dieser ihm den Zuzug eines Wundarztes zuvor mitteilen müssen.
Die Richter des Eigenamtes fällten das folgende Urteil: Hubers Sohn habe dem andern den Kampf tatsächlich aufgedrängt und dadurch den Unfall selbst verschuldet. Auch hätte er vor dem Arztbesuch eine Bewilligung der Obrigkeit einholen sollen. Der Kläger werde daher mit seiner Forderung abgewiesen.[18]

Seit dem Ende des 17. Jahrhunderts wurde das Amtsgericht immer mehr zu einer blossen Bestätigungsbehörde für zivil- und eigentumsrechtliche Belange. Wirkliche Entscheide gab es kaum mehr zu treffen. Viele Streitparteien zogen es nun vor, direkt an den Hofmeister zu gelangen. Dieser war auch Strafrichter; er durfte Angeklagte büssen und für einige Tage einkerkern. Schwere Fälle musste er aber den Oberinstanzen in Bern vorlegen.[19]
Bei Verbrechen, auf denen allenfalls die Todesstrafe stand, war das *Landgericht* zuständig. Es beurteilte kriminelle Taten wie Mord, Totschlag, Brandstiftung, Sexualverbrechen, Raub, Gotteslästerung oder Landesverrat. Das Land- oder Blutgericht trat nur bei Bedarf zusammen; für die Zeit vom 16. bis 18. Jahrhundert

[18] Staatsarchiv Aarau, AA 685/3.10.1653.
[19] Staatsarchiv Aarau, AA 684–730.

sind lediglich 30 Todesurteile bekannt. Gemäss alter Tradition tagte es im Freien, und zwar nahe bei Brugg, nämlich bei der Linde in der Gabelung der heutigen Alten Zürcherstrasse und der Bahnhofstrasse. Genau bis dorthin reichte damals das Eigenamt. Unter dem Vorsitz des Hofmeisters nahmen hier 24 einheimische Landrichter aus allen Dörfern die Anklage entgegen; anschliessend verkündeten sie das Urteil. Die Berner Obrigkeit beschnitt die Kompetenzen des Landgerichts jedoch immer mehr. Im 18. Jahrhundert wurde das Urteil vollumfänglich in der Hauptstadt gefällt und die Gerichtssitzung damit zum reinen Schauspiel.

Der Landsgerichtstag wurde in aller Öffentlichkeit abgehalten, um möglichst viele Leute aus der Umgebung anzulocken und von weiteren Verbrechen abzuschrecken. Er wurde daher theatralisch inszeniert, nach einem im Voraus detailliert festgelegten Drehbuch und mit genau zugewiesenen Rollen. Der Landvogt

*Kindsmord in Mülligen*

Am 4. November 1729 entdeckten Schiffleute auf der Vorbeifahrt unter dem Grossen Rad der Mülliger Mühle ein neugeborenes totes Kind. Der Verdacht fiel sofort auf die zuvor schwanger gewesene Magd Madleni Rüegger, die seit mehreren Jahren in der Mühle diente. Diese gestand sofort, sie habe den Säugling während der Nacht geboren, ihn zuerst aus dem Fenster fallen lassen wollen, dann aber in den Mühlebach geworfen, ohne die Nabelschnur abzubinden. Als Todesursache galt Verbluten.

Als Vater bezeichnete Madleni Rüegger den Jakob Vogt von Villigen, der neben ihr als Mühleknecht arbeitete und im gleichen Zimmer schlief, von der Geburt aber nichts bemerkte, weil er stockbetrunken war. Die beiden hatten sich die Heirat versprochen; Vogt anerkannte die Vaterschaft denn auch.

In den Verhören bestritt die Angeklagte, die Tat vorsätzlich begangen zu haben. In der Stunde, da es geschehen, habe sie nicht gewusst, was sie tue. Jakob Vogt berichtete später, seine Braut sei schon während der Schwangerschaft «allzeit schwermütig» gewesen.

Den Hintergrund dieser Kindstötung bildete die Schande, welche eine ausserehelichen Geburt der ledigen Mutter brachte. Madleni, offenbar selbst unter ungeklärten Umständen geboren, verfügte über entsprechende Erfahrung. Schon vier Jahre zuvor hatte sie ein uneheliches Kind geboren, dessen Vater ebenfalls als Mühleknecht in Mülligen angestellt, aber in Schinznach verheiratet und zu allem

trat hoch zu Ross in schwarzem Gewand auf, begleitet vom Amtsuntervogt, dem Hofschreiber und dem Weibel. Die Landrichter sassen auf einer Tribüne. Um die würdige Veranstaltung nicht zu stören, wurde der oder die Angeklagte zwar durch den Profos vorgeführt, ohne aber selbst reden zu dürfen. Der Ankläger und ein Fürsprecher trugen ihre auswendig gelernten oder abgelesenen Phrasen vor, die Landrichter besprachen den Fall zum Schein und verkündeten anschliessend das aus der Hauptstadt zugeschickte Urteil. Zum Abschluss durfte ein Untertan der «hohen Obrigkeit» für die «gute Justiz» danken.

Dann kam es zur Vollstreckung des Richterspruchs – wieder perfekt inszeniert: Ein Umzug setzte sich in Bewegung, an der Spitze der Hofmeister – erneut zu Pferd – dann der Scharfrichter mit der zum Tode verurteilten Person, gefolgt vom sensationslüsternen Volk. Der Weg führte zum heute noch so geheissenen

Unglück noch während der Schwangerschaft durch einen Hufschlag umgekommen war. Bei Jakob Vogt war die rechtliche Lage insofern einfacher, als er ihr die Ehe versprochen und die Vaterschaft anerkannt hatte. Doch sperrte sich der für Vogt zuständige Pfarrer von Rein gegen ihre Einsegnung, vermutlich wegen der Armut der Brautleute. Darüber ungehalten, befürchtete die junge Frau neue Probleme, und so versuchte sie, sich des unerwünschten Nachwuchses mit Gewalt zu entledigen.

Die Geschichte Madleni Rüeggers bildete keinen Einzelfall. Zahlreiche ledige Mütter töteten ihr Kind oder liessen es sterben, hier durch Verbluten. Oft liess sich eine solche Tat verheimlichen oder vertuschen. Wurde sie aber bekannt, kam es zum Prozess:

Am 15. November 1729 sprach die Regierung in Bern das Urteil, allein aufgrund des landvögtlichen Berichtes: Madleni Rüegger sollte innert zwei Wochen durch das Schwert hingerichtet werden. In der Zwischenzeit mussten die Pfarrer der Umgebung sie auf den Tod vorbereiten.

Das Landgericht tagte am 1. Dezember. Die Hinrichtung fand sofort nach der Urteilsverkündung statt. Während die Leiche der Mutter beim Galgen verscharrt wurde, hatte das Kind auf dem Windischer Friedhof eine kirchliche Bestattung erhalten.[20]

[20] Staatsarchiv Aarau, AA 660/15.11.1729. Archiv der ref. Kirchgemeinde Windisch, 15.12.1724.

Galgenhübel am Fusse des Habsburgerwaldes. Hier waltete der Scharfrichter seines Amtes, unter den Blicken der gaffenden Menge, die sich dieses so seltene Schauspiel nicht entgehen lassen wollte.[21]

Die im Alltag wichtigste richterliche Instanz war das Sitten- oder Chorgericht. Ein solches bestand in jeder Kirchgemeinde. Mülligen gehörte zum Chorgericht Windisch und war darin mit einem Mitbürger vertreten. Seine Aufgabe bestand darin, Verstösse gegen die von der Obrigkeit erlassenen Sittengesetze zu ahnden. Da diese Vorschriften das Privatleben der Untertanen zu reglementieren versuchten, griff das Chorgericht auch in die Intimsphäre der Gemeindeglieder ein. Und weil es zur Aufgabe des Pfarrers gehörte, alle Anklagen, Untersuchungen und Urteile fein säuberlich zu protokollieren, geben sie auch Aufschluss über die private Lebensgestaltung in Mülligen. Dieses Thema wird in einem eigenen Kapitel behandelt.[22]

**Die Helvetische Revolution**

Im Laufe des 18. Jahrhunderts setzten sich die Ideen der Aufklärung immer mehr durch. Vor allem intellektuelle Stadtbürger – darunter auch solche in Brugg – verlangten persönliche Freiheit. Sie wollten nicht mehr Untertanen von «Gnädigen Herren» sein und sehnten eine politische Neuordnung herbei. Die Bauern in den Dörfern empfanden Leistungen wie Frondienste und den Zehnten vom geernteten Getreide und Heu als erniedrigend, ebenso die Abgaben beim Tod eines Familienvaters oder die Kontrolle durch das Chorgericht. Sie wünschten zwar deren Abschaffung, nicht aber einen politischen Umsturz.

Nachdem 1789 in Frankreich die Revolution ausgebrochen war, gärte es auch in der Alten Eidgenossenschaft. In der Schweiz flammte die Helvetische Revolution aber erst 1798 auf, als französische Truppen an der Grenze standen und dann auch einmarschierten. Am 5. März eroberten sie Bern, und damit brach das alte Staatssystem zusammen. Man rief die Helvetische Republik aus, einen Zentralstaat mit neuer Einteilung. Mülligen wurde dem helvetischen Kanton Aargau und in diesem dem Distrikt Brugg zugeschlagen. Die Reuss bildete die Kantonsgrenze; Birmenstorf gehörte zum damaligen Kanton Baden.

[21] Staatsarchiv Aarau, AA 680.
[22] Siehe unten Seiten 283–296.

Über die revolutionären Ereignisse in Mülligen ist sehr wenig bekannt. Zweifellos wurde der Sturz der Berner Herrschaft auch hier mit der Aufrichtung eines Freiheitsbaumes gefeiert. Anderseits mussten die Bauern, die Ochsen oder Pferde besassen, mit ihren Wagen Fuhrdienste leisten. Ebenso quartierten die neuen Machthaber in den Haushaltungen französische Soldaten ein, die den Bauern die Vorräte an Getreide, Kartoffeln, Fleisch und Wein verzehrten. Schlimmer hausten aber offenbar eigentliche Banden von Schweizer Hilfstruppen, die Ende 1799 in die Kirchgemeinde Birr und nach Mülligen verlegt wurden. Der Distriktsstatthalter berichtete nach Aarau, die Dörfer seien von Soldaten «wie Häringtonnen vollgepfropft» und diese würden sich sehr undiszipliniert betragen. Die armen Bürger wünschten sich tausendmal lieber Franzosen als solche Schweizer, von denen es in ihren Hütten wie von Ungeziefer wimmle.

Aus Mülligen selbst haben sich allerdings keine schriftlichen Klagen an die Oberbehörden erhalten – dies im Unterschied zu andern Dörfern. Es scheint, dass die Mülliger das Ungemach jener Jahre ohne grossen Widerstand erduldeten, genauso wie sie früher die Berner Herrschaft ertragen hatten und Konflikten ausgewichen waren. Im März 1801 bezifferten sie die Kriegsschäden seit August 1798 auf 2359 Gulden, was der Distriktsstatthalter als «um einen Drittel übertrieben» erachtete. Andere Gemeinden – besonders im Grenzgebiet zum österreichischen Fricktal – hatten sehr viel stärkere Schäden erlitten.

Auch innerhalb der Mülliger Bürgerschaft kam es während der Helvetischen Revolution nicht zu einer Entmachtung der bisher einflussreichen Familien. In die dreiköpfige Munizipalität (Gemeinderat) wählte sie mit Johannes Rüegger und Jakob Schneider zwei wohlhabende Bauern und in der Person des Johannes Knecht nur einen einzigen Vertreter der Unterschicht. Nach der Auflösung der Helvetischen Republik und der Bildung des heutigen Kantons Aargau 1803 ging die Führung der Gemeinde vom bisherigen Präsidenten Rüegger nahtlos auf den neuen Ammann Rüegger über. [23]

---

[23] Staatsarchiv Aarau, HA 9043/1.1.1800, HA 9193/S.66.

**Nicht mehr untertan: Die Gemeinde Mülligen im Kanton Aargau**

*Vorgeschichte: Die Dorfgemeinde unter der Berner Herrschaft*

Schon unter der Berner Herrschaft war Mülligen als Gemeinde organisiert gewesen. Die Protokolle, die nachweisbar geführt wurden, sind jedoch verloren gegangen, sei es, dass man sie als nutzlos und überholt wegwarf, sei es, dass sie einem der Dorfbrände zum Opfer fielen. Immerhin vermitteln die Bestände des Landvogteiarchivs Königsfelden einige Hinweise auf das Funktionieren dieser Dorfgemeinde.

Mülligen besass, wie erwähnt, seit dem Spätmittelalter einen unbestrittenen, eindeutig begrenzten Gemeindebann. Innerhalb dieser Grenzen oblagen den Bauern Aufgaben, die der Einzelne nicht allein lösen konnte. Dadurch drängte sich ein Zusammenschluss zu einer politischen Gemeinde auf.

Aktenkundig ist, dass die Dorfgenossen sich jeweils zu einer Gemeindeversammlung getroffen haben, um Beschlüsse zu fassen. Stimmberechtigt waren alle Män-

Herbststimmung an der Reuss.
Foto Andreas Dietiker.

ner oder deren Witwen, die in der Gemeinde eine eigene Haushaltung («eigen Feuer und Licht») führten, Steuern und Frondienste leisteten und die obrigkeitliche Holzgabe erhielten, also Berner Staatsbürger waren.[24] Bei den Beschlüssen hatte sich eine unterlegene Minderheit der Mehrheit zu fügen. Gelegentlich wird ein «Dorfvogt» erwähnt, offensichtlich der Vorgänger des Gemeindeammanns. Ein «Dorfmeier» verwaltete die Finanzen und zog die Dorfsteuern ein. Im Übrigen ernannte die Gemeindeversammlung jeweils Delegierte, die vor dem Landvogt oder vor Gericht die Interessen des Kollektivs zu vertreten hatten.

Die Gemeindeversammlung beschloss auch, wer zur Dorfgemeinschaft gehörte und wer nicht. Sie erteilte Fremden und deren Nachkommen das Ortsbürgerrecht und bestätigte es auch auswärts wohnenden Mitbürgern. Sie bewilligte Bürgern anderer Gemeinden, sich in Mülligen als minderberechtigte Einwohner («Hintersässen») niederzulassen, konnte diese aber auch wegweisen.

Die Dorfgemeinde übernahm die folgenden Aufgaben: Wie in anderem Zusammenhang zu zeigen sein wird, organisierte sie die kollektive Bewirtschaftung der Ackerflächen im Sinne der Dreizelgenwirtschaft und der gemeinsamen Beweidung der nicht bepflanzten Felder. Die Dorfgenossen besassen gemeinsame Liegenschaften (Allmenden, Reutenen und Wälder), über deren Nutzung sie gemeinsam beschlossen. Sie unterhielten die Gemeindestrassen, regelten die Feuerwehr und die Nachtwache, entlöhnten den Schulmeister und die Hebamme und sorgten für ihre armen Mitbürger. Auch war jede Gemeinde verpflichtet, einen Dragoner zu stellen, mit Ausrüstung, Bewaffnung und Pferd, eine Aufgabe, die sie einem oder mehreren der reichsten Bauern übertrug. Wichtig war vor allem die Vertretung der Bürgerschaft nach aussen – gegenüber von Behörden, Einzelpersonen und andern Gemeinden.

Diese gemeinsamen Aufgaben waren mit Arbeit und Kosten verbunden. Die Arbeiten erledigten die Dorfgenossen meist gemeinsam im sogenannten «Gemeinwerk». Für finanzielle Aufgaben erhoben sie eine Dorfsteuer, vermutlich aufgrund des Landbesitzes. Reichten diese Abgaben nicht aus, nahm die Dorfgemeinde ein Darlehen auf, das sie verzinste und wenn möglich abzahlte. War dies nicht möglich, verkaufte sie Land aus ihrem Gemeinbesitz.[25]

[24] Staatsarchiv Aarau AA 727/S.130–135, 323–338.
[25] Staatsarchiv Aarau, AA 687/S.144v, AA 706/S.331, AA 709/S.83, AA 715/S.1, AA 718/S.10–13, AA 724/S.251, AA 725/S.46–53, 66–83, 142–149, 170–172, 230–232, 253–259, AA 726/S.44–46, AA 727/S.62–65, 130–135, 141, 143–151, 153–157, 185–201, 204–205, 212–213, 278–279, 302–310, 323–338, AA 728/S.109, AA 729/S.35, AA 730/S.24, AA 732/S.132.

Die Organisation dieser Dorfgenossenschaft war also denkbar einfach. Allerdings stellten sich auch Aufgaben, welche die Möglichkeiten der Dorfgemeinschaft Mülligen überstiegen und die auf der Ebene des ganzen Eigenamtes bewältigt werden mussten. Sämtliche Bewohner der Landvogtei waren daher genossenschaftlich zu einer Art «Zweckverband» oder «Regionalverband» zusammengeschlossen.

Den ältesten Zusammenschluss dieser Art bildete die Kirchgenossenschaft aller Männer der Pfarrei Windisch. Sie sorgte für den Unterhalt des Kirchenschiffs, des Turms und des Friedhofs, während dem Kirchherrn (ursprünglich Habsburg, dann Königsfelden, zuletzt Bern) die Sorge für den Chor der Kirche, das Pfarrhaus und den Unterhalt des Pfarrers oblag. Arbeiten liessen sich ebenfalls im Gemeinwerk vollbringen, Steinfuhren mussten die Bauern mit eigenen Zugtieren ausführen. Für Geldauslagen bestand ein Kirchengut, das von einem «Kirchmeier» schlecht und recht verwaltet wurde.[26]

Bis 1604 traten die über 14-jährigen Männer des Eigenamtes alljährlich zum Maitag zusammen, an welchem sie der Obrigkeit den Treueid schwuren und von dieser dann mit Speise und Trank bewirtet wurden.

Ausserdem hatten diese Männer gemeinsame Pflichten zu erfüllen. Dazu gehörte die Bezahlung einer bescheidenen Steuer von 15 Gulden an die Herrschaft. Aufwendiger war der Unterhalt der «Heerstrassen» von Holderbank nach Brugg und von Brugg zum Fahr Windisch; diese Arbeit lag den Birrfeldern und Mülligern wenig, da sie kaum Nutzen daraus zogen. Die allgemeinen Frondienste von jährlich zwei Tagen, welche die Haushaltvorstände dem Kloster Königsfelden einst geschuldet hatten, wurden 1524 mit einem bescheidenen Geldbetrag abgegolten. Dagegen mussten auch die wohlhabenden Mülliger Bauern, die eigene Ochsen besassen, unentgeltlich Holz- und Steintransporte übernehmen, wenn in Königsfelden Bauarbeiten anfielen.

Militärisch bildeten die Wehrpflichtigen des Eigenamtes eine eigene Kompagnie. Wehrpflichtig waren ursprünglich alle Hausväter, später überhaupt alle Männer bis zum 60. Altersjahr. Jeder musste für sein Gewehr, das Bajonett und die Patronentasche selbst aufkommen, ab 1712 für eine Uniform. Wer diese Ausrüstung nicht besass, durfte nicht heiraten, in der Gemeinde weder stimmen noch wählen noch Bürgernutzen beziehen! Die Eigenämtler Truppe wurde während des Jahres an zwölf Sonntagen auf dem Exerzierplatz in Windisch gedrillt; auch fanden

---

[26] Ausführlich in Max Baumann, Geschichte von Windisch, S.114, 463–470.

Wettschiessen statt. Sie stand unter dem Kommando eines einheimischen Hauptmanns. Der letzte unter der Berner Herrschaft war Friedrich Huber (1767–1833) aus Mülligen, der seine militärischen Sporen von 1786 bis 1790 in der Schweizergarde am französischen Königshof zu Versailles abverdient hatte. Im Kriegsfall standen die Wehrmänner aus dem Eigenamt wie jene vom Amt Bözberg jedoch unter dem Kommando der Stadt Brugg, die auch fast alle Offiziere stellte.

Winterstimmung an der Reuss. Im Hintergrund die Chatze. Foto Andreas Dietiker.

Die Genossenschaft aller Stimmbürger des Eigenamtes verstand sich auch als Interessenverband gegen aussen. Er trug als Gesamtheit bei der Obrigkeit gemeinsame Anliegen vor und führte Prozesse, etwa gegen die Stadt Brugg.

Um handlungsfähig zu sein, benötigte das Eigenamt eine eigene Behörde. Diese setzte sich aus dem Amtsuntervogt und den zwölf Mitgliedern des Amtsgerichts zusammen, so dass Mülligen immer vertreten war. Die Genossenschaft bedurfte auch finanzieller Mittel. Vermutlich im 17. Jahrhundert gestattete die Regierung in Bern dem «Eigenamt» die Erhebung einer Umsatzsteuer auf dem ausgeschenkten Wein in den Wirtschaften. Dieses «Ohmgeld» betrug $1/15$ (= $6\,2/3$ Prozent) des jeweiligen Weinpreises und ging zur Hälfte nach Bern und zur andern in die Kasse des «Eigenamtes». Der Amtsuntervogt bezahlte daraus die anfallenden Rechnungen und die Besoldung der Funktionäre. Der Überschuss wurde als «Amtsgut» zinsbringend angelegt.

Die Helvetische Revolution schaffte diesen Verband der Eigenämtler ab. Das Amtsgut (zuletzt 4800 helvetische Franken) wurde 1799 unter die Gemeinden verteilt, damit diese damit einen Teil der Kosten decken konnte, welche die französische Besetzung verursachte.[27]

---

[27] Detailliertere Angaben zur Genossenschaft der Eigenämtler finden sich in Max Baumann, Geschichte von Windisch, S.112–128.

Geblieben ist einzig der regionale Verband der Kirchgenossen, allerdings in reduzierter Form. In Birr, wo schon seit dem Hochmittelalter eine Kapelle stand, war in der Reformationszeit eine eigene Pfarrgemeinde, bestehend aus den Dörfern Birr, Lupfig, Scherz, Birrenlauf (Schinznach Bad) Brunegg und Birrhard mit eigenem Gotteshaus, einem Chorgericht und einem selbständigen Pfarrer gegründet worden. Das aus katholischer Zeit überkommene Kirchengut aber blieb beisammen. In finanzieller Beziehung bildete das Eigenamt somit weiterhin eine gemeinsame Kirchgemeinde. Erst 1813 verfügte die aargauische Regierung eine Teilung des Kirchengutes und damit die Bildung von zwei voneinander unabhängigen Kirchgemeinden. Seither gehört reformiert Mülligen zusammen mit Windisch und Oberburg, Hausen, Habsburg und Altenburg zur reformierten Kirchgemeinde Windisch. Altenburg wurde nach der politischen Eingemeindung durch Brugg auf Anfang 1901 auch der dortigen Kirchgemeinde zugeteilt.[28]

*Gemeindeversammlung und Gemeinderat Mülligen im Kanton Aargau*

Über die Anfänge der Gemeinde Mülligen im 19. Jahrhundert ist fast nichts bekannt. Auch für diese Zeit fehlen die Protokolle bis 1816, ebenso der Band der Jahre 1824–1831, die Gemeinderatsakten sogar bis 1893! Ein altes Archivinventar, das Aufschluss über allenfalls vernichtete Bestände geben könnte, ist ebenfalls nicht aufzutreiben. Man erzählt sich, beim Umzug der Kanzlei vom alten Schulhaus in das neue Gemeindearchiv hätten «Vandalen im alten Archiv gewütet»![29] – So müssen wir uns mit den Informationen zufrieden geben, die erhalten geblieben sind!

An der *Gemeindeversammlung* durften lange Zeit nur die männlichen Ortsbürger teilnehmen. Im Unterschied zum 18. Jahrhundert waren Witwen und Hintersässen (Nichtbürger) davon ausgeschlossen. Allmählich mussten die Niedergelassenen bei Themen beigezogen werden, die sie unmittelbar betrafen, etwa die Schule. Doch erst mit der Bildung einer eigentlichen Einwohnergemeinde entstand die Gemeindeversammlung im heutigen Sinn, mit den vollen politischen Rechten aller volljährigen Schweizer (seit 1972 auch der Schweizerinnen), die in der betreffenden Gemeinde wohnen.

[28] Staatsarchiv Aarau, Protokoll des Regierungsrates 1813/S.68, 112, 233. KW No.7/11 (1813.
[29] Hans-Peter Widmer, Ein bisschen Heimweh nach Mülligen, in: Brugger Neujahrsblätter 2003/S.203.

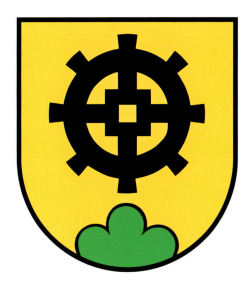

Das Gemeindewappen von Mülligen: Ein schwarzes Mühlrad über einem grünen Dreiberg vor gelbem Hintergrund. Dieses Gemeindesymbol wurde vom Familienwappen der von Mülinen übernommen, das seit dem 14. Jahrhundert ebenfalls ein schwarzes Mühlrad in Gelb, aber ohne Dreiberg, aufweist. Auf dem Siegel, welches der Gemeinderat im 19. Jahrhundert führte, waren die Radschaufeln noch t-förmig gewesen. Staatsarchiv Aargau.

Die alte Gemeindeversammlung des 19. Jahrhunderts trat viel häufiger zusammen als die heutige, die üblicherweise nur zur Budget- und Rechnungsgemeinde einberufen wird. Die Bürger übertrugen ihren Behörden früher sehr viel weniger Befugnisse. Dies zeigt sich deutlich bei der Ausgabenkompetenz, welche die Mülliger ihrer Exekutive einräumten. 1832 durfte der Gemeinderat ganze 15 Franken aus der Gemeindekasse ausgeben, ohne die Erlaubnis dazu einzuholen; Holz durfte er höchstens für 12 Franken verkaufen; auch bei jeder Armenunterstützung, der Anschaffung von Schulbüchern und Schreibmaterial sowie für Reparaturen an der reformierten Kirche Windisch bildeten 12 Franken die Obergrenze. Diese Kompetenzsumme erhöhten die Bürger 1905 auf 50 und 1920 auf 100 Franken, und zwar nur «infolge der ungeheuren Geldentwertung». 1945 betrug sie 300, heute 12 000 Franken.

Diese Zurückhaltung beruhte wohl weniger auf Misstrauen gegenüber dem Gemeinderat als auf dem Willen der Bürger, auch in Detailfragen selbst zu entscheiden. So ereiferte man sich jahrzehntelang über die Frage, ob den Schülern ein Jugendfest oder eine Schulreise zu bewilligen sei; bis 1963 bildete dieses Problem ein regelmässiges, oft hitzig diskutiertes Thema, über welches man demokratisch abstimmen wollte.[30]

Konsequenterweise waren die Mülliger denn auch bereit, oft bis zu zehnmal jährlich zusammenzukommen. Dabei blieb die Beteiligung sehr hoch; 90 Prozent bildeten im ganzen 19. Jahrhundert keine Seltenheit. Anlässlich einer an sich unbestrittenen Bestätigungswahl 1819 waren es sogar volle 100 Prozent! Seit dem Jahr 2000 nehmen dagegen nur noch durchschnittlich 12 Prozent der Stimmberechtigten an den Gemeindeversammlungen teil. Da für endgültige Beschlüsse aber ein Quorum von 20 Prozent erforderlich wäre, unterstehen jeweils sämtliche Entscheide dem fakultativen Referendum.

Die Gemeindeversammlungen fanden ursprünglich am Sonntag nach dem Nachmittagsgottesdienst statt, später auch samstags. Bei Wahlen dauerten sie oft viele Stunden, weil nach jedem Wahlgang zuerst ausgezählt werden musste, bevor man weiterfahren konnte.

1973, nach der Einführung des Frauenstimmrechts, beantragte Susanna Barth-Fricker die Einführung der Urnenwahl mit der Begründung, es könnten nicht ganze Familien den Samstagnachmittag an der Wahlversammlung verbringen!

[30] Gemeindearchiv Mülligen, Gemeindeprotokoll 1819/S.296–298. Gemeindeversammlungsprotokoll I/S.42f., IV/S.188, V/S.114–115, IX/S.39.

Obwohl der Gemeinderat diesen Antrag bekämpfte, setzte Susanna Barth sich knapp mit 31 gegen 28 Stimmen durch, womit die Frauen von Mülligen ihren ersten politischen Sieg errangen.[31] – 1993 führte die Gemeinde auch die briefliche Stimmabgabe ein.

Der *Gemeinderat* setzte sich anfänglich aus bloss drei Mitgliedern zusammen, den Ammann eingeschlossen. Da aber für gültige Beschlüsse auch wirklich drei anwesend sein mussten, wählten die Bürger zusätzlich zwei Stellvertreter, so genannte «Suppleanten», die bei Abwesenheit oder Krankheit einsprangen. 1841 erhöhte man deren Zahl auf drei. Fehlte der Ammann, übernahm der erstgewählte Gemeinderat den Vorsitz. Einen formellen Vizeammann gab es seit 1868. Im Jahre 1884 ging Mülligen zum heutigen System mit fünf Gemeinderäten über.

Die Amtsdauer des Ammanns betrug ursprünglich drei, jene der Gemeinderäte sechs Jahre. Die Letzteren wurden aber jeweils nicht alle gleichzeitig gewählt. Alle drei Jahre musste sich ein Teil der Gemeinderäte und Suppleanten einer Erneuerungswahl stellen. Seit 1852 dauert eine Amtsperiode für alle einheitlich vier Jahre.

Bis 1868 musste jeder Gewählte ein Mindestvermögen nachweisen. Für den Gemeindeammann betrug es 1831 1000 alte Franken (1430 Schweizerfranken), was einem stattlichen Bauernhaus entsprach. 1852 wurde es auf 2000, 1860 auf 2500 und 1864 sogar auf 3000 neue Franken erhöht. Für die Gemeinderäte und Suppleanten lag der Ansatz etwas tiefer. Mit dieser Vorschrift sicherte sich die Minderheit der wohlhabenden Bauern ihre Machtstellung gegenüber der Mehrheit von Kleinbauern und Vermögenslosen, die dadurch von den Behörden ferngehalten wurden.[34]

Dafür war auch die Besoldung bescheiden. 1816 erhielt der Ammann jährlich 8 alte Franken «Gratifikation», jeder Gemeinderat 2 Franken, der Suppleant gar nichts. Für auswärtige Amtshandlungen gab es ein Taggeld von 50 Rappen. Die Ansätze stiegen nur langsam – entsprechend dem Zeitaufwand. Ein erster Sprung erfolgte während des Ersten Weltkrieges «wegen kriegsbedingten Mehrarbeiten, heutigen Lebensverhältnissen und gestiegenen Löhnen». Man betrachtete die Tätigkeit in einer Behörde noch immer als weitgehend ehrenamtlich. Erst im letzten Drittel des 20. Jahrhunderts, als die Breite und Intensität der Geschäfte immer

---

[31] Gemeindearchiv Mülligen, Gemeindeversammlungsprotokoll IX/S.201.
[34] Gemeindearchiv Mülligen, Gemeindeprotokoll 1816/S.20–23. Gemeindeversammlungsprotokoll I/S.16–24, II/S.89, 170, 188–189.

*Der erste Gemeindeammann von Mülligen*

Johannes Rüegger (1770–1845), Müllerssohn, wurde schon als Zwölfjähriger Vollwaise. Fast ohne Vermögen, packte er 1793 die Gelegenheit, den Hof einer reichen, kinderlosen Grosstante zu übernehmen.[32] Zwei Jahre später heiratete er Anna Riniker, die Tochter des Wirts in Hausen, die in der Folge fünf Töchtern das Leben schenkte. Er war Landwirt und betrieb später in seinem Haus (ungefähr bei Hauptstrasse 27) eine Pintwirtschaft.

Während der Helvetischen Revolution 1798 wurde Rüegger Munizipalitätspräsident von Mülligen und 1803 erster Ammann seiner Heimatgemeinde. 1826 wurde er auch in den Grossen Rat gewählt und benötigte dafür eine Vermögensbescheinigung über 20000 Franken. Später bekleidete er auch die Ämter eines Friedens- und Bezirksrichters.

Über Rüeggers politische Tätigkeit ist wenig bekannt. Sicher war er nicht unumstritten – jedenfalls in seinen späteren Jahren nicht. 1831 wurde er erst im zweiten Wahlgang in den Gemeinderat gewählt. 1834 erhielt er nur 28 von 52 Stimmen. 1837 stimmten zwar 49 Bürger im zweiten Wahlgang für ihn, doch legten 23 leer ein, weil sich die Gegenkandidaten zurückgezogen hatten. 1840 trat Albrecht Baumann, ein Mann aus der bäuerlichen Mittelschicht, gegen ihn an; er unterlag jedoch mit 32 zu 21 Stimmen. 1841 wurde Rüegger zwar im ersten Wahlgang gegen den ebenfalls reichen Samuel Schwarz als Gemeinderat gewählt; doch fiel er bei der Erkürung des Ammanns gleich aus der Wahl. Nach 38 Jahren wollten die Bürger einen Wechsel und bestimmten den bisherigen Gemeindeschreiber Heinrich Barth zum Gemeindeoberhaupt. Doch Rüegger gab nicht auf. Er blieb als Gemeinderat bis zu seinem Tod in dieser Behörde. Während 47 Jahren hatte er in Mülligen politische Ämter bekleidet.[33]

mehr Zeit beanspruchte, erfolgte eine Anpassung im Sinne eines immer noch bescheidenen Lohnes.

Trotz der Erweiterung zur Einwohnergemeinde blieb die Führung noch lange Zeit fest in den Händen der Mülliger Ortsbürger. Nur vereinzelt schafften Niedergelassene die Wahl in den Gemeinderat, so 1869 Jakob Schwarz von Remigen, Bauer im Hof, oder 1910 der Wirt und Schreiner Jakob Schatzmann, der zweimal

[32] Staatsarchiv Aarau, AA 716/S.31.
[33] Gemeindearchiv Mülligen, Gemeindeversammlungsprotokolle.

Die Besoldung der Gemeindeammänner und Gemeinderäte (in neuen Schweizerfranken).

| Jahr | Ammann | Gemeinderat | Suppleant | Total |
|------|--------|-------------|-----------|-------|
| 1816 | 11 | 3 | 0 | |
| 1831 | 14 | 6 | 2 | |
| 1852 | 24 | 12 | 5 | |
| 1889 | 40 | 20 | *Vizeammann* | |
| 1921 | 240 | 90 | 105 | |
| 1961 | 800 | 250 | 400 | |
| 1981 | 3200 | 1600 | 2000 | 10000 |
| 2001 | 10000 | 5000 | 6000 | 31000 |

in dieser Behörde sass und zweimal abgewählt wurde. Erst seit 1926 waren die Niedergelassenen dauernd im Gemeinderat vertreten. 1946 wurde mit Rudolf Hunziker (1889–1948) erstmals ein Nicht-Mülliger Gemeindeammann. Damals errangen die Niedergelassenen auch zum ersten Mal die Mehrheit im Gemeinderat, allerdings nur für kurze Zeit; seit 1964 sind sie ununterbrochen in der Mehrheit. Die Tatsache, dass die Ortsbürger so lange übervertreten waren, hing auch damit zusammen, dass ihre Vertreter meistens Bauern und daher während des Tages eher abkömmlich waren als Arbeiter oder Angestellte, die auswärts arbeiteten.

Dagegen dauerte es nach der Einführung des Frauenstimmrechts über 20 Jahre, bis Ende 1993 mit Catherine Hägler-Ammann erstmals eine Frau Einzug in den Gemeinderat hielt und vier Jahre später sogar zum Vizeammann erkoren wurde.

*Wahlkämpfe und weitere politische Auseinandersetzungen*

Schon der Lebenslauf des ersten Mülliger Ammanns Johannes Rüegger hat gezeigt, dass Kampfwahlen in der Gemeinde gelegentlich vorkamen. Nach Rüeggers Tod gingen nicht weniger als 19 Wahlvorschläge ein.

Anlässlich der Erneuerungswahl von 1885 verweigerten sämtliche Gewählten die Annahme des Amtes, so dass die Versammlung nach fünf ergebnislosen Wahlgängen abgebrochen werden musste. Nach einer Woche konnten dann alle Posten besetzt werden.[35]

Die Hintergründe solcher Wahlkämpfe oder Annahmeverweigerungen sind schwer zu ergründen. Ob es persönliche Animositäten waren oder ob Arbeiter und Kleinbauern gegen Wohlhabende antraten, wird aus den Quellen nicht ersichtlich.

Insgesamt scheint die Attraktivität des Gemeinderatsamtes im 20. Jahrhundert abgenommen zu haben. Man war froh, wenn sich geeignete Persönlichkeiten zur Verfügung stellten. Eine Abwahl eines amtierenden Gemeinderates kam letztmals 1921 vor, war jedoch vor 1900 nicht selten gewesen.

Die Abnahme von Kampfwahlen bedeutet aber nicht, dass sich das politische Klima in Mülligen immer harmonisch gestaltet hätte. Im Gegenteil! Die Gemeindeschreiber haben in den Protokollen Vorfälle festgehalten, die eine deutliche Sprache sprechen:

So ist unter dem 23. November 1919 zu lesen: «Es glaubten sodann 5 Stimmfähige, an der Amtsführung des Gemeindeammanns und Gemeindeschreibers ungerechte Kritik üben zu müssen, was nun seine Folgen haben wird.» Die angekündigten Konsequenzen bestanden darin, dass Gemeindeschreiber Johann Baumann (1851–1934) sein Amt nach 40-jähriger Tätigkeit niederlegte und Gemeindeammann Johann Huber (1871–1942) nach 15 Jahren zurücktrat. Huber liess sich dann allerdings 1928 erneut zum Gemeindeoberhaupt wählen.

1924 unterzeichneten 35 Stimmbürger einen Protest gegen die «provokatorische Steuerveranlagung pro 1924 seitens des kantonalen Steuerkommissärs». Da der Gemeinderat sie auf die Rekursmöglichkeiten verwies, musste er sich Beschimpfungen anhören; es fehle ihm «am nötigen Rückgrat» und «wenn die Behörde

Leuchtende Farben in der verschneiten Reusslandschaft. Foto Thomas Schirmann.

[35] Gemeindearchiv Mülligen, Gemeindeversammlungsprotokoll I/S.381–385, III/S.148–155, IV/S.211–223.

*Parteien in Mülligen*

Schon in früheren Zeiten mögen sich innerhalb der Bürgerschaft Gruppierungen gebildet haben, die gegenseitig rivalisierten. Ob es eher soziale Klassen waren (etwa Gross- gegen Kleinbauern) oder einzelne Familien mit ihrem Anhang, die sich bekämpften, lässt sich aus den Protokollen nicht ermitteln.

Parteien im Sinne von politischen Organisationen entstanden erst im 20. Jahrhundert. 1917 standen sich in Mülligen erstmals ein bürgerlicher Einwohnerverein und eine Sozialdemokratische Partei gegenüber. Ihre politischen Aktivitäten flauten aber schon bald wieder ab.

Eine Sektion der Bauern-, Gewerbe- und Bürgerpartei (BGB) besteht seit 1940. Sie wurde 1978 zur «SVP Ortspartei Mülligen» umbenannt.

Am 22. Januar 1986 gründeten elf Sozialdemokraten auch eine «SP Sektion Mülligen». Sie strebt eine aktive Kommunalpolitik an und will einen Beitrag zur Belebung der kulturellen Aktivitäten im Dorf (z.B. Filmnacht) leisten.

Beide Parteien bemühen sich um die Besetzung der politischen Ämter und veranstalten vor Gesamterneuerungswahlen jeweils gemeinsame Wählerversammlungen.[36]

doch nichts leisten wolle, dann könne man ja die hohen Beamtenbesoldungen reduzieren».

Als der Gemeinderat ein Jahr danach die Anschaffung einer neuen Wasserpumpe beantragte, votierten einige Bürger für die Reparatur der alten, und zwar heftig und lautstark: Der Gemeindeschreiber formulierte es so: «In der weitern, unerschöpflichen, auseinandergehenden, gespannten, einer objektiven Betrachtung entbehrenden Diskussion, welche in nicht zur Ruhe kommenden Lärm ausartete, während welcher die Gemeinderäte Baumann, Barth und Huber die Versammlung verliessen, schritt der Vorsitzende zur Abstimmung.» Dann brach der Gemeindeammann die Versammlung ab. Drei Tage später wurde weiterdiskutiert und schliesslich doch eine neue Pumpe gekauft.[37]

1930 kam es zu einem weiteren «tumultartigen Skandal» an der Ortsbürgergemeinde. – Auch 1933 entliess der Ammann die Stimmbürger mitten in einer Ver-

---

[36] Mitteilungen der Vorstände der SVP und SP Mülligen.
[37] Gemeindearchiv Mülligen, Gemeindeversammlungsprotokoll V/S.104–106, 215–218, 238–239, 242–243, 250, 252–253.

sammlung, weil «bei dieser Erhitzung der Gemüter keine erspriessliche Arbeit geleistet werden könne».[38]

Ein Jahrzehnt danach herrschten wieder grosse Spannungen im Dorf. 1945 kam es an der Gemeindeversammlung sogar zu Tätlichkeiten gegenüber einem unbequemen Mitbürger. Dieser ergriff häufig das Wort in kritischem Sinn, oft auch in unsachlichem Ton. Nach einer hitzigen Diskussion über die Einführung von Wasseruhren kündigte Gemeindeammann Gottfried Barth an, «nach Neujahr könne die Gemeinde dann einen andern trampen».[39] Sein Nachfolger, Rudolf Hunziker (im Amt von 1946 bis 1948), hielt zu Beginn seiner Amtstätigkeit eine programmatische Ansprache, in der er zu gegenseitigem Respekt aufrief.

Die Ermahnungen fruchteten offenbar wenig. Dem erwähnten aufmüpfigen Bürger wurden nachts acht Nussbäumchen vernichtet. Der Ammann erklärte daraufhin öffentlich, «dass die Zleidleberei in Mülligen nun endlich aufhören solle. An Stelle von Missgunst, Hass, Neid und Zwietracht soll mehr Selbstachtung und Gemeinsamkeit im wohlgemeinten Interesse des Ganzen treten.» Der Geschädigte liess sich später selbst in die Gemeindebehörde wählen, konnte es aber nicht lassen, an den Gemeindeversammlungen gegen den Gemeinderat anzutreten, dessen Anträge offen zu kritisieren und dem Ammann Fragen über Interna zu stellen, die dieser dann öffentlich beantworten musste.[41]

Inhaltlich ging es bei den Streitpunkten meist um finanzielle Fragen, wie die Entlöhnung des Personals, oder um Budget und Steuerfuss. So entspann sich Ende 1956 eine ausgiebige Diskussion über den Steuersatz, wobei einige Bürger mit Be-

Eiszapfen am Tuffgestein des Reussufers.
Foto Thomas Schirmann.

[38] Gemeindearchiv Mülligen, Gemeindeversammlungsprotokoll VI/S.27, 112.
[39] Gemeindearchiv Mülligen, Gemeindeversammlungsprotokoll VII/S.45.
[40] Gemeindearchiv Mülligen, Gemeindeversammlungsprotokoll VII/S.81.

*Ein Aufruf des Gemeindeoberhauptes zu mehr politischer Kultur im Dorf*

Die Eröffnungsrede des neue Ammanns zu Beginn der Amtsdauer 1946–1949 fasste der Gemeindeschreiber im Protokoll wie folgt zusammen:
«Er appelliert an eine gute Zusammenarbeit zum Wohle der Gemeinde. Die Gemeinde sei wie eine grosse Familie. Nur ein gutes Zusammenhalten sei der Gemeinde förderlich. Das Wohl der Allgemeinheit soll oberstes Ziel sein. Jeder soll sachlich seine Meinung frei und offen sagen. Gegen persönliche Anrempelungen und ehrverletzende Äusserungen werde er mit aller Schärfe vorgehen. Wo nötig werde er Ordnungsbussen ausfällen. Die Behörde werde sich Mühe geben, Gesetz und Recht zu respektieren. Gegenteilige Begehren werde er grundsätzlich abweisen. Er hofft, dass die Gemeinde der neuen Behörde etwas weniger Unannehmlichkeiten bereiten möchte, als dies gegenüber der früheren Behörde der Fall gewesen sei.»[40]

schimpfungen wie «Lügner» und «Lümmel» nicht sparten.[42] Auch vom Gemeinderatstisch aus wurden Kritiker nicht immer mit Samthandschuhen angefasst. Bei persönlichen Übergriffen dieser Art waren unterschiedliche politische Ansichten oft mit persönlichen Ressentiments vermischt, die jahrzehntealt waren, ja oft über Generationen zurückreichten. Der starke Zuzug der vielen auswärtigen, von Dorfstreitigkeiten unbelasteten Stimmbürgerinnen und Stimmbürgern führte zu einer Versachlichung der Diskussionen, so dass die Gemeindeversammlungen heute frei von persönlichen Fehden sind.

*Die Gemeindeverwaltung*

Die Organisation der Gemeinde Mülligen blieb im 19. Jahrhundert denkbar einfach. Es gab keine zentrale Verwaltung. Jeder Zweig wurde von einem andern Bürger betreut: Der Gemeindeschreiber führte die Protokolle, die vom Kanton vorgeschriebenen Bücher und die Korrespondenz. Die Gemeindekasse, die Armen- und die Schulrechnung wurden durch drei eigene Buchhalter geführt. Der Fertigungsaktuar war für Handänderungen zuständig. Der Ohmgeldner kontrollierte

[41] Gemeindearchiv Mülligen, Gemeindeversammlungsprotokoll VII/S.141, VIII/S.15.
[42] Gemeindearchiv Mülligen, Gemeindeversammlungsprotokoll VIII/S.129–132.

den Weinkonsum in den Gaststuben und berechnete die betreffende Umsatzsteuer. Der Gemeindeweibel zog Steuern und Bussen ein. Dem Pfarrer in Windisch unterstand das gesamte Zivilstandswesen bis Ende 1875. Ausserdem bestanden verschiedene Funktionen, welche der Gemeinderat unter den Bürgern verteilte: Polizeiwächter, Betreibungsbeamter, Viehinspektor, Fleischbeschauer, Brunnenaufseher, Strassen- und Spritzenmeister.

Die Gemeindeschreiber mussten intelligente Männer sein, die sich schriftlich gut ausdrücken konnten. So war vermutlich der Schulmeister Samuel Huber (1776–1843) auch der erste Sekretär des Gemeinderates. Im Unterschied zu vielen Gemeinden übte später nie mehr ein Lehrer dieses Amt in Mülligen aus. Für die erste Hälfte des 19. Jahrhunderts lassen sich mindestens fünf Gemeindeschreiber nachweisen. Dann aber zeichnete sich Mülligen durch eine ganz ungewöhnliche Kontinuität seiner Sekretäre aus. Mit Ausnahme der Zeitspanne zwischen 1960 und 1967 (mit vier Wechseln!) gab es von 1852 bis in die Gegenwart nur vier Gemeindeschreiber: Samuel Barth 1852–1880, Johann Baumann 1880–1920, Ernst Barth 1920–1960 und Alfred Schelldorfer seit 1967.

Dunst über der Reuss. Foto Andreas Dietiker.

Die Entlöhnung des Gemeindesekretärs war lange Zeit äusserst bescheiden. 1816 arbeitete er im Akkord: 15 Rappen (alter Währung) je Seite. Dieser Ansatz galt noch in der Mitte des Jahrhunderts. 1852 erhielt er zwar 20 Rappen, doch in der neuen Währung des Schweizerfrankens war das weniger als vorher!
1860 ging die Gemeinde auf eine pauschale Jahresentlöhnung über: 60 (später 80) Franken für alle «Scripturen», wobei der Schreiber das Papier selbst berappen musste. 1873 stellte Samuel Barth sein Amt zur Verfügung, es sei denn, er würde inskünftig 100 Franken erhalten. Da sich auf die Ausschreibung niemand meldete, bewilligten die Bürger die Erhöhung zähneknirschend mit 35 gegen 12 Stimmen. Dabei blieb es bis 1897. Damals erklärte Johann Baumann, er verdiene nur

ein Drittel bis zur Hälfte dessen, was seine Kollegen in den umliegenden Gemeinden (bezogen auf die Einwohnerzahl) erhielten; er verlange 150 Franken. Etwas unter Druck geraten, stimmte die Bürgerschaft «mit Mehrheit» zu. Ja, als Baumann 1906 sein 25-Jahr-Jubiläum feierte, gab es eine Aufbesserung auf jährlich 200 Franken. Wie erwähnt, boten die Besoldungen auch später den Stoff für hitzige Diskussionen im Dorf. Seit dem Jahr 2000 enthält ein Personalreglement die Lohnklassen, denen der Gemeinderat die einzelnen Angestellten in eigener Kompetenz zuteilt.[43]

Bei der Finanzverwaltung hielt man während des ganzen 19. Jahrhunderts an einem altertümlichen System fest. Der Verwalter des Gemeindegutes erhielt als Lohn 2 Prozent der Einnahmen und Ausgaben (ab 1841 4 Prozent), die Betreuer des Armen- und Schulgutes je 5 Prozent des «Verwendbaren», der Bezüger des Ohmgeldes 7 Mass von jedem Saum Wein (also etwa 11 auf 160 Liter). Der Gemeinderat schrieb diese Posten alljährlich(!) zur Neubesetzung aus und fand immer Bewerber, obwohl sie sogar Bürgen stellen mussten. Die Ortsbürgergemeinde führte daneben noch drei weitere Kassen.

Für die aargauische Direktion des Innern passte diese überholte Art der Buchhaltung nicht mehr in die neue Zeit. Sie regte 1909 erstmals die Einführung der Zentralverwaltung an, blitzte in Mülligen aber böse ab. Auch 1913 lehnte die Gemeindeversammlung diese Neuerung ab, obwohl nachweisbar Kosten hätten gespart werden können. Offenbar bot die Führung einer solchen Kasse einen willkommenen Nebenverdienst. 1917 ging die Gemeinde dann doch zur Zentralverwaltung über. Sie stellte neben dem Gemeindeschreiber einen Gemeindekassier oder Gemeindeverwalter an. 1922 zentralisierte auch die Ortsbürgergemeinde ihre drei Kassen. Doch erst 1962 – mit dem Bezug des neuen Gemeindehauses – übernahm der damalige Gemeindeschreiber auch die gesamte Rechnungsführung.[44]

Vor der Zentralisierung des Finanzwesens führte jeder Verwalter «seine» Kasse zu Hause in seinen Privaträumen. 1847, nach mehrmaliger Aufforderung durch die Oberbehörden, bewilligte die Bürgerschaft wenigstens den Einbau eines feuerfesten Archivs im Schulhaus. Auch die Gemeindeschreiber übten ihr Amt zu Hause

---

[43] Gemeindearchiv Mülligen, Gemeindeprotokoll 1816/S.20–23, Gemeindeversammlungsprotokoll I/S.302, II/S.89, 170, III/S.70, 269–275, IV/S.40, 73, 199.

[44] Gemeindearchiv Mülligen, Gemeindeversammlungsprotokoll I/S.101, 318–319, II/S.102, IV/S.250, V/S.14, 60, 71–72, 157, 174, 177, 367, 379–383, IX/S.22.

aus. Erst 1920 richtete die Gemeinde im Erdgeschoss des Schulhauses eine Gemeindekanzlei ein. Das Lokal befriedigte nie.

Ab 1942 häuften sich die Rügen des Bezirksamtmanns. In seinem Inspektionsbericht bezeichnete er die Kanzlei als absolut unhaltbar: «Dieses düstere, schwarze Lokal, das überdies viel zu klein ist, passt in keiner Weise in die heutigen Verhältnisse. Auch das Archiv ist viel zu klein und überlastet.» 1943 hiess es gar, es handle sich um «die primitivste Kanzlei im ganzen Kanton». Nun bewilligten die Stimmbürger die Erarbeitung eines Projektes. Ein erster Plan sah 1944 den Umbau des Gemeindewaschhauses vor, in welchem man ausser der Kanzlei und dem Archiv auch noch das Feuerwehrlokal und das Schlachthaus unterbringen wollte. Nach der Vorlage eines Kostenvoranschlages von 62 000 Franken kam aber kein Beschluss zustande. Ein Jahr später schlug der Gemeinderat die Teilung eines Schulzimmers vor; doch die Erziehungsdirektion gestattete nur die Abtrennung der südwestlichen Ecke.

Von 1951 an wurden die Projekte für ein neues Schulhaus und eine neue Kanzlei zusammen verfolgt. Der Kantonsbaumeister riet von dieser Kombination jedoch ab. Schliesslich wurde wirklich getrennt gebaut. Das heutige Gemeindehaus mit einer Wohnung für den Gemeindeschreiber im ersten Stock konnte 1960 bezogen werden. Die Schlussrechnung ergab Ende 1961 Kosten von 150 625 Franken. – 1986 erfolgte der Einbezug des oberen Stocks für die Verwaltung – mit zwei Sitzungszimmern, einer kleinen Küche und einem Büro für den Gemeindeammann. Die gesamte Sanierung erforderte nun 460 000 Franken. Zwei Jahre später wurde auch das Archiv im Keller mit einer Compactus-Anlage auf einen modernen Stand gebracht.[45]

Bei der ehemaligen Gipsmühle. Links Überreste des Wehrs, in der Mitte der Mühlekanal. Foto Bruno Baumann.

[45] Gemeindearchiv Mülligen, Gemeindeversammlungsprotokoll VI/S.379, 408, VII/S.11, 12–13, 25, 69, 77, VIII/S.199–202, 205–207, IX/S.13, 96, 210, X/S.96, 122.

Das alte Schulhaus (abgebrochen 1979). Im Erdgeschoss befand sich zwischen 1920 und 1960 die Gemeindekanzlei. Links das Haus Birrfeldstrasse 3.

In den neuen Räumen liess sich nun eine zeitgemässe Verwaltung verwirklichen. Die Bevölkerung und die anfallenden Arbeiten nahmen derart zu, dass der Gemeindeschreiber eine Aushilfskraft beanspruchen durfte. 1984 wurden erstmals 150 Stellenprozente, ab 1987 ein stufenweiser Ausbau auf ein zweites Vollamt bewilligt. Mit einer grundlegenden Reorganisation der Verwaltung wurde 1999 das Steueramt nach Windisch ausgelagert, wobei das Inkasso weiterhin von Mülligen aus erfolgt. Danach liess sich die Arbeit hier noch mit 180 Stellenprozenten bewältigen. Heute sind es wieder 200 Prozent.

Um die Bevölkerung besser informieren zu können, liess der Gemeinderat seit den 1960er-Jahren alle zwei bis drei Wochen Nachrichten in den Lokalzeitungen publizieren. 1978 führte er ein eigenes Mitteilungsblatt ein.

Das Computerzeitalter hat mittlerweile auch in der Mülliger Gemeindekanzlei Einzug gehalten. 1986 schaffte die Gemeinde eine erste EDV-Anlage an, die 1994 und 2003 erneuert werden musste.[46]

Die einstigen Gemeindeschreiber mit ihrem kleinen, düsteren Büroraum im alten Schulhaus würden staunen!

[46] Gemeindearchiv Mülligen, Gemeindeversammlungsprotokoll IX/S.234, X/S,75, 96, 110, 129, XI/S.29, 84, 123.

Das neue Gemeindehaus mit Schulhaus und Pausenhalle, erbaut 1960. Der Standort der nachmaligen Mehrzweckhalle ist noch nicht überbaut.

Die Gemeindeammänner von Mülligen 1803–2005.

| Amtszeit | Gemeindeammann | Rücktritt |
|---|---|---|
| 1803–1841 | Rüegger Johannes, 1770–1845, Landwirt | abgewählt |
| 1842–1852 | Barth Heinrich, 1795–1869, Gemeindeschreiber | zurückgetreten |
| 1852–1861 | Baumann Isaak 1813–1861, Landwirt | gestorben |
| 1861–1866 | Grimm Heinrich, 1817–1877, Gipsmüller | zurückgetreten |
| 1866–1880 | Schneider Samuel, 1822–1880, Landwirt | gestorben |
| 1880–1885 | Schneider Kaspar, 1835–1910, Küfer, Öler | zurückgetreten |
| 1886–1889 | Huber Isaak, 1838–1902, Landwirt | zurückgetreten |
| 1890–1893 | Schneider Samuel, 1851–1893, Zylindermacher | gestorben |
| 1893–1897 | Barth Albrecht, 1857–1913, Zimmermann | zurückgetreten |
| 1898–1905 | Huber Johann, Isaaks, 1867–1932, Landwirt | abgewählt |
| 1906–1919 | Huber Johann, Isaaks, Krämers, 1871–1942, Landwirt | zurückgetreten |
| 1920–1928 | Knecht Gottfried, 1884–1928, Landwirt | gestorben |
| 1928–1937 | Huber Johann, Isaaks, Krämers, 1871–1942, Landwirt | zurückgetreten |
| 1938–1945 | Barth Gottfried, 1882–1969, Landwirt | zurückgetreten |
| 1946–1948 | Hunziker Rudolf, 1889–1948, Werkmeister | gestorben |
| 1949–1964 | Knecht Gottfried, Gottfrieds, 1909–1964, Förster | gestorben |
| 1965–1977 | Wildi Max, 1919, Landwirt | zurückgetreten |
| 1978–1985 | Hauser Willy, 1931, Betriebsleiter Kieswerk | zurückgetreten |
| 1986–1993 | Baumann Bruno, 1939, Marketingplaner | zurückgetreten |
| 1994–2005 | Bracher Hans Ulrich, 1945, Landwirt | zurückgetreten |

Baumstämme im überschwemmten
Uferbereich neben der Reuss.
Foto Thomas Schirmann.

## Mülligen auf dem Weg zum modernen Lebensstandard

Leben und Alltag der Menschen haben sich in den vergangenen zwei Jahrhunderten grundlegend verändert – auch in Mülligen. Die Hausarbeiten sind leichter geworden. Geheizte Wohnung, Waschmaschine und Kühlschrank gehören heute zum Existenzminimum. Mühsame Körperarbeit wurde durch Maschinen ersetzt. Eisenbahn, Auto und Flugzeug haben die Mobilität revolutionär vergrössert. Die Kommunikation mit der ganzen Welt ist in einem Augenblick möglich. Das folgende Kapitel soll diesen Wandel in Mülligen in den verschiedensten Bereichen aufzeigen.

### Vom Sodbrunnen zur Wasseruhr

Sauberes Trinkwasser zählte zu allen Zeiten zu den Grundbedürfnissen der Menschen. Das Wasser der Reuss war je nach Trockenheit oder Regenperioden klar oder trübe; gelegentlich schwamm ein totes, weiter oben entsorgtes Tier vorbei; so mag sich das Flusswasser für Wascharbeiten geeignet haben, aber – schon vor 1800 – nicht zum Trinken. Doch in Mülligen waren die Grundwasservorkommen derart gross, dass es kein Problem darstellte, solches für Haus und Hof nutzbar zu machen.

Die Gemeinde unterhielt am Mülirain einen öffentlichen Brunnen, der von jedermann benutzt werden durfte. Ein Brunnenmeister war dafür besorgt, dass das Wasser ständig floss; er überwachte die aus hölzernen Dünkeln bestehende Leitung und besorgte kleine Flickarbeiten. Für grössere Reparaturen durfte er die Bürger in einer vorgegebenen Reihenfolge aufbieten, denn alle waren unterhaltspflichtig. Wer den Brunnen verunreinigte, wurde gebüsst.[1]

---

[1] Gemeindearchiv Mülligen, Gemeindeprotokoll 1816/S.230, 240.

Das Wasserholen vom Dorfbrunnen zum privaten Wohnhaus und Stall bedeutete eine tägliche, mühsame Arbeit. Zudem bot die Wasserversorgung immer wieder Probleme. «Der arme Brunnen, der vor Durst lechze, soll wieder hergestellt werden», heisst es im Protokoll 1852. Die hölzerne Leitung genügte nicht mehr. Wegen häufigen Wassermangels gaben die Bürger 1874 die Ersetzung durch eine Eisenröhre in Auftrag. 1869 hatten sie zudem einen zweiten Dorfbrunnen beim Gemeindewaschhaus erstellen lassen; er steht immer noch dort.[2]

Private laufende Brunnen waren selten. Der Müller hatte Quellwasser im Überfluss. Ebenso gehörte zum Landgut im «Hof» ein Brunnen, der durch eine Quelle in der Schwändi gespiesen wurde. Im Weiteren besassen mehrere Privatbesitzer Quellen, die aber nicht gefasst waren.[3]

Elf Haushaltungen behalfen sich mit einem Sod, einem meist etwa 20 Meter tiefen Ziehbrunnen, dessen Schacht bis unter den Grundwasserspiegel reichte. Man schöpfte das Wasser mit Kübeln oder mit einer Handpumpe.[4]

Gegen Ende des 19. Jahrhunderts vermochte die Qualität des Sodwassers viele nicht mehr zu befriedigen. Auch waren manche des täglichen Wasserholens am Dorfbrunnen überdrüssig. Immer mehr Familien wünschten fliessendes Wasser vor dem eigenen Wohnhaus. Der Gemeinderat schloss daher 1889 einen provisorischen Kaufvertrag mit dem Müller Karl Hirt ab. Er sah den Erwerb einer Quelle im Giessen vor, dazu etwas Land zur Erstellung einer Pumpmaschine, mit der man eine grössere Zahl laufender Brunnen vor den Häusern speisen wollte. 23 Einwohner hatten bereits freiwillige Beiträge in der Höhe von 1435 Franken gezeichnet. Das Projekt erforderte ein ganzes Leitungsnetz. Als die Kostenschätzungen auf 30 000 bis 40 000 Franken lauteten, die durch Steuern zu bezahlen seien, lehnte die Gemeindeversammlung das Vorhaben mit 59 gegen 29 Stimmen ab. Die Mehrheit gab sich anscheinend mit den bestehenden Brunnen zufrieden. Noch 1898 wollte niemand in Mülligen einen Wasseranschluss im Haus.[5]

Die Bewohner aus den vom Dorfbrunnen weiter entfernten Häusern schlossen sich in der Folge zu drei Brunnengenossenschaften zusammen, zu je einer im Stock (1889), im Löh (1890) und im Oberdorf (1896). Sie erwarben Parzellen mit Quellen im Giessen und in der Kleematt. Das Wasser wurde aus Grundwasser-

---

[2] Gemeindearchiv Mülligen, Gemeindeversammlungsprotokoll II/S.96–97, III/S.49, 77, 79, 82, 86, 88–89.
[3] Staatsarchiv Aarau, AA 699/S.442–453.
[4] Gemeindearchiv Mülligen, Quellenkarte des Kantons Aargau, Quellenheft der Gemeinde Mülligen, ca. 1895.
[5] Gemeindearchiv Mülligen, Gemeindeversammlungsprotokoll III/S.262–264, IV/S.95, 158.

quellen mit Hilfe von hydraulischen Widdern von der untern Stufe ins Dorf befördert und an mehrere Brunnen verteilt.[6]

Es war dann das Aargauische Versicherungsamt, das den Mülligern in Sachen Wasserversorgung Beine machte. Noch 1906 hatten die Bürger die Schaffung einer Hydrantenanlage verworfen, obwohl man zur Genüge erfahren hatte, dass die Löscheinrichtungen bei einem Brandausbruch nicht ausreichen. Hierauf verlangte das Versicherungsamt ultimativ Hydranten oder Löschweiher und dazu eine Saugpumpe. 1909 lag das ausgearbeitete Projekt einer Wasserversorgung mit Hydrantenanlage unter Einbezug der Trotte vor. Es sah die Nutzung der Quellen vor, welche die Brunnengenossenschaft Stock im Giessen besass. Das Wasser sollte bis zur Mühle geleitet und von dort elektrisch mit einer Pumpe in ein Wasserreservoir in der Öpfelhord befördert werden. Das Projekt verteuerte sich, weil die Gemeinde die Brunnengenossenschaften für deren Investitionen und das Land entschädigen musste. Andererseits konnte sie sich die verlangten Löschweiher samt Saugpumpe sparen.

[6] Gemeindearchiv Mülligen, Fertigungsprotokolle ab 1889, Gemeindeversammlungsprotokoll III/S.276, IV/S.62. Ernst Barth, Das Dorf Mülligen.

Der obere Dorfbrunnen vor dem Gemeindewaschhaus, erstellt 1869. Foto Thomas Schirmann.

Aufgrund dieses Projektes beschlossen die Bürger die Errichtung der Wasserversorgung am 26. Juni 1910. Der Kostenvoranschlag lautete auf 64 500 Franken abzüglich eines Staatsbeitrages von 8500 Franken. Dazu kamen die erwähnten Entschädigungen und weitere Auslagen in der Höhe von 30 600 Franken, so dass die Schlussrechnung auf 86 600 Franken lautete. Die topmoderne Anlage mit 22 Hydranten und Zuleitungen bis 2 Meter vor die Häuser wurde im Januar 1911 in Betrieb genommen.

Das neu geschaffene Wasserreglement sah von Anfang an Wasserzinsen vor, mit Grundbeträgen für Haushaltungen und Ställe sowie Zuschlägen je Stück Gross- und Kleinvieh.[7]

Die öffentlichen Brunnen liefen weiterhin an der Widderanlage. 1913 beauftragten die Bürger den Gemeinderat zwar, die Brunnenstöcke der ehemaligen Genossenschaft im Löh zu verkaufen. Doch 1924 liessen sie die Widderanlage reparieren; man wollte die laufenden Brunnen nun «als Zierde des Dorfes» erhalten. 1955 bestätigte die Gemeindeversammlung diese Haltung.[8]

[7] Gemeindearchiv Mülligen, Gemeindeversammlungsprotokoll IV/S.202, 249–250, 264, 266, 270–275, 278–280, 293–294, 299, 303, V/S.1–2.

[8] Gemeindearchiv Mülligen, Gemeindeversammlungsprotokoll V/S.10, 222, VIII/S.79–80.

Das alte Wasserreservoir der Gemeinde Mülligen. Foto Bruno Baumann.

Die ersten Probleme mit der neuen Wasserversorgung standen jedoch gleich vor der Türe: Die Wasserzinsen deckten die Kosten für den Strom nicht, zumal viele Bauern bei Trockenheit die Jauchegruben mit Trinkwasser füllten. Bereits 1918 musste die Wasserrechnung aus Steuergeldern quersubventioniert werden. Die dauernden Defizite lösten immer wiederkehrende Diskussionen über die Änderung des Tarifs aus. 1945 führte die Gemeinde Wasseruhren für gewerbsmässigen Wasserverbrauch (Kieswerk, Gemüsekulturen) ein, zwei Jahre später auch für Privathaushalte, «damit es Ruhe gibt». Das Kieswerk Hauser verbrauchte schon bald mehr Wasser als das ganze Dorf, bezahlte aber 1959 nur 2090 von total 7422 Franken Wasserzinsen.[9]

Die Mülliger Quellen waren nach wie vor sehr ergiebig. Sie lieferten täglich 780 m³ Wasser, während der Verbrauch zwischen 50 und 150 m³ schwankte.[10]

Obwohl das Wasser aus den eigenen Quellen ausreiche, diskutierten die Bürger 1975 einen Beitritt zur Regionalen Wasserversorgung Birrfeld REWA. In der hef-

[9] Gemeindearchiv Mülligen, Gemeindeversammlungsprotokoll V/S.41–42, 78, 82–83, 87, 88, 191–192, 238–239, 242–243, 252–253, 365–366, VI/S.105, 117–118, 135, 154, VII/S.16, 44–45, 54, 108–109, 130, 135–136, 151, 166, 177–179, 194, 219, 242–243.

[10] Gemeindearchiv Mülligen, Gemeindeversammlungsprotokoll VII/S.248–252.

Das Wasserreservoir der Regionalen Wasserversorgung Birrfeld (REWA), erbaut 1976. Foto Bruno Baumann.

tig geführten Diskussion standen sich zwei Positionen gegenüber: Beibehaltung der Eigenständigkeit oder Solidarität mit den andern Gemeinden der Region. Letztere überwog schliesslich. Mit 36 gegen 26 Stimmen wurde der Beitritt mit den budgetierten Kosten von 340 000 Franken bewilligt. Die REWA baute hierauf ein Hochzonenreservoir auf dem Eitenberg.[11]

Das grosse Thema aber bildet seit den 1930er-Jahren die Sorge um die Qualität des Wassers. Proben ergaben 1939, dass das Mülliger Trinkwasser chemisch in Ordnung, der bakteriologische Keimgehalt jedoch relativ hoch sei. Man befürchtete Verunreinigungen durch die chemische Fabrik Reichhold in Hausen. Als diese Firma 1946 Grundwasserbohrungen vornehmen wollte, legte Mülligen Rechtsverwahrung ein.

Sorgen bereitet der Mülliger Bevölkerung und den Behörden seit den 1980er-Jahren der hohe Nitratgehalt (Stickstoffoxyd $NO_3$) des Trinkwassers. Die düngerintensive Landwirtschaft hatte den Verbrauch an Stickstoff-Handelsdünger seit 1960 vervierfacht. Weiteres Nitrat dringt durch Abwässer, Abfalldeponien und Regenwasser (Luftverschmutzung!) in den Boden ein. Im Birrfeld wird das Nitrat sogleich durch den Kies auf die darunter liegenden Lehmschichten geschwemmt und dringt dort ins Grundwasser ein. Da der Grundwasserstrom mehrheitlich gegen Mülligen fliesst, tritt das Nitrat in jenem Quellwasser aus, mit dem die dortigen Haushaltungen (und jene von Windisch) versorgt werden. Der Nitratgehalt wird noch durch den Umstand erhöht, dass das Einzugsgebiet dieser Quellen zu drei Vierteln landwirtschaftlich genutzt wird und daher nur wenig nitratarmes Wasser aus bewaldeten Flächen beigemischt erhält.

Das vom Bund festgelegte Qualitätsziel liegt bei 25 Milligramm (mg) Nitrat pro Liter Trinkwasser. Der maximale Toleranzwert wird bei 40 mg angesetzt. Ein zu hoher Nitratgehalt gefährdet die Gesundheit, besonders bei Säuglingen.

Seit 1985 wird das Mülliger Wasser regelmässig untersucht. Bei einer Probe aus 14 Trinkwasserfassungen der Region Brugg 1990 zeigte sich, dass die Mülliger Quellen den weitaus höchsten Nitratgehalt aufwiesen, nämlich 47 mg; beim Trinkwasser für Windisch liegt er meist etwas höher als bei jenem für Mülligen. Er schwankt je nach Jahreszeit. Nach den Düngungsphasen im Frühling und Sommer steigt er – verzögert durch den Grundwasserstrom; im Winter sinkt er. So betrug er 1995 im Durchschnitt der Monate Juni bis November 51,31 mg/l und ging danach auf 42 mg/l zurück.

[11] Gemeindearchiv Mülligen, Gemeindeversammlungsprotokoll IX/S.225–228, 238, X/S.26, 86.

Aufgrund alarmierender Meldungen liess der Kanton Aargau eine Nitratzonenkarte erstellen. Gestützt auf deren Ergebnisse beschloss der Regierungsrat am 30. Januar 1990 das «Reglement für die Quell- und Grundwasserfassungen im Birrfeld zum Schutze vor übermässiger Nitratbelastung». Es enthält Massnahmen, die der Landwirtschaft auferlegt werden, um die Auswaschung des Nitrats zu minimieren. So sollen die Bauern Brachzeiten, die früher in der Dreizelgenwirtschaft bewusst zur Anreicherung des Bodens mit Stickstoff eingeschaltet wurden, nun möglichst vermeiden oder mit Gründüngungspflanzen überbrücken; sie sollen während der vegetationslosen Zeit nicht düngen und im Übrigen Stickstoffdünger gezielt und zeitlich aufgeteilt einsetzen. Dafür erhalten sie Begrünungsbeiträge. Auch den Hobbygärtnern gaben die Gemeinden ein Merkblatt über vorbeugende Massnahmen.[12]

Alle diese Anweisungen zeitigten einen gewissen Erfolg. Im Jahr 2004 pendelte sich der Nitratgehalt bei 35 Milligramm ein.

Dafür beschäftigt die Mülliger (und Windischer) Behörden nun ein neues Problem: Der überaus trockene Sommer 2003 liess den Grundwasserspiegel im Birrfeld massiv absinken. Dadurch ging auch der Zufluss an Quellwasser dramatisch zurück. Hatte er in den Jahren 2001 bis 2003 noch über 1000 Minutenliter betragen, so ging er im Laufe 2004 auf durchschnittlich 580 Minutenliter zurück und scheint derzeit weiter zu sinken. Die Fachleute suchen nach Erklärungen. Die Schwierigkeiten dürften nicht so leicht zu beheben sein.[13]

**Von der Jauchegrube zur Abwasserreinigung**

Solange das Wasser an den laufenden Brunnen geholt oder von Hand aus den Sodbrunnen gepumpt und in die Häuser und Ställe getragen werden musste, gab es kein Abwasserproblem in Mülligen. Das Regenwasser von den Dächern floss in die Jauchegrube, sofern überhaupt Traufen vorhanden waren. Auf den Naturstrassen versickerte es in den Gräben.

---

[12] Gemeindearchiv Mülligen, Gemeindeversammlungsprotokoll X/S.91, 99, 149, XI/S.38, 43–44. Mitteilungsblätter der Gemeinde Mülligen seit 1986. Lorenz Wyssling, Zur Problematik des Nitratgehaltes im Trinkwasser der Region Brugg, in: Brugger Neujahrsblätter 1992/S.61–78.

[13] Gemeindearchiv Mülligen, Statistik über den Quellzufluss im Pumpwerk Giesse.

Als die Gemeinde Anfang der 1950er-Jahre die Innerortsstrassen (Löh bis Stock und «Rössli» bis Mitte Steinebüel) teeren, auf eine Fahrbahn von 6 Metern verbreitern und mit Trottoirs versehen wollte, setzte dies eine Kanalisation und eine Kläranlage voraus. Da die Stimmbürger des Kantons 1954 ein Gewässerschutzgesetz angenommen hatten, konnte Mülligen mit Subventionen rechnen. Bis 1957 war die Kanalisation erstellt (Kosten total 93 350 Franken).[14]

In der Folge wurde auch eine Kläranlage, berechnet auf 450 Einwohner, in der Mühlematt gebaut. Das Land war von der Gemeinde Windisch im Baurecht erhältlich. Die Anlage wurde 1960 in Betrieb genommen. Dabei handelte es sich noch um eine rein mechanische Reinigung ohne Motoren und Maschinen. Die festen Teile im Schmutzwasser sanken durch die Schwerkraft auf den Boden, und das auf diese Weise «geklärte» Abwasser floss mit einem Überlauf in die Reuss ab. Der Reinigungseffekt lag bei lediglich 30 Prozent!

Dieser niedrige Wirkungsgrad genügte dem gestiegenen Umweltbewusstsein in den 1970er-Jahren nicht mehr. Die Gemeinde beschloss daher 1979 die Erweiterung zu einer mechanisch-biologischen Anlage für 800 Einwohner. Die Kosten wurden auf 1 000 000 Franken geschätzt, woran Bund und Kanton etwa 60 Prozent beitrugen. Ein Anschluss an Birmenstorf wäre teurer zu stehen gekommen. Die Einweihung der neuen Kläranlage fand am 17. Oktober 1981 statt.

Doch auch dieses Werk war von beschränkter Dauer. Eine Analyse ergab 1998, dass die Qualität des gereinigten Abwassers die gesetzlichen Vorschriften zur Einleitung in die Reuss nicht erfüllte. Für die Sanierung standen zwei Varianten zur Debatte: Ausbau der eigenen oder Anschluss an die Kläranlage Birmenstorf-Rehmatte Fislisbach. Da die Letztere bezüglich Betriebskosten günstiger zu werden versprach, ebenso aus Gründen des Umweltschutzes (Klärschlamm!), beschloss die Bürgerschaft, die eigene Anlage aufzugeben und sich an der regionalen Lösung zu beteiligen. Der Anschluss kostete 2 025 000 Franken. und war im Frühling 2001 vollzogen.[15]

---

[14] Gemeindearchiv Mülligen, Gemeindeversammlungsprotokoll VIII/S.14–15, 39, 73–74, 77–80, 103–104, 174.

[15] Gemeindearchiv Mülligen, Gemeindeversammlungsprotokoll VIII/S.214, IX/S.151–152, X/S.2, 81, XI/S.13, 43, 77, 84–85, 90.

## Vom Abfallloch zur Kehrichtverbrennung

Wenig Verpackungsmaterial, wenig industrielle Produktion, überhaupt wenige Güter und Geräte im Haushalt ergaben auch wenig Abfall. Es gab weder Büchsen noch Plastikflaschen, und man hatte die Dinge viel länger im Gebrauch.
Tote Tiere und anderer Unrat wurden vergraben, anderes verbrannt. Mit Abbruchmaterial füllte man Unebenheiten im Gelände auf.
1934 erteilten die Bürger dem Gemeinderat erstmals den Auftrag, einen Schuttablagerungsplatz im Wäldchen oberhalb der Chatze zu erwerben. Es handelte sich nicht um eine kontrollierte Deponie. Jeder warf seinen Abfall mehr oder weniger geordnet hin. 1949 rügte der Gemeinderat, es würden tote Enten, Hühner und sonstige Kadaver auf den Kehrichtplatz gebracht, statt diese zu vergraben.[16]
1963 veranlasste der Gemeinderat eine Umfrage zu einer regelmässigen Kehrichtabfuhr durch einen Unternehmer. Obwohl sich 20 von 30 Haushaltungen dafür aussprachen, geschah vorerst nichts. Erst 1970 bewilligte die Gemeinde mit dem Budget eine wöchentliche Kehrichtabfuhr. Seit 1974 erfolgt die Entsorgung in die Verbrennungsanstalt Wil-Turgi. Dafür schloss man die gemeindeeigene

[16] Gemeindearchiv Mülligen, Gemeindeversammlungsprotokoll VI/S.134–135, 209, VII/S.50, 125.

Die 1960 erbaute und 1981 erweiterte Kläranlage westlich der Mülliger Mühle. Foto Thomas Schirmann.

Schutt-Deponie und gab sie höchstens noch für Bauschutt frei. 1998 ordnete der Kanton deren gänzliche Schliessung an.

Im Übrigen führt die Schule Mülligen regelmässige Sammlungen von Papier (früher auch von Alteisen) durch. Wenn die Altpapierpreise tief sind, bezahlt die Gemeinde auch dafür einen Beitrag. Für Sperrgut lässt der Gemeinderat bei der alten Turnhalle zweimal jährlich Mulden aufstellen, deren Inhalt bis 1988 in der Deponie «Bärengraben» bei Würenlingen abgeladen werden konnte. Die Kosten für sämtliche Entsorgungen deckt die Gemeindekasse aus den Steuereinnahmen.[17]

Die Einführung einer Sackgebühr lehnte der Gemeinderat noch 1988 ab. Als die SP Mülligen zwei Jahre später dieses Thema erneut zur Sprache brachte, wurde eine Kommission gebildet, die ein Abfallkonzept und ein Abfallreglement erarbeitete. Dieses trat auf April 1992 in Kraft, gleichzeitig mit den offiziellen Kehrichtsäcken. Auch wurde eine zentrale Sammelstelle für Glas, Altöl, Textilien und Aluminium/Weissblech an der Birrfelderstrasse geschaffen; sie wurde 2005 zur alten Turnhalle verlegt. Auch stellt die Gemeinde Grünmulden zur Verfügung und fördert dadurch die Kompostierung natürlicher Abfälle.

1998 trat Mülligen dem Gemeindeverband «Kehrichtverwertung Region Baden-Brugg» als Mitglied bei. Seither bezahlt die Gemeinde in Wil-Turgi niedrigere Gebühren.[18]

Im Jahr 2003 erstellte der Kanton Aargau einen Kataster der belasteten Standorte. Im Gemeindebann Mülligen hielten die Experten sieben ältere und neuere Deponien fest, neben den bereits genannten etwa zuoberst auf dem Eitenberg und im Bergacker. Das Rutschgebiet Schämbelen war 1969 mit Durisolmaterial, einem Leichtbaustoff aus Zement und Holz, aufgefüllt und gefestigt worden. Heute besteht nur noch eine offizielle Deponie: die Wiederauffüllung des Kieswerks mit Bauschutt.

In den Deponien zuoberst auf dem Eitenberg tickt aber möglicherweise eine Zeitbombe. Um 1930 hatte die Zementfabrik Hausen vom Dorf Hausen aus durch einen Stollen Kalk und Mergel abgebaut. Dadurch waren an der Nordflanke des Eitenbergs nordwestlich und südöstlich des heutigen Reservoirs der REWA drei

---

[17] Gemeindearchiv Mülligen, Gemeindeversammlungsprotokoll IX/S.170, 206, XI/S.80. Mitteilungsblätter der Gemeinde Mülligen.

[18] Gemeindearchiv Mülligen, Gemeindeversammlungsprotokoll X/S.130, 148, 171–172, 174–175, XI/S.8, 65, 131.

grosse, offene Trichter mit Durchmessern bis zu etwa 50 Metern entstanden. Zwei davon liegen im Gemeindebann von Hausen, einer in jenem von Mülligen. Diese Trichter wurden zwischen 1959 und 1980 im Einverständnis mit dem kantonalen Kreisforstamt 4 durch die Firma Fritz Schatzmann, Mülligen, vollständig aufgefüllt. In der Vereinbarung von 1964 wurde lediglich die «Ablagerung von vergiftenden festen und flüssigen Stoffen» untersagt. Die Ortsbürgergemeinde Mülligen bewilligte 1971 die Deponie von Bauschutt in ihrem Teil des Mülliger Trichters.

Schon bald gingen aber Klagen ein, dort seien Fässer mit unbekanntem Inhalt abgelagert worden. In der Folge stellte man zudem fest, dass auch Kehricht, Industrieabfälle (PVC-Rohre, Metall) und brennbare Stoffe wie Matratzen sowie Gummiabfälle des Kabelwerks Brugg dort entsorgt wurden. Was brennbar war, zündete man kurzerhand an und verursachte damit einen unerträglichen Rauch und Gestank. Im westlichsten, im Gemeindebann von Hausen liegenden Trichter deponierte man sogar Ölchemie-Abfälle (Ölrückstände, Ölschlamm) aus dem Werk Hausen. Nach Auffüllung der drei Gruben wurde das ganze Gelände samt den herausragenden Metallteilen und anderem Unrat mit Humus überdeckt und aufgeforstet. Ob aus diesen Deponien je flüssige Schadstoffe in den Grundwasserstrom des Birrfeldes und damit in das Trinkwasser eindringen werden, wird die Zukunft weisen.[19]

**Von der Kerze zum elektrischen Strom**

Wer kann sich Mülligen im Winter schon ab fünf Uhr abends völlig im Dunkeln vorstellen? Die einzigen Lichtquellen boten einst Handlaternen mit Kerzen – im Freien wie in den Häusern. Wärme verbreitete lediglich die Feuerstelle in der Küche, allenfalls ein Kachelofen in der Stube. Man führe sich die Männer und Frauen vor Augen, die jeden Morgen in der Dunkelheit den Weg in die Spinnerei nach Windisch unter die Füsse nehmen mussten und abends erst nach Einbrechen der Nacht wieder heimkehrten!

---

[19] Kataster der belasteten Standorte (KBS), Übersicht des Baudepartements des Kantons Aargau vom 5.3.2003. Telefongespräch mit Dominik Jörger, Abteilung für Umwelt, Baudepartement, vom 21.6.2005. Mitteilungen von Alfred Schelldorfer, Gemeindeschreiber, Bruno Baumann, alt Gemeindeammann, und Jakob Schneider, alt Gemeinderat.

In solcher Dunkelheit konnten Diebe und anderes Gesindel um die Häuser streichen, stehlen, rauchen, Unterschlupf suchen. Die Gemeinde beschäftigte daher einen Nachtwächter, meist einen älteren Mann, der einen bescheidenen Zusatzverdienst benötigte.

Im 19. Jahrhundert verpflichtete das Gesetz die Gemeinden sogar, einen Wächter anzustellen; er sollte tags und nachts wenigstens ein- bis zweimal durch das Dorf streifen. Der Hauptgrund lag wohl vor allem im Brandschutz; allfällige Feuerherde sollten frühzeitig entdeckt werden. In Mülligen nahm 1820 der 50-jährige Emanuel Barth diese Funktion wahr; er waltete seines Amtes zwar ohne Uniform, aber bewaffnet mit einem Spiess! Während der Nacht hatte er die Stunden auszurufen. Da er nicht schreiben konnte, verfasste er auch keine Rapporte. Auf die Frage des Bezirksamtmanns nach seinem Fleiss antwortete der Gemeinderat lapidar: «Nicht viel zu klagen.»[20]

1898 stellte Mülligen an der Dorfkreuzung eine Wegweisertafel auf und brachte daran die erste Strassenlaterne mit einer Petrollampe an. Es gehörte zu den Pflichten des Nachtwächters, diese anzuzünden und wieder zu löschen.[21]

Doch bereits 1890 hatte die Stadt Brugg ihr Elektrizitätswerk erbaut, und seit dem 12. November 1892 brannten im Städtchen elektrische Strassenlampen. Die Arbeiterinnen und Arbeiter der Spinnerei Kunz lernten das elektrische Licht in der Fabrik kennen, die mit ihren Turbinen eigenen Strom produzierte.

Dieselben Fabrikanten fragten die Gemeinde 1908 an, ob sie die Elektrizität nicht auch interessiere. Die Firma plante damals die Errichtung einer kleinen Filialfabrik in Mülligen und gedachte, diese mit elektrischem Strom aus dem eigenen Wasserwerk zu betreiben. Kurz entschlossen stimmten die Bürger der Übernahme von je sechs Lampenanschlüssen für das Schulhaus und die Strassenbeleuchtung zu. Als der Gemeinderat dann aber die Hausbesitzer versammelte, zeigten sich von 57 lediglich zwölf am Anschluss interessiert.

Die Diskussionen im Dorf müssen damals heissgelaufen sein; denn an einer erneuten Zusammenkunft nur drei Wochen später wollten sich bereits 34 Hauseigentümer den neuen Komfort leisten. Einschliesslich der Strassenbeleuchtung hätte dies 135 Lampenanschlüsse ergeben. Die Gemeindeversammlung stimmte unter der Bedingung zu, dass das ganze Unternehmen sich selbst finanziere. Die

---

[20] Gemeindeprotokoll 1820/S.79 Rapport 1820.
[21] Gemeindearchiv Mülligen, Gemeindeprotokoll 1820/S.79, Gemeindearchiv Mülligen, Gemeindeversammlungsprotokoll II/S.106, 134, III/S.105, 188, IV/S.147.

Verhandlungen mit der Firma Kunz scheiterten dann aber am geforderten Preis pro Kilowattstunde. 1911 wurde daher nur die gemeindeeigene Wasserversorgung, 1912 noch die Käserei angeschlossen.[22]

Im November 1914, nach Ausbruch des Ersten Weltkrieges, reichten 39 von 90 Stimmbürgern eine Initiative ein: In Anbetracht des Petrolmangels sei die Strassenbeleuchtung auf elektrischen Strom umzustellen. Hierauf zeichneten 35 Hausbesitzer 142 Lampen. Gestützt auf diese Zusicherung gründeten sie am 22. Dezember 1914 die Elektrizitäts-Genossenschaft Mülligen (EGM). Nun endlich stellte die Gemeinde im Abstand von je 70 Metern elektrische Strassenlampen auf.[23]

Viele Haushaltungen begnügten sich vorläufig noch mit der Petrollampe. Die letzte stromlose Einwohnerin war vermutlich die 86-jährige Marie Barth. Ihr machten die Bürger 1940 einstimmig das elektrische Licht zum Weihnachtsgeschenk – auf Kosten der Gemeinde!

Später wurden auch die neuen Strassen mit Lampen versehen. Seit 2004 brennen sie freitags und samstags die ganze Nacht hindurch; in den übrigen Nächten liegt das Dorf nach wie vor im Dunkeln.

Die Elektrizitäts-Genossenschaft Mülligen («Elektra») versorgt das Dorf noch immer mit Strom. Ihr gehören heute sämtliche Hauseigentümer an, dazu (auf eigenes Begehren) einige Mieter. Die Vereinigung ist nur bedingt gewinnorientiert. Allfällige Überschüsse gibt sie den Kunden als zusätzlichen Rabatt weiter. Sie ist heute völlig schuldenfrei und hat das Leitungsnetz und die Anlagen weitgehend abgeschrieben.

1999 schloss sich die Genossenschaft mit 32 weiteren Gemeindewerken und Elektras zum «VAS Einkaufspool» (Verband aargauischer Stromkonsumenten) zusammen, welcher den Strom beim Aargauischen Elektrizitätswerk AEW gemeinsam einkauft. Jeder Beteiligte bleibt dabei selbständig und ist direkter Vertragspartner des AEW.[24]

---

[22] Gemeindearchiv Mülligen, Gemeindeversammlungsprotokoll IV/S.236, 239, 241–242, 244–245, 246, 248, 303, V/S.9.

[23] Gemeindearchiv Mülligen, Gemeindeversammlungsprotokoll V/S.30.

[24] Gemeindearchiv Mülligen, Gemeindeversammlungsprotokoll V/S.27–29, 30, 33, VI/S.335, IX/S.41, 163, XI/S.20–21, 36–37. Mitteilungsblatt 1999.

**Von den Karrenwegen zu den Autobahnen**

Bis in die zweite Hälfte des 20. Jahrhunderts lag Mülligen abseits der grossen Durchgangsrouten. Die nächste grosse Landstrasse verlief von Brugg–Windisch–Hausen quer über das Birrfeld nach Mellingen oder Lenzburg. Mülligen musste sich daher seine Verbindungen nach allen Richtungen selbst schaffen. Die verkehrsreichere war wohl die Achse nach Windisch und Birrhard; dabei ging die ursprüngliche Strassenführung beim «Rössli» über den Mülirain und den Nussweg. Beim «Rössli» war auch die Kreuzung mit dem Weg auf das Birrfeld sowie – über das Fahr – nach Birmenstorf–Baden. Den genannten Strassenzügen entlang entwickelte sich auch die Siedlung mit den Dorfteilen Löh, Stock und Oberdorf.
Bei allen diesen Verbindungen handelte es sich um Naturwege, die einen dauernden Unterhalt erforderten. Das Regenwasser weichte sie auf, wenn es nicht mit Gräben abgeleitet wurde. Für Menschen, Tiere, Fuhrwerke und Karren bestand daher dauernd die Gefahr, im Morast stecken zu bleiben.
Eine ständige Sorge bot namentlich die Steinebühlstrasse vom «Waldheim» auf die nächsthöhere Geländestufe des Birrfelds. Sie war für die Mülliger lebenswichtig, weil sich dort der grössere Teil ihres Kulturlandes (zwei von drei Acker-

zelgen) befand. Ursprünglich wurde die Höhendifferenz über den heutigen Fussweg bewältigt, bei einer Steigung von 14 Prozent! Erst 1852 baute die Gemeinde die Umfahrung in einer weiten Kurve, was die Steigung auf 7 Prozent reduzierte.[25]

Die Strasse nach Windisch lag zum grösseren Teil im Bann der Nachbargemeinde. Für die Mülliger besass sie jedoch eine viel grössere Bedeutung als für die Windischer, die ohnehin mit der Landstrasse von Brugg bis zum Reussübergang stark belastet waren. Auf Mülliger Boden befindet sich der «Katzenrainstich», der ursprünglich weiter nördlich, näher bei der äusseren Gipsmühle, überwunden werden musste. In den 1860er-Jahren verlegten die Mülliger dieses Strassenstück nach Süden auf die heutige Linienführung. Damals begradigten sie vermutlich auch die Dorfstrasse zwischen dem «Rössli» und der alten Post, um den beschwerlichen Umweg über den Nussweg zu vermeiden. Obwohl weitgehend im Gemeinwerk erstellt, bedeutete diese Sanierung eine starke finanzielle Belastung.[26]

[25] Gemeindearchiv Mülligen, Gemeindeversammlungsprotokoll II/S.76, 79, 81–82, 83, 97, 107, 109, 110, 112, 114, 115. Gemeindearchiv Mülligen, Gemeindeversammlungsprotokoll IV/S.259.

[26] Gemeindearchiv Mülligen, Gemeindeversammlungsprotokoll II/S.179, 181, 183–185, 196, III/S.9, 11–13.

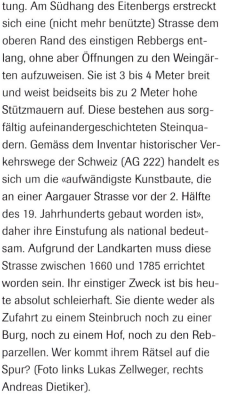

Ein historischer Weg von nationaler Bedeutung. Am Südhang des Eitenbergs erstreckt sich eine (nicht mehr benützte) Strasse dem oberen Rand des einstigen Rebbergs entlang, ohne aber Öffnungen zu den Weingärten aufzuweisen. Sie ist 3 bis 4 Meter breit und weist beidseits bis zu 2 Meter hohe Stützmauern auf. Diese bestehen aus sorgfältig aufeinandergeschichteten Steinquadern. Gemäss dem Inventar historischer Verkehrswege der Schweiz (AG 222) handelt es sich um die «aufwändigste Kunstbaute, die an einer Aargauer Strasse vor der 2. Hälfte des 19. Jahrhunderts gebaut worden ist», daher ihre Einstufung als national bedeutsam. Aufgrund der Landkarten muss diese Strasse zwischen 1660 und 1785 errichtet worden sein. Ihr einstiger Zweck ist bis heute absolut schleierhaft. Sie diente weder als Zufahrt zu einem Steinbruch noch zu einer Burg, noch zu einem Hof, noch zu den Rebparzellen. Wer kommt ihrem Rätsel auf die Spur? (Foto links Lukas Zellweger, rechts Andreas Dietiker).

Mit dem Aufkommen des Auto- und Motorradverkehrs wuchs die Staubplage entlang dieser Naturstrassen. Seit 1938 behalf man sich mit einer jährlich mehrmaligen chemischen Bespritzung durch Sulfitablauge. Erst 1950 liessen die Stimmbürger ein Projekt ausarbeiten, um wenigstens die Strassen innerhalb des Dorfes staubfrei zu machen. Dieses wurde 1953 für 300 000 Franken verwirklicht, wozu der Kanton 79 Prozent beisteuerte. Dagegen lehnte das Baudepartement noch 1955 die Übernahme der Strasse zur Brücke ab; für die Schäden, die durch eine Umleitung während des Strassenbaus Birmenstorf–Gebenstorf entstanden waren, offerierte es stattdessen 150 Franken, was an der Gemeindeversammlung «allgemeine Heiterkeit ausgelöst» habe. Später erhob der Kanton jedoch die Verbindung Windisch–Birrhard zu einer Kantonsstrasse, jene vom Birrfeld nach Birmenstorf zu einer Ortsverbindungsstrasse. Dies entlastete die Gemeinde stark. Sie übernahm dafür den Unterhalt der Feldwege.[27]

Die Sanierung der Strasse nach Windisch liess lange auf sich warten. Sie wurde immer wieder zugunsten anderer Projekte hintangestellt, was den Gemeindeammann 1961 zu einem deutlichen Protest gegen die Benachteiligung der Region veranlasste. Der Ausbau dieser Verbindung erfolgte ein Jahr danach. – Im Rah-

[27] Gemeindearchiv Mülligen, Gemeindeversammlungsprotokoll VI/S.286, VII/S.137, 205–206, 208–209, 238, 256, 267, VIII/S.14, 81, 91.

Alt und Neu: Fuhrwerk mit Bock und Automobil vor dem Restaurant Waldheim (um 1950).

men des Naturschutzjahres 1970 wurde zusätzlich der Reussuferweg von Windisch bis zur Mühle wieder begehbar gemacht.[28]

Wegen des zunehmenden Verkehrs auf den Hauptstrassen liess die Gemeinde gegen Ende der 1970er-Jahre die Trottoirs im Dorf ausbauen. Dies löste allerdings die Probleme ausserhalb des besiedelten Gebietes nicht. Namentlich wegen der Strasse nach Windisch wurden nach 1980 zunehmend Klagen über zu schnelles Fahren laut. Da die Verkehrspolizei eine Geschwindigkeitsbeschränkung jedoch ablehnte, verlangten 1985 nicht weniger als 284 Personen in einer Unterschriftensammlung einen Radweg, besonders auch wegen der Kinder, welche die Schule in Windisch besuchten. Dieser Wunsch wurde bis 1989 verwirklicht.[29]

Den grössten Eingriff in die Landschaft Mülligens bedeutete jedoch der Bau der Autobahnen. Bis 1980 wurde die A1 gebaut, bis 1996 auch die A3.[30] Seither kann sich Mülligens Bevölkerung zumindest nicht mehr darüber beklagen, abseits der grossen Verkehrsrouten zu liegen!

[28] Gemeindearchiv Mülligen, Gemeindeversammlungsprotokoll VIII/S.160, 191, IX/S.6, 8–9, 19–20, 165.
[29] Gemeindearchiv Mülligen, Gemeindeversammlungsprotokoll IX/S.257–261, 280–283, X/S.65, 87, 99, 104, 130, XI/S.2.
[30] Gemeindearchiv Mülligen, Gemeindeversammlungsprotokoll VIII/S.148, 161, IX/S.36, 143, 234. Broschüre «Zur Eröffnung der N 3/17.Oktober 1996.

Die A3 auf dem Gemeindebann Mülligen, links die Strasse von Zürich (in Richtung Basel), rechts die Strasse von Basel (in Richtung Zürich und Bern).
Foto Andreas Dietiker.

**Von der Fähre zur Brücke**

Die Fähre bei Mülligen mochte idyllisch sein; doch im Zeitalter steigender Mobilität und des aufkommenden Autos war sie nicht mehr zeitgemäss. Da sich im Weidling nur Personen – höchstens mit einem Velo – überführen liessen, mussten grössere Fahrzeuge weiterhin den Umweg über Windisch nehmen. Aber auch für Fussgänger passte das gemächliche Warten auf den Fährmann nicht in eine Zeit, die immer mehr zur Eile drängte.

Um die Wende zum 20. Jahrhundert wurden mehrere Fähren in der Region durch Brücken ersetzt: Döttingen 1891, Stilli 1903, Schinznach Bad 1914, Lauffohr 1919. Auch Mülligen liess 1909 durch die Firma Wartmann, Vallette & Cie. ein Projekt ausarbeiten, zunächst wenigstens für einen 2 Meter breiten Fussgängersteg über die Reuss. Der Voranschlag lautete auf 15600 Franken. Mülligen konnte diese Kosten nicht allein tragen. Verhandlungen mit Birmenstorf und anderen Gemeinden zerschlugen sich allerdings.

Nach dem Ersten Weltkrieg regte sich der Wunsch nach einem festen Übergang bei Mülligen erneut. 1924 legte die gleiche Firma aufgrund der alten Pläne eine neue Berechnung vor, nun von 24950 Franken. Doch die Birmenstorfer traten gar nicht auf Verhandlungen ein, weil die Nachbarn zwei Jahre zuvor einen Beitrag an eine ihrer Strassen verweigert hatten. Resigniert meinte der Mülliger Gemeindeammann, «dass beide Gemeinden nun vorläufig noch ihre eigenen Wege gehen und zwischen hindurch in tiefem Einschnitt die Reuss die ihrigen auch!»

Die Mülliger setzten ihre Hoffnungen dann auf den Kanton. 1929 forderte die Gemeindeversammlung den Regierungsrat auf, die Vorarbeiten für einen festen Reussübergang zu beschleunigen. Doch wieder tat sich nichts.[31]

Es war dann der Zweite Weltkrieg, welcher die Wünsche der Einwohner ihrer Erfüllung näher brachte. Ein Pontonier-Bataillon erstellte 1939 nämlich kurzfristig je eine Holzbrücke bei Mülligen und bei der Lindmühle. Der Fährbetrieb hörte auf, denn der Übergang war auch für die zivile Bevölkerung benützbar.

Bereits 1940, nach dem Rückzug der Truppen ins Alpenréduit, stellte sich die Frage, ob nicht die Gemeinden des Birrfeldes sowie Birmenstorf und Dättwil diese Brücke übernehmen wollten. Alle sprachen sich dafür aus, wollten aber zuerst

---

[31] Gemeindearchiv Mülligen, Gemeindeversammlungsprotokoll IV/S.249–250, V/S.203, 212–213, 366. Max Rudolf, Birmenstorf, S.293–295.

viele Fragen klären. Dies dauerte an, bis der Krieg zu Ende war. 1946 teilte der Liquidationsdienst der Armee den Gemeinden mit, er wolle alle hölzernen Militärbrücken abbrechen, was er mit jener bei der Lindmühle auch tat. Von 85 anwesenden Stimmbürgern Mülligens sprachen sich 76 für deren Erhaltung aus; jene von Birmenstorf zeigten sich daran nicht interessiert; Mülligen und der Staat könnten sie ja übernehmen. Im Dorf an der Reuss konnte man diese Haltung nicht verstehen, arbeiteten doch 25 Personen aus Birmenstorf in der Mülliger Fabrik, aber nur ein Mülliger in der Birmenstorfer Ziegelei. Die kantonalen Instanzen lehnten jedoch Beiträge ab, da die Lebensdauer dieser Brücke nur auf zehn Jahre berechnet sei; auch sei der Abstand zwischen den Pfeilern zu klein und sie liege zu tief. Die beiden Gemeinden übernahmen sie dann doch, und zwar kostenlos.

Die Mülliger Brücke. Blick von Osten.
Foto Thomas Schirmann.

Schon nach kurzer Zeit zeigte sich, dass die Holzbrücke baufällig war. In Aarau hatte man unterdessen erkannt, dass dieser Übergang im allgemeinen Interesse der ganzen Region lag. Der Regierungsrat liess daher verschiedene Projekte ausarbeiten; jenes aus Eisenbeton mit einer Breite von 3,5 Metern und einer Belastbarkeit von 13 Tonnen obsiegte. Die Kosten wurden nun unter alle Nachbargemeinden verteilt, wobei der Kanton zwei Fünftel übernahm. Der Anteil Mülligens betrug nun nur noch zehn Prozent. Der Grosse Rat beschloss den Brückenbau mit grosser Mehrheit, und dieser konnte im Laufe des Jahres 1949 verwirklicht werden. Die Einwohnergemeinde bewilligte hiefür 15 000 Franken. Der Unterhalt geht seither zu Lasten des Kantons.[32]

### Vom Fussmarsch zur Postautofahrt

Wer früher einen Ort ausserhalb Mülligens aufsuchen wollte, tat dies in der Regel zu Fuss. Dies galt für den Kirchgang nach Windisch (Gottesdienste, Taufen, Konfirmationen, Hochzeiten, Begräbnisse), für den Marsch in die Spinnerei oder auf den Brugger Markt, aber auch für Reisen nach Bern, Basel, Zürich oder für Besuche bei Verwandten und Freunden sonst irgendwo in der Ferne. Dabei bildeten Tagesmärsche von 40 Kilometern durchaus die Regel. Ein Reitpferd konnten sich nur Reiche leisten oder wer es für sein Gewerbe brauchte wie der Müller. Im Übrigen konnte man nur hoffen, dass unterwegs ein Fuhrwerk anhielt und die Fussgänger eine Strecke weit mitnahm.

Den Eisenbahnprojekten in der zweiten Hälfte des 19. Jahrhunderts standen die Mülliger skeptisch gegenüber. Jedenfalls gingen sie auf keine der Anfragen ein, Aktien für eine Beteiligung zu zeichnen.[33]

Seit 1925 konnte man allenfalls das Postauto benützen, das Birmenstorf mit Brugg verband. 1940 wurde der Wunsch laut, diesen Kurs über Mülligen zu führen. Doch es kam anders: 1946 eröffnete die PTT einen Kurs von Birmenstorf über Gebenstorf nach Baden, während jener nach Brugg einging. Nun wurde die Gemeinde aktiv. Sie forderte, der Postautokurs Brugg–Birmenstorf sollte wieder

---

[32] Gemeindearchiv Mülligen, Gemeindeversammlungsprotokoll VI/S.332, VII/S.94, 100–102, 106, 150, 187. L.Rüttimann, Von der Reussfähre und der neuen Reussbrücke bei Mülligen-Birmenstorf, in: Badener Neujahrsblätter 1951/S.83–86. Max Rudolf, Birmenstorf, S.293–295.

[33] Gemeindearchiv Mülligen, Gemeindeversammlungsprotokoll III/S.25, 50, 84.

aufgenommen werden, wenn möglich über Mülligen. Doch die Kreispostdirektion lehnte dies ab; die Strasse auf der Birmenstorfer Seite sei zu steil und weise zu enge Kurven sowie eine zu kurze Ausfahrt in die Hauptstrasse auf. Immerhin verkehrte der Kurs Birmenstorf–Gebenstorf–Brugg von 1949 bis 1954 versuchsweise wieder. 1954 regte die Konzessionsfirma Voegtlin-Meyer eine neue Verbindung Brugg–Mülligen–Birrhard an. Doch die Instanzen der Post hielten eine solche für nicht lebensfähig und hoben den Kurs nach Brugg ganz auf.

Die Mülliger Bürger bohrten an den Gemeindeversammlungen aber immer wieder nach und forderten den Gemeinderat zu Verhandlungen auf. Auf den 1. November 1964 erhielt Mülligen endlich die lange gewünschte Verbindung mit Brugg. Es handelte sich dabei zunächst um «Rundreisen» über Birmenstorf, später um den gewünschten direkten Kurs Brugg–Mülligen–Birrhard(–Mellingen). Das Angebot wurde in der Folge immer mehr erweitert und offenbar auch benützt. 1988 fuhren bereits 15 Kurspaare direkt von Mülligen nach Brugg. Gegenwärtig sind es zwanzig bei einem durchgehenden Stunden-, in den Stosszeiten einem Halbstundentakt.

Dagegen bestand wenig Nachfrage nach Abend- oder Spätkursen. Auf eine Umfrage des Gemeinderates 1987 gingen von 240 verschickten Fragebogen nur gerade 21 ausgefüllt zurück. Auch ein Versuch der Regionalplanungsgruppe für je einen Spätkurs freitags und samstags wurde nach anderthalb Jahren wieder eingestellt, da jeweils nur ein Passagier mitfuhr.

Auf Anregung der SP Mülligen setzte der Gemeinderat 1998 eine Verkehrskommission ein. Diese erarbeitete ein Projekt mit dem versuchsweisen Betrieb eines Nachttaxis und beantragte dafür die Budgetierung eines Gemeindebeitrages von 4000 Franken auf 2001. Seither können Interessierte in den Nächten Freitag/Samstag und Samstag/Sonntag auf vier Zeitpunkte zwischen 23.00 und 01.30 Uhr (ebenso sonntags um 23 Uhr) ein Taxi bestellen, wofür jede Person fünf Franken zu bezahlen hat.[34]

---

[34] Gemeindearchiv Mülligen, Gemeindeversammlungsprotokoll VII/S.171, 185, 220, VIII/S.33, IX/S.20, 65, X/S.106. Mitteilungsblätter der Gemeinde Mülligen seit 1998. Max Rudolf, Birmenstorf, S.323–325.

**Von der Postkarte zum SMS**

Wer mit Amtsstellen, Geschäftsleuten, Verwandten oder Freunden in Verbindung treten wollte, ohne das heimatliche Dorf zu verlassen, kam nicht darum herum, einen Brief entweder selber zu schreiben oder einen solchen verfassen zu lassen, beispielsweise durch den Dorfschulmeister. War der Text aufgesetzt und mit der Adresse versehen, musste er aber noch an den Bestimmungsort befördert werden. Das konnte durch eine Privatperson geschehen, die gerade dieselbe Ortschaft aufsuchte, oder durch einen Postdienst.

Die *Post* war vor 1804 privat, dann bis 1849 kantonal (seither eidgenössisch). Im Städtchen Brugg kreuzten sich bis ins 19. Jahrhundert die Postkutschenkurse Basel–Zürich und Bern–Schaffhausen. Ein Bürger übte das Amt eines «Postcommis» aus. Hier wurden oft auch die Pferde ausgewechselt. Zudem hielt die Stadt zwei Boten, welche ausserhalb der Postkurse zu Fuss Briefe bis nach Bern oder Zürich überbrachten.

Die Verbindung zwischen den Dörfern und dem Postbüro stellten Männer her, die täglich oder bei Bedarf Briefe und Pakete nach Brugg brachten und angekommene Post dort abholten. Für Mülligen sind zwei solche «Postläufer»

Mülliger Postgebäude: Nach dem Auszug aus dem «Rössli» befand sich das Postbüro von 1924 bis 1970 im Haus Hauptstrasse 39.

namentlich bekannt: Heinrich Schneider (1793–1837) und sein gleichnamiger Sohn (1816–1880).

Mit dem Bau des Eisenbahnnetzes ab 1847 nahm der Postverkehr einen ungeahnten Aufschwung. Die Bahn transportierte die Postsendungen seither. In dieser Zeit erhielt auch Mülligen seine erste Postablage, wann genau, ist nicht bekannt. Sie befand sich im westlichen Teil des 1847 erbauten Gasthofs zum Rössli und wurde auch durch die jeweiligen Wirte betreut. 1924 gab Albert Lier die Tätigkeit als Wirt auf und beschränkte sich fortan auf jene als Posthalter. Er erbaute das Haus Nr. 100 (Hauptstrasse 39) und brachte dort das Postbüro unter. Als die Tochter Elsa Lier 1970 als Posthalterin zurücktrat, wurde die Post vorübergehend im alten Schulhaus einquartiert, bis ein neues Postgebäude (Mitteldorfweg 2) erstellt war. Seit Oktober 1995 befindet sich das Postbüro im Neubau Hauptstrasse 33. Heute wird es aber nur noch als Filialbetrieb von Birr mit beschränkten Öffnungszeiten geführt.[35]

---

[35] Hanjörg Franck, Über die Entwicklung des Postwesens in Brugg, in: Brugger Neujahrsblätter 1984/ S.99–116. Max Baumann, Leben auf dem Bözberg, Baden 1998, S.602–608. Markus Barth, Aus der Geschichte von Mülligen, S.42.

Die zweite Mülliger Post 1971–1995, Mitteldorfweg 2.

Gegen Ende des 19. Jahrhunderts kam eine zweite Kontaktmöglichkeit auf: das Telefon. Die Verbindungen zwischen den Anrufenden und den Angerufenen erfolgten aber nicht automatisch, sondern wurden in einem Büro von Hand hergestellt.

1895 bildete sich in Lupfig und Birr ein Komitee, das Telefonstationen in den Gemeinden mit einer Umschaltstation in Lupfig schaffen wollte. Die budgetierten Kosten schienen den Mülliger Stimmbürgern zu hoch, weshalb sie eine Beteiligung einstimmig ablehnten. Dagegen beauftragten sie den Gemeinderat, sich nach der Möglichkeit einer direkten Verbindung nach Brugg zu erkundigen und interessierte Geschäftsleute auf allfällige Beiträge zu befragen.

Die Abklärungen ergaben, dass eine Gemeindetelefonstation von Brugg aus tatsächlich billiger war, nämlich im ersten Jahr 180, im zweiten 150 und in jedem weiteren 120 Franken. Dafür durfte die Gemeinde einen Gebührenzuschlag erheben. 1897 entschieden sich 54 von 72 Stimmenden für diese Lösung. Das Telefon war am Anfang also eine Sache der Gemeinde!

Noch im gleichen Jahr wurde im Gasthaus zum Rössli die erste Gemeindesprechstation eingerichtet. Sie bestand bis 1935. Damals gab es bereits eine öffentliche Sprechstation bei der Post. Zudem hatten mittlerweile zwölf Privathaushaltun-

Das heutige Postbüro an der Hauptstrasse 33 (seit 1995). Foto Thomas Schirmann.

gen – verteilt über das ganze Dorf – eigene Telefonabonnemente gelöst, weshalb der Gemeinderat an deren «Ehrgefühl» appellierte, Mitteilungen an ihre Nachbarn ohne eigenen Anschluss auszurichten.[36]

Vor allem in den 1950er- und 1960er-Jahren wurde das eigene Telefon in jeder Wohnung gebräuchlich und immer mehr zur Selbstverständlichkeit. Heute besitzt bald jedes Kind ein eigenes Handy und kann daher jederzeit mit jedermann in Verbindung treten.

### Vom Löschkessel zum Tanklöschfahrzeug

Dass die Löschmethoden mit Kübeln aus laufenden und Sodbrunnen bei einer Feuersbrunst nicht taugten, musste die Mülliger Bevölkerung während Jahrhunderten immer wieder schmerzlich erfahren. In den Häusern mit Strohdächern war die Brandgefahr besonders gross, zumal nicht alle Häuser über dem Kochherd einen Kamin besassen und der Rauch durch die Ritzen des Daches entweichen musste.

Die Bevölkerung musste daher dem Ausbruch eines Brandes vor allem vorbeugen: durch vorsichtiges Umgehen mit offenem Feuer (und Rauchzeug), Vermeidung feuergefährlicher Arbeiten, Russen der Kamine (sofern vorhanden) und vor allem durch die Feuerwacht des Nachtwächters.

Die Stadt Brugg mit ihren eng zusammengebauten Häusern und ihren Schmieden, Schlossern und Hafnern besass schon im 17. Jahrhundert Feuerspritzen. Auch in einigen Dörfern lassen sich solche nachweisen, beispielsweise in Mönthal 1695. Die Berner Regierung begnügte sich damit, Dorfwachen vorzuschreiben und den Bau von Gemeindewaschhäusern und gemeinsamen Brotbacköfen dringend zu empfehlen. Da die schriftlichen Quellen fehlen, ist nicht sicher bekannt, seit wann Mülligen eine Feuerspritze sowie eigene Gebäude zum Waschen und Backen besass. Belegt ist einzig das Gemeindewaschhaus 1823. Als der Gemeinderat andererseits 1846 die Bürger anfragte, ob die Gemeinde einen eigenen Backofen einrichten oder sich dazu mit einer andern zusammenschliessen wolle, beschlossen diese, auf beides zu verzichten.

Zur Gründungszeit des Kantons Aargau 1803 besass das vormals österreichische Fricktal bereits eine obligatorische Brandversicherung. Da niemand hinter diese

---

[36] Gemeindearchiv Mülligen, Gemeindeversammlungsprotokoll IV/S.54, 67, 101, 181, V/S.271, VI/S.151.

fortschrittliche Vorschrift zurückgehen wollte, beschloss der Grosse Rat deren Einführung für das ganze Kantonsgebiet. Der Staat betrieb dieses Unternehmen seit 1806 selbst und erliess daher auch Vorschriften zur Verhütung und Bekämpfung von Bränden. So verbot er die Errichtung neuer Strohdachhäuser; er schrieb den Gemeinden eine Brandwache und eine eigene Feuerwehr verpflichtend vor, ebenso die Anschaffung einer Feuerspritze.

1817 entschied die Gemeindeversammlung Mülligen, mit Birrhard den Kauf einer gemeinsamen Feuerspritze vertraglich abzumachen. Die Bürger wollten sie aber im eigenen Dorf haben und erklärten sich zu deren Unterhalt bereit. Nach Abschluss der Vereinbarung bestellten die beiden Gemeinderäte die Feuerspritze beim Schmied Deubelbeiss in Schinznach, der sie 1819 lieferte. Bei diesem Modell mussten die Feuerwehrmänner und weitere Helfer das Wasser noch in Gelten zur Spritze tragen. Hierauf baute Mülligen 1823 ein Spritzenhäuschen für 160 alte Franken; jede Haushaltung ohne Unterschied musste daran drei Franken in drei Raten bezahlen. Dieses Spritzenhaus wurde 1889 durch ein neues ersetzt, das bis 1985 schräg hinter dem alten Schulhaus an der Birrfeldstrasse stand.[37]

[37] Gemeindearchiv Mülligen, Gemeindeprotokoll 1817/S.245, 294, 301, 1823/S.164. Gemeindeversammlungsprotokoll III/S.179–180, 255–256. Staatsarchiv Aarau, Lagerbücher Mülligen 1809, 1829, 1850, 1875, 1898.

Die Saugspritze der Mülliger Feuerwehr von 1868. Am Dorfumzug von 1960 herumgeführt. Heute im Feuerwehrmuseum Endingen.

1868 bestimmten die kantonalen Instanzen, dass jede Gemeinde eine eigene Feuerspritze besitzen müsse. Die Mülliger beschlossen hierauf den Ankauf einer neuen; die Birrharder könnten die alte übernehmen. Beim neuen Modell handelte es sich um eine damals moderne Saugspritze, so dass sich das Zutragen von Wasser erübrigte. 1907 schaffte die Gemeinde einen Schlauchwagen an, 1912 eine Schiebeleiter, aber erst nachdem eine Verwarnung wegen «zu engherziger Sparsamkeit» ergangen war. Dagegen ersparte sie sich 1962 eine Motorspritze, da die Feuerwehr Windisch notfalls zur Hilfeleistung ausrücken müsse. Die Spritze von 1868 aber wurde 1970 verkauft und gelangte nach mehreren Handänderungen in das Feuerwehrmuseum nach Endingen.

Gegensätzliche Auffassungen kamen 1974 zum Ausdruck, als das Versicherungsamt nach 20-jährigem vergeblichem Mahnen den Neubau eines Feuerwehrmagazins forderte. Ein erstes Projekt wurde knapp abgelehnt. Umstritten war vor allem der Standort auf der Liegenschaft Schwarz im Stock (Neubau oder Unterbringung in der Scheune). Schliesslich genehmigte die Gemeindeversammlung die Vorlage, und die Bürgerschaft bestätigte diesen Entscheid in einem fakultativen Referendum.

1978 erwarb die Gemeinde ein Kleintanklöschfahrzeug für 149 000 Franken, zehn Jahre später dazu einen Occasions-VW-Bus als Feuerwehrauto.

Längerfristig konnte sich Mülligen weder finanziell noch personell eine eigene Feuerwehr leisten; viele Einwohner arbeiteten tagsüber auswärts und konnten bei einem Alarm gar nicht ausrücken. Ab 1985 arbeitete man daher mit Birrhard zusammen – mit gemeinsamen Übungen und gemeinsamer Alarmierung bei Brandfällen in einem der Dörfer.

Es drängte sich jedoch ein engerer Zusammenschluss auf. Gespräche mit Birmenstorf und Birrhard ab dem Herbst 2000 scheiterten an kantonalen Vorschriften betreffend die Distanzen. Nun folgten Verhandlungen mit Birrhard. Sie gediehen bis zur fixfertigen Formulierung der Verträge und Reglemente, die auch von beiden Gemeinderäten genehmigt wurden. Doch Anfang 2002 bliesen die Birrharder Behörden das Projekt abrupt ab.[38]

Mülligen nahm nun Besprechungen mit Birmenstorf auf. Diese verliefen speditiv und in gutem gegenseitigem Einvernehmen. So konnten die beiden Feuerwehren bereits auf den 1. Januar 2004 fusionieren. Ein Gemeindevertrag legt unter

---

[38] Gemeindearchiv Mülligen, Gemeindeversammlungsprotokoll III/S.4, 5, 10, 49, 179, IV/S.99, 181, 204, 302–303, IX/S.24, 210–213, 218–219, 242, 289–290, X/S.125–126, XI/S.122. Mitteilungsblätter ab 1990.

anderem die Kostenverteilung entsprechend der Einwohnerzahl fest. Auf Mülligen trifft es derzeit 27 Prozent.

**Vom Gemeindewaschhaus zur Waschmaschine**

1823 verpflichtete die Gemeinde Mülligen die Besitzer von Häusern ohne hohen Kamin, im öffentlichen Waschhaus zu waschen. Wegen der Feuergefahr war es verboten, dies in der eigenen Küche zu tun. Seit wann und wo dieses Waschhaus stand, ist nicht bekannt.[39]

Ende der 1850er-Jahre drängte sich offenbar ein Neubau auf. Die Ortsbürgergemeinde kaufte hiezu das erforderliche, zentral gelegene Land nahe der Strassenkreuzung an der Birrfeldstrasse. Da ein neues Gebäude zugleich mehrere Bedürfnisse befriedigen sollte, beschlossen die Bürger 1861 den Bau des heutigen Gemeindewaschhauses, in welchem zugleich eine Zelle für Gefangene, ein Wachlokal und ein Glättezimmer untergebracht wurden. Als ein Mülliger der Gemein-

[39] Gemeindearchiv Mülligen, Gemeindeprotokoll 1823/S.165.

Das Gemeindewaschhaus von Mülligen, ursprünglich mit Gefangenenzelle, Wachlokal und Glättezimmer, erbaut 1861.

de 1881 einen Leichenwagen schenkte, baute sie einen Schopf zu dessen Unterbringung an.

Die Nutzung des Waschhauses wechselte in der Folge immer wieder. Die feuergefährlichen Strohdachhäuser verschwanden. Die meisten Liegenschaften bauten eigene Waschhäuser oder Waschküchen, so dass bereits 1929 nur noch zwei Haushaltungen hier wuschen.[40]

Ein Projekt, das schon 1914 eine Erhöhung um ein Stockwerk vorgesehen hatte, um einen Gemeindesaal und die Arbeitsschule einzurichten, war in der Gemeindeversammlung gescheitert. Ein gleiches Schicksal erlitt – wie schon erwähnt – 1944 der Plan eines Umbaus für die Gemeindekanzlei, das Feuerwehrlokal und das Schlachthaus.

1941 schenkten die Ortsbürger das Gebäude der Einwohnergemeinde, die es etwas instand stellen liess. Eine Renovation drängte sich auf, als das alte Bauernhaus an der Strassenkreuzung 1956 abgebrochen wurde und der schlechte bauliche Zustand des Waschhauses klar zutage trat. Die Gemeinde sanierte es sogleich. Seit 1970 steht es der Elektra Mülligen als Trafostation zur Verfügung.[41]

Das mühsame Waschen von Hand mit Kochkessel und Waschbrett gehört der Geschichte an. Jedes Haus, zum Teil jede Wohnung, ist nun mit einer vollautomatischen Waschmaschine ausgerüstet. Dies hat allerdings dazu geführt, dass die Wäsche viel öfter gewechselt wird, was seinerseits die bekannten Probleme mit dem Abwasser mitverursacht hat.

**Von der Hauspflege zum Pflegeheim**

Es war während Jahrtausenden selbstverständlich, dass die Kranken von ihren Angehörigen zu Hause gepflegt wurden. In der Berner Zeit bestanden zwar einige Pflegeplätze im ehemaligen Frauenkloster Königsfelden. Doch wurden hier fast ausschliesslich psychotische Menschen, die rasten und tobten, in kleinen Zellen verwahrt.

---

[40] Gemeindearchiv Mülligen, Gemeindeversammlungsprotokoll II/S.162, 165, 166, 172, 193, III/S.156–157.

[41] Gemeindearchiv Mülligen, Gemeindeversammlungsprotokoll/V/S.19, 386–388, VI/S.124, 346, 351–352, VIII/S.119, 187, IX/S.163, XI/S.36–37.

Auch Ärzte zog man für die Heilung nur selten zu. Man behalf sich mit überlieferten Hausmitteln und suchte gelegentlich einen Kurpfuscher auf. Im nahen Brugg praktizierten zwar einige Wundärzte («Chirurgen»), die Zähne zogen sowie Knochenbrüche und offene Wunden behandelten, aber keine Medikamente verabreichen durften. Dies war den Ärzten vorbehalten, die ein Hochschulstudium abgeschlossen hatten und vor allem für die innere Medizin zuständig waren. In Brugg boten auch Apotheker gewisse Heilmittel an.

Fachliche Unterstützung benötigten dagegen die werdenden Mütter bei ihren Geburten. Oft mussten sie sich zwar mit hilfsbereiten Nachbarinnen oder sonst einer «erfahrenen Frau» begnügen. Mit dem aufkommenden naturwissenschaftlichen Denken seit dem 17. Jahrhundert nahmen aufgeklärte Kreise unter den Berner Patriziern den Tod von Frauen im Wochenbett nicht mehr als gottgegeben an. Die Regierung förderte daher den Hebammenberuf.

Aus Mülligen sind für das 18. Jahrhundert drei Hebammen namentlich genannt: Anna Kummler-Friedrich (1701–1756), Verena Huber-Hauenstein († 1765) und Elisabeth Huber-Simmen (1719–1790). Sie besassen zwar keine Fachausbildung, sondern hatten einer älteren Berufsfrau assistiert und dabei einige wichtige Handgriffe und Kenntnisse erworben. Im 19. und weit ins 20. Jahrhundert hinein liessen die Mülligerinnen die Hebamme aus Windisch oder Birmenstorf rufen, wenn ihre schwere Stunde nahte. Später brachten auch die Mülliger Frauen ihre Kinder meist im Spital zur Welt.

Im 18. Jahrhundert erhielten die Hebammen von der Kirchgemeinde, später von der politischen Gemeinde, einen Grundlohn. 1840 verlangte die damalige Amtsinhaberin statt der bisherigen 16 neu 24 Franken jährlich. Die Bürger – alles Männer! – gestanden ihr 20 Franken zu. Später zahlten die Gemeinden ein so genanntes «Wartegeld» für die ständige Einsatzbereitschaft der Hebamme. Von 1903 bis 1949 stieg dieses von 25 auf 250 Franken.[42]

Ein wachsendes Problem bot die Betreuung alter Menschen. Im Unterschied zu Bauernhaushalten war die Fabrikbevölkerung weniger sesshaft; Einzelpersonen und Familien zogen dorthin, wo am meisten Verdienst winkte. Ihre Wohnverhältnisse waren meist so eng, dass sie gar nicht über Platz für einen alten Grossvater oder eine Tante verfügten. Oft blieben bedürftige Alte allein in Mülligen zurück, und die Gemeinde musste sich dann um ihre Pflege kümmern. Die Bezirke

---

[42] Gemeindearchiv Mülligen, Gemeindeversammlungsprotokoll I/S.283, IV/S.159, 181, 204–205, 268, V/S.53–54, 93, 280–283, VII/S.185.

Brugg, Kulm und Lenzburg planten daher 1906 die Gründung einer gemeinsamen «Pflegeanstalt zur Versorgung von Armen und Gebrechlichen». Für die Berechtigung, einen Pflegling unterzubringen, sollten die Gemeinden je zwei Anteilscheine zu 1000 Franken zeichnen. Das tägliche Kostgeld für Arme wurde auf 75 Rappen, für «Privatpfleglinge» auf einen Franken geschätzt. Die Mülliger Bürger beschlossen zuerst die Zeichnung von vier Anteilscheinen, ging dann aber auf zwei zurück, «bis man sehe, ob das Projekt verwirklicht werde». Das Bedürfnis dazu war aber so gross, dass 1909 tatsächlich eine Pflegeanstalt zustande kam, und zwar in den Gebäuden des ehemaligen Klosters Muri. Dort verbrachten später immer wieder alte Menschen aus Mülligen ihre letzten Jahre.[43]

Seit 1872 bestand auch ein Kantonsspital, zuerst in Königsfelden, ab 1887 in Aarau. In der Region Brugg wuchs aber das Bedürfnis nach einem regionalen Krankenhaus. 1911 bildete sich ein Initiativkomitee für den Bau eines Bezirksspitals in Brugg mit 40 bis 60 Betten. Der Kostenvoranschlag lautete auf 482 938 Franken. Aufgrund der Einwohnerzahl, der Steuerkraft und der Steuerbelastung wurde für Mülligen ein Beitrag von 1000 Franken berechnet. Die Stimmbürger konnten sich jedoch nicht zu einem positiven Beschluss durchringen; es handle sich um einen «Luxusbau». Nachdem feststand, dass alle anderen Gemeinden des Bezirks zugestimmt hatten, zog Mülligen dann doch auch nach. In der Folge war der Nutzen dieses Spitals unbestritten, so dass die Gemeinde 1952 ihren Anteil an die Erweiterung ohne weiteres bewilligte. 1992 wehrte sich der Gemeinderat erfolgreich gegen die Umteilung des Dorfes zur Spitalregion Baden. Zum allgemeinen Bedauern der Bevölkerung wurde das Bezirksspital Brugg jedoch auf Ende September 2005 geschlossen.

Auch die Hauspflege beschäftigte die Behörden immer mehr. Seit 1942 bezahlte Mülligen dem Samariterverein Windisch einen Jahresbeitrag, da der Samariterposten im Dorf fleissig benutzt wurde.

Ab 1949 wurde der Ruf nach der Anstellung einer Krankenpflegerin immer lauter. Die Gemeinde unterstützte daher die Gründung des Hauspflegevereins Windisch-Mülligen, dem Privatpersonen als Mitglieder beitreten konnten. Auf Anfang 1998 trat an dessen Stelle der Spitex-Verein Windisch-Mülligen, an dessen Betriebskosten die Gemeinde mindestens 5 Prozent beitragen muss.[44]

---

[43] Gemeindearchiv Mülligen, Gemeindeversammlungsprotokoll IV/S.203–204, 231.

[44] Gemeindearchiv Mülligen, Gemeindeversammlungsprotokoll IV/S.283, 287, VI/S.371, VII/S.184, 318–319, XI/S.64. Mitteilungsblatt der Gemeinde Mülligen 1992.

Seit einigen Jahrzehnten können auch in Mülligen ältere Jahrgänge ihre letzte Lebensphase oft nicht mehr im Kreise ihrer Angehörigen und damit in ihrer vertrauten Umgebung verbringen. Als 1964 sowohl Windisch als auch Brugg Alterssiedlungen planten, erkundigte sich der hiesige Gemeinderat nach Möglichkeiten einer Beteiligung. Anfänglich sah nur das Brugger Projekt eine Öffnung für den ganzen Bezirk vor. Mülligen beschloss daher 1966 einen vorläufigen Kostenbeitrag von 6000 Franken nach Brugg.[45]

Später kam dann doch eine engere Zusammenarbeit mit Windisch zustande. Seit Juli 1991 ist Mülligen vollberechtigtes Mitglied der Stiftung Altersheim Windisch. Die Gemeinde bezahlte dafür eine Einkaufssumme von 747 000 Franken. Ein Jahr danach trat auch Habsburg dieser Stiftung bei.[46]

**Von der freien Bauweise zur Ortsplanung und Zonenordnung**

In traditionellen Dorfsiedlungen wie Mülligen wurden Wohnhäuser bis zur Helvetischen Revolution 1798 üblicherweise innerhalb des Dorfes gebaut. Dieses war meist durch einen Dorfetter (Hag) eingezäunt. Wenn ein Hof auf mehrere Erben geteilt werden musste und es an Wohnraum mangelte, baute man zusätzliche Häuser und Scheunen, in der Regel in den bestehenden Baumgärten. In Mülligen entwickelte sich aus der Trotte beim Rebhang des Eitenbergs der einzige Einzelhof ausserhalb des Dorfes.

Im 19. Jahrhundert und lange darüber hinaus entsprach es der liberalen Vorstellung von Eigentum, dass Landbesitzer auf ihrem Grund und Boden bauen durften, was und wie sie wollten. So entsorgte man auch sein Abwasser und seinen Kehricht dort, wo man es für gut fand. Der Eigennutzen kam oft vor dem Gemeinwohl.

Erst in der zweiten Hälfte des 20. Jahrhunderts drangen andere Werte auch politisch immer mehr durch: die Sorge für die Natur, für das Siedlungsbild und das historische Erbe.

In Mülligen setzte sich ebenfalls die Einsicht durch, man wolle die geschlossene Bauweise erhalten und eine Zersiedlung der Landschaft vermeiden. Seit der Güterregulierung war ein Wildwuchs im Hausbau ohnehin nicht mehr möglich.

[45] Gemeindearchiv Mülligen, Gemeindeversammlungsprotokoll IX/S.65.
[46] Gemeindearchiv Mülligen, Aktenband Altersheim Windisch.

Der Mülliger Bauzonenplan von 2003/04.
Aufnahme Porta + Partner, Brugg.

1959 legte der Gemeinderat einen ersten Entwurf für eine Bauordnung vor; er strebte eine geordnete Bauweise an, um vor Überraschungen in der Bauentwicklung gefeit zu sein. Vermutlich hatte die Behörde bereits erkannt, dass im Rahmen des industriellen Aufschwungs in der Region (Birrfeld!) ein Zuzug bauwilliger Familien zu erwarten war. Doch bei den Stimmbürgern war diese Einsicht noch nicht zum Durchbruch gelangt. Mit 56 gegen 8 Stimmen schmetterten sie die Vorlage ab.

Noch Ende 1971 war das Misstrauen gegen reglementiertes Bauen stark. Ein Bürger formulierte es so: «Es war unsere letzte Freiheit, dass wir keine Bauordnung hatten. Wenn diese nun beschlossen wird, sind wir wie in Moskau gebunden. Zudem wird in Mülligen fast kein Land verkauft. Das in der Bauzone eingeteilte Land müsste zu einem höheren Wert versteuert werden. Wenn die Ortsplanung angenommen wird, brauchen wir bald einen zweiten Gemeindeangestellten, der Fr. 20 000.– kosten wird.»

Erst als das Aargauer Volk ein neues Baugesetz angenommen hatte, das für Gemeinden ohne Bauordnung auf den 1. Mai 1972 eine sehr restriktive Normalbauordnung einführte, beschloss die Mülliger Gemeindeversammlung nach einer heftigen Diskussion äusserst knapp mit 34 gegen 30 Stimmen, eine kommunale Bauordnung ausarbeiten zu lassen. Bauordnung und Zonenplan lagen im Juni 1975 vor und wurden nach einer Änderung (Einbezug eines Teils des Gebietes Bergacker in die Dorfzone) mit deutlichen Mehrheiten angenommen.

Bereits 1980 zeigte sich, dass die Reserven an Bauland die grosse Nachfrage von Bauwilligen nicht zu decken vermochte. Seither erweiterte und erschloss die Gemeinde die Bauzone in mehreren Etappen schrittweise. Zonenplan, Bauordnung und Nutzungsplanung mussten von Zeit zu Zeit der vorauszusehenden Entwicklung angepasst werden, letztmals im Jahr 2003.[47]

---

[47] Gemeindearchiv Mülligen, Gemeindeversammlungsprotokoll VIII/S.121–122, IX/S.179–181, 188, 194, 223–225, X/S.17–18, 34, 63–64, 129, 138, XI/S.13, 41–42, 66, 84, 77–78, 89, 94, 120–121.

## Von der privaten Schulstube zur Mehrzweck-Schulanlage

*Die Mülliger Dorfschule vor 1800*

Zur Zeit der Herrschaft Berns stand die Schule unter der Aufsicht der Kirche. In der Kirchgemeinde Windisch soll schon um 1540 eine Pfarrschule bestanden haben. Durch ein Gesetz über die «Schulen in den Dörfern» schrieben die «Gnädigen Herren» 1628 die Schulpflicht bis zum Alter von vierzehn Jahren vor. Tatsächlich wird für Mülligen bereits 1650 ein Schulmeister genannt: Hans Koprio. In der zweiten Hälfte des 17. Jahrhunderts sind drei weitere Mülliger Lehrer erwähnt, so dass anzunehmen ist, die Dorfschule sei hier ununterbrochen betrieben worden.[48]

Die alte Schule diente nicht primär der Allgemeinbildung, sondern der religiösen Unterweisung. Da diese die private Lektüre der Bibel anstrebte, musste die Jugend lesen lernen. Dazu kam das Singen von Psalmen. An einem Examen im Frühling kontrollierte der Pfarrer jeweils die Kenntnisse und Fortschritte. Dann folgten die grossen Ferien vom 25. März bis zum 11. November, damit die Kinder (und der Lehrer) auf dem Feld arbeiten konnten. Während dieser Zeit konnten sie das Gelernte wöchentlich an einem halben Tag repetieren.

Doch auch im Winter besuchten nicht alle Kinder den Unterricht fleissig. Das Chorgericht musste nachlässige Eltern daher immer wieder ermahnen, verwarnen und unter Umständen auch bestrafen. Diese Erfahrung musste der Mülliger Schuhmacher Hans Barth 1747 machen: Da alle Ermahnungen nichts gefruchtet hatten, liessen ihn die Chorrichter «wegen dieser und anderer Liederlichkeit» für einige Stunden im Kirchturm einkerkern. Trotzdem war der regelmässige Schulbesuch noch lange nicht selbstverständlich. Noch 1782 wurden Eltern gerügt, weil ihre 16-jährigen Kinder weder lesen noch schreiben konnten.

Die Schulmeister mussten vor allem «gottesfürchtig, gott- und tugendliebend» und erst in zweiter Linie pädagogisch begabt sein. Sie genossen weder eine fachliche noch eine methodische Ausbildung, sondern gaben einfach weiter, was sie selbst wussten. Gewählt wurden sie durch die Kirchenvorsteher. Der Pfarrer prüfte jeweils die Eignung der Kandidaten. Dazu gehörte auch der Besitz einer genü-

---

[48] Staatsarchiv Aarau, AA 684/21.5.1650. AA 687/S.144v. Archiv der reformierten Kirchgemeinde Windisch, Chorgerichtsprotokoll 11.9.1659, 17.2.1661, 2.3.1662, 26.9.1686, 2.3.1710. Gemeindearchiv Windisch, Totenbuch 1699. RQ Bern, Bände VI 2, S.877, XII/S.146, 151.

gend grossen Stube, denn der Unterricht fand im Haus des Schulmeisters statt. Aus Mülligen sind für das 18. Jahrhundert vier Lehrer namentlich bekannt.

Vom Unterrichten konnte kein Schulmeister leben. Er erhielt einen kleinen Jahreslohn, teils aus dem Kirchengut, teils von der Gemeinde. Doch berichtete Pfarrer Wetzel 1764, dieses Gehalt sei so klein, dass die Eltern zusätzlich einen «winterlichen» Beitrag leisten müssten, um «die saure Arbeit der Schulmeister» zu entschädigen. Um diesen zu sparen, würden manche Arme ihre Kinder lieber zu Hause behalten. Neben dem Unterrichten betrieb der Lehrer Landwirtschaft oder ein anderes Gewerbe.[49]

Im September 1795 trat der noch junge Samuel Huber (1776–1843) die Lehrerstelle in Mülligen an. Aus seiner Amtszeit ist ein Bericht von 1799 erhalten, den die helvetische Regierung angefordert hatte. 87 Kinder (46 Knaben und 41 Mädchen) besuchten damals täglich den Unterricht während sechs Stunden. Das Schulzimmer befand sich im heute noch stehenden Haus Hubers (Hauptstrasse 26). Hier brachte er Mülligens Jugend das Buchstabieren und Lesen von gedruckter und handgeschriebener Schrift bei, dazu Schreiben, Singen und etwas Rech-

[49] Staatsarchiv Aarau, Band 687/S.144. Archiv der reformierten Kirchgemeinde Windisch, Chorgerichtsprotokoll 2.3.1710, 5.2.1747, 8.12.1782. Staatsarchiv Bern, B III 208, Pfarrbericht Windisch.

Das Wohnhaus des Schulmeisters Samuel Huber, seit 1795 Mülliger Lehrer. Privates Gebäude, um 1805 einstöckig erbaut, 1819 um ein Stockwerk erhöht (heute Hauptstrasse 26). Bis 1809 unterrichtete Huber 80 bis 90 Kinder in seiner privaten Stube im Erdgeschoss. Auf dem Bild, aufgenommen vor 1920, der Gemeindeweibel Jakob Baumann mit seiner Familie.

nen. Die Kinder mussten viele religiöse Texte und biblische Sprüche auswendig lernen. Als Lehrmittel standen lediglich der Berner und der Heidelberger Katechismus, das Berner «Namenbüchlein» und teilweise die Psalmen zur Verfügung. Eine Einteilung in Klassen kannte man nicht. Jedes Kind lernte für sich allein, unter gelegentlicher Anleitung des Lehrers und älterer Schüler.

Als Lohn erhielt Samuel Huber 10 Gulden Zins aus einem Fonds von 250 Gulden, den die Berner Obrigkeit gestiftet hatte, damit die Eltern kein Schulgeld mehr bezahlen mussten. Dazu kamen 7½ Gulden von der Gemeinde. An Naturalien erhielt er ferner 1½ Mütt Dinkel und Roggen aus dem Kirchengut und 3 Mütt von der Gemeinde. Der Mietzins für die Schulstube war in diesem Lohn inbegriffen; der Lehrer bekam lediglich zwei Klafter Holz aus der Berner Staatswaldung, damit er den Ofen heizen konnte. Da dies für den Unterhalt der Lehrersfamilie nicht ausreichte, arbeitete Huber daneben als Wagner und Kleinbauer.[50]

*Das erste Gemeindeschulhaus*

Die Helvetische Revolution und in ihrem Gefolge der junge Kanton Aargau trennten das Schulwesen von der Kirche. Die Aufsicht über die Dorfschulen übten inskünftig eine für die ganze Kirchgemeinde Windisch zuständige Schulpflege und ein Schulinspektor aus.

Die erste Forderung, welche die aargauischen Oberbehörden an Mülligen stellten, war ein eigenes Schulhaus. 1809 ergab sich die Gelegenheit, das Erdgeschoss des so genannten «kleinen Herrenstocks» im «Hof» für 765 alte Franken zu erwerben. Es handelte sich um ein massives, von den früheren Besitzern des «Hofs» errichtetes Gebäude. Zehn Jahre später konnte die Gemeinde auch das obere Stockwerk für 570 Franken erwerben. Sie tätigte einige Investitionen, so dass der Versicherungswert auf 2600 Franken stieg.[51]

Schulzimmer und Gemeindekanzlei befanden sich im Erdgeschoss. Die Wohnung im obern Stock musste die Gemeinde 1823 dem Lehrer von Gesetzes wegen als Dienstwohnung übergeben. Später benützte sie die Räume als «Spittel» für armengenössige Familien.

---

[50] Bundesarchiv Bern: BO#9001/1423: Schulenquête Stapfer.
[51] Gemeindearchiv Mülligen, Fertigungsprotokolle I/S.146–149 und II/S.291.

Die Schülerzahlen stiegen jedoch derart, dass der Bezirksschulrat ein zusätzliches Schulzimmer forderte. Die Gemeinde zögerte dies jedoch immer wieder hinaus; sie könne die Kosten dafür nicht aufbringen. 1833 teilte der Gemeinderat mit, die Zahl der Kinder scheine jetzt abzunehmen, weil bereits acht in der Spinnerei Windisch arbeiteten und dort die Fabrikschule besuchten.

Die prekäre Lage beruhigte sich offenbar. Erst 1850 verlangte die Schulpflege Windisch eine Erweiterung des Schulzimmers. Um dies zu umgehen, beschlossen die Bürger, eine Weisstanne zu fällen, um daraus zweckmässigere Schulbänke machen zu lassen. Doch die Oberbehörden gaben sich damit nicht zufrieden.[52] 1853 liessen die Mülliger endlich einen Plan ausarbeiten, nach welchem sie das Schulzimmer in den oberen Stock verlegen wollten. Doch erst drei Jahre später, nachdem ihnen von Aarau aus Zwangsmassnahmen angedroht worden waren, machten sie sich ans Werk. Die Erziehungsdirektion genehmigte das vorgelegte Projekt, stellte aber einige Bedingungen: Im Erdgeschoss sei eine Wohnung einzurichten; doch dürfe diese nicht als «Spittel» verwendet werden. Der Umbau erfolgte jetzt in der Tat, und im August 1856 feierten die Stimmbürger das Aufrichtefest mit einem Trunk.

Beinahe fünfzig Jahre danach drängte sich eine Renovation auf. Die Schulpflege wollte 1904 das Schulzimmer (samt Arbeitsschule) wieder ins Erdgeschoss verlegen und den frei werdenden ersten Stock als Gemeindesaal verwenden. Doch dem Erziehungsrat war der geplante Unterrichtsraum zu klein. Ein überarbeitetes Projekt reservierte dann den ganzen ersten Stock für das Schulzimmer und brachte im Erdgeschoss den Gemeindesaal, die Arbeitsschule (abgetrennt durch eine aufziehbare Wand) und das Gemeinderatszimmer unter.

In dem nun vergrösserten Schulzimmer unterrichtete der Lehrer 1916 über 80 Kinder in acht Klassen. Der Bezirksschulrat verlangte daher eine Teilung in zwei Abteilungen. Diese Forderung war in Mülligen nicht grundsätzlich bestritten, doch wollte man nicht bauen. Der erste Vorschlag lautete dahin, die Unterstufe im Arbeitsschulzimmer unterzubringen, der zweite, die Gemeinde könnte dafür eine Schreinerwerkstätte mieten. Beides wurde durch die kantonalen Behörden abgelehnt.

[52] Gemeindearchiv Mülligen, Gemeindeversammlungsprotokoll II/S.54/10.7.1850.

Trotz des Protests des damaligen Lehrers beschloss die Gemeinde hierauf, einen Teil des oberen Schulzimmers für die Arbeitsschule abzutrennen. Bei dieser Lösung blieb es dann, bis die jetzige Schulanlage im September 1960 bezogen werden konnte.[53]

*Unterricht im «alten Schulhaus»*

In den knapp 150 Jahren gingen 22 gewählte Lehrkräfte hier ein und aus. Bis 1884 handelte es sich um zwei Ortsbürger, die der Schule Mülligen zusammen 89 Jahre (1795–1884) lang die Treue hielten. Danach waren es ausschliesslich Auswärtige, die hier weniger starke Wurzeln schlugen und bei Gelegenheit die Stelle wechselten. Die Gemeinde verlangte daher 1931 ausdrücklich, eine Lehrkraft müsse im Dorf wohnen, «damit sie sich nicht nur während den Schulstunden im Dorfe aufhält; wenn möglich soll sie aus ländlichen Verhältnissen stammen, weil

[53] Gemeindearchiv Mülligen, Gemeindeversammlungsprotokoll I/S.69–70, II/S.54, 113, 116, 121–122, 140, 144, 145, 147, 148, 157, 159, IV/S.104–105, 165, 171–173, 176–177, 178, 211, V/S.25, 47, 53, 59, 61–62, 221–222, 258.

Das erste Gemeindeschulhaus von Mülligen. Um die Mitte des 18. Jahrhunderts durch die Brugger Schultheissenfamilie Frölich als gemauertes «Herren-Stöckli» im «Hof» erbaut; um 1790 durch den «Hof»-Besitzer Johannes Ackermann zum Zweifamilienhaus für zwei seiner Söhne umgestaltet. Den untern Stock erwarb die Gemeinde 1809, den obern 1819. Im Erdgeschoss richtete sie ein Schulzimmer ein, daneben 1817 eine Gefangenenzelle und 1847 ein feuerfestes Archiv. Der obere Stock diente der Gemeinde als «Spittel» für armengenössige Bürgersfamilien, ab 1856 als Schulzimmer. Im untern Stock wurde ein Zimmer für die Arbeitsschule, 1917 ein solches für die zweite Abteilung (Unterstufe) eingerichtet, 1920 die Gemeindekanzlei. Foto G. Felber, 1898. Stadtarchiv Brugg, Bild F 0440.

sie sich leichter einlebt». Andererseits hatte der Gemischte Chor 1927 einen «musikalisch begabten Lehrer gewünscht», was mit einem Kandidaten erfüllt wurde, der dazu noch Oberturner im Seminarturnverein Wettingen war.

Wie erwähnt, erfolgte 1917 die Aufteilung der Schuljugend in eine Ober- und eine Unterschule. Erster «Unterlehrer» wurde Adolf Huber aus Oberkulm. Ihm folgten ausschliesslich Frauen, als erste Anna Wild, die sich stark am dörflichen Leben beteiligte und den Gemischten Chor gründete. Sie heiratete dann den «Oberlehrer», so dass die Schule Mülligen für einige Jahre unter der Führung eines Ehepaares stand.

Die Bürger zogen im Übrigen Frauen als «Unterlehrerinnen» vor, weil sie diesen keine Ortszulage bezahlten. Sie fanden nämlich 1927, dass «eine Lehrerin billiger leben könne und es an Bewerberinnen nicht mangeln werde».

Unzufriedenheit mit einer Lehrkraft spiegelte sich gelegentlich im Ergebnis einer Bestätigungswahl wider. Ein langjähriger Schulmeister wurde sogar wegen unbefriedigender Inspektoratsberichte nur noch provisorisch gewählt; er kündigte hierauf. Ein anderer verpasste seine Wiederwahl mit 62 gegen 15 Stimmen; er war wegen «Trinkerwahnsinn» in Königsfelden interniert worden, was im Dorf einen «skandalösen und noch nachwirkenden Aufruhr» auslöste.

Die Mülliger Schuljugend 1905, vor genau hundert Jahren (35 Mädchen und 32 Knaben). In der Mitte Schulmeister Traugott Fischer (geboren 1874), der von 1895 bis 1905 als Lehrer in Mülligen wirkte. Ganz links Marie (Kleinert-) Frischknecht (geboren 1872), von 1899 bis 1910 Arbeitslehrerin in Mülligen.

Auch sonst hielt man die Lehrkräfte in der Besoldung knapp. 1823 erhielt Samuel Huber nach 28-jähriger Tätigkeit jährlich 130 alte Franken. Für diese Auslage bezog die Gemeinde eine eigene Steuer. 1884 beschloss sie 900 Franken, dazu freie Wohnung und Garten; bei «befriedigenden Leistungen» sollte der Lehrer einen Zuschlag von 100 bis 200 Franken erhalten. 1913 betrug der Jahreslohn 2000 Franken. Die Abhängigkeit der Lehrkräfte vom Wohlwollen der Gemeindeversammlung hörte erst auf, als der Staat 1919 die Besoldung übernahm.[54]

Eine *Arbeitslehrerin* taucht in den Protokollen seit 1842 auf. Bis 1899 handelte es sich durchwegs, nachher zeitweilig um Mülligerinnen. Wie erwähnt, war ihnen meistens ein eigenes Unterrichtszimmer zugeteilt.

Wie problematisch es war, dass ausschliesslich Männer über Auslagen für die Arbeitsschule befanden, zeigte sich am Streit um die Anschaffung einer Nähmaschine. Ein entsprechender Antrag Anfang 1919 vereinigte lediglich 30 von 79

[54] Gemeindearchiv Mülligen, Gemeindeversammlungsprotokoll I/S.215–216, 297, 349–351, II/S.192, 201–202, III/S.48, 93, 191–192, 227–228, IV/S.14–15, 49–51, 63–64, 113, 134, 170, 208, 219–220, 223, 235, 243–244, 272, 280–281, 283, 286–287, V/S.9, 57, 63–64, 81, 93, 138, 139, 163–164, 169–170, 178–180, 183, 187–188, 199–201, 203, 300–302, 310–311, 323, 368a, VI/S.55–56, 60, 63, 128, 132–133, 166, 168, 214, 216–225, 254, 260, 297, 298, 407, VII/S.10, 21, 49, 192, 253, 306–307, VIII/S.26, 61, 101, 137–138, 139, 187.

Blick in das Unterstufenzimmer im alten Schulhaus 1935/36. An der Wand die Lehrerin Gertrud Graf (in Mülligen 1932 bis 1936).

Stimmen auf sich. Hierauf brachte ein «Fortschrittlicher Verein Mülligen» den Vorschlag nochmals aufs Tapet; doch blitzte dieser mit 9 Ja von 77 Stimmen noch stärker ab. Das Hauptargument dagegen lautete, dass «Mädchen mehr für die Näharbeiten des Haushaltes als den Luxus zu lehren seien sowie die Nähmaschinenarbeit immer noch gelernt werden könne». Noch 1922 fanden die Bürger, eine Nähmaschine sei «für unsere Schule nicht absolut notwendig». Die Schulpflege stellte hierauf einen Wiedererwägungsantrag und wies darauf hin, dass Mülligen im Bezirk Brugg die einzige Gemeinde ohne Nähmaschine sei. Um aber die Steuern nicht erhöhen zu müssen, einigte man sich darauf, eine solche zwar zu kaufen, dafür aber auf einen neuen Bodenbelag im Unterschulzimmer zu verzichten![55]

*Turnplatz und Turnhalle*

Einen Platz für den Turnunterricht schuf Mülligen erst, als der Kanton 1902 der Einwohnergemeinde drohte, ihr den Staatsbeitrag an die Lehrerbesoldung zu entziehen. Damals kaufte sie von der Ortsbürgergemeinde 1000, später noch 400 Quadratmeter Reutenenland im Stock. Von einer Turnhalle zu träumen, galt – wegen der finanziellen Lage – als Illusion.

Allerdings gab es in Mülligen eine Gruppe junger Leute, die diesen Traum nicht aufgaben. 1912 wurde nämlich der Turnverein gegründet, und die initiativen Männer wollten einen Trainingsraum. Bereits 1915 bewarben sie sich bei der Firma Kunz in Windisch um die Benützung von Räumen in der stillgelegten Fabrik. Diese hätte das Gebäude jedoch lieber der Gemeinde verkauft, was aber auf einstimmige Ablehnung stiess.

Zwei Jahre später startete der Verein den nächsten Versuch: Er beantragte die Erstellung eines Schopfes als Übungs- und Geräteraum in der Grösse von 20 auf 10 Meter. Einige Zeit danach legte er auch einen Plan vor und bot 500 Franken als Vereinsbeitrag sowie Fronarbeiten an. Der Gemeinderat lehnte zwar nicht rundweg ab, setzte sich aber mit einem Verschiebungsantrag in Anbetracht der «übermässig hohen Baupreise» durch. – 1921 beschloss die Gemeindeversammlung

---

[55] Gemeindearchiv Mülligen, Gemeindeversammlungsprotokoll I/S.323, III/S.2, 48, 175, 227–228, IV/S.16, 88, 109–110, 136, 215, 246, 277, 278, V/S.85, 96–97, 154, 161, 237, VI/S.64, , 260–261, VII/S.10, 164, 223, 278, 288, VIII/S.149.

immerhin, auf dem Turnplatz eine elektrische Lampe zu installieren und die Stromkosten zu übernehmen. Ein Befürworter hatte argumentiert, «es handle sich hier um die Erfüllung eines gemeinnützigen Zwecks zum Wohle der körperlichen und geistigen Entwicklung der heranwachsenden Söhne».[56]

1934, mitten in der Wirtschaftskrise, ersuchte der Turnverein erneut um die Erstellung eines geeigneten Turnlokals. «Der Turnbetrieb sei im Winter lahmgelegt, und im Frühling, wenn die Turner der Nachbarsektionen in Form seien, so müssten sie erst mit Üben beginnen.» Die jungen Männer dachten an ein Gebäude von 15 auf 10 Meter Seitenlänge und 8 Meter Höhe, schätzten die Kosten auf 10 000 Franken und wiesen darauf hin, dass der Raum auch für andere Zwecke zur Verfügung stehen würde. Diesmal stimmten die Bürger einer Projektierung mit 46 gegen 28 Stimmen zu. Als der Voranschlag aber mit einem Aufwand von knapp 17 000 Franken rechnete, ging die Vorlage mit 42 Nein gegen 32 Ja bachab. Begründung: «Es seien bessere Zeiten abzuwarten.»

Nach guten Leistungen am Kantonalturnfest des TV Mülligen folgte – nach weniger als einem Jahr! – der nächste Vorstoss. Zwei neue Projekte wurden erarbeitet, ein Holzbau für 7000, ein Steinbau für 10 000 Franken. Beide liessen sich nur mit einer Sondersteuer finanzieren. Der Gemeinderat lehnte dies ab, weil sich die Finanzlage der Gemeinde noch verschlechtern werde. Er musste sich aber vorwerfen lassen, es mangle ihm an Mut; die Befürworter verwiesen nämlich auf die Pioniere von 1910, die damals den Bau der Wasserversorgung für 65 000 Franken gewagt hätten. Die Mehrheit folgte aber dem Gemeinderat.

Doch «steter Tropfen höhlt den Stein» – trotz der immer noch anhaltenden Krise! Nach drei Monaten, am 28. Januar 1936, beantragte der Turnverein wenigstens einen Holzbau für maximal 5000 Franken. Nun endlich vermochte er 60 von 84 Stimmen für sich zu gewinnen. Die Verwirklichung des alten Traumes nahte. Als geeignetster Standort bot sich der Turnplatz im Stock an. Die Arbeiten liefen flott voran, und bereits am 7. Juli des gleichen Jahres tagte die Gemeindeversammlung erstmals in der Turnhalle.

Zwei Tage danach fand auch die Einweihung statt, verbunden mit einem Jugendfest. An den Schluss seines kurzen Berichtes setzte Gemeindeschreiber Barth den Satz: «Es ist zu hoffen, dass der Chronikschreiber diesen denkwürdigen Tag in der Chronik festhält.» Dieser Wunsch sei hiemit – fast 70 Jahre später – erfüllt!

[56] Gemeindearchiv Mülligen, Gemeindeversammlungsprotokoll IV/S.152, 153, V/S.33, 59, 114, 139–140.

Die Bauabrechnung ergab dann doch Kosten von gut 9000 Franken, dazu kamen separat beschlossene Auslagen, so dass die Schlussabrechnung auf genau Fr. 12 571.05 lautete. Doch die Mülliger hatten nun ihre Turnhalle – und die Wirtschaft befand sich wieder im Aufwärtstrend![57]

Der nun verkleinerte Turnplatz musste allerdings wieder auf die vormalige Grösse erweitert werden; die Ortsbürger schenkten das Land dazu. Während des nun folgenden Zweiten Weltkrieges musste er jedoch wegen der Knappheit an Nahrungsmitteln als Pflanzplatz zur Verfügung gestellt werden; Familien, die kein eigenes Land besassen, konnten sich hier teilweise mit Kartoffeln und Gemüse selbst versorgen. Nach Kriegsende wollte die Gemeinde den Turnplatz wieder herrichten. Eine Gestaltung gemäss Richtlinien des Kantons hätte 20 000 Franken gekostet. Dazu waren die Stimmbürger jedoch nicht bereit. Sie verzichteten auf den bereits zugesicherten Staatsbeitrag und zogen eine einfache Gestaltung für 500 Franken vor.[58]

[57] Gemeindearchiv Mülligen, Gemeindeversammlungsprotokoll VI/S.138, 145, 173, 176, 196, 198, 200, 205–206, 213, 215, 229–230, 250, 256, 261, 272, 279.
[58] Gemeindearchiv Mülligen, Gemeindeversammlungsprotokoll VII/S.140–141, 199, 255.

Der einstige Stolz der Mülliger, die Turnhalle an der Stockstrasse. Erbaut 1936, trotz Weltwirtschaftskrise, nach über 20-jährigem Kampf des Turnvereins. Die Abbildung datiert vermutlich von der Einweihung und dem ersten hier abgehaltenen Jugendfest (9. Juli 1936).

Die Turnhalle wurde inzwischen eifrig benützt. Ab 1965 drängte sich eine Renovation auf, da die finanzielle Lage Mülligens einen Neubau noch nicht gestattet hätte. Es begann nun ein längeres Seilziehen innerhalb der Bürgerschaft und mit der Baudirektion in Aarau. Letztlich setzten sich eine Verlängerung des bisherigen Baus um sieben Meter und Anbauten für WC-Anlagen, Garderobe und Office durch. Die Abrechnung schloss 1969 mit einer Kostenüberschreitung von 26 000 Franken über den budgetierten 80 000 Franken. Die kantonale Verwaltung hatte eine Subvention verweigert, weil die Mülliger Turnhalle nicht normkonform sei. Der Staat richtete dann aber doch einen Beitrag von gut 21 000 Franken aus.[59]

*Ein neues Schulhaus und eine Mehrzweckhalle*

Dass das Schulhaus von 1811 langfristig zu ersetzen war, wussten die Mülliger längst. Bereits 1927 beschlossen sie, den bestehenden Schulhausfonds fortan zu äufnen, und zwar aus Überschüssen der Gemeinderechnung. Trotz niedriger Steuern stand die Gemeinde damals finanziell sehr gut.
Ein *Neubau* stand für die Stimmbürger aber noch in weiter Ferne. Als die Erziehungsdirektion 1933 die Erhebung einer zusätzlichen Schulhausbausteuer verlangte, schmetterten sie dies als Zumutung mit 72 Nein zu 11 Ja wuchtig ab.
Erst nach Überwindung der Wirtschaftskrise und des Zweiten Weltkrieges kam der Stein wieder ins Rollen. 1945 lud die Erziehungsdirektion die Gemeinde ein, sich im Zusammenhang mit der Güterregulierung einen Platz von etwa 4000 Quadratmetern für ein neues Schulhaus zu sichern. In der Folge empfahlen Experten aus Aarau den heutigen Standort im Stockfeld. Da alle Eigentümer aber Realersatz verlangten, musste die Gemeinde zuerst andernorts Land kaufen, um abtauschen zu können.
Ende 1950 bewilligte die Gemeindeversammlung zwar einen Projektierungskredit, verschob das Geschäft dann aber zugunsten des Strassenbaus, und zwar bis 1956. Zwei Jahre später beschlossen die Stimmbürger die Erhebung einer Sondersteuer von 30 Prozent zugunsten des erwähnten Fonds, um durch die grössere Steuerbelastung (insgesamt 201 Prozent) höhere Beiträge des Staates und des

---

[59] Gemeindearchiv Mülligen, Gemeindeversammlungsprotokoll VII/S.155, IX/S.75–76, 80, 86–87, 108–109, 125, 130, 158, 170.

Finanzausgleichs zu erhalten. Dann ging es rasch voran. Am 18. Juni 1958 stellte Architekt Carl Froelich, Brugg, sein Projektmodell vor, und der kantonale Hochbaumeister empfahl die zentrale Lösung im Stockfeld als «Sinnbild des Dorfes»; auch riet er, Schul- und Gemeindehaus zu trennen. Die Bürger stimmten zu, ebenso sämtlichen Zusatzkrediten, zusammen 473 000 Franken. Die Schlussabrechnung sollte dann einen Endbetrag von 472 324 Franken ergeben, wonach der Gemeinde noch eine Restschuld von bloss 106 000 Franken blieb. Das neue Schulhaus konnte im September 1960 bezogen werden.[60]

Das alte Schulgebäude, in dem die Mülliger Kinder während rund 160 Jahren unterrichtet worden waren, verkaufte die Gemeinde später dem Staat, der es 1979 abbrach, um dort einen Gehweg anlegen zu können.[61]

Im neuen Schulhaus wurde auf das Schuljahr 1971/72 eine dritte Schulabteilung eröffnet. Als die Schülerzahlen weiter anwuchsen, bewilligte die Bürgerschaft auf das Schuljahr 1992/93 eine vierte Abteilung.[62]

[60] Gemeindearchiv Mülligen, Gemeindeversammlungsprotokoll V/S.283–284, 315, VI/S.65, 69–70, 73–75, 81, 99, 106, VII/S.74, 77, 89, 93, 110, 139–140, 200, 219, 225, 235, VIII/S.125, 182–185, 205–207, 209, 231–233, 247–248, 259, IX/S.13.

[61] Gemeindearchiv Mülligen, Gemeindeversammlungsprotokoll IX/S.280. Lagerbuch Mülligen.

[62] Gemeindearchiv Mülligen, Gemeindeversammlungsprotokoll IX/S.169 + X/S.114, 167.

Das alte Schulhaus von Osten. Aussentreppe zum ersten Stock. Abgebrochen 1979.

Damit stieg auch die Zahl der *Lehrkräfte*. Da es sich bei den meisten um die erste Stelle handelt und die Tendenz zur Veränderung und zu weiterer Ausbildung grösser geworden ist, ist auch ein häufiger Lehrerwechsel festzustellen. Im Weiteren spiegelt sich auch in Mülligen die Entwicklung zu einem Frauenberuf wider. 1982 wurde letztmals ein Mann ins Kollegium gewählt.

Neben der Arbeitsschule hat sich das *Lehrangebot* an der Schule Mülligen weiter verbreitet. Seit 1986 ermöglicht die Gemeinde den Kindern die Musikalische Grundschulung; seit 1990 subventioniert sie den Instrumentalunterricht. Ausserdem werden im Schulhaus Logopädie, Legasthenie-Therapie und Deutsch für Fremdsprachige angeboten. Als besonders fortschrittlich zeigt sich die Gemeinde durch die Einführung der Integrativen Schulungsform (ISF), bei der eine Heilpädagogin mit einem Pensum von acht Wochenstunden Kinder mit Lernschwierigkeiten zusätzlich betreut; diese können dadurch in der Regelklasse bleiben, statt in eine Kleinklasse ausgegliedert zu werden.

Während die reformierte Sonntagsschule schon 1930 finanzielle Beihilfen erhielt, geniesst seit 1994 auch der römisch-katholische Religionsunterricht Gastrecht im Schulhaus.

Andere Bedürfnisse mussten seit jeher auswärts befriedigt werden. So gab es früher nur vereinzelte Kinder, welche die Bezirksschule in Brugg besuchten. Obwohl sie das Budget der eigenen Schule etwas entlasteten, mussten die Eltern das Schulgeld aus der eigenen Tasche bezahlen. 1927 beschloss die Gemeindeversammlung einen Beitrag von jährlich 10 Franken, aber nur für die erste bis dritte Klasse, das heisst für die Dauer des Schulobligatoriums. Noch 1935 lehnte sie die gänzliche Übernahme von 24 Franken ab![63] Später verpflichtete der Kanton sie dazu. Seit 1966 besuchen die Mülliger Kinder ohnehin die näher gelegene Bezirksschule, ebenso die Sekundarschule in Windisch. Für die Realschüler erfolgte derselbe Schritt 1974.

Seit 1969 drängten die Eltern auf die Eröffnung eines Kindergartens. Anfänglich winkte der Gemeinderat wegen der befürchteten finanziellen Belastung ab. 1972 schaffte die Ortsbürgergemeinde wenigstens einen Kinderspielplatz.

Als der Gemeinderat im gleichen Jahr eine konsultative Befragung über einen Kindergarten durchführte, stimmten 66 von 77 Anwesenden dafür. Sogleich schenkte die Ortsbürgergemeinde das Land dazu, und nach wenigen Monaten wurde der Bau auch wieder fast einstimmig beschlossen. Der Betrieb konnte

[63] Gemeindearchiv Mülligen, Gemeindeversammlungsprotokoll V/S.291, VI/S.155.

Anfang 1974 aufgenommen werden, und zwar zunächst auch mit Kindern aus Birrhard.

Die stark schwankenden Kinderzahlen zogen ein entsprechendes Auf und Ab der Pensen nach sich. War die Kindergärtnerin anfänglich für ein Vollpensum angestellt, reduzierte man es 1983 auf 70 Prozent, ging aber bereits zwei Jahre danach wieder auf 100 Prozent. 1988 führte die Gemeinde eine zweite Kindergarten-Abteilung ein, damit die Kinder denselben inskünftig zwei Jahre lang besuchen konnten. Den Raum dazu schuf man im Schulhaus. Als jedoch auch dort Platznot entstand, baute die Gemeinde 1991 einen zweiten Kindergartentrakt an, in welchem sich auch ein Vereinslokal einrichten liess. Es konnte Ende August 1992 eingeweiht werden.

Die nun aber rückläufigen Jahrgänge führten erneut zu einer Reduktion der Pensen auf 100%. Ein Kindergarten konnte sogar geschlossen werden und beherbergt seit 1996 mietweise den Sprachheilkindergarten von Windisch![64]

Auch die *Turnhalle* im Stock entsprach nicht mehr den Vorstellungen im Zeitalter der Hochkonjunktur und der gestiegenen Gemeindefinanzen. Obwohl erst 1968/69 erweitert, schrieb die Gemeinde zehn Jahre später einen Projekt-Wettbewerb für einen Neubau mit Zivilschutzräumen aus. Im Dezember 1982 lag das fertige Projekt vor, und die Gemeindeversammlung konnte es sich leisten, eine Mehrzweckhalle mit den Unterkünften für den Zivilschutz für 3 211 000 Franken zu bewilligen, ohne die Steuern erhöhen zu müssen. Die Zeiten hatten sich geändert! – Im Sommer 1984 stieg im Rohbau ein grosses Fest mit Bühnenbazar, und am 13./14. April 1985 fand die Einweihung statt. Die Abrechnung ergab Einsparungen von rund 310 000 Franken. – Damit hatte die alte Turnhalle, um die seinerzeit viel mehr und länger hatte gekämpft werden müssen, ausgedient. Sie wird seither vermietet.[65]

Der breitfächerige Ausbau des Mülliger Schulwesens sowie die Zunahme der Kinder und Lehrkräfte führten auch zu einer Mehrbelastung der eigentlichen Schulbehörde, der *Schulpflege*. Wie früher ausgeführt, bestand bis über die Mitte des 19. Jahrhunderts hinaus eine Schulpflege in Windisch, die für alle Schulen in der Kirchgemeinde zuständig war. Mülligen war jeweils mit einem Mitglied vertreten.

---

[64] Gemeindearchiv Mülligen, Gemeindeversammlungsprotokoll IX/S.153, 183–184, 187, 190, 193, 198, 206, X/S.128, 146, 154, 168, XI/S.13. Mitteilungsblätter der Gemeinde Mülligen.

[65] Gemeindearchiv Mülligen, Gemeindeversammlungsprotokoll X/S.10–11, 31–32, 51–53, 56, 71, 76, 91, 109.

Nach dem Übergang des Schulwesens auf die Gemeinde 1865 wurde auch in Mülligen eine eigene Schulpflege eingesetzt. Sie bildete lange Zeit eine Kommission des Gemeinderates, der die Mitglieder wählte und dem sie auch verantwortlich war. Erst seit 1941 wählt das Stimmvolk die Schulpflege. Sie bildet seither eine eigenständige Behörde neben dem Gemeinderat und ist nun der Bürgerschaft gegenüber direkt Rechenschaft schuldig. Lediglich die Erarbeitung des Budgets ist weiterhin Sache des Gemeinderates.

Das kantonale Schulgesetz sah 1941 auch die Möglichkeit vor, Frauen in die Schulpflege zu wählen. Doch das wollten die Mülliger Männer nicht. Auf Antrag des Gemeinderates beschlossen sie, keine Frauen zuzulassen. Erst 1968 wünschte die Schulpflege anlässlich einer Ergänzungswahl ausdrücklich eine Frau in ihren Reihen. Nun war die Zeit dazu auch in Mülligen reif. In einer Kampfwahl zogen sie eine Frau, Liseli Frei-Frank, einem männlichen Gegenkandidaten vor.

Die Mülliger Mehrzweckhalle. Blick vom Gemeindehaus. Foto Andreas Dietiker.

Mit der Einführung des Frauenstimmrechts und der schwindenden Bereitschaft vieler Männer, ein öffentliches Amt anzunehmen, ist die Mitgliedschaft von Frauen in der Schulpflege selbstverständlich geworden. In der laufenden Amtszeit 2002–2005 setzt sie sich aus drei Frauen und zwei Männern zusammen.

**Von der Stille zum Auto- und Fluglärm**

Es fällt heute schwer, sich die Ruhe früherer Zeiten vorzustellen. Tagsüber mochten gewisse Arbeiten einige Geräusche verursacht haben. Nachts aber herrschte – mangels Licht – fast völlige Stille. Man hörte das Rauschen des Brunnens, das Bimmeln der Kuhglocken und vielleicht Streit in einzelnen Häusern. In Mülligen waren sogar Kirchenglocken und Fabriksirenen fern. Das Donnern während eines Sturmes, das Sprengen im Steinbruch und die Schiessübungen der Wehrmänner mochten der lauteste Lärm sein, den man sich vorstellen konnte.

Das änderte sich mit dem Aufkommen von Motoren und Maschinen. Der Verkehr von Autos und andern Fahrzeugen verursachte immer mehr Geräusche und wegen der veränderten Lebensgewohnheiten vermehrt auch nachts.

Was viele Mülligerinnen und Mülliger aber seit einigen Jahrzehnten empfindlicher stört, ist der Flugzeugverkehr auf dem nahen Birrfeld. 1934 wurde die Sektion Aargau des Aero-Clubs der Schweiz gegründet. Ein Jahr später führten die Segelflieger erstmals einen Flugtag auf dem Birrfeld durch. Anfänglich pachteten sie das Land von den Bauern. 1937 gelang es dem Aero-Club, 3,76 Hektaren Land zu erwerben. Dies war der Beginn des Flugplatzes Birrfeld für Motor- und Segelflieger.[66]

Anfänglich begnügte sich Mülligen damit, das Starten und Landen von Segelflugzeugen und Modellen im eigenen Gemeindebann zu verbieten. 1948 bewilligte man dem Aero-Club den Anschluss an die Wasserleitung in der Trotte (mit einem Zuschlag von 25%). 1957 wurde der Flugplatz nach Osten gegen das Gebiet Solben verlegt und verbreitert. Als sich im gleichen Jahr ein Bürger an der Gemeindeversammlung über den Flugzeuglärm an Sonntagen beschwerte, meinte der Ammann noch, man könne nicht gegen den Strom schwimmen.

[66] 50 Jahre Sektion Aargau des Aero-Clubs der Schweiz 1934–1984, o.O., o.J..

Erst ab den 1970er-Jahren, mit dem zunehmenden Umweltbewusstsein und einer gewissen Empfindlichkeit gegenüber schädlichen Immissionen, begann sich auch in Mülligen ein gewisser Widerstand zu formieren. Als die Gemeinde 1971 Einsprache gegen die Verlängerung der Betonpiste und die Umzonung erhob, ging es noch in erster Linie um das dortige Ortsbürgerland. 1974 beauftragte die Gemeindeversammlung den Gemeinderat in aller Form, sich mit den umliegenden Gemeinden zusammenzutun und sich aktiv für eine Verbesserung der Lage, besonders an Sonntagen, einzusetzen. Die Reklamationen nahmen in der Folge zu, und 1978 reichten die betroffenen Gemeinden dem Regierungsrat einen Forderungskatalog ein.

In den 1980er-Jahren wuchs der Widerstand weiter. Als die Träger des Flugplatzes 1985 eine Verlängerung der Betriebskonzession anstrebten, verlangte Mülligen zusammen mit sechs weiteren Gemeinden eine Einengung der Motorflugvolte

Flugbetrieb im Birrfeld. Blick vom Flugplatz gegen den Rohrdorferberg. Foto Andreas Dietiker.

von bisher 1000 auf neu 700 Meter Breite sowie eine Beschränkung der Flugbewegungen auf maximal 100 000 pro Jahr. Sie machten zudem geltend, dass der Flugbetrieb ihre Möglichkeiten, Bauzonen auszudehnen, einschränke. Doch das zuständige Bundesamt verlängerte die Konzession um 30 Jahre, ohne die Begehren der umliegenden Bevölkerung zu berücksichtigen. Mülligen reichte hierauf eine Beschwerde beim Bundesrat ein.

1986 erhob die Gemeinde – zusammen mit Birmenstorf und Hausen – auch Einsprache gegen das Baugesuch für ein neues Flugplatzgebäude. Gegen die dennoch erteilte Bewilligung rekurrierten sie an den Regierungsrat, danach an das Verwaltungsgericht und schliesslich an den Bundesrat.

Nach lange dauernden Abklärungen wies die Landesregierung zwar die Hauptbegehren der Gemeinden im November 1995 ab; sie hiess aber einige Beschwerden gut. Insbesondere hielt sie fest, dass die aus dem Flugbetrieb entstehende Gesamtlärmbelastung die im Lärmbelastungskataster von 1992 festgelegte Belastung nicht überschreiten dürfe. Zudem verlangte sie einen gewissen Lärmschutz über das Betriebsreglement, insbesondere in Bezug auf die Flugzeiten. Dass der Bundesrat die Einsprachen für teilweise berechtigt hielt, dokumentierte er auch mit dem Beschluss, den Gemeinden weder Verfahrenskosten noch eine Parteientschädigung an den Aero-Club zu überbinden.[67]

Dieser Ablauf der Ereignisse macht zugleich deutlich, dass die Gemeindeführung Mülligens ihre politische Haltung zur Frage des Flugplatzes revidiert hatte. Sie lautete nun wörtlich: «Der Gemeinderat fühlt sich gegenüber der Einwohnerschaft verpflichtet, alles zu unternehmen, um das Dorf vor vermehrtem Fluglärm zu schützen.»

In diesem Sinn leisten die seit Frühling 2004 eingesetzten Voltenkontrolleure, freiwillige Helfer aus den umliegenden Gemeinden, einen Beitrag. Sie beobachten den Flugverkehr. Ihre Ergebnisse sollen systematisch ausgewertet und den betroffenen Personengruppen (Piloten, Bevölkerung) übermittelt werden.

Im Übrigen hat sich das Problem von selbst etwas entschärft. Hatten sich die Betreiber des Flugplatzes noch 1995 gegen eine Beschränkung auf jährlich 100 000 Flugbewegungen gewehrt, ging deren Zahl bis 2004 auf 64 330 Bewegungen zurück. Als Gründe für diese Entwicklung werden nebst dem Wetter die allgemeine

---

[67] Gemeindearchiv Mülligen, Gemeindeversammlungsprotokoll VII/S.5, 165, VIII/S.161, 193, IX/S.182, 214, 246–247, 283. Mitteilungsblätter der Gemeinde Mülligen 1985–1995. Entscheid des Bundesrates vom 22.11.1995.

wirtschaftliche Lage sowie die zunehmenden Einschränkungen der Sportfliegerei zugunsten der Zivilluftfahrt angegeben. Rückläufig ist auch die Ausbildung von Piloten: Seit 2000, also innerhalb von fünf Jahren, sank die Zahl der Privatpilotenprüfungen gesamtschweizerisch um 45, jene der ausgestellten Lernausweise gar um 67 Prozent.[68]

**Wer soll das bezahlen?**

Die Probleme der gemeinsamen Infrastruktur müssen die Einwohner der Gemeinde seit jeher selbst tragen, allenfalls mit Beihilfen des Staates. Heute ist es selbstverständlich, dass die Kosten in der Regel aus dem allgemeinen Haushalt durch direkte Gemeindesteuern auf Vermögen und Einkommen gedeckt werden. Dieses System hat sich in der heutigen Form erst seit der zweiten Hälfte des 19. Jahrhunderts entwickelt.
Ursprünglich wurden sämtliche Arbeiten durch die Dorfgenossen im Gemeinwerk erledigt, etwa der Strassenbau, der Unterhalt der Wasserleitungen oder die Pflege und Nutzung des Waldes. Bei den Frondiensten gab es zwei Varianten: Entweder zog die Gemeindeversammlung sämtliche Haushaltungen zu gleichen Leistungen heran, oder sie verpflichtete diese aufgrund ihres Vermögens (meist Landbesitz) zu einer bestimmten Anzahl von Arbeitstagen.
Während Jahrhunderten leisteten die Dorfgenossen das Gemeinwerk unentgeltlich. Erst mit der Industrialisierung, als zahlreiche Männer täglich 13 und mehr Stunden in der Fabrik arbeiten mussten, war dies nicht mehr möglich. Die Gemeindeversammlung setzte seither bescheidene Tag-, später Stundenlöhne fest, die denjenigen, welche die Pflicht zum Gemeinwerk tatsächlich erbrachten, ausbezahlt wurden.
Im 20. Jahrhundert bezeichnete man alle entlöhnten körperlichen Arbeiten im Dienste der Gemeinde als Gemeinwerk. Für viele Kleinbauern boten solche Aufträge einen willkommenen Zusatzverdienst, namentlich im Winter. Die Lohnansätze lagen jeweils tiefer als üblich, doch waren viele Bürger darauf angewiesen, und der Arbeitsweg war kurz. Noch 1941 betrug der Stundenlohn 1 Franken, 1951 2 Franken, 1956 Fr. 3.50. Gewisse Waldarbeiten wurden sogar im Akkord vergeben, ebenfalls bei tiefen Löhnen. Mit der aufkommenden Hochkonjunktur

[68] Mitteilungen von Werner Neuhaus, Aero-Club, und Felix Kaufmann, Mülligen.

und dem Rückgang der Zahl der Kleinbauern mussten die Ansätze dem allgemeinen Lohnniveau angepasst werden.[69]

Viele Arbeiten liessen sich zwar im Gemeinwerk erledigen; doch konnten Geldausgaben nicht ganz vermieden werden, sei es für den Kauf von Geräten und Materialien, sei es für die Entlöhnung spezialisierter Handwerker und des Dorfschulmeisters sowie für Reparaturen an der Kirche Windisch. Solange die Naturalwirtschaft im landwirtschaftlichen Bereich vorherrschte und die Haushaltungen nur über wenig Bargeld verfügten, bemühten sich die Mülliger, solche unvermeidliche Ausgaben durch die ordentlichen Einnahmen der Gemeinde zu decken.

Zu den ordentlichen Einkünften gehörte der Ertrag des Ortsbürgervermögens, vor allem aus dem Verkauf von Holz, den Zinsen für gekaufte Reutenen (Pflanzplätze) und kleinen Kapitalzinsen. Dazu kamen Bussen, Gebühren des Frevelgerichts und indirekte Steuern aus dem Weinverkauf in den Gaststuben. Familien, die nicht Mülliger Ortsbürger waren, aber trotzdem von den Leistungen der Ortsbürgergemeinde profitierten, bezahlten ein «Einsassengeld» als direkte Steuer, basierend auf «Vermögen, Erwerb und Gewerb»; 1834 bewegte es sich zwischen 4 Franken und Fr. 24.50.

Reichten die ordentlichen Einnahmen nicht aus, schmälerte man das Ortsbürgergut durch den Verkauf von Landparzellen oder zusätzlichem Bauholz. Hin und wieder nahm die Gemeinde auch ein Darlehen auf, beispielsweise beim Erwerb des Schulhauses. Doch fiel es nicht leicht, eine solche Schuld aus den ordentlichen Einkünften zu verzinsen und abzuzahlen.

So mussten die Bürger gelegentlich wohl oder übel den Bezug einer direkten Steuer beschliessen. Als sie 1821 eine Feuerspritze anschaffen mussten, finanzierten sie diese durch Beiträge der Hausbesitzer, und zwar gemäss Schatzungswert der Gebäude; auf diese Weise wurden die reichen Mülliger stärker zur Kasse gebeten, weil sie bei einem Brandfall auch mehr zu verlieren hatten. Als die Gemeinde jedoch zwei Jahre später ein Spritzenhaus baute, mussten alle Steuerpflichtigen gleich viel dazu beitragen, was die ärmeren unter ihnen verhältnismässig stärker belastete.[70]

---

[69] Gemeindearchiv Mülligen, Gemeindeversammlungsprotokoll VI/S.6–9, 367, VII/S.40, 106, 113, 145, 149, 280, 283, IX/S.17, 95. Erzählungen von Jakob Schneider, Mülligen.

[70] Gemeindearchiv Mülligen, Gemeindeprotokoll 1817/S.249–265, 1818/S.275–291, 1819/S.304–320, 1820/S.76, 329–345, 1821/S.131–151, 1822/S.174–192, 357, 363, 1823/S.163–164, 202–216, Gemeindeversammlungsprotokoll I/S.41, 152–154, 167–170.

Bis über die Mitte des 19. Jahrhunderts galten direkte Steuern als ausserordentlich. Sie wurden durchwegs konkret für bestimmte Projekte erhoben und nicht aufgrund des allgemeinen Gemeindehaushalts. Wenn das Geld für eine bestimmte Ausgabe, etwa die Lehrerbesoldung oder die Armenunterstützungen, nicht ausreichte, beschloss die Bürgerversammlung zähneknirschend den Bezug einer «ganzen» oder einer «halben Steuer», die dann von Haus zu Haus eingefordert wurde. Sie beruhte auf einer Einschätzung des Vermögens, 1840 beispielsweise 0,5 Prozent. Das heutige System eines Steuerfusses in Prozenten (bezogen auf die Staatssteuer) und beruhend auf einem Gesamtbudget, wurde erst im 20. Jahrhundert entwickelt.[71]

Direkte Steuern waren zu allen Zeiten unbeliebt. Die Protokolle sind voll von Klagen über rückständige Zahlungen. Gelegentlich beschweren sich die Einzieher, beim Eintreiben der Steuern von Haus zu Haus erhielten sie oft bittere Vorwürfe statt Geld.[72]

Einzelne Bürger versuchten auch, Einkünfte und Vermögenswerte zu verheimlichen und dadurch Steuern zu hinterziehen. Nachdem ein ehemaliger Gemeinderat gestorben war, kam aus, dass er seinen finanziellen Verpflichtungen nur ungenügend nachgekommen war. Seine Erben versuchten, sich einer Strafsteuer zu entziehen, indem sie auf die grosszügigen Vermächtnisse zu Gunsten der Gemeinde (9000 Franken) und gemeinnütziger Institutionen (10 000 Franken) hinwiesen. Doch die Stimmbürger lehnten es ab, auf eine Nachsteuer zu verzichten. Das klassenkämpferische Argument obsiegte, «auch die Kapitalisten sollten Steuern bezahlen».[73]

Namhafte Entlastungen der Steuerzahler boten die Bodenschätze auf Ortsbürgerland, besonders die Ausbeutung von Mergel, Kies und Steinen. Die Gemeinde besass einen eigenen Steinbruch sowie Mergel- und Kiesgruben. Kurz vor dem Ausbruch der Weltwirtschaftskrise bemühten sich verschiedene Zementwerke um den Erwerb grosser Landflächen auf dem Eitenberg, um dessen Kalkvorkommen auszubeuten. Die Ortsbürgergemeinde stimmte 1928 dem Verkauf von 6 Hektaren am Schafberg und weiterem Besitz im Hau für Fr. 2.50 je Quadratmeter an die Portland Cementwerke Hausen AG zu. Nur fünf Monate vor dem Zusammenbruch der Börse fand die Verschreibung des Schafbergs für 173 000 Franken statt.

[71] Gemeindearchiv Mülligen, Gemeindeversammlungsprotokoll I/S.201, 273, 297, 325–326, 333, 398.
[72] Gemeindearchiv Mülligen, Gemeindeversammlungsprotokoll III/S.176, IV/S.96–97, V/S.215–218.
[73] Gemeindearchiv Mülligen, Gemeindeversammlungsprotokoll V/S.48, 289–290, VI/S.207.

Doch an eine intensive Ausbeutung war nun nicht mehr zu denken. Die Firma verzichtete in der Folge auf den Landerwerb und bezahlte dafür fast 29 000 Franken Reuegeld. Dadurch wurde die Ortsbürgergemeinde Mülligen mit einem Schlag reich. Die Zahlungen erfolgten allerdings stockend und blieben schliesslich ganz aus. Das Land wechselte in der Folge mehrmals die Hand, zum Teil an eine Firma in Deutschland, wo damals Kapitalexport verboten war. Nach Jahren der Verhandlungen mit einer Bürgschaftsbank konnte die Ortsbürgergemeinde den Schafberg zurückkaufen – zum Quadratmeterpreis von 10 Rappen! Obwohl nicht alles rund gelaufen war, hatte sie letztlich ein gutes Geschäft gemacht – und der Eitenberg blieb unversehrt stehen![74]

Später war es die Einwohnergemeinde, die beträchtliche Gewinne einstreichen konnte, nämlich aus dem Verkauf von Kies, das sich unter ihren Feldwegen befand. 1978 nahm sie dafür rund 114 000, 1985 sogar 360 000 Franken ein. Der zweite Betrag war umso willkommener, als dadurch Bauschulden für die soeben eingeweihte Mehrzweckhalle amortisiert werden konnten.[75]

Zuvor war der Steuerfuss wegen der Investitionen der Gemeinde in die Höhe geschnellt, was zu den bereits geschilderten heftigen Diskussionen an den Bürgerversammlungen geführt hatte. Doch mit dem Zuzug vieler guter Steuerzahler in den 1960er- und 1970er-Jahren stiegen die Einnahmen derart, dass die Schulden abbezahlt werden konnten. 1976 stand Mülligen völlig schuldenfrei da, weshalb der Gemeinderat allen an der Gemeindeversammlung Anwesenden ein Schöppchen Rotwein austeilen liess!

Die Verschuldung der Gemeinde hielt sich auch seither in Grenzen. Dazu tragen noch immer die Entschädigungen für die Kiesausbeutung unter den Feldwegen bei; 2004 betrugen sie 663 000 Franken. Für 2005 beträgt der Steuerfuss 115 Prozent, bei festen Schulden von rund 1 Million und Kontokorrentschulden bei der Ortsbürgergemeinde von 200 000 und bei der Wasserversorgung von knapp 50 000 Franken.

Die Ortsbürgergemeinde verfügt noch über ein Eigenkapital von 170 000 Franken, die weitgehend aus dem geschilderten, später mit grossem Gewinn rückgängig gemachten Verkauf des Schafbergs stammen. Die Bewirtschaftung des Orts-

---

[74] Gemeindearchiv Mülligen, Gemeindeversammlungsprotokoll V/S.328–330, 336–337, 338–339, 350–352, 353–355, 372–374, 390, VI/S.18, 43, 68, 139–141, 146–147, 148–149, 182–185, 188–189, 232, 234–235, 245, 309, 310–311.

[75] Gemeindearchiv Mülligen, Gemeindeversammlungsprotokoll IX/S.274–277, X/S.82–85.

bürgerwaldes ist seit Jahren defizitär, 2004 mit einem Negativertrag von 14 600 Franken, die vollumfänglich der Forstreserve entnommen werden müssen. Die Einwohnergemeinde hat daher für 2005 einen Beitrag von 8500 budgetiert, um damit etwas für die Pflege des Waldes als Erholungsraum für die ganze Bürgerschaft beizusteuern. Auf diese Weise ziehen beide Gemeinwesen Nutzen voneinander: Die Ortsbürgergemeinde bietet der Einwohnergemeinde ein zinsgünstiges Kontokorrent, während diese deren Waldrechnung aufbessert.[76]

[76] Gemeindearchiv Mülligen, Gemeindeversammlungsprotokoll VIII/S.129–132, 151, IX/S.2, 26–29, 95, 251. Gedruckte Rechnungsauszüge der Einwohner- und Ortsbürgergemeinde Mülligen bis 2004. Auskünfte von Alfred Schelldorfer, Gemeindeschreiber.

Wald am Abhang über dem Löh.
Foto Andreas Dietiker.

Naturblumenwiese. Im Hintergrund Trotte und Eitenberg. Foto Andreas Dietiker.

## Arbeiten und Überleben

Wer sich und seine Angehörigen ernähren wollte, musste arbeiten. Da Mülligen ein Bauerndorf war, lebte die Bevölkerung während Jahrhunderten vor allem von der Landwirtschaft. Ausser der Mühle war wenig Gewerbe vertreten. Als die Bevölkerung seit dem 18. Jahrhundert zunahm, ergänzten viele das nicht mehr ausreichende bäuerliche Einkommen mit einem Handwerk oder mit Heimarbeit. Ab etwa 1830 suchten viele Männer und Frauen Verdienst in Fabriken, später auch bei der Bahn. Erst mit dem Zuzug vieler Fremder in der zweiten Hälfte des 20. Jahrhunderts findet die Mehrheit ihre Existenzgrundlage nicht mehr innerhalb des Dorfes. Mülligen ist zu einer Pendlergemeinde geworden.

### Der traditionelle Landbau vor 1800

*Die Dreizelgenwirtschaft*

Solange in Mülligen nur sehr wenige Höfe bestanden, konnten die Bauern ihren Boden individuell nach dem System der Feld-Gras-Wirtschaft bald als Acker-, bald als Wiesland bebauen. Mit den Rodungen auf dem angrenzenden Birrfeld begann aber bereits die Verstückelung des Landes. Jeder Bauernhof besass ausserhalb des Dorfes seine mehr oder weniger grossen Parzellen. Um möglichst wenig produktive Fläche für die Anlegung vieler Wege zu verbrauchen und um gleichzeitig den Ertrag zu steigern, ging man auch in Mülligen zum System der Dreizelgenwirtschaft über:
Die gesamte Ackerfläche war in drei ungefähr gleich grosse Zelgen eingeteilt. Diese wurden nach einem Drei-Jahres-Rhythmus angebaut: Im ersten Jahr säte man Wintergetreide (Dinkel, Winterroggen), im zweiten Sommerfrucht (Hafer, Gerste, Sommerroggen). Im dritten Jahr blieb die Zelg «brach»; der Boden sollte sich erholen und Stickstoff aus der Luft aufnehmen; er wurde lediglich drei- bis vier-

Flurnamenkarte der Gemeinde Mülligen (datiert auf 1901/02). Sie zeigt auch das alte Strassen- und Wegnetz vor den Güterregulierungen und vor dem Bestehen des Kieswerks.

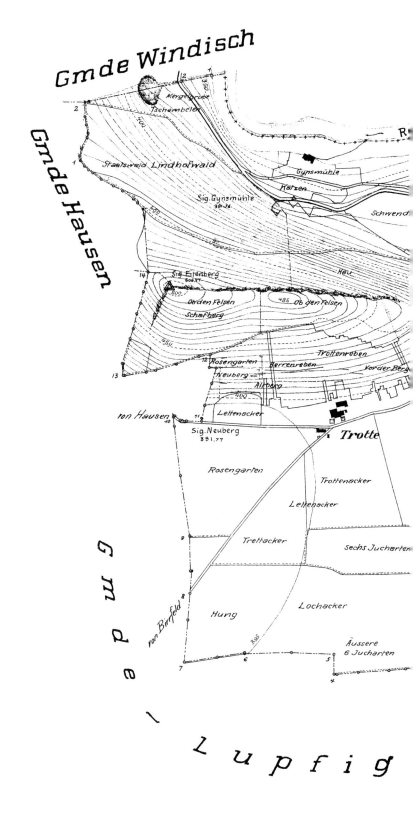

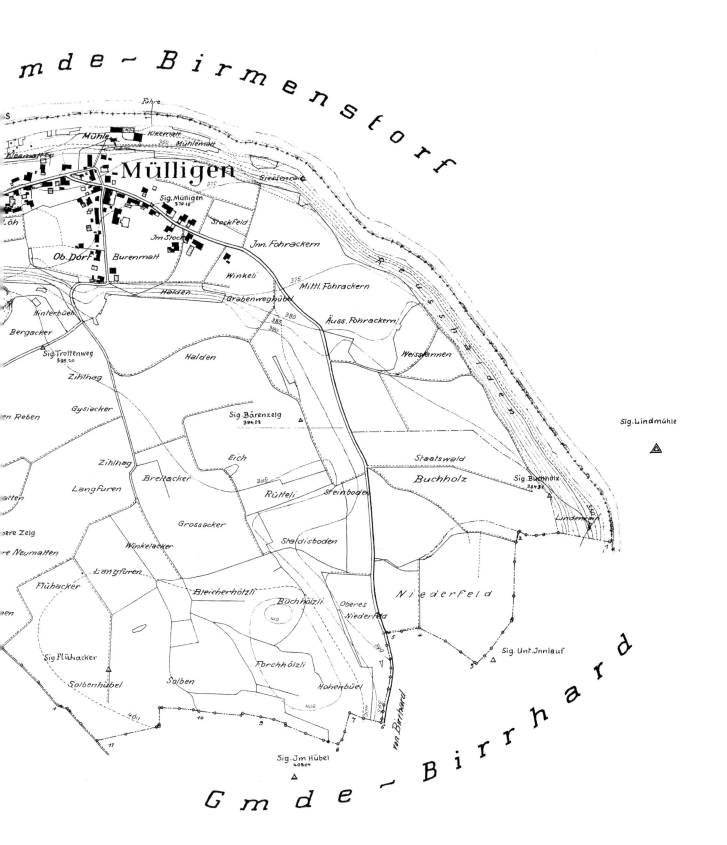

mal umgepflügt und zuletzt auch gedüngt. Da nebeneinander drei Zelgen bestanden, waren in jedem Jahr zwei Drittel der Ackerfläche bepflanzt, während ein Drittel «ruhte».

Für Mülligen lassen sich die Zelgen recht gut rekonstruieren: Die erste befand sich vor allem auf der unteren Ebene entlang der Reuss; sie bestand aus drei Teilen: der Schwendi westlich des Dorfes, dem Fohracker im Osten sowie dem Niederfeld jenseits des Buchholzes. Die andern beiden Zelgen befanden sich auf der höheren Terrasse oberhalb des Haldenrains, im Osten die Bärenzelg und im Westen die Birrfeldzelg, welche auch Obere oder Trottenzelg genannt wurde. Die Grenze dazwischen bildete ein Zaun, der «Zihlhag», der sich als Flurname erhalten hat. Diesem Zaun entlang führte ein Fahrweg, von dem aus die Ackerflächen betreten werden konnten; er wird – wenigstens im nördlichen Teil – noch immer benützt. Während das Gebiet der Bärenzelg zum grössten Teil dem Kieswerk zum Opfer gefallen ist, wird die Obere Zelg noch immer landwirtschaftlich genutzt, jedenfalls das, was die Nationalstrasse davon übrig gelassen hat.[1]

Innerhalb dieser Zelgen lagen die privaten Parzellen der Dorfgenossen. Wege bestanden aber nur am Rand der Zelgen. Bauern, die inmitten einer Zelg Land besassen, mussten daher fremden Boden überqueren, um zu ihrem Eigentum zu gelangen; dies war aber nicht möglich, wenn dieser bereits bearbeitet oder gar angesät war. Die Dorfgemeinde war daher genötigt, die Landarbeiten zu koordinieren. Alle Bauern mussten gleichzeitig pflügen, düngen, säen und ernten. Die Gemeindeversammlung setzte jeweils die Termine für die einzelnen Arbeitsgänge fest, ebenso die Getreidesorten. Nach der Saat wurde die Zelg eingezäunt, «geschlossen»; bis zur Ernte durfte danach kein Bauer sein Eigentum betreten.

Umgekehrt war die Zelg nach der Ernte und während des Brachjahres «offen»; in diesen Zeiten konnte jeder Dorfgenosse sein Gross- und Kleinvieh auf die eigenen und die fremden Brach- und Stoppelfelder treiben, um das spriessende Gras und Unkraut abzuweiden. Doch auch dieser allgemeine Weidgang erfolgte koordiniert: Ein gewählter Dorfhirt führte die Tiere aller Bauern als Herde von einem Weideplatz zum andern. Dabei scheint es, dass Mülligen und Birrhard «gemeinweidig» waren, das heisst, dass alles Vieh auf beiden Gemeindegebieten weiden durfte.

Wegen des Drei-Jahres-Rhythmus im Ackerbau musste jeder Bauer darnach trachten, in jeder Zelg ungefähr gleich viel Land zu besitzen. Andernfalls hatte er in

[1] Rekonstruktion aufgrund von Urbaren und Kaufverträgen.

einem Jahr grössere, im nächsten kleinere oder gar keine Einkünfte. Dass dies in Mülligen den einen mehr, den andern weniger glückte, zeigen die folgenden Beispiele (Flächenmass J. = Jucharte = 36 Aren):

| Jahr | Bauer | Niederfeld | Bärenzelg | Oberzelg | Wiesen | Reben |
|---|---|---|---|---|---|---|
| 1552 | Jakob Wyacker | 30 J. | 40 J. | 40 J. | 11 J. | ? |
| 1651 | Rudi Meyer | ca.15 J. | 15 J. | 15 J. | 4 J. | 0,75 J. |
| 1652 | Jakob Friedrich | 16,5 J. | 18 J. | 19,5 J. | 11 J. | 0,5 J. |
| 1665 | Jogli Friedrich | 14 J. | 25 J. | 16 J. | 8,5 J. | 1,5 J. |
| 1711 | Martin Schneider | 29 J. | 21,5 J. | 23,5 J. | 10,5 J. | 2 J. |

Das System der Dreizelgenwirtschaft bedeutete, dass der einzelne Bauer seine eigenen Landstücke nicht einzäunen durfte, um sie aufgrund persönlicher Initiative zu bebauen und beweiden zu lassen. Man sprach daher vom «Flurzwang», dem alle Dorfgenossen unterworfen waren.

Eine Schätzung der Ernteerträge fällt schwer. Sie schwankten je nach Bodenqualität, Wetter und allfälligen Getreidekrankheiten oder Schädlingen. Immerhin liegt ein Überschlag der Dorfvorsteher des Eigenamtes für die Mitte des 18. Jahrhunderts vor. Der Hofmeister hatte sie nach Königsfelden gerufen und sie nach ungefähren durchschnittlichen Zahlen befragt. Für das Saatgut rechneten sie auf eine Jucharte mit $2\frac{1}{4}$ Mütt Korn (Dinkel samt Spelz) oder $\frac{7}{8}$ Mütt Roggen; den mittleren Ernteertrag schätzten sie (vor Abzug des Zehnten) auf $15\frac{1}{2}$ Mütt Korn oder $4\frac{1}{2}$ Mütt Roggen je Jucharte. Der Bauer erntete also lediglich knapp siebenmal so viel Korn und fünfmal so viel Roggen, als er ausgesät hatte. Für die Ernährung ist ferner zu berücksichtigen, dass nur $\frac{3}{8}$ des Volumens des ausgedroschenen Dinkelkorns essbar waren; dieses war nämlich von einer dicken, ungeniessbaren Zelluloseschicht, dem «Spelz», umgeben, welchen der Müller vor dem Mahlen in einem besonderes Arbeitsgang entfernen und damit den essbaren «Kernen» freilegen musste. Aus all diesen Vorbemerkungen lässt sich für die damals auf 236 Jucharten veranschlagte Ackerfläche in Mülligen die folgende Aufstellung berechnen:

|  | Winterzelg<br>Dinkel | | Sommerzelg<br>Roggen | Brachzelg<br>nicht angesät |
|---|---|---|---|---|
|  | samt Spelz | ohne Spelz | | |
| Erntegut | 1225 Mütt | 460 Mütt | 356 Mütt | – |
| ./. Zehnten | 123 | 46 | 36 | – |
| ./. Saatgut | 178 | 67 | 69 | – |
| ./. Bodenzinsen | (112) | 42 | 13 | – |
| Verbleibt den Bauern |  | 305 Mütt | 238 Mütt | – |

Die Dorfvorsteher des Eigenamtes schätzten den jährlichen Verbrauch pro Person (Erwachsene und Kinder) auf 3 Mütt. Aus den geernteten 543 Mütt Dinkel und Roggen liessen sich somit rund 180 Menschen ernähren. Noch 1764 zählte Mülligen bloss 158 Einwohnerinnen und Einwohner. In durchschnittlichen Erntejahren reichte das Getreide somit für alle, in guten konnte man einen Überschuss auf dem Markt verkaufen, in schlechten Zeiten aber wurde es rasch knapp.[2] Diese Ausführungen beruhen allerdings lediglich auf Gesamtsummen und Durchschnittswerten. Die Zahlen verdecken nämlich die grossen sozialen Unterschiede im Dorf, die später aufgezeigt werden sollen.[3] Im 18. Jahrhundert bewirtschafteten die beiden Grossbauern Schneider am Mülirain und Ackermann im Hof (vormals Frölich) allein zusammen über 60 Prozent der gesamten Ackerfläche Mülligens. Sie produzierten somit grosse Getreideüberschüsse, während die meisten Kleinbauern sich nicht selbst versorgen konnten und Korn dazukaufen mussten.

*Viehhaltung und Viehfütterung*

Ab 1790 führte der Staat Bern alljährlich Viehzählungen durch. Für den November 1794 ist der Bestand an Tieren sogar für alle Haushaltungen aufgelistet, was einen sehr guten, detaillierten Einblick für Mülligen ermöglicht:

[2] Staatsarchiv Aarau, AA 457/S.355–363.

[3] siehe unten Seiten 274–282.

| Ochsen | Kühe | Gusti | Kälber | Ziegen | Schweine | Pferde |
|---|---|---|---|---|---|---|
| 19 | 54 | 9 | 16 | 15 | 99 | 7 |

Getreidefeld im Fohracher.
Foto Andreas Dietiker.

Von insgesamt 48 Haushaltungen besassen jediglich drei armengenössige gar kein Tier. Bei den übrigen 45 hielten 40 Kühe, davon 27 eine. Die restlichen fünf verfügten wenigstens über zwei bis drei Ziegen, die «Kuh des armen Mannes». Schafe gab es in Mülligen zu dieser Zeit keine. Ebenso fehlte ein Zuchtstier. Dafür waren Schweine sehr beliebt; 43 Haushaltungen fütterten solche «Fleischlieferanten», mehr als die Hälfte sogar zwei; der Müller besass deren 18.

Wer die Felder mit Hilfe von Ochsen bestellte, galt als wohlhabend. Von den 19 Mülliger Zugtieren befanden sich 1794 allein 15 im Besitz der erwähnten Familien Ackermann und Schneider. Wer sich keinen Ochsen leisten konnte, spannte Kühe vor den Pflug; an diesen Tagen gaben sie keine Milch. Dagegen waren damals Pferde für die Feldarbeit nicht gebräuchlich. Alle sieben standen im Stall des Müllers an der Reuss, der sie für den Transport von Getreide und Mehl benötigte.[4]

Wie erwähnt, wurden die Tiere vom Frühling bis zum Herbst auf die abgeernteten und brachliegenden Felder zur Weide getrieben, allenfalls auch in die Wälder. Da dies im Winter nicht möglich war, mussten sie mit dem Heu und Emd gefüttert werden, welches die Bauern von ihrem Wiesland einbrachten. Solche Matten befanden sich als Baumgärten («Bungert») bei den Häusern im Dorfbereich, sodann der Reuss entlang, am Eitenberg und vereinzelt am Rand der Zelgen.

[4] Statsarchiv Bern, B VI 482, auch 475–479.

Allein für die Ernährung der Zugtiere rechnete man mit einem Flächenbedarf an Wiesen, der einem Drittel des gesamten Ackerlandes oder einer Zelg entsprach. Schon die oben abgedruckte Tabelle von Einzelhöfen zeigt jedoch auf, dass das Verhältnis zwischen Äckern und Wiesen bei weitem nicht den Wert von 3:1 erreichte. Eine obrigkeitliche Schätzung zeitigte 1680 für ganz Mülligen das folgende Ergebnis: Einer Ackerfläche von insgesamt 236 Jucharten standen lediglich 29,5 Jucharten Wiesland gegenüber, was ein sehr schlechtes Verhältnis von bloss 1:8 ergab.[5]

Pferdegespann («Dreier-Zug») im Gebiet Neumatt. Aufnahme 1946.

Es verwundert daher nicht, dass es oft zu Streit um Viehfutter kam. Kinder wurden ausgeschickt, um auf den Wegen zu grasen, und oft nahmen sie es mit der Grenze zu den Nachbarparzellen nicht allzu genau. Tiere, die zur Weide getrieben wurden, frassen buchstäblich «unter dem Hag durch». Viehhalter mochten mit dem Weidgang oft nicht warten, bis eine ganze Zelg fertig abgeerntet war. 1775 musste der Königsfelder Landvogt sogar ein formelles Verbot erlassen, weil gewisse Leute in einem fremden Gemeindebann weiden oder grasen liessen.[6]

Die Mülliger scheuten in der Regel Konflikte mit ihren Nachbargemeinden. Wegen des Weiderechts liessen sie sich aber in den Jahren 1785 bis 1789 in einen umfangreichen, kostspieligen Prozess mit Lupfig ein: Im Gebiet südwestlich der Trotte in Richtung Mellingerstrasse befand sich ein grösseres Landstück, das zwar

[5] Staatsarchiv Aarau, AA 563/S.133–142.  [6] Staatsarchiv Aarau, AA 723/S.28, AA 738/S.1.

im Lupfiger Gemeindebann lag, aber überwiegend im Besitz von Mülligern war. Die Bauern von Mülligen behaupteten nun, mit den Lupfigern auf diesem Boden «gemeinweidig» zu sein; beide Gemeinden dürften ihre Tiere dort weiden lassen, was Lupfig bestritt. Mülligen liess verschiedene Zeugen aus Birrhard, Inlauf, Lupfig und Hausen auffahren, die bestätigten, dass sie schon vor Jahrzehnten Mülliger Vieh dort hätten weiden sehen, ja sogar persönlich Tiere dorthin getrieben hätten. Die Lupfiger behaupteten dagegen, sie hätten bereits 45 Jahre zuvor das Mülliger Vieh aus diesen Weiden vertrieben. Im Sinne einer Modernisierung der

Heuwagen mit vorgespanntem Pferd und Ochsen. Aufnahme 1920er-Jahre.

Landwirtschaft hatte Lupfig im Übrigen bereits 1779 jeglichen Weidgang auf seinem Gemeindegebiet abgeschafft, also auch für die eigenen Bürger. Dieses Verbot war zwar in der Kirche von Birr von der Kanzel verlesen worden. Die Mülliger aber hatten sich nicht dagegen wehren können, weil sie den Gottesdienst in Windisch besuchten und von der Neuerung erst viel später erfuhren. – Der Konflikt ist insofern besonders interessant, als er zeigt, wie wichtig das Weiden als Nahrungsbasis für die Tiere war. Die Mülliger verteidigten ihren Anspruch gegenüber Lupfig denn auch bis in die zweite Instanz, allerdings vergeblich. Dabei verschuldete sich die Gemeinde derart, dass sie Land verkaufen musste, um einen Teil der Kosten zu decken![7]

[7] Staatsarchiv Aarau, AA 725/S.246, 66–83, 110–123, 142–149, 170–172, 230, 253–259, AA 726/S.44, AA 727/S.62, 130–135, 141, 143–151, 153–157, 185–201, 204–205, 212–213, 278–279, 302–310, 323–338.

Wegen des Futtermangels war das Vieh insgesamt schlecht ernährt; Ochsen und Kühe magerten während der kalten Jahreszeit ab. Viele Halter konnten gar nicht alle Tiere überwintern. Sie mussten sie nach der Ernte verkaufen und im folgenden Frühling neue anschaffen. Wegen des Überangebots sanken die Viehpreise im Herbst, wegen der grossen Nachfrage stiegen sie im Frühjahr, so dass besonders die Kleinbauern dabei ein schlechtes Geschäft machten.

Der Mangel an Futter bewirkte zudem, dass der Ackerbau auch im Sommer an einem Unterbestand an Zugtieren litt. So fehlten im Jahr 1794 allein im Eigenamt 88 Ochsen und Kühe. Dadurch wurden viele Felder nicht oder zu wenig intensiv bewirtschaftet, was wieder zu einem Ausfall in der Produktion führte.

Die geschilderten Umstände bewirkten einen regen Viehhandel. Metzger aus Zürich, ja aus Mülhausen im Elsass zogen von Dorf zu Dorf und kauften die überzähligen Tiere zusammen. Einheimische Händler erfreuten sich eines grossen Absatzes innerhalb des Staates Bern.

Aus der benachbarten Grafschaft Baden trafen auch jüdische Viehhändler in Mülligen ein. Innerhalb der ganzen Eidgenossenschaft durften Juden lediglich in den Dörfern Lengnau und Endingen wohnen; zudem war ihnen verboten, Land zu kaufen oder ein Handwerk zu betreiben. Sie mussten sich daher zwangsläufig auf den Handel konzentrieren, besonders als Hausierer und Viehhändler. Viele Bauern konnten oder wollten den Preis für eingekauftes Vieh nicht bar bezahlen. Geschäftstüchtige Juden liessen die Schuld zunächst eine Zeit lang stehen; nach der Ernte wollten sie den Betrag dann einziehen. Öfters kam es deswegen zu Betreibungen und Streit. Allein im Herbst 1773, nach der Hungersnot 1771/72, musste der Hofschreiber in Königsfelden acht Schuldbriefe (Obligationen) zugunsten der jüdischen Händler Bollag, Guggenheim und Wyler von Endingen und Lengnau errichten, weil mehrheitlich habliche Mülliger Bauern sowie der dortige Müller die eingekauften Kühe, Ochsen und Pferde schuldig geblieben waren.[8]

*Der Weinbau*

Auf der Landkarte des Eigenamtes von Hans Konrad Gyger (1660) ist deutlich sichtbar, dass fast der ganze Südhang des Eitenbergs mit Reben bepflanzt war. Ferner fällt noch heute auf, dass alle drei Gemeinden Hausen, Lupfig und Mülligen

[8] Staatsarchiv Aarau, AA 711/S.173, 175, 186, 188, 204, 206, 208. Vgl. dazu auch AA 718/S.14–16.

Im Hof Trotte. Rechts das stark umgebaute Wohnhaus der einstigen Trottenbauern. In der verdeckten Scheune links befand sich die eigentliche Trotte. Foto Andreas Dietiker.

Anteile an diesem einstigen Weinberg besitzen. Offenbar hatten die Bauern der drei Dörfer sich schon im Mittelalter darum bemüht, ein Stück dieses günstig gelegenen Rebbergs für sich zu ergattern. Dies zeigt, dass der Weinbau während Jahrhunderten einen wichtigen Teil ihrer Landwirtschaft darstellte. In allen Hofbeschreibungen fehlt denn auch nie ein Stück Rebland.

Reiche Brugger Bürger erkannten die gute Lage und das offenbar geeignete Erdreich des Eitenbergs ebenfalls; sie erwarben beträchtliche Anteile an diesem Südhang. Auch der erwähnte Junker Wolfgang von Mülinen (1609–1679), Landvogt in Königsfelden von 1650 bis 1656, wollte es sich nicht nehmen lassen, eigenen, echten «Mülliger» kredenzen zu können. Er erwarb einen grossen Teil des Weinbergs, etwa 1,3 Hektaren, die später an seine Erben vom Geschlecht von May übergingen. Der dortige Flurname lautet daher heute noch «Herrenreben».[9]

Wer wann für dieses Rebland eine eigene Trotte baute, ist nicht bekannt. Eine «Schafwies-Trotte» am Eitenberg wird bereits auf einer Königsfelder Urkunde von 1426 erwähnt. Vielleicht baute Wolfgang von Mülinen eine solche am Ort, der heute noch so heisst. Auf Gygers Karte von 1660 ist sie als «Weisse Trotte» bereits deutlich eingetragen. 1669 gab Junker Johann Rudolf May, «Herr zu Rued und Schöftland», einem Zürcher Meister, den Auftrag, dort einen Sodbrunnen zu graben, um immer über frisches Wasser zu verfügen; er war gemauert, mit einer Pumpe versehen und mit einem Ziegeldächlein geschützt. Diesen Luxus liess er sich 100 Gulden, 4 Mütt Mehl und 2 Saum alten Wein kosten, was etwa zwei Jahreslöhnen eines damaligen Durchschnitts-Mülligers entsprach.[10] Er war es wohl auch, der 1684 den Bau einer neuen Trotte veranlasste. Diese Jahrzahl steht noch heute auf dem Stein eines Rund-

[9] Diverse Kaufverträge siehe Staatsarchiv Aarau, AA 685.
[10] Staatsarchiv Aarau, Urkunden Königsfelden Nr. 552. AA 688/S.47.

Weinbau am Eitenberg. Dieser Ausschnitt aus der Landkarte «Das Amt Königsfeld und Eigenamt» von Johann Adam Rüdiger, 1715, zeigt, dass fast der ganze Südhang des Eitenbergs mit Reben bestockt war. Original im Staatsarchiv Aarau (Karte P.01/0071).

bogens, der in den Trottenraum führte, jetzt aber einen Gartenteich ziert. Die Decke der Trotte wurde «von zwei Holzstützen, einer spätgotischen mit Sattelholz und einer jüngeren, säulenförmigen, getragen».[11] Dabei standen auch eine «Behausung, Bescheuerung und Keller», wobei vermutlich lange Zeit niemand dort festen Wohnsitz nahm.

Die von May behielten ihren Rebberg samt Trotte auch, als sie die Mühle und das Bauerngut in Mülligen längst verkauft hatten. Erst 1780 veräusserte die «edle Frau Landvögtin May von Oron, Oberherrin zu Schöftland», die Trotte samt Trottenrecht, Geräten, Fässern, allem Inventar und dem Rebland für 3500 Gulden. Käufer war der anscheinend wohlhabende Bernhard Lüpold von Möriken.[12] In der Folge zog er mit seiner Familie auch dort ein. Die ansehnliche Liegenschaft bestand um 1800 aus einem einstöckigen, ziegelgedeckten Wohnhaus (heute Trotte Nr. 4) und der daran angebauten, bedeutend grösseren Weintrotte mit zwei Baumpressen. Dahinter stand die strohgedeckte Scheune mit zwei Tennen und einem Doppelstall.

*Erste Reformen am Ende des 18. Jahrhunderts*

Als die Gesamtbevölkerung im 18. Jahrhundert stark zunahm, machten sich fortschrittliche Berner Patrizier, aber auch Bauern Gedanken über Möglichkeiten, die Bodenerträge zu steigern und damit die Ernährung zu sichern. Die katastrophale Hungersnot von 1771/72, die vor allem in der Ostschweiz Tausende von Menschenleben forderte, öffnete vielen die Augen. Vieles blieb zwar noch Theorie, doch einiges wurde immerhin verwirklicht.

Zum einen setzte sich nun der Anbau der Kartoffel endgültig durch. Gegenüber dem Getreide hatte sie den Vorteil, dass sie innerhalb von 80 bis 100 Tagen reifte, einen doppelt so grossen Nährwert (bezogen auf die Fläche) und einen hohen Gehalt an Vitamin C und an pflanzlichem Eiweiss aufwies.[13]

In Bezug auf die bessere Ernährung des Viehs wurde zum andern der höhere Ertragswert von Klee erkannt und dieser anstelle von Gras angesät. Kartoffeln und Klee wurden ferner auf den bisher unproduktiven Brachzelgen angepflanzt.

[11] Emil Maurer, Die Kunstdenkmäler des Kantons Aargau, Band 2. Bezirk Brugg. Basel 1953, S.367.
[12] Staatsarchiv Aarau, AA 700/S.54–55.
[13] Christian Pfister, Klimageschichte der Schweiz, Bern 1984, Band 2/S.107–109, 117–118.

Ebenso gestattete die Regierung die Umwandlung bisheriger Ackerflächen in Wiesland – allerdings nur bei gleichzeitiger Entschädigung für die verlorenen Weide- und Zehntrechte. Auch in Mülligen machten Einzelne von dieser Möglichkeit Gebrauch. In der Oberen Zelg heissen grössere Landflächen noch heute «Neumatten».[14]

Wie erwähnt, hob Lupfig bereits 1779 den allgemeinen Weidgang auf Brach- und Stoppelfeldern auf. In Mülligen mochte man damals noch nicht so weit gehen. Dagegen setzte sich nun die gezielte Düngung des Bodens durch. Gips wurde als Kunstdünger gebräuchlich. Seit 1790 lief beim Maienrieslischachen die erste Gipsmühle, allerdings noch auf Windischer Gebiet.

Insgesamt genügten diese Neuerungen aber nicht. Es waren vor allem der Flurzwang der Dreizelgenwirtschaft und die Pflicht, Zehnten und feste Naturalzinsen abzuliefern, die einem tiefgreifenden Umbruch in den Anbaumethoden und damit auch den Initiativen reformfreudiger Bauern im Wege standen.

**Der landwirtschaftliche Wandel nach 1800**

*Die Abschaffung des Flurzwangs*

Die Helvetische Revolution 1798 mit dem Sturz der Berner Herrschaft entfachte eine breite Diskussion über die Abschaffung bisheriger Zwänge, und im jungen Kanton Aargau verwirklichte man die längst als notwendig erkannten Neuerungen.

Eine individuelle Bewirtschaftung des Landes setzte die Möglichkeit voraus, das Privatland einzuzäunen. Dies wiederum bedingte die Anlage von Wegen zu den einzelnen Parzellen. Das war aber unmöglich, solange das Weiderecht auf fremdem Land in Kraft blieb und die Ackerzelgen durch Gemeindebeschlüsse kollektiv bewirtschaftet wurden.

Einen Anfang versuchte die Gemeinde Birrhard 1816: Sie verbot auswärtigen Bauern jegliches Weiden und Grasen im ganzen Gemeindebann, ebenso auf auswärtigem Land, das Birrharder Bürgern gehörte. Diese Einschränkung war für die Mülliger gravierend, hatten ihre Tiere doch bisher mit jenen der Birrharder gemeinsam geweidet. Birrhard beharrte zwar anfänglich auf dem Verbot, musste

[14] Staatsarchiv Aarau, AA 609/S.2–3.

aber vermutlich nachgeben; der dortige Gemeinderat hatte den Mülligern nämlich erst 1813 das überlieferte Weiderecht bestätigt.[15]

In Mülligen waren es vermutlich die vielen Kleinbauern, die sich dagegen stemmten. Sie besassen zu wenig eigenes Wiesland und waren auf das Weiden angewiesen. 1821 verbot auch Mülligen das Grasen an den Wegrändern. Doch meldet das Gemeindeprotokoll zwei Jahre später, einige Bürger würden sich «erfrechen, ihr Vieh an langen Stricken auf die Wege durch die Korn- und Roggenfelder zu führen und zu Lasten der Eigentümer den Wegen entlang weiden zu lassen».[16]

1833 liessen sich die Birrharder aber nicht mehr abhalten, das allgemeine Weiden zu untersagen. Und nun zogen die Mülliger nach wenigen Wochen nach. Doch das Weideverbot liess sich nicht so schnell umsetzen. Noch 1841 musste die Gemeinde dasselbe erneuern und sogar einen Feldhüter anstellen. Bussen bei Verstössen gingen je zur Hälfte in den Schulfonds und an den Anzeiger.[17] – Zu diesem Zeitpunkt war vermutlich auch die Kollektivbewirtschaftung der Zelgen längst sang- und klanglos abgeschafft worden.

Parallel zu dieser Entwicklung galt es, die Zehnten und Bodenzinsen aufzuheben. Die Empfänger dieser Abgaben verlangten jedoch eine Entschädigung für den dadurch entstehenden Ausfall an Einkünften. In Mülligen handelte es sich vor allem um den Kanton Aargau in der Nachfolge Berns (beziehungsweise Königsfeldens). Das Gesetz erlaubte es nun, die bisherigen Naturalabgaben in Geld umzuwandeln und auf der Basis eines Zinsfusses von 5 Prozent mit dem Faktor 20 zu kapitalisieren.

Die Mülliger begannen 1813, sich vom Zehnten loszukaufen, und benötigten dazu 20 Jahre. Mit der Abzahlung der Bodenzinsen begannen sie erst 1859.[18] Viele Landbesitzer konnten das Loskaufskapital nicht gleichzeitig verzinsen und amortisieren. Sie mussten Hypotheken errichten, welche die Verschuldung des Bodens erhöhten. Dafür waren sie von der Last der aus dem Mittelalter stammenden Naturalabgaben befreit und konnten nun aufgrund eigener Initiative und marktgerecht produzieren.

Ackerarbeit auf dem Gysiacker mit dem Vielfachgerät. Aufnahme 1940er-Jahre.

---

[15] Gemeindearchiv Mülligen, Gemeindeprotokoll 1816/S.227–229.
[16] Gemeindearchiv Mülligen, Gemeindeprotokoll 1821/S.348, 1823/S.166.
[17] Gemeindearchiv Mülligen, Gemeindeprotokoll 1833/S.108–110, 1841/S.297–298.
[18] Gemeindearchiv Mülligen, Gemeindeprotokoll 1819/S.298. Protokolle der Gemeindeversammlungen I/S.119–120, 331–332, II/S.54, 163, II/S.17–18.

Der verbesserte Landbau erwies sich schon früh als Erfolg. Dies zeigte eine Viehzählung bereits Ende 1822:[19]

| *Zuchtstier* | *Ochsen* | *Kühe* | *Jungvieh* | *Ziegen* | *Schafe* | *Schweine* | *Pferde* |
|---|---|---|---|---|---|---|---|
| 1 | 19 | 76 | 49 | 7 | 19 | 133 | 9 |

Im Vergleich zu 1794 war die Zahl der Ochsen zwar gleich geblieben, jene der Kühe aber um 40 Prozent gestiegen. Die Mülliger hielten nun auch mehr Kälber und Schweine, dafür etwas weniger Ziegen. Ausserdem zählte man neu 19 Schafe und einen Zuchtstier.

*Die Verlagerung vom Ackerbau zu Milchwirtschaft und Viehzucht*

Die vermehrte Ausrichtung der Produktion auf die Nachfrage des Absatzmarktes sollte sich besonders gegen das Ende des 19. Jahrhunderts bewähren. Ab ungefähr 1870 setzten nämlich Importe billigen Weizens aus Nordamerika ein. Sie lös-

[19] Gemeindearchiv Mülligen, Gemeindeprotokoll 1822/S.153–154.

Abgeerntetes Feld in der Neumatt.
Die Strohballen wurden durch den ersten Mähdrescher gepresst.

ten in den Ackergebieten Europas eine schwere, langfristige Agrarkrise aus. Der Getreideanbau rentierte nicht mehr. Die Bauern des schweizerischen Mittellandes mussten zu Viehzucht und Milchwirtschaft übergehen. Die bisher vorwiegend braune Landschaft wurde nun grün. In Mülligen überwog bereits 1889 das Wiesland gegenüber der Ackerfläche im Verhältnis von 73 zu 65 Hektaren. Die Statistik der Viehbestände bestätigt diese Entwicklung eindrücklich:[20]

| Jahr | Rinder/Kühe/Ochsen | Ziegen | Schafe | Schweine | Pferde |
|---|---|---|---|---|---|
| 1866 | 164 | 13 | – | 44 | 11 |
| 1876 | 142 | 16 | – | 43 | 8 |
| 1886 | 175 | 38 | 1 | 63 | 7 |
| 1896 | 179 | 46 | – | 60 | 7 |
| 1901 | 191 | 39 | 2 | 54 | 4 |
| 1911 | 239 | 46 | – | 75 | 11 |
| 1916 | 258 | 47 | – | 47 | 11 |
| 1926 | 240 | 51 | – | 91 | 19 |
| 1936 | 233 | 17 | 8 | 142 | 26 |
| 1946 | 203 | 21 | 6 | 118 | 37 |
| 1956 | 232 | 3 | 23 | 250 | 25 |
| 1966 | 249 | 1 | 34 | 289 | 10 |
| 1978 | 363 | 2 | 64 | 60 | 7 |
| 1993 | 319 | 1 | 91 | 3 | 10 |
| 2000 | 296 | – | 20 | 120 | 6 |

Beim Rindvieh erfolgte der grosse Sprung am Anfang des 20. Jahrhunderts. Die Zunahme verlief bis Ende der 1970er-Jahre fast kontinuierlich, sprunghaft vor allem von 1966 bis 1978. Ein markanter Rückschlag ist nur während des Zweiten Weltkrieges festzustellen – wegen des staatlich verordneten Mehranbaus an Getreide. Seit 1978 gehen die Bestände zurück, vor allem wegen des Verlustes an Kulturland durch das Kieswerk und den Bau der Nationalstrassen. Im Übrigen zeigt die Tabelle einen recht hohen Bestand an Ziegen, und zwar bis zur Welt-

[20] Aargauische Statistische Mittheilungen für das Jahr 1889, S.34. Bundesamt für Statistik, Eidgenössische Viehzählungen seit 1866. Die Zahlen für das Jahr 2000 stammen vom Statistischen Amt des Kantons Aargau.

wirtschaftskrise der 1930er-Jahre. Diese genügsamen Tiere versorgten vor allem ärmere Alleinstehende mit Milch, ebenso «Rucksackbauern», die tagsüber einer Fabrikarbeit nachgingen. An die Stelle der Ziege trat nach dem Zweiten Weltkrieg das Schaf, das bisher in Mülligen kaum gehalten worden war. Auffällig ist auch die starke Zunahme der Schweine, deren Zahl seit den 1930er-Jahren die Selbstversorgung bei weitem übertraf; ihr Rückgang nach 1966 hängt offensichtlich mit den strengen staatlichen Vorschriften zusammen. Der hohe Bestand im Jahr 2000 geht auf einen einzigen Schweinemastbetrieb zurück, der seither wieder aufgegeben wurde. Heute lebt kein Schwein mehr in Mülligen!

*Die Käserei in Mülligen*

Die Umstellung vom Ackerbau zur Graswirtschaft führte zu einer vermehrten Produktion von Milch, die zu Käse verarbeitet wurde. Anfänglich brachten die Mülliger Bauern diese mit der Fähre in die Käserei nach Birmenstorf, andere trugen sie über den Eitenberg nach Hausen.
Doch am 31. Dezember 1887 beschlossen 46 Kuhhalter die Gründung der Käsereigenossenschaft Mülligen. Diese baute darauf ein geeignetes Gebäude im Dorfzentrum – mit der Käserei im Erdgeschoss und einer Wohnung für den Käser im ersten Stock (heute Hauptstrasse 50). Für die Grabarbeiten legten die Mitglieder selbst Hand an, und zwar entsprechend ihrem Kuhbestand. Die Finanzierung erfolgte durch einen Beitrag der Genossenschafter von je einem Franken pro Kuh, andererseits durch ein Darlehen der Sparkasse Brugg in der Höhe von 10 000 Franken.
Die Käserei wurde durch einen Käser betrieben, der die täglich gelieferte Milch zu Emmentaler, bei Mangel an Milch zu Magerkäse verarbeitete. Ab etwa 1946/47 produzierte er vollfetten Emmentaler, aber nur in den Sommermonaten, wenn die abgegebene Milch ausreichte. Für einen 100-kg-Laib benötigte er gegen 1100 Liter Milch; erhielt er diese Menge nicht, musste er das Fehlende in Birrhard dazukaufen. Im Winter stand die Käserei still; dafür durften die Bauern ihren Kühen in dieser Zeit Silofutter zu fressen geben; die Milch wurde an die Aargauer Zentralmolkerei (AZM) nach Suhr geliefert. Die nichtbäuerliche Bevölkerung konnte sich in der Käserei mit Milch und Milchprodukten eindecken. Dadurch wurde die Käserei auch zu einem Treffpunkt von Alt und Jung, vor allem abends.

Die Genossenschafter und der Käser handelten die Bedingungen für die Lieferung und die Abnahme der Milch alljährlich neu aus. Dies führte regelmässig zu einem Kampf um den Pachtzins. Die Bauern waren anfänglich verpflichtet, einen Teil des produzierten Käses zu übernehmen, später jedoch nur noch bei mangelhafter Qualität.

Nach jahrzehntelangem Erfolg sank die Rendite der Käserei in den 1960er-Jahren. Die Milchlieferanten beschlossen daher die Einstellung des Betriebes. Der letzte Mülliger Käse wurde am 20. Oktober 1968 produziert. Bis in die Mitte der 1990er-Jahre blieb die «Chäsi» noch Milchsammelstelle und Laden für Milch-

Die Käserei, 1889 durch die Käsereigenossenschaft Mülligen erbaut. Symbol der Umstellung vom Ackerbau zur Milchwirtschaft. Zur Käseproduktion bis 1968 in Betrieb. Foto Thomas Schirmann.

produkte. Seither holt die AZM die Milch alle zwei Tage mit Kühlfahrzeugen direkt auf den Bauernhöfen ab.

Die Käsereigenossenschaft Mülligen wurde jedoch erst auf Ende 2001 aufgelöst, das Käsereigebäude hierauf verkauft.[21]

*Vom Gemeinde-Muni zur künstlichen Besamung*

Die zunehmende Bedeutung der Viehzucht hatte – wie schon erwähnt – bereits im ersten Viertel des 19. Jahrhunderts zur Anschaffung eines Zuchtstiers geführt, und zwar durch die Gemeinde. Meist war es ein wohlhabender Landwirt, der das Tier in seinem Stall hielt. Die übrigen Bauern bezahlten ihm jährlich einen festen Betrag je Kuh, dazu ein Sprunggeld bei jedem Deckungsversuch.

Da der Kanton die Gemeinden mit 50 bis 80 Kühen ab 1845 zur Haltung eines Zuchtstiers verpflichtete, galt diese gleichsam als öffentliche Angelegenheit. Der Gemeinderat musste jeweils einen Zuchtstierhalter suchen und mit ihm die Bedingungen aushandeln, die dann von der Gemeindeversammlung gutgeheissen wurden. Der betreffende Landwirt musste das Tier nun zwar selbst kaufen, erhielt aber nicht nur von den Bauern, sondern auch aus der Steuerkasse einen jährlichen Beitrag. Ausser der Bezahlung des Sprunggeldes sicherten ihm die Viehbesitzer ferner zu, im Falle einer Notschlachtung des Stiers eine je Kuh festgesetzte Menge Fleisch zu einem im Voraus bestimmten Preis abzunehmen.

Die Suche nach einem Zuchtstierhalter und die Absprache der Bedingungen gestalteten sich oft schwierig. Immer wieder musste ein solcher in Birrhard gesucht werden, was für die Mülliger einen weiteren Weg bedeutete.

Das Anwachsen der nichtbäuerlichen Bevölkerung führte dazu, dass die Kuhhalter in der zweiten Hälfte des 19. Jahrhunderts finanziell allein für die Kosten des Zuchtstiers aufkommen mussten. Der Gemeinderat blieb aber mitverantwortlich und berief die Viehbesitzer jeweils zu eigenen Versammlungen auf. Deren Beschlüsse wurden weiterhin in die Gemeindeprotokolle eingetragen.

Mit der Zunahme der Milchwirtschaft stieg die Zahl der Mutterkühe bis 1888 auf 117. Dies erforderte einen zweiten Zuchtstier, was die Sache nicht vereinfachte. Die Stierhalter konnten daher ihre Forderungen immer mehr steigern. Ab 1901

[21] Zusammenstellung durch Bruno Baumann, Mülligen, vom 26.3.2004. Mündliche Mitteilungen von Jakob Schneider, Mülligen.

mussten die Mülliger sogar den Zuchtstier der Spinnerei Kunz im Windischer Fahrgut in Anspruch nehmen. Eine finanzielle Entlastung der Bauern ergab sich 1919, als der Kanton erneut die Gemeinden verpflichtete, die Hälfte der Zuchtstierkosten zu bezahlen.

1932 setzten die Diskussionen über den Zusammenschluss zu einer Viehzuchtgenossenschaft ein; sie führten aber noch zu keinem Ergebnis. Später traten einige

Der Zuchtstier «Diamant» lieferte Ende der 1960er-Jahre als Paradetier das Sperma zur künstlichen Besamung zahlreicher Kühe.

Kuhhalter jener des Eigenamtes bei. 1945 war es dann soweit: Am 10. August beschlossen die Mülliger Bauern einstimmig, eine eigene Viehzuchtgenossenschaft zu gründen. Sie bestand bis zum 19. Februar 2003. Seit März 2002 sind die drei letzten Mülliger Kuhhalter Mitglieder des regionalen Viehzuchtvereins Kestenberg.[22]

Mit der professionell betriebenen Viehzucht waren allerdings nicht alle Probleme gelöst. Bereits seit 1945 trat bei den Kühen nämlich die Trichomonadenseuche auf, die mit dem natürlichen Deckakt übertragen wurde. Diese Geschlechtskrankheit verursachte bei den trächtigen Tieren Früh- und Totgeburten. Trotz vieler Widerstände und Vorurteile rangen sich die Mülliger Bauern dazu durch,

[22] Gemeindearchiv Mülligen, GV I/S.12, 268, 284, 424–427, 428, II/S.9, 15, 71, 96, 98–100, 126, 138, 181, 187, 193, 205, III/S.16–17, 47, 78–79, 116, 250–251, 264, IV/S.21, 30–31, 76, 141, 146, 156, 187, 201, 234–235, V/S.95–96, 125–126, 172–173, 197, 254, 325, VI/S.88–89, 93, 95, 192, 400, VII/S.29–30, 32.

Blick in den Boxenlaufstall der Swissgenetics mit den Zuchtstieren. Foto Andreas Dietiker.

ein Gesuch um Bewilligung zur künstlichen Besamung zu stellen, dem Anfang 1949 entsprochen wurde. Hierauf kündigten sie den Zuchtstiervertrag mit dem damaligen Trottenbauer. Damit begann eine ganz neue Epoche der Viehzucht in Mülligen.

Anfänglich liessen die Mülliger ihre Kühe durch Spermien des Stiers «Trio» in Königsfelden begatten. In die Kosten teilten sich wiederum Gemeinde und Viehhalter. Doch bereits 1949 kauften sie einen eigenen hochwertigen Stier «Firn» für 9500 Franken, und von Jahr zu Jahr beschlossen sie, die künstliche Besamung weiterzuführen. Später traten sie der regionalen Arbeitsgemeinschaft für künstliche Besamung bei, die 1957 in die Aargauische Besamungsgenossenschaft ABG umgewandelt wurde. Die neue Methode hatte überzeugt. In Mülligen wollte niemand mehr zum natürlichen Deckakt zurückkehren.[23]

Im Jahr 1960 erfolgte die Gründung des Schweizerischen Verbandes für künstliche Besamung SVKB (heute Swissgenetics). Dieser wählte Mülligen als Standort für eine (von drei) Besamungsstationen aus. Sie wurde 1964 eröffnet und entwickelte sich stürmisch.[24]

1989 wurden in der Mülliger Station 123 Stiere in vier Stallungen gehalten und etwa 2,5 Millionen Samendosen hergestellt. Der Aussendienst bediente nebst dem Aargau die ganze Innerschweiz, das Tessin, Graubünden sowie die Nordwestschweizer Kantone Basel-Stadt, Basel-Land und Solothurn und führte 350 000 Besamungen durch. Dabei übertrug man anfänglich Frischsamen; seit der Einführung der Gefrierkonservierung wird tiefgefrorenes Sperma eingesetzt. In den 1980er-Jahren wurde der Embryotransfer weiterentwickelt und als zusätzliche Zuchtmethode etabliert. Swissgenetics bietet heute in Mülligen, neben den ursprünglichen Dienstleistungen, auch den Transfer von Embryonen an.

Der Strukturwandel in der Landwirtschaft erforderte in den 1990er-Jahren eine tiefgreifende Umorganisation des Unternehmens. Die beiden anderen Produktionsstationen von Swissgenetics wurden geschlossen und jene in Mülligen weiter ausgebaut. Sie verfügt heute über eine grosszügige Sprunghalle mit modernem Labor und ein Samenlager. Zudem hat sie fünf Stallungen für total 147 Stiere. Am Standort Mülligen sind 27 Mitarbeiterinnen und Mitarbeiter, im Aussendienst weitere 62 beschäftigt; dazu kommen 40 Vertragsbesamer.[25]

[23] Gemeindearchiv Mülligen, Gemeindeversammlungsprotokoll VII/S.174–175, 190, 196, 215–217, 228–229, 242–243, 260, 262, 275–276, VIII/S.6, 45, 57, 145–146, 211.

[24] Gemeindearchiv Mülligen, Gemeindeversammlungsprotokoll IX/S.25.

[25] Dokumentation des Schweizerischen Verbandes für künstliche Besamung vom 16.3.2004.

Die Besamungsstation (heute Swissgenetics) bei Mülligen. Luftaufnahme vom 25.5.2005. Foto Desair, Wermatswil ZH.

*Gemeinde und Landwirtschaft*

Mülligen war bis ins 20. Jahrhundert hinein ein Bauerndorf, in dem jedermann mit der Landwirtschaft verknüpft war. Selbst jene Ärmsten, die kein eigenes Vieh halten konnten, besassen wenigstens einen Garten beim Haus oder einen Pflanzplatz (Bünt) ausserhalb der Siedlung.

So verstand es sich von selbst, dass sich die Gemeinde auch um bäuerliche Belange kümmerte. Die einstige Dreizelgenwirtschaft samt allgemeinem Weidgang zu organisieren hatte – wie erwähnt – zu den ursprünglichen und wichtigen Aufgaben der Gemeinde gehört. Ihr Engagement in der Landwirtschaft ging aber weit darüber hinaus.

Mülligen besass zwei kleine Allmenden im obern Löh und im Stock. Dabei handelte es sich um Gemeindeland, ursprüngliche Waldparzellen, welche die Obrigkeit der Gemeinde einst zum Roden («Reuten») verliehen hatte und die nicht in Privatbesitz übergegangen waren. Diese «Reutenen» wurden während Jahrhunderten nur sehr extensiv als Weideland genutzt und verödeten daher. Mit dem

Aufkommen des modernen bäuerlichen Denkens und der Zunahme der Einwohnerschaft änderte sich auch die Einstellung zu dieser Allmend. Die Bürger entschieden daher 1791 und 1793, diese Reutenen unter die Bürgerschaft aufzuteilen, um fruchtbare Bünten daraus zu machen und dadurch die Nahrungsgrundlage zu erweitern. Jede Haushaltung («wer eigen Feuer und Licht besitzt») erhielt eine Reute in der Grösse von $1/8$ Jucharte ($4^1/_2$ Aren = 450 m$^2$), ursprünglich auf 25 Jahre und gratis. Da die Gemeinde sich jedoch durch den erwähnten Prozess gegen Lupfig eine Schuld von 1200 Gulden aufgeladen hatte, beschloss sie 1795, diese Parzellen für je 20 Gulden an die betreffenden Bürger zu verkaufen oder sie mit jährlich 1 Gulden verzinsen zu lassen. Dieser Zins wurde später auf die Hälfte reduziert. Die Käufer durften ihre Reute aber nicht verkaufen, vertauschen oder verpfänden, sondern nur in der männlichen Linie vererben. Wer heiratete, erhielt eine Reute zugeteilt; starb ein Nutzungsberechtigter ohne Erben, fiel sie an die Gemeinde zurück.[26]

Neben dem Anbau der Reutenen förderte die Gemeinde Mülligen auch die Ziegenhaltung der bedürftigen Mitbürger. Schon 1831 gestattete sie dem Strumpfweber Johannes Rüegger, für seine einzige Ziege einen kleinen Stall am Spritzenhaus anzubauen. Mit der Zahl der Armen stieg auch jene der Ziegenbesitzer, bis 1886 auf 38, so dass sich die Anschaffung eines Ziegenbocks lohnte. Analog zum Zuchtstier richtete die Gemeinde dem Halter desselben eine jährliche Zahlung aus.[27]

Bei der Bekämpfung von Schädlingen konnten die Bauern ebenfalls mit der tatkräftigen Hilfe der öffentlichen Hand rechnen. So verpflichtete sie alle Haushaltungen, Maikäfer zu sammeln und abzuliefern.[28]

Ab der Mitte des 19. Jahrhunderts scheint die Mäuseplage stark zugenommen zu haben. 1856 stellte die Gemeinde einen amtlichen «Mauser» an, dessen Lohn aber von den Landbesitzern gemäss ihrer Fläche getragen wurde. 1867 wurde sogar ein professioneller Feldmauser aus Mönthal unter Vertrag genommen. Als die Mäuseplage 1884 unerträglich wurde, ging die Gemeinde zu einem andern System über: Sie bezahlte für jede gefangene Feldmaus 10 Rappen. Da die Kosten zu hoch waren, versuchte man es 1895 mit Gift (vermischt mit Runkeln und

---

[26] Staatsarchiv Aarau, AA 730/S.24. Gemeindearchiv Mülligen, Gemeindeprotokoll 1819/S.267, 273. Gemeindeversammlungsprotokoll I/S.276–277, 398.

[27] Gemeindearchiv Mülligen, Gemeindeversammlungsprotokoll I/S.8, 13, 36, IV/S.1, 93, 291–292, 294–295, V/S.6, 35–36, 58, 176.

[28] Gemeindearchiv Mülligen, Gemeindeversammlungsprotokoll I/S.278, III/S.28, 260–261.

Zucker), 1899 mit dem «Löffler'schen Bazillus», 1907 mit einem Vertilgungsmittel des Serum- und Impfinstituts Bern und 1912 mit Strychninhafer. Doch kehrte man immer wieder zum altbewährten Fangen der ungeliebten Tierchen zurück, sei es durch Schulknaben, welche die Parzellen unter sich verteilten, oder durch einen Erwachsenen, der dazu einen Feldmauserkurs besuchte. Die Landbesitzer erhöhten die «Stückprämie» sogar auf 20 Rappen.[29]

Selbst gegen die sonst nützlichen Hühner musste die Gemeinde hochoffiziell einschreiten. Diese hielten sich nämlich nicht an die Eigentumsgrenzen, sondern scharrten auch in den Gärten der Nachbarn. 1893 wurde ein eigenes Hühnerreglement erlassen. Die Busse je erwischtes Huhn betrug beim ersten Sündenfall 1 Franken, danach Fr. 1.50, wovon der Anzeiger oder die Anzeigerin einen Drittel erhielt. Das Reglement galt jeweils vom 1. April bis zum 15. Oktober und blieb während mindestens einem halben Jahrhundert in Kraft. Ab 1922 amtete sogar ein amtlicher Gemeinde-Hühneraufseher.[30]

Während die Bussen der öffentlichen Hand zugute kamen, griffen die Bauern oft auch in die Gemeindekasse, um ihre Interessen zu wahren: Von den Beiträgen an die Zuchtstier- und die Ziegenbockhalter war bereits die Rede. Als die Diebereien auf den Äckern und im Rebberg überhand nahmen, stellte die Gemeinde 1853 (und später immer wieder) einen «Feldhüter» an, der durch die Gemeinde besoldet wurden. 1867 beschloss die Gemeindeversammlung ausdrücklich, den Lohn aus Steuergeldern zu finanzieren; lediglich auswärtige Landbesitzer mussten einen Beitrag leisten.[31]

1860 schaffte die Gemeinde einen Entblähungsapparat an, welcher jenen Bauern zur Verfügung stand, deren Kühe durch das hastige Fressen von jungem Gras gebläht wurden und dadurch in Todesgefahr gerieten.[32]

Ebenso leistete sie 1893 einen Beitrag von 10 Prozent zur Beschaffung von Saat- und Futtermitteln, als die Heuernte zufolge Trockenheit missriet und ein Preiszerfall beim Vieh drohte.[33]

[29] Gemeindearchiv Mülligen, Gemeindeversammlungsprotokoll II/S.141, 205–206, 207, III/S.6–7, 116–117, 119–120, 125, 189, 252, IV/S.39, 57, 113, 121–122, 123, 216, 218, 223, 230, 288, 289–290, 305, V/S.21, 147, 162, 275, 297, 326, 370, VI/S.15.
[30] Gemeindearchiv Mülligen, Gemeindeversammlungsprotokoll IV/S.24, 183–184, 228–229, 292, V/S.162, VI/S.107, 286, 297.
[31] Gemeindearchiv Mülligen, Gemeindeversammlungsprotokoll II/S.112, 117–120, 203, IV/S.7.
[32] Gemeindearchiv Mülligen, Gemeindeversammlungsprotokoll II/S.169.
[33] Gemeindearchiv Mülligen, Gemeindeversammlungsprotokoll IV/S.29–30.

1899 beschlossen die damals 43 Viehbesitzer einstimmig, eine Viehversicherungskasse zu gründen. Eine solche kam allerdings erst 1907 zustande. Dieses Werk bäuerlicher Solidarität lindert den Schaden bei einer Notschlachtung, indem alle Viehbesitzer sich verpflichten, eine bestimmte Menge Fleisch zu kaufen oder den entsprechenden Gegenwert in Geld zu entrichten. Mülligen leistet dazu seither einen jährlichen Beitrag aus den Steuergeldern.[34]

Dagegen lehnten die Stimmbürger 1955 einen Beitrag an Stallsanierungen im Verhältnis 34 zu 31 ab, was ihnen eine Rüge des damaligen Gemeindeammanns eintrug.[35]

*Die Pflege des Waldes*

Mülligen wird von Einheimischen gerne als «Walddorf» bezeichnet, und zwar nicht so sehr, weil Wald den grösseren Teil des Gemeindebanns bedecken würde, sondern weil das besiedelte Gebiet (ohne Trotte) von Wald (und der Reuss) umgeben ist – mit Ausnahme einer Lücke im Nordosten. Tatsächlich nimmt der Wald heute nur ein knappes Drittel der Gemeindefläche ein.

Vergleicht man die ältesten genaueren Landkarten von Gyger (um 1660) und Michaelis (um 1840) mit den heutigen, so zeigt sich, dass die Waldfläche nahezu identisch geblieben ist. Namentlich das Buchholz, der Wald am Nordhang des Eitenbergs und das Katzenhölzli sind in den Umrissen noch gleich. Nur zwei markante Unterschiede sind festzustellen: Das Forchholz – seit 1840 vor allem durch den Nationalstrassenbau verändert – existierte im 17. Jahrhundert noch gar nicht. Offenbar wurde hier einmal extensiv genutztes Weideland aufgeforstet oder wenigstens der natürlichen Überwaldung überlassen. Dagegen war das Stockfeld ungefähr zwischen Fohracker- und Blumen-/ Kindergartenweg ganz und das Gebiet bis zur Birmenstorferstrasse bis hinter die heutigen Häuser Hauptstrasse 41–53 vollständig überwaldet. Wo sich heute das Schulhaus, der Spielplatz und das Einfamilienhausquartier Stockfeld befinden, war 1840 noch schlecht genutzter «Niederwald» (vor allem Gesträuch und Gebüsch), welcher der Ortsbürgergemeinde gehörte. Diese liess hier in den Jahren 1857 und 1859 etwa 10 Ju-

---

[34] Gemeindearchiv Mülligen, Gemeindeversammlungsprotokoll IV/S.117, 206–207, V/S.280–283, VI/S.384. Protokolle der Viehversicherungskasse.

[35] Gemeindearchiv Mülligen, Gemeindeversammlungsprotokoll VIII/S.86.

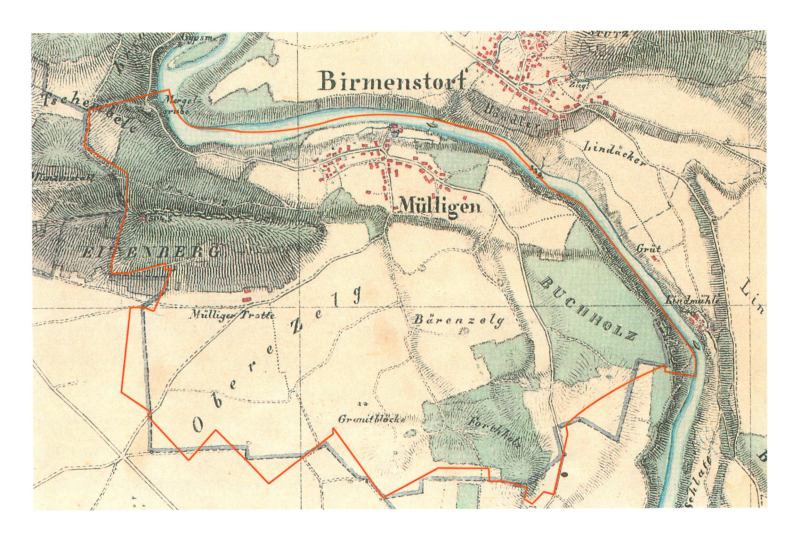

Die Waldgebiete im Gemeindebann von Mülligen gemäss der Michaeliskarte um 1840. Auffällig ist vor allem, dass das Stockfeld zwischen der Strasse nach Birrhard und der Reusshalde noch weitgehend bewaldet war. Hellblau die Gemeindegrenzen von 1840, rot jene von heute. Karte des preussischen Ingenieurs Ernst Heinrich Michaelis, um 1840.

charten (3,6 Hektaren) in 40 Parzellen zu 9 Aren einteilen und für insgesamt Fr. 12 891.46 versteigern. Dabei mussten sich die Käufer verpflichten, das Land innert drei Jahren für den Ackerbau zu urbarisieren.

Umgekehrt hatte die Ortsbürgergemeinde bereits 1836 neun Hektaren Wald am Schafberg erworben, davon aber ein gutes Drittel parzelliert und an private Meistbietende veräussert. Als der Staat Aargau 1871 sein Buchholz, vermutlich einen ehemaligen Königsfelder Klosterwald, versilbern wollte, übernahm die Ortsbürgergemeinde Mülligen davon den nördlichen, gegen die Reuss abfallenden Teil von $11^1/_2$ Jucharten für 5678 Franken, während die Ortsbürgergemeinde Windisch für den südlichen, mehrheitlich ebenen Teil von $35^1/_2$ Jucharten 21000 Franken bezahlte.

1967 verteilte sich der Wald innerhalb des Gemeindebanns Mülligen auf die folgenden Eigentümer:

| Eigentümer | Lage | Fläche |
|---|---|---|
| Staat Aargau | Lindhofwald | 19,9927 ha |
| Einwohnergemeinde Mülligen | Chaze | 0,4000 ha |
| Ortsbürgergemeinde Mülligen | Giessen, Hau/Haldenrain, Schafberg, Weisstannen, Reusshalde/ Buchholz | 35,0338 ha |
| Einwohnergemeinde Windisch | Reusshalde | 0,9131 ha |
| Ortsbürgergemeinde Windisch | Buchholz | 12,0436 ha |
| Private | Vorderberg, Chaze, Chleematte, Forchhölzli, Holibüel, Winkelacher, Rüteli, Staldisbode | 33,3174 ha |
| Total | | 101,7015 ha |

Seither fielen dem Nationalstrassenbau rund 11 Hektaren Wald zum Opfer, von denen nur ein Teil innerhalb des Gemeindebanns durch Aufforstung kompensiert werden konnte. Gemäss neuester Arealstatistik 2005 sind in Mülligen noch 95,6285 Hektaren bewaldet.

Über die Nutzung der Mülliger Waldungen vor 1800 ist wenig bekannt. Sicher galt überall das Recht des allgemeinen Weidgangs. Das Vieh des Dorfes durfte im Untergehölz die Blätter fressen, die Schweine auch Eicheln.

Der Bezug von Holz war dagegen streng geregelt. In den privaten Wäldern durften nur die Eigentümer Fallholz sammeln oder gar Bäume fällen. Im Staatswald gestattete die Obrigkeit den Armen und Bedürftigen 1777 ausdrücklich, mittwochs und samstags Holz aufzulesen; dies galt nicht für Leute, die eigenes Brennholz besassen. Im Gemeindewald galt vermutlich eine ähnliche Regelung, allerdings für alle Haushaltungen. Über Baumstämme im Staatswald verfügte der Landvogt, über jene im Gemeindewald die Gemeindeversammlung. Bauwillige erhielten auf Gesuch etwas Bauholz. So sprachen die Ortsbürger 1784 dem aus Veltheim stammenden, mit einer Mülligerin verheirateten Schuhmacher Heinrich Meyer vier «Stümpli» Bauholz zu, damit er sein Haus reparieren konnte. Ein Mülliger Bürger focht diesen Beschluss beim Landvogt an, blitzte aber ab.[36]

[36] Staatsarchiv Aarau, AA 724/S.251, AA 738/S.13.

Sicherlich erhielten alle Bürgerhaushalte jährlich ihre Bürgergabe in Form von Klafterholz (Scheitern) und Reiswellen.

Zu Beginn des 19. Jahrhunderts befand sich der Mülliger Gemeindewald in einem schlechten Zustand. Wegen der gestiegenen Bevölkerung herrschte Mangel an Holz, das man zum Kochen, Heizen, Einzäunen und Bauen benötigte. Der Wald wurde ausgebeutet, und zwar plan- und konzeptlos.

1821 forderte der kantonale Forstinspektor die Gemeinde auf, ihre Waldungen in mehrere «Schläge» einzuteilen, die dann geplant nacheinander abgeholzt würden. Der Gemeinderat arbeitete hierauf ein Forstreglement aus, das jeweils nach einigen Jahrzehnten wieder revidiert werden musste.

Ebenso setzte der Gemeinderat eine Waldkommission ein, die ihre Anträge zuhanden der Gemeindeversammlung formulierte. Die Holznutzung erfolgte nun streng geregelt. So verboten die Bürger 1823 das Betreten des Waldes von Mai bis Oktober – namentlich «mit einem hauenden Gerät». Wer auf Schleichwegen erwischt wurde, erhielt eine Busse aufgebrummt. Das 1824 einsetzende «Forstfrevel-Register» liegt noch im Gemeindearchiv.

Das Auflesen von dürrem Holz wurde genau kontrolliert. So bewilligte die Gemeindeversammlung 1861 den schulpflichtigen Kindern, an vier Nachmittagen Fallholz zu sammeln, aber «ohne Instrument».[37]

Die Massnahmen waren von Erfolg gekrönt. 1864 sprach die kantonale Forstinspektion dem Gemeinderat die «volle Zufriedenheit» über dessen Sorge für den Wald aus.[38]

Im Laufe der Zeit wurde die Waldbewirtschaftung immer professioneller. 1867 verlangten die Bürger, der Gemeindeförster müsse die «Waldschule» besuchen. Für das Fällen der Bäume stellte die Gemeinde Waldarbeiter an, 1902 zu einem Stundenlohn von 25 bis 35 Rappen. Nach einem schweren Unfall, der die Waldkasse mit fast 1000 Franken belastete, wurden sie auch versichert. Die Anlegung geeigneter Holzabfuhrwege erleichterte die Waldnutzung zusätzlich. Bereits 1862 waren die Gemeindewaldungen auch vermessen worden.[39]

---

[37] Gemeindearchiv Mülligen, Gemeindeprotokoll 1821/S.350–352, 1823/S.167. Gemeindeversammlungsprotokoll II/S.135–136, 173.

[38] Gemeindearchiv Mülligen, Gemeindeversammlungsprotokoll II/S.185.

[39] Gemeindearchiv Mülligen, Gemeindeversammlungsprotokoll II/S.175, 199, III/S.38, 70–71, 106, 121–122, 124, 187, 240, 268, IV/S.90, 155, 221, 225, 227–228, 252, 260–261, V/S.5, 309, VI/S.266.267, VII/S.63–66, 83, 315, VIII/S.4, 65, 238, IX/S.238, 242, 286, X/S.68.

Der Ertrag schwankte stark. So erhielt jeder Bezugsberechtigte 1873 lediglich ¼ Klafter Holz, also nicht einmal einen Ster, dazu Reiswellen. Mit der besseren Bewirtschaftung und dem Rückgang der Ortsbürger stieg die Holzgabe bis 1945 auf 2 Ster und 90 Reiswellen. Der Rüsterlohn wurde aus den Zinsen des Ortsbürgergutes gedeckt, was zu einem Streit mit dem Bezirksamt führte. Die Ortsbürger legten grossen Wert darauf, das Holz wirklich gratis zu erhalten und keinen Lohn bezahlen zu müssen. Wer kein Holz bezog, erhielt sogar eine Entschädigung in bar! Mit der Abnahme der Rentabilität des Waldes wurde Letztere auf 1970 jedoch aufgehoben. Ebenso mussten die Holzbezüger die Reiswellen selbst binden. Zehn Jahre später schaffte der Kanton den Bürgernutzen ganz ab.[40]

Gegen Ende des 20. Jahrhunderts wurden in Mülligen jährlich etwa 310 m³ Holz gefällt. Der Sturm Lothar richtete aber kurz vor der Jahreswende 1999/2000 einen Schaden von 1400 m³ an. Bis Ende August 2000 waren jedoch bereits 1012 m³ verarbeitet und 80 Prozent davon auch verkauft.[41]

[40] Gemeindearchiv Mülligen, Gemeindeversammlungsprotokoll III/S.80–81, VII/S.57–58, 75–76, VIII/S.65, IX/S.83, 112, 146–147.
[41] Mitteilungsblatt der Gemeinde Mülligen 2000.

Ein Bild der Verwüstung. Waldschäden nach dem Sturm Lothar Ende Dezember 1999.

*Jagen in den Mülliger Wäldern*

Die Jagd war bis 1798 ein Vorrecht der Herrschaft, im Mittelalter also der Grafen von Habsburg, in der Frühen Neuzeit der «Gnädigen Herren» von Bern. Der Landvogt von Königsfelden durfte im ganzen Eigenamt jagen, also auch in Mülligen.

Die Helvetische Revolution schaffte derartige Privilegien ab. Der Kanton Aargau beanspruchte dann die Jagdhoheit für sich. Er verpachtete sie an Bürger, die sich an einer Gant darum bewarben.

1897 trat der Kanton die Verpachtung an die Gemeinden ab. Die Mülliger Gemeindeversammlung beschloss, auf ihrem Gebiet ein eigenes Jagdrevier zu bilden und dieses jeweils auf acht Jahre zu versteigern.

Die Pacht ging später auf die Jagdgesellschaft Windisch über, die heutige Jagdgesellschaft Eiteberg, welche sechs Jäger umfasst. Ihr Revier umfasste 1010 Hektaren in vier Gemeinden, davon 216 Hektaren Wald. Der Anteil Mülligens machte 56 Prozent aus (Windisch 32%, Hausen 8%, Lupfig 4%).

1993 musste das Jagdrevier wegen des Baus der A3 auf 815 Hektaren reduziert werden. Es wird einerseits durch Aare und Reuss, anderseits durch die Nationalstrassen A1 und A3 sowie die Ortsumfahrung Hausen begrenzt und bildet daher ein sogenanntes «Inselrevier», an dem nach wie vor die Gemeinden Mülligen, Windisch, Hausen und Lupfig beteiligt sind.

Die Jagdgesellschaft Eiteberg führt gelegentlich eine «Waldputzete» durch. Während das Sammeln von Fallholz früher verboten oder wenigstens streng geregelt war, müssen heute Freiwillige aufgeboten werden, um das herumliegende Holz zusammenzulesen![42]

*Der Niedergang des Weinbaus am Eitenberg*

Die Pflege des Mülliger Rebbergs hielt das ganze 19. Jahrhundert hindurch an. Noch 1891 betrug die Gesamtfläche an Rebland innerhalb des Gemeindebanns 9,9 Hektaren. Der jeweilige Eigentümer der Trotte betrieb sein Gewerbe weiter.

---

[42] Gemeindearchiv Mülligen, Gemeindeversammlungsprotokolle IV/S.74, 186, V/S.8, 142, 377, VI/S.382–384. Mitteilungsblätter der Gemeinde Mülligen 1978, 1985, 1993, 1994, 1997. Bericht der Jagdgesellschaft Mülligen (Obmann M. Wiedemeier 2004).

Ab etwa 1876 ging der Weinertrag jedoch zurück. 1890 diskutierten die Besitzer von Reben, ob sie Spritzen zur kantonal verordneten Bekämpfung des falschen Mehltaus anschaffen sollten. Sie verwarfen dies nicht nur wegen der Kosten, sondern auch, weil es keineswegs sicher sei, «dass solches etwas nütze, vielmehr bei mehrjähriger Bespritzung es den Reben ein Nachteil sei und auch die Gemeinden des Schinznachertales die Bespritzung nicht ausführen werden». Der Regierungsrat hob diesen Beschluss jedoch auf und wies den Gemeinderat an, die Bespritzung vollziehen zu lassen, sofern diese nicht von den Rebbesitzern selbst ausgeführt werde. Diese fügten sich und beschlossen, gemeinsam ein Gemisch von Kalkwasser und Azurin zu versprühen. In den folgenden Jahren spritzten sie wieder individuell.

Doch die Begeisterung für den arbeitsintensiven Weinbau war verflogen. Die Ausbeute an Rebensaft sank. Bereits 1896 entfernte der Trottenbauer eine der beiden Baumpressen. 1907 bestanden im Mülliger Gemeindebann noch 81 Rebparzellen mit einer Gesamtfläche von 806,25 Aren. Wie die folgende Tabelle zeigt, wohnten nicht alle Rebbesitzer in Mülligen:

| *Wohnort der Eigentümer* | *Parzelle* | *Fläche* | *Anteil* |
|---|---|---|---|
| Mülligen | 52 | 516,87 a | 64,1% |
| Birrhard | 19 | 165,47 a | 20,5% |
| Lupfig | 8 | 108,61 a | 13,5% |
| Andere | 2 | 15,30 a | 1,9% |
| Total | 81 | 806,25 a | 100,0% |

Zwischen 1908 und 1915 sollten alle Rebbauern auf Mülliger Boden ausnahmslos den Weinbau aufgeben. 1908 waren es acht, 1909 bereits 25 und 1910 weitere zehn, die ganz oder teilweise aufhörten, ihre Parzellen zu bewirtschaften. Die nicht mehr kultivierten Landstücke verwucherten nun, so dass den standhaft gebliebenen Weinbauern die Arbeit ebenfalls verleidete, und dies umso mehr, als die Missernten sich häuften. 1911 waren es noch 36 Parzellen. Damals begann der Fabrikant Georg Knoblauch, Schinznach Bad, eine nach der andern zu erwerben, weil er plante, den Eitenberg für die Kalkfabrikation auszubeuten. An einer Versammlung vom 2. April 1911 beschlossen 26 von 30 anwesenden Rebbauern, einen Teil aufzuforsten und den Rest vergrasen zu lassen. Die meisten folgten dem Beschluss bereits im Jahr 1912, die letzten sieben warteten noch bis 1914. Das Jahr 1915 brachte auch den allerletzten Rebstöcken das Ende.[43]

Damit ging ein traditionsreicher Landwirtschaftszweig Mülligens unter. Weil die industrielle Nutzung des Eitenbergs ebenfalls scheiterte, ging der einstige Rebhang an den Trottenbauer über. In Naturschutzkreisen gilt er heute als «Trockenstandort von ausserordentlichem biologischem Wert» und daher von nationalem Interesse. Er weist viele Hecken und Mäuerchen auf, grossflächige Magerwiesen sowie – angrenzend – standorttypische Waldgesellschaften («schwachwüchsige, totholzreiche ehemalige Nieder- und Mittelwälder bis Buchen-Altholzbestände»). Seit etwa 1990 laufen daher Bemühungen, das dortige Wiesland extensiver zu nutzen. Die betroffenen Bauern erklärten sich bereit, auf Düngung und intensive Beweidung zu verzichten. Der Minderertrag wird finanziell abgegolten. Durch diese Massnahmen ist die pflanzliche Vielfalt der Magerwiesen gestiegen, ebenso die breite Palette an Insekten, Reptilien und Vögeln.[44]

### Die Landwirtschaft in Mülligen seit dem Zweiten Weltkrieg

Als die Schweiz während des Zweiten Weltkrieges ihre Selbstversorgung in der so genannten «Anbauschlacht» (Plan Wahlen) ausdehnte, mussten auch die Mülliger Bauern ihren Beitrag dazu leisten. Auf bisherigem Wiesland pflanzten sie Getreide. Allein von 1939 bis 1943 nahm die Fläche des offenen Ackerlandes von 57 auf 100 Hektaren zu. Seither blieben die Mülliger Landwirte dem Ackerbau treu. Noch 1990 umfasste das von ihnen bewirtschaftete offene Ackerland 80 Hektaren. Bis zum Jahr 2000 ging es auf 69 Hektaren zurück.

Grössere Strukturveränderungen ergaben sich durch die Güterregulierungen, das Kieswerk und die Mechanisierung der bäuerlichen Arbeit.

Für die Eigentumsverhältnisse erwiesen sich die drei Güterregulierungen als einschneidend. Eine erste Diskussion über diese Frage verlief 1941 negativ. Mit 7 gegen 29 Stimmen lehnten die Grundeigentümer eine solche Reform ab. Sie folgten damit Gemeindeammann Barth, der erklärt hatte, «dass in Mülligen die Regulierung nicht gewünscht werde. Sie bringe Streit in das Dorf. Der Industrie-

---

[43] GV III/S.233, 281–283, 287–288, IV/S.9, 19, 42, 290. Edgar Zimmermann, Vor 90 Jahren endete der Weinbau, in: Aargauer Zeitung, 21.9.2001.
[44] Esther Krummenacher, Eiteberg, in Brugger Neujahrsblätter 1998/S.127–143.

Das Denkmal der Güterregulierung:
Der Brunnen im Bergacker.
Foto Andreas Dietiker.

arbeiter könne kein Land mehr kaufen. Dadurch werde diesen Leuten die Möglichkeit genommen, landwirtschaftliche Produkte selbst zu pflanzen. Mülligen mit seinen gemischten Betrieben, wo fast aus allen Häusern Personen in der Industrie tätig sind, brauche keine Güterregulierung.»

Sie kam dann doch, und zwar für das ganze Birrfeld. 1945 lagen die generellen Projekte auf. Danach erfolgte die Detailarbeit, vor allem mit der Zusammenlegung der zahllosen kleinen Parzellen und dem Bau neuer Feldwege. Die Einwohnergemeinde Mülligen leistete einen Beitrag von 10 Prozent der Gesamtkosten oder 25 000 Franken, die sie mit den Jagdpachtzinsen deckte. Der Antritt des neuen Besitzstandes fand am 1. Oktober 1951 statt. Der 30. September 1953 markierte das Ende aller Regulierungsarbeiten.[45]

Während eine Güterregulierung üblicherweise ein langfristiges, auf die Zukunft angelegtes Werk darstellt, bildete sie in Mülligen lediglich eine erste Etappe. Bereits 1957 teilte der Gemeindeammann den Bürgern mit, dass die Linienführung der Autobahn durch das Birrfeld geplant sei. «Eines der schönsten und fruchtbarsten Felder werde geopfert.» Dabei werde Mülligen am stärksten betroffen sein, weil die Gabelung in Richtung Bern und Basel auf seinem Gemeindebann vorgesehen sei.

Besonders die A1 (Zürich–Bern) sollte quer durch den Mülliger Bann führen. Dies erforderte umfangreichen Landerwerb (auch mit Enteignungen), die Schaffung von Realersatz für die verbleibenden Bauern und die Verlegung vieler Feldwege. Da ein beträchtlicher Teil des kultivierten Landes jenseits der Nationalstrasse lag, mussten auch Brücken gebaut werden. Die zweite Regulierung erfolgte ungefähr in den Jahren 1963 bis 1975, die dritte für die Abzweigung der A3 (Zürich–Basel) in den 1980er- und den ersten 1990er-Jahren.[46]

Diese Landumlegungen beschleunigten den Strukturwandel in der Mülliger Landwirtschaft. Viele Kleinbauern veräusserten ihren Boden an das Nationalstrassenbau-Unternehmen und die hauptberuflichen Landwirte, die gewillt waren, ihren Betrieb weiterzuführen. Langfristig ergaben sich die folgenden Veränderungen:

[45] Gemeindearchiv Mülligen, Protokolle der Gemeindeversammlungen VI/S.345, 347, VII/S.46, 82, 163, 185, 246, 284–286, 291, VIII/S.2, 32, 213, 252, 253.
[46] Gemeindearchiv Mülligen, Protokolle der Gemeindeversammlungen VIII/S.148, 161, IX/S.36, 143, 234.

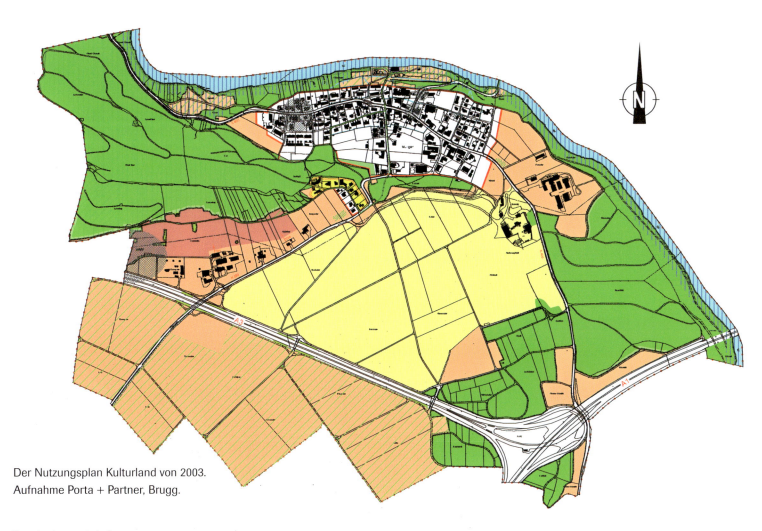

Der Nutzungsplan Kulturland von 2003.
Aufnahme Porta + Partner, Brugg.

## Genehmigungsinhalt

### Landwirtschaftszonen

 Landwirtschaftszone

### Schutzzonen

 Landwirtschaftsschutzzone

 Naturschutzzone Herrenrebe

 Naturschutzzone Wald/Altholzinsel

 Naturschutzzone Wald/Reusshalde

 Naturschutzzone Wald/Eiteberg

### Schutzobjekte

 Hecken, Feldgehölze

 Einzelbäume

 Baumallee

 geschützter Waldrand

### Weitere Zonen gem. Art. 18 RPG

 Materialabbauzone

## Orientierungsinhalt

 Bauzonenperimeter

 Wald

 Waldgrenzen Baugebiet gemäss Waldgrenzenplan § 3AWaV

 Gewässer

 Grund- und Quellwasserschutzzonen

 Reussuferschutzdekret

 Hochstammobstbestand

 Kultur unter Denkmalschutz

 Freileitung

 Gemeindegrenze

 Wanderweg

| Jahr | Betriebe | durchschnittliche Fläche in ha | Bauern im Hauptberuf |
|---|---|---|---|
| 1920 | 73 | ? | ? |
| 1929 | 56 | ? | 35 |
| 1939 | 52 | 3,77 | 31 |
| 1955 | 46 | 4,33 | 21 |
| 1965 | 21 | 8,11 | 11 |
| 1980 | 14 | 10,72 | 9 |
| 1990 | 7 | 17,59 | 6 |
| 2000 | 6 | 19,51 | 3 |

Um rentabel zu bleiben, mussten die hauptberuflichen Landwirte die von ihnen bewirtschaftete Fläche durch Kauf oder Pacht massiv ausdehnen. Ihre durchschnittliche Betriebsgrösse betrug noch 1985 16,95 ha; sie stieg bis 1990 auf 20,44 ha, bis 1996 auf 24,85 ha und schliesslich bis zur Jahrtausendwende auf 33,51 ha.[47]

Der Nationalstrassenbau, das Kieswerk sowie die intensive Bautätigkeit für Häuser und Strassen im Dorf beanspruchten sehr viel Land, das zuvor während Jahrhunderten durch bäuerliche Arbeit kultiviert worden war. Dies zeigen die folgenden Vergleichszahlen:

| Areal | 1967 | 2005 |
|---|---|---|
| Äcker, Wiesen, Gärten | 183,29 | 149,63 |
| Wald | 101,70 | 95,63 |
| Gewässer | 10,33 | 10,04 |
| Gebäude, Strassen, Plätze, Kiesabbau | 20,74 | 60,84 |
| total Gemeindebann | 316,06 | 316,14 |

Mit der Rekultivierung der durch das Kieswerk abgebauten Flächen wird der Anteil des fruchtbaren Landes langfristig wieder steigen.

Überdeckte Felder zur Intensivbebauung.
Foto Bruno Baumann.

[47] Angaben aufgrund der vom Bundesamt für Statistik gedruckt publizierten Statistiken sowie der Angaben des kantonalen Amtes für Statistik.

**Die Mühlen**

Die Geschichte Mülligens ist engstens mit seinen Mühlen verflochten. Schon die erste schriftliche Erwähnung des Dorfes 1273 betrifft Konrad, den Müller von Mülligen. Von den Mühlen hat die Gemeinde ihren Namen, und sie führt denn auch das Mühlrad in ihrem Wappen.

Die bis in die Frühe Neuzeit gebräuchliche Bezeichnung «Mülinen» für Mülligen macht deutlich, dass hier seit dem Mittelalter mehrere Mühlen betrieben wurden. Dies bestätigen tatsächlich sämtliche schriftlichen Dokumente.

Wie die meisten an einem Fluss stehenden Mühlen, etwa die Lindmühle bei Birmenstorf oder die Brunnenmühle bei Brugg, wurde auch jene zu Mülligen nicht vom vorbeiströmenden Wasser angetrieben. Dies hätte hohe Investitionen für Wehrbauten erfordert und grosse Unterhaltskosten wegen häufiger Hochwasser verursacht. Die erwähnten Mühlen nutzten vielmehr Seitengewässer, die dort in den Fluss einmündeten. In Mülligen handelte es sich um besonders reiche Grundwasserquellen.

Das angrenzende Birrfeld bildet nämlich geologisch einen Kessel, dessen Wände und Untergrund aus Kalk und Molasse bestehen und der mit Kies gefüllt und mit Lehmschichten durchsetzt ist. Die Unmengen an Regenwasser, die auf die etwa zehn Quadratkilometer messende Fläche fallen, werden nicht etwa in einem Bach abgeführt, sondern versickern durch den Kies ins Grundwasser. Die Lehmschichten bewirken dabei, dass der grössere Teil der Grundwasserströme gegen Mülligen fliesst und dort in der Form von Quellen austritt.[48] Diese fast unerschöpflich scheinenden Wasservorräte entdeckte man schon im Mittelalter, und man machte sich das vorhandene Gefälle zum Antrieb von Wasserrädern nutzbar.

Die ältesten detaillierten Beschreibungen der Mülliger Mühlen stammen aus dem 17. Jahrhundert. Sie unterscheiden zwischen einer oberen und einer unteren Mühle mit insgesamt vier Mahlwerken sowie einer Knochenstampfe und einer Reibe zur Verarbeitung von Hanf und Flachs.[49]

Initiative Müller erweiterten den Betrieb in der folgenden Zeit: Im 19. Jahrhundert liefen in der unteren, am Wohnhaus angebauten, zweistöckigen Mühle ein

---

[48] Adolf Hartmann, Vom Grundwasser in der Umgebung von Brugg, in: Brugger Neujahrsblätter 1931/S.47–58. Otto Wernli, Geographisch-erdgeschichtliches Porträt des Birrfeldes in: Brugger Neujahrsblätter 1981/S.35–46.

[49] Staatsarchiv Aarau, AA 684/Johanni 1651, AA 685/28.3.1653, AA 691a/S.51–52.

Haupt- und ein sogenanntes Rönnlerrad für drei Mahlwerke und eine Fruchtputzerei, ebenso für die Hanfreibe in dem danebenstehende Häuschen. In der oberen, einstöckigen Mühle (ungefähr am Platz der nachmaligen Gartenwirtschaft) trieb ein Wasserrad ebenfalls drei Mahlwerke sowie eine «Griesstäube» und eine Fruchtputzerei an. Im Osten war eine Öltrotte mit eigenem Wasserrad angebaut, wo aus Raps, Mohn und Nüssen Öl gewonnen wurde. Westlich der Öle lief ab 1860 eine mechanische Dreschmaschine, die 1886 durch eine Lohfräse ersetzt wurde; die Letztere mahlte Eichenrinde, welche die Gerber zur Verarbeitung von Tierhäuten zu Leder benötigten. Die oberschlächtigen (von oben angetriebenen) Wasserräder hatten einen Durchmesser zwischen 4,20 und 5,24 m und eine Breite von 0,56 bis 1,0 m. Von drei Seiten sicherten Kännel den Zufluss von genügend Quellwasser. 1886 berechnete eine Expertise die Leistungskraft der drei Wasserräder auf insgesamt 26,86 Pferdestärken (PS).[50]

Zum ganzen Mühlebetrieb gehörte nebst dem imposanten, dreistöckigen Wohnhaus eine weiter östlich stehende Scheune mit Tenne, zwei Ställen, Wagenschopf und Schopf. In einem der Ställe standen die 1794 erwähnten sieben Pferde, im andern drei Kühe und zwei Kälber. Für die damals 18 Schweine befand sich bei der Öle ein eigener Verschlag. Die Scheune wurde 1856 durch eine neue ersetzt. Das vielfältige Unternehmen erforderte stets die Beschäftigung von Mahlknechten, Karrern und Dienstmägden.

Besonders interessant sind die Eigentumsverhältnisse an diesen Mühlen: Vom ersten schriftlich erwähnten Müller Konrad ist zwar nicht einmal bekannt, zu welcher Familie er gehörte. Der betreffende Eintrag lautet «C molendinator de Mulinon», auf Deutsch «K[onrad], der Müller von Mülligen», woraus sich kaum ein Zusammenhang mit dem Rittergeschlecht von Mülinen konstruieren lässt.

Bei einer Urkunde von 1321, nach welcher Ludwig und Johann von Mülinen ihrem Bruder Konrad ihre Mühle verkauften, «die da ze Molinen lit», sprechen die Indizien dafür, dass sie gar nicht die Mülliger Mühle betrifft, sondern eher eine solche im niederösterreichischen Mühling.[51]

Sicheren historischen Boden betreten wir erst dank den Unterlagen im Archiv des Klosters Königsfelden: Um 1400 gehörte die Mühle einer Familie Stapfer in Brugg. 1427 hiessen die Besitzer Uli Stapfer und dessen Schwager Heini Fischer.

---

[50] Staatsarchiv Aarau, DB.W01, 0004/06 und 0025/11. Lagerbücher der Gemeinde Mülligen 1809, 1829, 1850, 1875.

[51] Walther Merz, Burganlagen I/S.289–290.

Sie verkauften den Betrieb damals dem Müller Hensli Huber von Staretschwil gegen eine Jahresrente im Geldwert von jährlich 14 Mütt Kernen (gerellter Dinkel); ausserdem musste er den Gegenwert von 2 Mütt Roggen alljährlich der Stiftung des heiligen Antonius, des Patrons der Armen, in Brugg spenden.

Huber und seine Erben veräusserten die Mühle 1455 dem Frauenkloster Königsfelden. Ausserdem erwarben die Nonnen Teile der erwähnten Rente der Familie Stapfer. Sie übergaben den Betrieb professionellen Müllern, wiederum gegen eine jährliche Rente, nun für 16 Mütt Kernen; dazu kam immer noch der Zins an die Antonius-Stiftung in Brugg. Im betreffenden Vertrag machten die Klosterfrauen einen interessanten Vorbehalt: Ihre eigene Mühle stand damals an der Aare; sollte diese durch Feuer oder Hochwasser untergehen, durfte der Klostermüller in der oberen Mülliger Mühle das Getreide für die Selbstversorgung des Klosters mahlen, nicht aber für Kunden! Vermutlich wurde dieser Vorbehalt nie wirksam. Das Kloster liess nämlich in der Nähe eine eigene Mühle errichten, die vom Wasser aus der einstigen Römerleitung angetrieben wurde.[52]

[52] Max Baumann, Geschichte von Windisch, S.281–284.

Die Mülliger Mühle im 18. Jahrhundert. Im Vordergrund das Wohnhaus mit dem hochragenden Treppengiebel, rechts die untere Mühle. Darüber die obere Mühle. Links die Scheune. Ausschnitt aus einem Aquarell von 1778. (Ganzes Bild auf Seite 56).

Ab 1483 hiess der Mülliger Müller Konrad Sädelmann. Er hatte den Betrieb in der damals gebräuchlichen Rechtsform eines «Erblehens» empfangen. Sädelmann konnte die Mühle seinen Nachkommen oder andern Verwandten vererben; damit war sie faktisch sein Eigentum. Wenn er und seine Nachfolger den Zins regelmässig entrichteten und auch alle andern Bedingungen erfüllten, konnte Königsfelden sie nicht kündigen. Ein Besitzerwechsel erforderte lediglich die Meldung im Kloster, das den neuen Müller als Zinser registrierte.[53]

Von 1535 an sind alle Inhaber der Mühle lückenlos bekannt. Damals hiess er Hans Meyer aus einem alten Mülliger Geschlecht. In der Folge ging sie über den gleichnamigen Sohn Hans und den Enkel Hans Ulrich auf den Urenkel Rudolf Meyer über. Dieser hat vielleicht das schöne Wohnhaus am Fluss mit dem Treppengiebel und den gotischen Fenstern erbaut. Jedenfalls war er stark verschuldet, weshalb er 1653 den ganzen Betrieb dem damaligen Landvogt von Königsfelden, Junker Wolfgang von Mülinen, für 5500 Gulden verkaufte. Meyer blieb jedoch noch etwa zehn Jahre lang als Pächter in Mülligen, bevor er auf die Brunnenmühle bei Brugg wechselte.[54]

[53] Staatsarchiv Aarau, Urkunden Königsfelden Nrn. 556, 672, 685, 686a, 797a, 802. Dazu auch Die Urkunden des Stadtarchivs Baden, Bern 1899, II/Nr.953. Die Urkunden des Schlossarchivs Wildegg Nr.51.

[54] Staatsarchiv Aarau, Urkunden Königsfelden Nrn. 943. AA 604/S.178 (1552, 23 (1610), Jakobi 1660, AA 612, AA 547/S.468–485, AA 684/21.5.1650, Johanni 1651, AA 685/28.3.1653, AA 687/S.17.

*Die adeligen Besitzer der Mülliger Mühle im 17. Jahrhundert*

*Wolfgang von Mülinen* (1609–1679) stammte aus dem Berner (und Brugger) Patriziergeschlecht, das seine Herkunft von Mülligen herleitete.[55] Er schlug eine politische Karriere ein, war Mitglied des Grossen Rates und amtete ab 1635 als bernischer Landvogt, zuerst in Aarberg, ab 1648 in Baden und schliesslich von 1650 bis 1656 in Königsfelden. Vermutlich war es eine gewisse familiäre Nostalgie, die ihn veranlasste, einen Teil seines grossen Einkommens in Liegenschaften in Mülligen zu investieren, die Mühle, den grossen Hof am Mülirain und den Rebberg am Eitenberg samt Trotte. Als privates Eigentum besass er die Herrschaft Schöftland, wo er 1660 das noch bestehende Schloss erbaute. Persönlich trieb er chemische Studien, über die er Abhandlungen verfasste.[56]

Nach Abschluss seiner politischen Laufbahn 1664 tauschte von Mülinen die Herrschaft Schöftland gegen jene von Löwenberg bei Murten ein. Diese hatte seinem Schwiegersohn, dem Obersten *Johann Rudolf von May* (1619–1672), gehört, der

[55] Siehe oben Seiten 52–56.
[56] Historisch-Biographisches Lexikon der Schweiz, Band V/S.180/Nr.26.

Wolfgang von Mülinen (1609–1679), Hofmeister in Königsfelden, Eigentümer der Mühle, eines grossen Gutshofes und eines Weinbergs in Mülligen. Ölporträt im Schloss (heute Gemeindehaus) Schöftland.

Die «Frau Obristin von May», Margaretha von May, geborene von Mülinen (1632–1710), Tochter und Alleinerbin Wolfgang von Mülinens, Gattin des Johann Rudolf von May.

Johann Rudolf von May (1619–1672), Oberst, Herr zu Rued und Schöftland, Gatte der Margaretha von Mülinen.

seit 1651 mit der einzigen Tochter Margaretha von Mülinen (1632–1710) verheiratet war. Die von May gehörten ebenfalls dem Berner Patriziat an; privat besassen sie seit Generationen die Herrschaft Rued. Im Gegensatz zu seinem Schwiegervater hatte Johann Rudolf von May eine militärische Karriere gemacht. Er stieg in einem Berner Regiment in Diensten Frankreichs zum Offizier auf, war 1653 Kommandant der Berner Truppen im Bauernkrieg und wurde 1657 Oberst der Schweizergarde beim Kurfürsten von der Pfalz. Nach seiner Rückkehr amtete er als Landvogt in Nyon.[57]

Die neu ertauschte Herrschaft Schöftland lag insofern günstig für von May, als sie nahe bei der angestammten Herrschaft Rued lag. Die Güter in Mülligen gehörten zum Erbgut seiner Frau. Nach Johann Rudolfs Tod wurde die Witwe *Margaretha von Mülinen, «Frau Obristin May»*, stets als deren Eigentümerin bezeichnet. Erst nach ihrem Tod stiessen die Erben diesen Besitz ab.[58]

[57] Historisch-Biographisches Lexikon der Schweiz, Band 5/S.57–58/Nr.10.
[58] Staatsarchiv Aarau, AA 563/S.56–57.

Nach Rudolf Meyer löste ein Pächter den andern auf der Mühle ab: Zuerst folgte Konrad Vogt, dann Heinrich Abegg von Rüschlikon, Heinrich Hottinger und schliesslich Uli Meyer, vielleicht ein Nachkomme Rudolfs.[59]

Im Oktober 1711 verkaufte der Junker Bartholomäus von May «Mitherr zu Rued und Schöftland, gewesener Landvogt zu Interlaken», die beiden Mühlen samt Gebäuden, Vieh und dem ganzen Zubehör dem Samuel Bolliger, Müller zu Lenzburg, einem Untertanen von Mays aus Rued. Der Preis betrug 10 550 Gulden.[60]

Doch Bolliger blieb nicht lange. Schon im Januar 1717 veräusserte er den ganzen Komplex an Hans Rudolf Rüegger, Müller in der Lindmühle bei Birmenstorf, und zwar für 12 000 Gulden, also mit einem ansehnlichen Gewinn.[61]

Die Mühle blieb nun für 67 Jahre im Besitz der Familie Rüegger. Diese erwarb das Mülliger Bürgerrecht und genoss hier bald grosses Ansehen. Bereits Hans Rudolfs Sohn Hans Jakob I († 1762) vertrat die Gemeinde im Gericht Königsfelden und im Chorgericht Windisch, ebenso sein Enkel Hans Jakob II (1743–1782). Beide führten den Mühlebetrieb fort. Ein zweiter Sohn Hans Rudolfs, Abraham, arbeitete als Notar in Langenthal, ein dritter, Albrecht (1718–1793), heiratete eine wohlhabende Witwe und galt am Ende seines Lebens als reichster Mülliger.

Doch die Rüegger auf der Mühle standen finanziell nicht gut. Schon Hans Rudolf hatte den Kauf nur mit einem Darlehen von 7500 Gulden finanzieren können, eine Schuld, die nie abbezahlt wurde. 1744 kam eine solche von 300 Gulden dazu. Nach dem Tode von Hans Jakob I übernahm dessen Witwe Barbara Ringier aus Zofingen den Betrieb, da der Sohn noch nicht volljährig war. Nach einigen Jahren musste sie ein weiteres Darlehen von 2000 Gulden aufnehmen. 1771 folgte Hans Jakob II, doch war die finanzielle Basis bereits so schmal, dass er von seinem Schwiegervater Samuel Schwarz einen Erbvorbezug benötigte. Das Nettovermögen betrug noch ganze 1760 Gulden. Die Hälfte davon musste er seiner einzigen Schwester auszahlen.[62]

In seinem Privatleben war Hans Jakob Rüegger II (1743–1782) sehr unglücklich. Seine erste Frau, Susanna Müller aus der Lindmühle, starb 1771 28-jährig und hinterliess ihm drei kleine Kinder. Dann heiratete er Anna Schwarz aus der Mühle Remigen, die vier Mädchen zur Welt brachte und 1781 31-jährig einem «hitzi-

---

[59] Staatsarchiv Aarau, AA 687/S.34v, 101, AA 688/10.4.1674, AA 705/21.9.1691, AA 691/27.10.1695, AA 615/S.26, AA 691/S.27.
[60] Staatsarchiv Aarau, AA 691a/S.51–52.
[61] Staatsarchiv Aarau, AA 691a/S.139–140.
[62] Staatsarchiv Aarau, AA 707/S.336, AA 710/S.98, 234, AA 711/S.79–88, 233.

gen Fieber» erlag. Ein Jahr zuvor hatte auch Mutter Barbara das Zeitliche gesegnet. Das Mass des Unglücks wurde voll, als Hans Jakob II selbst einen Schlaganfall erlitt und 1782 mit 39 Jahren verschied.[63]

Nun blieben sieben Vollwaisen im Alter von drei bis sechzehn Jahren zurück. Sie erhielten zwei ausserfamiliäre Vögte (Vormünder), die das Inventar aufnehmen liessen. Die Bilanz fiel katastrophal aus. Die Hinterlassenschaft befand sich «in einem verwirrten, zerrütteten und sehr schlechten Zustand». Um den Konkurs zu vermeiden, sah Rüeggers Schwiegervater, der reiche alt Müller Samuel Schwarz II (1720–1789) in Remigen, keine andere Möglichkeit, als sein eigenes Guthaben zu

[63] Gemeindearchiv Windisch, Totenbuch

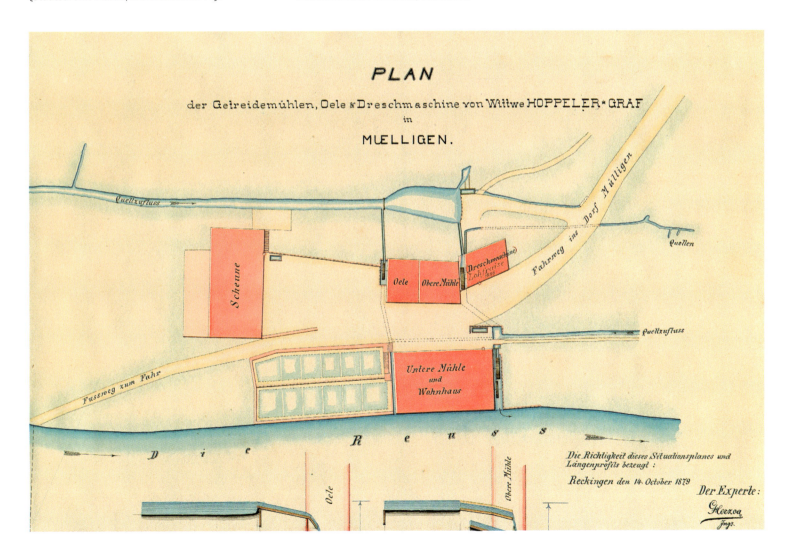

Grundrissplan der Mühleanlagen 1879 (Staatsarchiv Aarau, DB.W01/0025/11).

streichen und die Mühle samt allen Aktiven und Passiven zuhanden seiner Erben zu übernehmen. Diese traten sie 1786 dem Sohn Samuel Schwarz II (1760–1813) ab, der – zusammen mit dem Vater und seiner eigenen Familie – in Mülligen Wohnsitz nahm. Die Waisen blieben zum Teil in der Mühle, bis sie volljährig waren. Finanziell blieb ihnen nichts als ihr Muttergut.[64]

Auf der Mülliger Mühle begann nun die Ära Schwarz. Der junge Samuel II erneuerte das Wohnhaus sogleich. Davon zeugen noch heute verschiedene Erinnerungszeichen: Im Untergeschoss trägt eine Türe die Inschrift «17 SA . SHW 87» (Samuel Schwarz). In der Stube ist ein Feld an der Holzdecke mit Intarsien

[64] Staatsarchiv Aarau, AA 700/S.274–285, 288, AA 713/S.198, 256, AA 714/S.86–104, AA 735/S.120, AA 737/S.43–99.

Giebelofen im Stil des Spät-Empire aus der Ära Schwarz. Weisse Eckpilaster, ornamental bemaltes Gesims. Giebel mit Jagdszenen und einem Müllerwappen. Foto Denkmalpflege 1951.
Kurz nach dieser Aufnahme wurde dieses Prunkstück aus der südöstlichen Stube zusammengeschlagen und als Schutt entsorgt.

*Ein Militärkopf aus der Mühle*

Samuel Schwarz IV (1814–1868) wuchs in der Mülliger Mühle als Sohn des gleichnamigen Müllers und der Elisabeth Wüst auf. Nach dem Besuch der Primarschule Mülligen, der Bezirksschule Lenzburg und der Kantonsschule Aarau studierte er in Zürich, Heidelberg und Lausanne Rechtswissenschaften. 1839 bestand er das Examen als Fürsprech, worauf er in Brugg eine Anwaltspraxis eröffnete.

Neben seinem Vater war er von 1842 bis 1852 Mitglied des Grossen Rates. Anschliessend gehörte er während 20 Jahren der aargauischen Regierung an, die er insgesamt viermal als Landammann präsidierte. Hier übernahm er die Militärdirektion. Er setzte sich für die militärische Erziehung der männlichen Jugend (Kadettenwesen) ein, für vermehrte Felddienstausbildung statt des Drills, später auch für den Ausbau von eidgenössischen Festungen und der Militärwissenschaft am Polytechnikum (ETH) Zürich. Parallel dazu verlief seine militärische Karriere bis zum Obersten mit hohen Kommandoposten. Als im Krieg zwischen Preussen und Österreich 1866 eine Mobilmachung erwogen wurde, wäre Schwarz vermutlich General geworden.

Die politische Karriere führte Schwarz 1852 in den Ständerat, den er drei Jahre später präsidierte, 1857 aber wieder verliess, weil er als Truppenführer zu stark beansprucht war. 1866 liess er sich jedoch in den Nationalrat wählen, wo er sich erneut militärischen Themen widmete. Doch bereits nach zwei Jahren erlag er einer Lungenentzündung.[65]

[65] Biographisches Lexikon des Kantons Aargau 1803–1957, Aarau 1958, S.705–707. Otto Hunziker, Landammann Oberst Samuel Schwarz, in: Taschenbuch der Historischen Gesellschaft des Kantons Aargau 1921.

geschmückt, einem Mühlrad, einem Stern und der Beschriftung SA SW / VE LA (Samuel Schwarz / Verena Läuchli).

1813 trat Samuel Schwarz III (1785–1868) den Mühlebetrieb an. Von ihm stammte vermutlich der prächtige Giebelofen im Spät-Empire-Stil, der in der südöstlichen Stube stand. Im gleichen Jahr erwarb Samuel III das Bürgerrecht von Mülligen; er stieg bald zum Gemeinderat und Gemeindeammann auf.

Als sich zeigte, dass keiner der Söhne den Betrieb weiterführen wollte, verkaufte Samuel Schwarz III die Mühle 1848 den Gebrüdern Bächler von Starrkirch SO. Von diesen ging sie 1850 in einer konkursamtlichen Steigerung an Jakob Hoppe-

Die grosse Doppelscheune bei der Mühle. Aufnahme während einer Feuerwehrübung.

Vergangene Herrlichkeit: Die Mühlescheune nach dem Einsturz 1950.

ler, 1854 an dessen Vater Heinrich Hoppeler-Graf und von dessen Witwe 1881 erstmals wieder an einen «Ur-Mülliger», den Kaufmann Gottlieb Baumann, der sie aber bereits 1883 dem Müller Karl Hirt (1843–1903) veräusserte.

Hirt, selbst Müllerssohn aus Stilli, war ein äusserst origineller, intelligenter, rede- und schreibgewandter Typ. Zweimal war er nach Amerika ausgewandert, aber immer wieder zurückgekehrt. Doch das ersehnte Glück lachte ihm weder dort noch hier. Sein Schicksal erinnert stark an jenes seines Vorgängers, des oben erwähnten Hans Jakob Rüegger II. Seine Gattin gebar in der Mühle drei Kinder, starb aber nach der Geburt des dritten. Er selbst litt an Gelenkrheumatismus. Hirt hatte die Mühle für 47 000 Franken viel zu teuer gekauft, aber nur 12 000 Franken anzahlen können. Die Abzahlungen an die Aargauische Bank erfolgten nicht im vereinbarten Rahmen. Dabei waren die Gebäude unter Hoppeler vernachlässigt worden und hätten dringende Investitionen erfordert. Die Bank betrieb Karl Hirt in der Folge auf Konkurs und konnte das ganze Unternehmen 1891 für lediglich 26 000 Franken ersteigern. Damit hatte Hirt alles verloren. Die Kinder kamen zu Verwandten; zwei von ihnen wanderten ebenfalls nach Amerika aus, wo Nachkommen noch leben. Hirt starb verarmt und pflegebedürftig in Aarau.

Die Aargauische Bank setzte die Mühle noch im gleichen Jahr an den Windischer Altstoffhändler Samuel Dätwiler ab.

Wie stark die ganze Anlage in den vergangenen Jahrzehnten vernachlässigt worden war, belegen die Schatzungen des Aargauischen Versicherungsamtes. Hatten alle Gebäude zusammen 1875 noch 58 000 Franken gegolten, sank ihr geschätzter Wert bis 1881 auf 38 000, bis 1891 gar auf 15 000 Franken.

Dätwiler nahm nun bauliche und technische Verbesserungen vor. Die obere Mühle wandelte er in eine Knochenstampfe um, die mit einem Petrolmotor betrieben wurde. In der unteren Mühle liess er das alte Mahlwerk sowie die Wasserräder entfernen und baute eine ganz neue Mahleinrichtung mit Turbinen ein. Doch auch er musste das Unternehmen 1895 mit Verlust weiterverkaufen, und zwar an Emil Gall von Hirschthal.[66]

Gall sollte der letzte Mülliger Müller sein. Bereits 1897 erwarb die Einwohnergemeinde Windisch die Liegenschaft. Sie wollte damals eine moderne Wasserversorgung mit Hauszuleitungen bauen und war lediglich an den reichen Quellen interessiert. Gall konnte daher als Pächter auf der Mühle bleiben. 1914 musste der Betrieb jedoch eingestellt werden. Die Einrichtung galt offenbar bereits für

[66] Gemeindearchiv Mülligen, Lagerbuch 1875.

veraltet. Sie erfüllte die Vorschriften in Bezug auf die Mehlausbeute nicht, welche der Staat im Zusammenhang mit der kriegsbedingten Rationierung aufstellte. Ende 1928 wurde die Mühleeinrichtung abmontiert und in den Kanton Luzern verkauft.[67] Seither fehlt dem Dorf Mülligen das «Urgewerbe», das seinen Anfang und seine Geschichte während Jahrhunderten geprägt hat.

Wirtschaftsschild beim Restaurant zur Mühle. Foto Thomas Schirmann.

### Das Gastgewerbe

In der Berner Zeit gab es in Mülligen keine Wirtschaft im heutigen Sinn. Die Stadt Brugg besass im Umkreis einer Wegstunde ein Monopol (mit Ausnahme des «Bären» am Fahr Windisch) und verhinderte jede neue Eröffnung einer Gaststätte in der Umgebung. Zudem war die Berner Regierung grundsätzlich sehr zurückhaltend mit der Erteilung von Bewilligungen; sie wollte spar- und genügsame Untertanen und schränkte den Alkoholgenuss ein. Zudem bestanden in Lupfig und Birr mindestens seit Beginn des 17. Jahrhunderts Tavernen (Gasthöfe), welche die Gemeinden betrieben.

[67] Brugger Tagblatt, 11.8.1934.

In Mülligen gab es höchstens Weinstuben, in denen die Rebbauern ihren eigenen Wein ausschenken durften (sogenannte Eigengewächswirtschaften).

Die Helvetische Revolution lockerte ab 1798 die Einschränkungen zur Eröffnung einer Gaststätte. Bereits Anfang 1801 besass der Mülliger Müller Samuel Schwarz II ein Wirtepatent.[68] Im jungen Kanton Aargau bemühte er sich um die Bewilligung eines eigentlichen Gasthofes in dem zur Mühle gehörenden Wohnhaus, um Durchreisende samt ihren Pferden auch über Nacht beherbergen zu dürfen. Schwarz war damals Mitglied des Grossen Rates. 1811 bewilligte ihm die Regierung eine solche Taverne, welche er «zum Schiff» nannte. Sie war bis zum Verkauf der Liegenschaft durch Samuel Schwarz III 1848 in Betrieb.

Noch vor 1820 durfte Gemeindeammann Johannes Rüegger eine Pinte in seinem Haus im Löh (ungefähr Hauptstrasse 27) eröffnen. Dieses Patent gestattete ihm, Getränke und kalte Speisen (Speck, Käse) anzubieten. Die Pinte bestand bis zu seinem Tod 1845. Das Haus selbst fiel dem Grossbrand von 1872 zum Opfer.

Nach Rüeggers Ableben ging das Pintschenkrecht auf Heinrich Schneider am Mülirain über. Dieser erbaute 1847 auf dem eigenen Land, aber an der Strassenkreuzung, eine neue Pinte, ein stattliches Haus (heute Hauptstrasse 31), das er 1848 seinem Sohn Johann übergab. Für diesen wirkte es sich günstig aus, dass

[68] Staatsarchiv Aarau, HA 9193/bei S.36.

Die Wirtschaft zum Jäger, heute «Waldheim». Postkarte, abgestempelt 9.6.1932.

Samuel Schwarz damals die Mühle mit der Taverne zum Schiff verkaufte. Nun erhielt Johann Schneider das frei gewordene Tavernenrecht. Er baute im zweiten Stock Gästezimmer ein und nannte den Gasthof stolz «zum Weissen Rössli».

Das «Schiff» wurde damals zur Speisewirtschaft ohne Übernachtungsmöglichkeit und später zur Pinte degradiert und ging 1853 ganz ein. Dafür erhielt Samuel Barth im gleichen Jahr ein Pintschenkrecht für sein ebenfalls neu gebautes Haus im Steinebühl (heute Birrfeldstrasse 22). Diese Pinte wurde 1903 zur Speisewirtschaft aufgewertet und «zum Jäger» genannt. Es ist das heutige «Waldheim».

Beim «Rössli» und «Waldheim» blieb es bis 1896. Damals erhielt der Müller Emil Gall erneut ein Pintschenkrecht, das ebenfalls 1903 zur Speisewirtshaft zur Mühle avancierte.

Im gleichen Jahr 1896 erhielt alt Ammann Kaspar Schneider im Löh das Patent für eine Speisewirtschaft zur Eintracht, und zwar für sein 1886 erbautes Haus Hauptstrasse 32. Sie bestand bis 1968.

«Waldheim», «Rössli» und «Mühle» heissen die Mülliger Gaststätten noch immer. Die Geschichte des «Waldheims» war während 80 Jahren durch die Wirtefamilie Schatzmann geprägt, die gleichzeitig einen Bauernhof betrieb. Im «Rössli» wirtete die Familie Lier während beinahe fünf Jahrzehnten. Doch 1924 setzte eine Pha-

Das Gasthaus zum Rössli.
Oben im Jahr 2004. Foto Andreas Dietiker.
Rechts im Jahr 1898. Foto Gottlieb Felber.

se dauernden Wechsels ein. Allein bis 1970 lösten sich hier mindestens 17 Wirtinnen und Wirte ab. Dann wurde die Kontinuität wieder grösser.[69]

In der «Mühle» wirkten die jeweiligen Pächter der Gemeinde Windisch als Gastgeber, am längsten – von 1928 bis 1952 – Hans und Emma Rauber-Kuhn. 1970 entschloss sich die Eigentümerin zu einer weitgehenden Renovation des unter Denkmalschutz stehenden Gebäudes. Die späteren Pächter wandelten die einstige Bauernwirtschaft zu einem Restaurant für Feinschmecker um. Dennoch blieb der Unterhalt für Windisch defizitär. 1998 beschloss der dortige Einwohnerrat daher die Abgabe der Liegenschaft im Baurecht auf 80 Jahre. Als die Ratenzahlungen und Baurechtszinsen jedoch schon bald ausblieben, beantragte der Gemeinderat Windisch im März 2004 den Rückkauf des Baurechts. Auf diese Vorlage trat der Einwohnerrat jedoch nicht ein, so dass die Zukunft der traditionsreichen Gaststätte nun ungeklärt ist.[70]

[69] Staatsarchiv Aarau, Wirtschaftskontrollen.
[70] Gemeindearchiv Windisch, Protokolle der Gemeindeversammlungen und des Gemeinderates 1969/S.176–180, 1970/S.228, 1972/S.311, 1981/S.417, 1987/S.103, 201, 219, 1988/S.40, 1989/S.171, 297, 1990/S.68, 1996/S.36–39, 169–175, 1997/S.361, 281, 1998/S.85–96, 2004/S.37–52.

Der heutige Mülliger Volg.
Foto Thomas Schirmann.
Rechts der Vorgängerbau mit der heute noch stehenden Scheune.

**Der Laden im Dorf**

Die bäuerlich ausgerichtete Bevölkerung deckte ihren Eigenbedarf an Nahrungsmitteln während Jahrhunderten weitgehend durch Selbstversorgung. Sie kaufte sehr wenige Güter des täglichen Verbrauchs ein, vor allem Salz.

Mit der Zunahme der nicht oder nur teilweise bäuerlichen Einwohnerschaft wuchs einerseits das Bedürfnis der Konsumenten, sich im Dorf mit Waren zu günstigem Preis einzudecken, andererseits das Bestreben der Bauern, ihre Produkte abzusetzen.

Im 19. Jahrhundert entstanden in Privathäusern vereinzelt kleine Läden, die allerlei Waren anboten. Ihr Sortiment war aber zu wenig breit, so dass der Wunsch nach einem professionell geführten Laden im Dorf zunahm.

Am 2. Dezember 1898 gründeten etwa 30 Einwohner die selbständige «Konsumgenossenschaft Mülligen & Umgebung», die sich ab 1919 «Landwirtschaftliche Konsumgenossenschaft Mülligen» und schliesslich «Landwirtschaftliche Genossenschaft Mülligen-Birrhard» nannte.

Der erste Laden wurde bereits im Januar 1899 eröffnet, und zwar in den privaten Räumen des ersten Depothalters im heutigen Haus Hauptstrasse 34. Der Bezug der Waren erfolgte bei der landwirtschaftlichen Genossenschaft Brugg. Der Vor-

stand bestimmte die Verkaufspreise. Das Unternehmen war nicht profitorientiert. Der Reingewinn wurde alljährlich zu 70 Prozent an die Kundschaft in Form von Waren «rückvergütet», während 30 Prozent in einen Reservefonds flossen.

Die Genossenschaft schloss sich 1904 an den VOLG Winterthur an. Dies war nur möglich, weil sich die Mitglieder zu solidarischer Haftung bei allfälligen Verlusten verpflichteten.

1906 ergab sich die Gelegenheit, die Liegenschaft Nr. 56 (Hauptstrasse 42) für 4100 Franken zu erwerben. In der Folge wurde ein geräumiges Ladenlokal eingerichtet und die Scheune zu einem Depot umgebaut. Darin fand eine Brechmühle Platz, welche die Bauern mieten konnten, später auch eine Walze und eine Sämaschine. 1932/33 wurde das Gebäude grundlegend umgestaltet und erhielt sein heutiges Aussehen.

Das Geschäft wuchs weiter. In Birrhard wurde ein zweiter Laden eröffnet. 1951 kaufte die Genossenschaft schräg gegenüber die Liegenschaft Hauptstrasse 41. In der Scheune richtete man ein unterkellertes Lagerhaus mit Mosterei ein. Mitte der 1960er-Jahre wurde das Wohnhaus abgebrochen, ein Neubau errichtet und der Laden an den jetzigen Ort verlegt.

Doch die Zeiten der kleinen dörflichen Genossenschaften waren vorbei. 1990 begannen die Verhandlungen mit der Landwirtschaftlichen Konsumgenossenschaft

Vor dem alten Konsum. Auf das Fuhrwerk werden Harrasse für die Genossenschaftsversammlung geladen. Zustand nach der völligen Umgestaltung 1932/33.

Hendschiken, um eine enge Zusammenarbeit zu erzielen. Aus der daraus folgenden Fusion 1991 entstand die «Landi Maiengrün», der sich allmählich weitere Genossenschaften anschlossen. Sie betreibt heute 13 VOLG-Läden.

Die Landwirtschaftliche Genossenschaft Mülligen-Birrhard besass nicht nur eine gewerbliche, sondern auch eine gesellschaftliche Bedeutung im dörflichen Zusammenleben. Schon 1906 meldete das Protokoll der Generalversammlung: «Nachdem nunmehr der geschäftliche Teil erledigt, wurden durch den Verwalter die anwesenden Mitglieder zu einem Besuch des wohlbestellten Genossenschaftskellers eingeladen. Bei Gesang und patriotischen Reden sei die Zeit so schnell vorgerückt. Mehrere hätten vielleicht das Heimgehen vergessen, wenn nicht unerwartet die bessere, allzeit besorgte Hälfte erschienen wäre und sie daran erinnerte.»

Die Genossenschaft organisierte auch gemeinsame Ausflüge (samt den besorgten Gattinnen), etwa nach Winterthur zu einer Besichtigung beim VOLG. Ebenso lud sie zu abendlichen Lichtbildervorträgen ein, etwa zu Themen wie «Die Frau als Genossenschafterin» (1926), «Vom Zusammenleben im Dorf» (1947) sowie im Sinne der bäuerlichen Weiterbildung.[71]

Mit der Fusion zur Landi Maiengrün ging dieser dörfliche Charakter der Landwirtschaftlichen Genossenschaft verloren.

**Altes Handwerk – neues Gewerbe**

In Mülligen lebten die Menschen während Jahrhunderten fast ausschliesslich von der Landwirtschaft. Alle bewirtschafteten mehr oder weniger Boden, ihren Garten und ihre Gemeindereute. Die Kleinbauern liessen sich daneben von den wohlhabenden Dorfgenossen als Taglöhner anstellen. Unverheiratete «dienten» meist auswärts als Knechte und Mägde.

Für vollberufliche Handwerker gab es im kleinen Dorf zu wenig Arbeit. Man wäre auf auswärtige Kunden angewiesen gewesen; doch dafür war Mülligen etwas zu abgelegen. So erwähnen die schriftlichen Quellen nur selten eine Handwerksbezeichnung, im 17. Jahrhundert je einen Maurer, Zimmermann, Schmied, Küfer und Weber. Beim Geschlecht Huber bildete der Zimmermannsberuf seit den 1620er-Jahren über Generationen eine Familientradition.

[71] Archiv der Landi Maiengrün, Protokolle der Landwirtschaftlichen Genossenschaft Mülligen-Birrhard.

Die Ausübung eines Handwerks setzte das Bestehen einer Lehre voraus, was mit Kosten verbunden war. Und wer wollte solche auf sich nehmen, wenn sich nachher in der Heimat keine Existenz anbot! So schrieb der 23-jährige Hans Konrad Barth 1650 ausdrücklich, er sei «vorhabens, zu mehrerer und besserer seiner Unterhaltung und Beförderung seines erlernten Maurerhandwerks ausserhalb dieser Herrschaft Land und nämlich in der Markgrafschaft Baden» niederzulassen, und er brauche dafür ein Leumundszeugnis.[72]

Umgekehrt waren die Mülliger gezwungen, die Kräfte auswärtiger Handwerker in Anspruch zu nehmen. Wie noch zu zeigen sein wird, suchten sie den Schmied in Birmenstorf auf. Andere Sparten waren in Windisch vertreten, speziellere in Brugg.

Allerdings waren die Mülliger bis 1798 nicht immer frei in der Auswahl der Betriebe, so etwa im Baugewerbe. Die Maurer und Zimmerleute der Stadt Brugg und der Landvogteien Königsfelden, Schenkenberg und Kasteln waren nämlich in einer «Meisterschaft» organisiert und hatten dadurch Anrecht auf sämtliche Aufträge in ihrem Gebiet. Dazu ein Beispiel: Als Johannes Schneider 1786 heiraten wollte, liess sein Vater für ihn eine Wohnung einbauen und beauftragte damit Handwerksleute aus Birmenstorf. Als Mitglied des Gerichts Königsfelden wusste er zweifellos, dass dies verboten war. Er vereinbarte daher mit je einem Maurer und einem Zimmermann aus Windisch und Oberburg, dass die Arbeiten zum Schein unter ihrer Regie laufen würden. Die Meisterschaft aber kam dahinter und versuchte, die Werkzeuge zu beschlagnahmen. Die beiden Meister aber wollten von der Absprache nichts mehr wissen. Es kam daher zu einem längeren Prozess, weil Schneider sich auf den Standpunkt stellte, «er könne Zimmerleute nehmen, woher er wolle».[73]

Während der Helvetischen Revolution wurde ein derartiger Konkurrenzschutz als Privileg abgeschafft, weil es der neu verkündeten Handels- und Gewerbefreiheit zuwiderlief. In der Folge erlernten auch mehr Mülliger ein Handwerk, nicht zuletzt weil sie wegen der zunehmenden Bevölkerung einerseits einen Zusatzerwerb benötigten, anderseits auf mehr Aufträge hoffen konnten.

Anlässlich der Volkszählung von 1850 wurde bei allen Männern der Hauptberuf eingetragen. Für Mülligen ergab sich dabei die folgende Verteilung: Von 116 Erwerbstätigen bezeichneten sich 74, also rund 64 Prozent, immer noch als Bauern

---

[72] Staatsarchiv Aarau, AA 684/30.12.1650.
[73] Staatsarchiv Aarau, AA 725/S.136–141, 150, 369–374.

(49 als selbständigen Landmann, 25 als Landarbeiter). Fünf fanden ihren Lebensunterhalt in der Mühle. Nur 17 waren eigentliche Handwerker (drei Zimmerleute, je zwei Schneider, Schuster, Leineweber, Strumpfweber und Küfer sowie je ein Maurer, Dachdecker, Öler und Gipsmüller). Sechs Berufe würde man heute zum Dienstleistungssektor zählen: je einen Wirt, Krämer, Lehrer, Fährmann, Staatsbannwart und Wächter. Dazu kamen noch 14 Fabrikarbeiter.

Das Fahr Mülligen. Der letzte Fährmann, Hans Rauber, überquert die Reuss. Im Hintergrund die Mühle.

Bei den Frauen fehlt mehrheitlich eine Berufsbezeichnung. Namentlich Bäuerinnen oder Landarbeiterinnen wurden nicht benannt. Auch bei den erwähnten Berufen fehlt die Vollständigkeit. Acht Dienstmägde, drei Näherinnen und eine Lehrerin werden ausdrücklich aufgeführt. Dagegen haben sich sicher viel mehr als neun Fabrikarbeiterinnen in der Windischer Spinnerei abgemüht.[74]

Die heutigen Mülliger Gewerbetreibenden sind stark spezialisiert. Oft sind sie in ausgesprochenen Nischenbereichen tätig. Dank der modernen Mobilität bildet die relative Abgelegenheit kein Hindernis mehr. Von den angefragten Betrieben haben die folgenden der Gemeinde Angaben zugesandt:

| *Gründung* | *Firma* | *Tätigkeit* |
|---|---|---|
| 1966 | Inter-Möbel AG (seit 1971 in Mülligen) | Möbelgrossist. Innenausbau und Eigenproduktion an Einzelstücken |
| 1971 | Ernst Auto-Kühler-Service | Handel und Reparatur von Auto- und Industriekühlern |
| 1980 | AKU Modelleisenbahnen Andreas Kull | Herstellung und Vertrieb von Modelleisenbahnen |
| 1982 | Karl Giedemann, Carosserie | Instandstellen von Unfall- und Blechschäden an Fahrzeugen |
| 1982 | Labor für Hygiene und Praktische Mikrobiologie LHM AG, Peter Rösli | Lebensmittelmikrobiologie, Wasseranalytik, Hygieneberatung und Hygienekonzepte |
| 1985 | Ruchti Maschinenbau AG | Freizeitparkanlagen im Nassbereich (Wildwasserbahnen, Hochwasserbahnen). Gartenanlagen |
| 1988 | Daniel Frei, Schreinerei | Sämtliche Schreinerarbeiten, Bodenbeläge, Parkettsanierung |
| 1995 | Zadik Arsik | Autospritzwerk |
| 1997 | Drehatelier Thomas Schirmann | Künstlerische Herstellung von Scha- und andern Objekten aus Holz |
| 1997 | Ganzheitliches Naturzentrum Eliane Näpfli | Heilpraktikerin |

## Fährleute, Fischer und Gipsmüller

Einige eher seltene Mülliger Berufe standen im Zusammenhang mit der Reuss: Schon auf den ältesten Landkarten Hans Konrad Gygers ist deutlich sichtbar, dass das Dorf an der Kreuzung zweier Strassen stand, jener von Brugg–Windisch nach Birrhard–Mellingen und einer zweiten vom Birrfeld her nach Birmenstorf. Bei Mülligen aber war die Reuss zu überqueren.

Die mündliche Überlieferung aus dem Mittelalter wusste zu berichten, dass einst eine Brücke am oberen Ende des Maienrieslischachens über den Fluss geführt habe. Die genaue Stelle habe bei der inneren Gipsmühle, also noch im Windischer Gemeindebann, gelegen. Im Zusammenhang mit der Fischerei ist der Name dieses sagenhaften Übergangs schriftlich überliefert: «Tüfelsbrugg»! Denkbar ist, dass sie eine Verbindung vom Aareübergang bei Brugg über das Dörfchen Oberburg bei Windisch direkt nach Birmensdorf hergestellt hat. In der Reuss führt an jener Stelle tatsächlich ein Kalkgrat weit in den Fluss hinaus; es handelte sich demnach eher um eine Furt. Der Name könnte zudem auf eine gewisse Gefährlichkeit dieses Übergangs hinweisen. Reizvoll an dieser Überlieferung ist vor allem der Gedanke, dass eine «Teufelsbrücke» die Reuss zuoberst im Urnerland und zuunterst vor der Einmündung in die Aare überwunden haben soll.[75]

Spätestens seit dem 17. Jahrhundert befand sich ein Fahr bei der Mülliger Mühle. Es drängte sich von selbst auf, dass es vom Müller und seinen Knechten bedient wurde. Es sicherte ihm ja auch die Kunden vom jenseitigen Ufer.

Bei der Fähre handelte es sich um ein blosses Personenschiff, einen Weidling, den einige Männer von Hand über den Fluss ruderten. Eine Seilfähre kam hier erst im 19. Jahrhundert auf. Mit diesem Boot konnte man durchreisende Fussgänger hinüberbringen, ebenso Säcke, Kisten und Ballen mit Waren. Es war aber kaum möglich, Pferde oder Kühe, geschweige denn Kutschen oder Fuhrwerke zu transportieren. Man muss sich also vorstellen, dass die Bauern ihr Mahlgut mit einem Wagen oder Karren an das rechte Ufer führten, die Müllerknechte dasselbe dann über die Reuss ruderten und das fertige Mehl schliesslich zurückbrachten.

Für grosse Fahrzeuge und ganze Viehherden bestand seit dem Mittelalter ein Fahr in Windisch, ursprünglich von der Ländestrasse im Unterdorf ins Dörfchen Reuss hinüber, wo ebenfalls eine Mühle stand. 1528 wurde es weiter aufwärts ins

---

[74] Staatsarchiv Aarau, Volkszählung 1850.

[75] Staatsarchiv Aarau, AA 450/S.347–364. Max Baumann, Geschichte von Windisch, S.300.

«Fahrgut», an die Stelle der heutigen Brücke Windisch–Gebenstorf, verlegt. Dort wurde auch die im weiten Umkreis erste Seilfähre eingerichtet. Sie bestand immer sowohl aus einem Weidling für Einzelpersonen als auch einem Wagenschiff für schwerere Transporte. Beim Letzteren handelte es sich um einen flossartigen, fast rechteckigen Kahn, der beispielsweise in Stilli noch 1851 21 m lang und 4,65 m breit war, also beinahe 100 m² mass.

Das Fahr Windisch wurde vom Inhaber der dortigen Taverne zum Bären betrieben. Das grosse Gebäude steht noch heute unterhalb der Brücke. Im Vergleich mit dem Mülliger Fahr handelte es sich um ein grösseres Unternehmen, bei dem stets mehrere Fahrknechte bereitstehen mussten. Die Habsburger, später die Berner Obrigkeit, förderten diese öffentliche Einrichtung, um den Durchgangsverkehr anzulocken. Mit Vorschriften zu vielen Einzelheiten wie die Bedienungszeit, die Qualität der Schiffe und Geräte, die Haftpflicht des Fahrinhabers bei Unfällen und mit einem detaillierten Tarif des Fahrlohns wollten die Regierungen beide Parteien zufrieden stellen: die sichere und regelmässige Bedienung für die Durchreisenden und die Rendite für den Unternehmer.

Der Windischer Fahrbesitzer benötigte vor allem ein sicheres Einkommen, um Schiffe und Löhne zu finanzieren. Dazu diente ein Fähremonopol, das die ausschliessliche Berechtigung beinhaltete, «innerhalb eines Flussabschnittes Leute und Waren gegen Entschädigung (oder unentgeltlich) überzusetzen». Es reichte reussaufwärts bis zur Brücke in Mellingen, abwärts bis zur Einmündung in die Aare. Innerhalb dieser Strecke durfte niemand anders ein gewerbsmässiges Fahr betreiben. Die Privatfähre des Mülliger Müllers bildete die einzige Konkurrenz, die der Windischer Fahrbesitzer dulden musste. Als der Lindmüller Melchior Müller 1788 Schweine über die Reuss führte, wurde er bestraft.

Dem gesicherten Einkommen des Windischer Fahrinhabers diente auch die Vorschrift, dass die Bewohner der Umgebung nicht jede einzelne Fahrt gemäss Tarif, sondern mit einer jährlichen Pauschalabgabe bezahlen mussten. Diese berechtigte sie, das Fahr jederzeit und uneingeschränkt (gleich einem Generalabonnement!) zu benützen. Die Bauern des Eigenamtes, welche mit einem eigenen Ochsengespann ackerten, entrichteten dem Fahrbesitzer jährlich 1 Viertel Dinkel (etwa 10 kg) und ein Hausbrot. Wer aber mit der Fähre zum Schmied jenseits des Flusses fuhr, schuldete ihm 2 Viertel Dinkel und ein Hausbrot.

Wegen dieser Abgabe kam es 1784 zu einem Konflikt des Fahrinhabers Ludwig Wernli mit drei wohlhabenden Bauern von Mülligen. Diese waren nur bereit, ein

Viertel abzuliefern und nicht zwei. Sie gestanden zwar, dass sie den Schmied in Birmenstorf aufsuchten, doch überquerten sie die Reuss mit der eigenen Fähre. Sie besassen auch keine Pferde zum Beschlagen. Da Wernli aber auf zwei Vierteln beharrte, mussten zahlreiche alte Männer, die «vermutlich nahe an dem Rand der Ewigkeit» standen, als Zeugen befragt werden. Jene von Windisch wollten sich aber nicht genau erinnern, während ein Greis aus dem Dörfchen Reuss den Anspruch Wernlis bestätigte.[76]

Der Konflikt löste sich später von selbst: Anlässlich der Besetzung durch französische Truppen liess General Lecourbe im Jahr 1800 bei Windisch eine Brücke bauen. Der Staat forderte inskünftig bei jeder Benützung einen Brückenzoll. Die Pauschalabgabe an Wernli entfiel damit ohne weiteres.

Indessen blieb das Personenfahr in Mülligen bestehen. Es gewann sogar an Bedeutung, als die Bauern des Dorfes vermehrt Milch produzierten, aber noch keine eigene Käserei besassen; sie brachten ihre Milch nämlich dem Käser nach Birmenstorf. Ebenso benützten die Arbeiter in der Birmenstorfer Ziegelfabrik das Personenschiff täglich. 1867 wünschte die Gemeinde sogar die Einrichtung einer Wagenfähre; sie liess dieses Projekt aber wieder fallen.

[76] Staatsarchiv Aarau, AA 724/S.306, 352, 354–362, 382, AA 725/S.16, 26, 42, 53. Max Baumann, Geschichte von Windisch, S.300–317. Max Baumann, Stilli, S.18–77.

Die Personenfähre bei zugefrorener Reuss 1929. Am Ufer der kleine Steg zum Betreten des Schiffes. Quer über den Fluss war ein Drahtseil gespannt, auf dem zwei Rollen hin und her liefen. Das Schiff war mit diesen Rollen durch ein Seil verbunden, das der Fährmann auf der rechten oder linken Seite des Bootes einhängte, je nachdem, in welcher Richtung die Fähre gesteuert werden musste. Mit dem Steuerruder konnte der Fährmann das Schiff in den geeigneten Winkel zur Strömung bringen, so dass es möglichst rasch und sicher an das jenseitige Ufer getrieben wurde.

Rechts: Das Mülliger Personenschiff am Reussufer.

Als Karl Hirt 1883 die Mühle kaufte, kam ein erfahrener Fährmann nach Mülligen, war er doch unmittelbar am Fahr bei Stilli aufgewachsen. 1890 schaffte er ein neues Boot an. Die kantonale Aufsichtsbehörde erachtete es aber als zu leicht gebaut und forderte Hirt auf, ein massiveres bauen zu lassen; andernfalls werde man das Fahr bei Hochwasser einstellen. Hirt stand damals vor dem Konkurs und lehnte ab. Da die Baudirektion die Meinung vertrat, das Fahr diene dem öffentlichen Interesse, berief der zuständige Regierungsrat die interessierten Parteien zu einer Sitzung ein. Dabei wurde der folgende Verteilschlüssel für die Kosten von 340 Franken ausgehandelt: Hirt 30%, Mülligen 20%, Birmenstorf 25% und der Kanton 25%. Diese Lösung scheiterte aber, weil die Mülliger Gemeindeversammlung den Beitrag von 68 Franken mit grosser Mehrheit ablehnte; der Fahrinhaber sei der Hauptinteressent und solle für die Kosten selbst aufkommen.

Die Angelegenheit blieb in der Schwebe, bis die Gemeinde Windisch 1897 die Mühle erwarb. Sie übernahm damit auch den Fahrbetrieb. Fortan führten die jeweiligen Pächter (und Wirte) die Passanten über die Reuss. Die letzte Fährfrau, Emma Rauber-Kuhn, die erst vor wenigen Jahren gestorben ist, erinnerte sich, dass die Überfahrt jeweils 15 Rappen gekostet habe, mit Velo 20 Rappen, nachts mit einem Zuschlag. Auf beiden Seiten hing eine Glocke, mit welcher Überfahrtwillige sich meldeten. Es durften maximal 25 Personen das Schiff besteigen, eine Vorschrift, die nicht immer eingehalten wurde. Der Fährfrau, die selbst nicht schwimmen konnte, sollen die Hochwasser am besten gefallen haben, weil die Strömung das Boot dann schneller hinübertrieb. Die Mülliger Fähreherrlichkeit fand 1940 mit dem Brückenbau ihr Ende.[77]

«Fährmann, hol über!» An der Mühle hing eine Glocke, welche Passanten zogen, die sich übersetzen lassen wollten. Auf dem Bild die letzte Wirtin und Fährfrau, Emma Rauber-Kuhn. Am Doppelfenster sind die gekehlten Fenstergewände im gotischen Stil gut zu erkennen.
Foto Lore Berner, Windisch.

Jedermann dürfte vermuten, die alten Mülliger hätten in der Reuss auch Fische gefangen und auf diese Weise ihren Speisezettel bereichert. Dem war aber nicht so – oder höchstens illegal!

Im Mittelalter stand das Recht, in der Reuss zu fischen, den Landesherren, also den Grafen von Habsburg, zu. Als sie im 14. Jahrhundert das Kloster Königsfelden gründeten, statteten sie dasselbe auch mit einem Fischereirecht aus, das sich in der Reuss von der Lindmühle bis zur Mündung und in der Aare von der Brun-

[77] Gemeindearchiv Mülligen, Gemeindeversammlungsprotokoll II/S.200–201, III/S.289–290, V/S.144. L.Rüttimann, Von der Reussfähre und der neuen Reussbrücke bei Mülligen-Birmenstorf, in: Badener Neujahrsblätter 1951/S.83–86. Max Sandmeier, Eine Nichtschwimmerin als «Fähri-Frau», in: Mittelland-Zeitung, 25.8.1994, Regionalteil Brugg.

nenmühle oberhalb Brugg bis zur Beznau erstreckte. Die Klosterfrauen übertrugen dieses Gewerbe ihren Klosterfischern, welche sie dafür mit ihren frischen Fängen beliefern mussten und nur den Überschuss auf dem freien Markt verkaufen durften.

Diese Klosterfischer wohnten vor allem in Stilli und Windisch, vereinzelt in Birmenstorf, nie aber in Mülligen. Sie erhielten das Fischereirecht als Erblehen (analog der Mühle) und entrichteten dafür einen Zins. Damit konnten sie es vererben, verpfänden und verkaufen; wenn die Übernehmer die Verpflichtungen (Fischlieferungen und Zins) einhielten, konnten sie das Fischereirecht als ihr Privateigentum betrachten.

Die Berechtigten fischten vor allem auf dem offenen Fluss, von Weidlingen aus und meist mit grossen Garnen (Zugnetzen). An untiefen Stellen setzten sie Reusen und Fallen. Besonders intensiv war das Fischen mit «Fachen», eigentlichen Flussverbauungen aus Pfahlreihen mit Rutengeflechten, die den Fischen den Weg flussaufwärts versperrten und sie in Reusen leiteten. Ein solches Fach stand bei der erwähnten «Tüfelsbrugg» beim Maienrieslischachen; es hatte zur Habsburg gehört und gelangte erst 1469 an das Kloster Königsfelden. Die Fischer durften natürlich auch vom Ufer aus angeln oder bei trübem Wasser mit Bähren (sackförmigen Netzen an langen Stangen) den Fluss nach Fischen absuchen.

Und bei alledem mussten die Mülliger – wie übrigens auch die Brugger Stadtbürger – zuschauen. Dabei war die Reuss damals sehr reich an Edelfischen wie Äschen, Forellen und Hechten, ebenso an Ruchfischen wie Barben und Nasen. Besonders gefragt aber war der Lachs, der den Weg in die Reuss bis zum Bau des Kraftwerks Beznau 1902 fand.

Wenn Mülligens Frauen also ein Fischgericht auf den Tisch bringen wollten, durften sie nicht ihre Söhne angeln schicken, sondern mussten die Tiere bei den Alleinberechtigten von Windisch und Stilli kaufen.

Diese ausschliessliche Berechtigung konnten die Fischer von Windisch und Stilli über die Berner Zeit hinaus ins 19. Jahrhundert hinüberretten. Sie kauften sich damals (wie die Bauern) von den erwähnten Zinsen nach Königsfelden los und waren seither freie Eigentümer der betreffenden Rechte. Natürlich mussten sie sich an die gesetzlichen Vorschriften betreffend die Fangmethoden, Schonzeiten und Mindestgrössen der Fische halten. Doch selbst als der Kanton Aargau das allgemeine Freianglerrecht in Aare, Reuss und Limmat für alle Kantonsbewohner einführte, waren diese privaten Strecken ausgenommen. Kaufte ein Mülliger eine

*Eine einzige Ausnahme für Mülligen*

Im 16. Jahrhundert war Uli Humbel aus Birmenstorf Klosterfischer von Königsfelden. Im Einverständnis mit den übrigen Fischern gestattete er dem Besitzer der Mülliger Mühle, in der Reuss zu fischen, und zwar von der Lindmühle bis zum «Chatzengrien», einer bei niedrigem Wasserstand noch heute sichtbaren Kiesbank bei der Chatze. Der Müller bezahlte dafür einen Teil des Zinses.

Dieses beschränkte Fischereirecht ging später auch auf die folgenden Inhaber der Mühle über. So ersuchte Hofmeister Wolfgang von Mülinen die Klosterfischer 1654 ausdrücklich, ihm dasselbe zu bestätigen. Während üblicherweise die Untertanen die «Gnädigen Herren» um etwas baten, war es hier der Landvogt, der als Bittsteller gegenüber den Fischern auftrat.

Es scheint, dass die Müller des 18. Jahrhunderts – die Familien Rüegger und Schwarz – keinen Wert auf die Fischereiberechtigung legten und daher den Fischern auch den Zins nicht mehr entrichteten. So erlosch dieses Recht, in der Reuss Fische zu fangen, für Mülligen auf immer.[78]

[78] Staatsarchiv Aarau, AA 563/S.127, AA 613/S.81, AA 614/S.22, AA 615, S.17v, AA 616/S.26, AA 686/29.9.1654. Max Baumann, Stilli, S.151.

Blick auf das «Chatzegrien», die untere Grenze des Fischereirechts, das zeitweilig mit der Mühle verbunden war. Foto Thomas Schirmann.

kantonale Freianglerkarte, galt sie im eigenen Dorf nicht. Diese sogenannten Privatfischenzen sind im Grundbuch wie Grundstücke eingetragen.

Erst seitdem die Fischer von Stilli 1919 ihren Anteil zwischen der Lindmühle und dem Wehr der Spinnerei Kunz dem Staat verkauft haben, ist dieser zur Hälfte mitbeteiligt. Seither darf man in Mülligen auch mit einer kantonalen Karte angeln. Die andere Hälfte der Fischereiberechtigung besitzen aber noch immer zwei Familien von Windisch und Stilli; zum Windischer Anteil gehört auch der Maienrieslischachen. Mit einem kleinen Bruchteil hat sich zudem die Firma Kunz ein gewisses Mitspracherecht gesichert, besonders wegen ihrer Wehranlagen.[79]

Die Mülliger haben sich übrigens auch nicht als Schiffleute betätigt, obwohl auf der Reuss bis zum Bau des Eisenbahnnetzes ein reger Verkehr mit Transportweidlingen und Flossen herrschte. Die Schifffahrt war frei; in diesem Bereich gab es keine privaten Berechtigungen. Von Windisch bis Luzern bestanden Reckwege der Reuss entlang, damit die Schiffleute ihre Weidlinge nach vollendeter Fahrt wieder flussaufwärts nach Hause ziehen konnten. Die Gemeinden waren verpflichtet, die Ufer von überhängenden Bäumen und Sträuchern freizuhalten, so auch Mülligen. Die dortigen Bewohner überliessen dieses Transportgewerbe aber den Schiffleuten, etwa jenen von Luzern, Stilli oder Koblenz.

Dennoch besassen einzelne Haushaltungen ihre Boote, namentlich zum privaten Überqueren des Flusses und zum Abführen von Holz, das von den Steilhängen an das Ufer gezogen und auf Schiffe geladen wurde.

Ein weiterer, durchaus seltener Beruf im Zusammenhang mit dem Fluss war jener eines Gipsmüllers.

Wie schon erwähnt, bemühten sich die Bauern gegen Ende des 18. Jahrhunderts, den Ertrag der Agrarprodukte zu steigern. Dazu verwendeten sie Gips als Kunstdünger.

Die bedeutendsten Gipslager der weiteren Umgebung befinden sich in der Schämbelen zwischen Windisch und Mülligen. Weisses und rötliches Gipsgestein lagert in den geologischen Keuperschichten zwischen dem älteren Muschelkalk und dem jüngeren Jurakalk. Diese Lager sind mindestens seit dem 18. Jahrhundert bekannt.

---

[79] Max Baumann, Stilli, S.126–192.

Zur Verarbeitung der Gipssteine baute der Zimmermann Daniel Koprio 1790 eine Gipsmühle. Sie stand wenig oberhalb der nachmaligen Spinnerei Kunz am heutigen Fussweg zum Reusssteg. Ihr Rad wurde von der Reuss angetrieben, deren Wasser mittels eines Wehrs zur Gipsmühle geleitet wurde. Die Gipssteine baute er selbst ab.

Ungefähr zur gleichen Zeit erhielt der Schulmeister Johannes Rauber mit zwei andern Windischern die Konzession, in der Schämbelen Gips abzubauen. Der Bedarf an Dünggips wuchs damals, weil seine Anwendung erfolgreich war: Die Getreideernten stiegen sichtlich. Rauber stellte daher ebenfalls ein Gesuch um die Konzession für eine Gipsmühle, da dieser Rohstoff andernfalls importiert werden müsse. Die Regierung entsprach ihm 1794, so dass er seine Pläne in der grossen Reusskurve beim Maienrieslischachen (auf Windischer Boden) verwirklichen konnte. Auch hier wurde ein Teil des Wassers mit Hilfe eines Wehrs zu einem unterschlächtigen Wasserrad geführt. Während die Gipsmühle Koprios 1834 der Spinnerei Kunz weichen musste, blieb jene in der Schämbelen während fünf Generationen bis in die 1890er-Jahre im Besitz der Familie Rauber.

1843 erhielt auch der Mülliger Hans Jakob Grimm (1792–1854) eine Bewilligung für die Ausbeutung von Gipssteinen. Da sich der Abbau allein nicht lohnte, stellte er das Gesuch, die Wasserkraft der Reuss für eine eigene Gipsmühle zu nutzen. Die entsprechende Konzession datierte vom 1. Mai 1849. Grimm begann sofort mit der Erstellung eines zweistöckigen Gebäudes in der Chatze, mit Mahlwerk, Stampfe, Reibe, einem gemauerten Brenn- und Kochofen sowie einem Rührwerk. Nach Grimms Tod übernahm sein Sohn Heinrich (1817–1877), nachmals Gemeindeammann, das Geschäft. 1856 baute er eine kleine Zementfabrik an, die bereits nach zwei Jahren in Flammen aufging. Er erneuerte sie sofort wieder, mit drei Zementöfen und Gipspfannen; auch überdachte er 1860 das Rad.

Offenbar hatte Heinrich Grimm seine finanziellen Möglichkeiten überspannt. Jedenfalls verkaufte er die Gipsmühle bereits 1862 den Erben des «Spinnerkönigs» Heinrich Kunz, den Fabrikanten Wunderli-Zollinger und Zollinger-Billeter. Diese planten damals den Bau der grossen «Neuen Fabrik» hinter den beiden Altbauten und benötigten für die Erstellung von Arbeiterwohnhäusern an der Kanalstrasse in Windisch und an der Landstrasse in Gebenstorf Unmengen von Baumaterialien.

Die Firma Wunderli, Zollinger & Cie., nachmals AG der Spinnereien von Heinrich Kunz, stellte einerseits grauen und weissen Baugips und weiterhin auch Feld-

Rechts: Die Mülliger Gipsmühle.
Zeichnung von Gottlieb Müller.

Die Gipsmühle im Querschnitt (von Osten). In der Mitte (unter dem Giebel) die eigentliche Mühle mit Breche, Stampfe und Mahlgängen. Links die Brennöfen. Rechts die Kanalmauer mit dem Wasserrad, darüber die Schmiede.
Planaufnahmen von Oswald Brändli, Januar 1929 (kurz vor dem Abbruch).

*Die Verarbeitung von Gipssteinen in den Gipsmühlen*

Zeitzeugen berichteten später über die Herstellung von Düng- und Baugips: «Vom Reussufer her wurden unter der Strasse hindurch zwei 2–300 Meter lange Stollen in den Berg hineingetrieben. [...] Auf Rollwagen – im einen Stollen waren noch hölzerne Geleise – förderte man die Steine aus dem Berge, schichtete sie in den Mühlen zu gewölbeartigen Öfen auf, deckte oben mit Schutt zu, erhitzte sie während etwa 10 Stunden und brannte sie auf diese Art. Die gebrannten Steine kamen ins Stampfwerk, d.h. sie wurden auf einem eisernen Rost durch schwere Schlägel, die durch das Wasserrad in Bewegung gesetzt wurden, zerkleinert. Das feinere Material fiel durch den Rost hinunter und kam auf die Mühle, die es zwischen zwei Steinen pulverisierte. So erhielt man den Dünggips, der in der näheren und weiteren Umgebung nebst Mergel zur Verbesserung der Felder verwendet wurde. Auch von hier führte man viel ins Freiamt.

Zur Herstellung von Baugips war ein nochmaliges Brennen dieses Pulvers nötig. Das geschah in eisernen Pfannen von ca. 1–1,5 Metern Durchmesser unter Umrühren von Hand oder durch Rührwerk.»

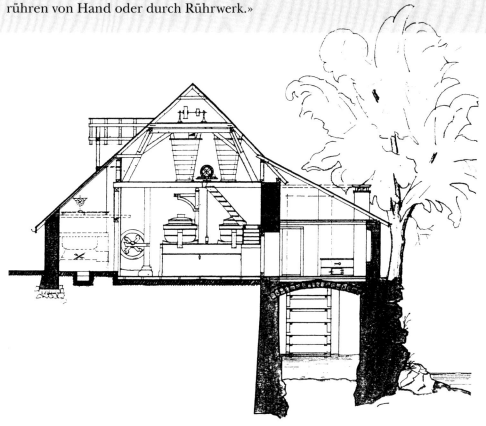

gips her, zuletzt jährlich etwa 50 Wagenladungen. Auch fabrizierte sie hydraulischen Kalk, wofür sie das Rohmaterial aus dem Steinbruch oberhalb der Strasse bezog.

Langfristig rentierte diese Art von Gipsproduktion nicht. Beide Gipsmühlen stellten ihren Betrieb in den 1890er-Jahren ein. Die Firma Kunz brach die Magazinbauten sofort ab, die eigentliche Gipsmühle aber erst 1929. Auch die Rauber'sche Gipsmühle wurde abgerissen. Über den Widerlagern des Wasserrades aber steht heute das Häuschen Mülligerstrasse 627, Windisch.[80]

[80] Staatsarchiv Aarau, Lagerbücher Mülligen 1829, 1850, 1875, 1898. DB.W01/011/09. Pläne 1859 + 1891. Otto Ammann, Über die Ausbeutung von Erz, Gesteinen und Bodenarten im Bezirk Brugg, in: Brugger Neujahrsblätter 1929, besonders S.17, 24–27. Max Baumann, Geschichte von Windisch, S.288–292.

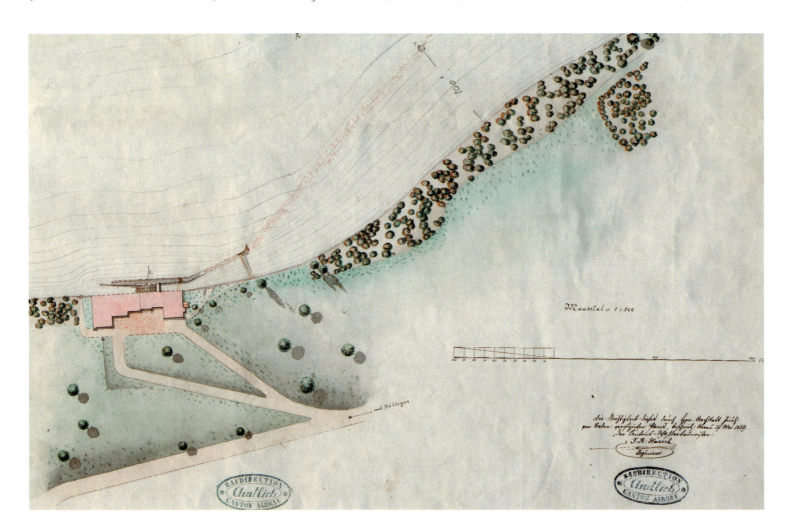

Situationsplan der Gipsmühle 1859. (Staatsarchiv Aarau, DB.W01/0011/09).

**Im Solde fremder Mächte**

Die Zunahme der Bevölkerung und der Mangel an Arbeitsplätzen führte im 18. Jahrhundert dazu, dass junge Männer sich entschlossen, für eine ausländische Macht Kriegsdienst zu leisten. Sie liessen sich von einem staatlich anerkannten Werber für einen Vertrag – meist auf fünf Jahre – gewinnen und nahmen das sogenannte Handgeld, das sie verpflichtete, dann auch zu marschieren. Solche Werbeveranstaltungen fanden etwa im «Sternen» in Brugg statt – meist mit viel Wein, gelegentlich auch einem verbotenen Tanz.

Der Staat Bern schloss Verträge vor allem mit Frankreich, Piemont-Sardinien und den Niederlanden ab. Er stellte die Offiziere, welche die betreffenden Schweizer Truppen befehligten. Die Ratsmitglieder erhielten dafür regelmässige Geldzahlungen, so genannte «Pensionen».

Im 18. und beginnenden 19. Jahrhundert sind gegen fünfzig Söldner aus Mülligen namentlich bekannt. Vermutlich waren es aber noch mehr. Die Quellen darüber sind unvollständig.

Der Solddienst stellte nur bei wenigen Männern einen endgültigen Beruf dar. Die meisten gedachten nach einigen Jahren heimzukehren und hier eine Familie zu gründen. Tatsächlich ist von 28 Mülligern verbürgt, dass sie wieder ins Heimatdorf zurückkamen und sich hier eine Existenz aufbauten.

Einige scheinen sich in den engen Verhältnissen Mülligens allerdings nicht mehr zurechtgefunden oder keine Chance für eine sichere Zukunft gesehen zu haben. Für sie wurde der Solddienst zum Beruf. So zog Samuel Baumann (*1755) 1776 in niederländische Dienste. Nach knapp fünf Jahren wurde er mit allen Ehren verabschiedet und wechselte gleich in die französische Schweizergarde nach Versailles. Dort behagte es ihm nicht mehr, weshalb er desertierte. Dann verloren sich seine Spuren. Im Herbst 1796 tauchte er plötzlich in Mülligen auf, verschwand aber bald wieder auf Nimmerwiedersehen.

Nur von sechs Söldnern gelangte die Todesnachricht an die Familie. Kaum einer von ihnen war im Kampf gefallen. Sie erlagen meist in einem Militärspital einer Infektionskrankheit, etwa dem Typhus. Von manchen melden die Quellen nichts mehr. Es gab solche, von denen die Kompanie-Listen vermerken, sie seien in allen Ehren entlassen worden; andere waren desertiert; von andern wiederum gab es keinerlei Nachrichten. Es ist zu vermuten, dass sie irgendwo im Ausland lebten und dort starben, ohne ihren Angehörigen je zu schreiben.

Von Friedrich Huber, geboren 1720, ist bekannt, dass er 1745 in piemontesische Dienste trat. Er hielt es aber nicht lange aus, sondern desertierte bereits nach sieben Monaten. Seither fehlte jede Spur von ihm. Als seine Brüder den elterlichen Nachlass aufteilen wollten, musste die Gemeinde einen Beistand für Friedrich ernennen, der dessen finanzielle Interessen wahrnahm. Der kleine Erlös musste dann über Jahrzehnte treuhänderisch verwaltet werden. Noch aus dem Jahr 1775 ist eine «Waisenrechnung» darüber erhalten. Das kleine Vermögen dürfte später seinen Verwandten gegen Bürgschaft ausgehändigt worden sein.

Fast alle Söldner stammten aus der Unterschicht. Sie traten daher in gewissen Familien gehäuft auf. So waren die Huber vom Stamm «Brüetschen» in fremden Heeren überdurchschnittlich vertreten. Vom erwähnten Friedrich Huber liessen sich beide Brüder später ebenfalls anwerben, Hans Jakob 1752 von Frankreich und Hans Konrad 1755 von Sardinien-Piemont. Der Letztere war bereits verheiratet, liess sich nach gut vier Jahren aber loskaufen und kehrte zu seiner Familie zurück.

Mühlesteine der einstigen Mülliger Gipsmühle. Foto Thomas Schirmann.

Oft gaben aber auch persönliche Gründe den Ausschlag, etwa die unerwünschte Schwangerschaft einer Frau, die man nicht heiraten wollte, oder Streit in der Familie. Es fällt beispielsweise auf, dass gleich drei Söhne der Grossbauernfamilie Ackermann im Hof 1785 miteinander in die Niederlande aufbrachen. Auch die andere reiche Mülliger Familie, die Schneider am Mülirain, hatte ihren Söldner. Hans Jakob (1774–1857) hatte 1793 Handgeld genommen. Sein Vater konnte es sich leisten, ihn später gegen Bezahlung auszulösen.

Auch im 19. Jahrhundert gab es vereinzelte Mülliger, die für eine gewisse Zeit als Berufssoldaten dienten. Doch die Schweizerische Bundesverfassung von 1848 verbot dann diesen Erwerbszweig und bereitete damit einer alteidgenössischen Tradition ein Ende.[81]

**Industrielle Arbeit**

*Die Heimindustrie*

Die Industrialisierung in der Region Brugg setzte um 1730 ein, und zwar mit der Verarbeitung von Baumwolle. Dieses neue Material diente der Massenproduktion für den Export. Da fertig bearbeitete Baumwolltücher ausgeführt wurden, musste sehr viel Garn gesponnen werden, um die Weber ausreichend zu versorgen.

Die gesamte Baumwollindustrie erfolgte bis etwa 1820 in Heimarbeit, und zwar nach dem Verlagssystem: Grosskaufleute (in dieser Gegend meist in Brugg oder Lenzburg) importierten die Rohbaumwolle aus Ägypten, Kleinasien, Indien und Amerika ballenweise in grossen Mengen. Sie verkauften diese an «Verleger» oder «Fabrikanten», welche sie in den Privathäusern verspinnen liessen. Zur Verteilung beschäftigten sie «Träger», welche die Baumwolle zu den Spinnnerinnen und Spinnern trugen; später holten sie das fertige Garn dort wieder ab und brachten es zu den Webern, die daraus das Tuch herstellten. Das gewobene Tuch ging über den Träger an den Verleger zurück, der es je nachdem bleichen, färben, appretieren oder sonst veredeln liess, um es anschliessend einem Grosskaufmann zu veräussern, der es exportierte.

Der frühindustrielle Verleger war demnach ein Fabrikant ohne Fabrik. Er benötigte kein Kapital zum Bau von Fabrikgebäuden und musste keine Angestellten fest entlöhnen. Je nach Auftragslage vermittelte er den Heimarbeiterinnen und Heimarbeitern mehr oder weniger Rohstoff, je nach Nachfrage bezahlte er höhere oder niedrigere Löhne. Das ganze Geschäftsrisiko war demnach der spinnenden und webenden Schicht aufgebürdet.

Auch in Mülligen wurde – wie in der ganzen Kirchgemeinde Windisch – viel am Spinnrad gearbeitet. Die ländliche Unterschicht, die sich nicht aus dem eigenen Land ernähren konnte, verschaffte sich dadurch einen willkommenen Zusatzverdienst. Sowohl die Frauen und Kinder als auch alte Männer stellten Garn her, um Bargeld zu verdienen und Schuldzinsen, Steuern und das Lebensnotwendige bezahlen zu können. Dabei schwankte der Taglohn eines fleissigen Spinners zwischen $2^{1}/_{2}$ und 4 Batzen; er lag somit unter jenem eines Handwerkers. Dieses Einkommen war zudem unsicher, weil die Aufträge von der jeweiligen Konjunktur

---

[81] Archiv der reformierten Kirchgemeinde Windisch, Haushaltverzeichnisse ab 1735. Willy Pfister, Aargauer in fremden Kriegsdiensten, 2 Bände, Aarau 1980/84.

abhingen. Die heimarbeitende Bevölkerung war den Verlegern auf Gedeih und Verderb ausgeliefert. Selbst der Menschenfreund Heinrich Pestalozzi gedachte diesen Umstand zu seinem Vorteil auszunützen: «Es ist unstreitig, dass man hier mit Ankauf der Baumwollengespinste vieles verdienen kann.» Und: «Die Armut der Leute ist so gross, dass sie dermalen äusserst wohlfeil spinnen.»[82]

In einem Bericht schrieb der Windischer Pfarrer Niklaus Samuel Wetzel 1764: «Es ist unstreitig, dass ohne den Baumwollengewerb bei uns mancher Vater mit seinen Kindern hungrig zu Bette gehen müsste.» Doch zählte er auch manche problematische Seiten dieses Wirtschaftszweiges aus seiner Sicht auf: Die Kinder würden zu selbständig, weil sie eigenes Geld verdienen könnten; die jungen Leute kauften unnötige Kleider und Schmuck; die Kleinbauern vernachlässigten ihr Land, weil das Spinnen in guten Zeiten rentabler sei.[83]

Um einen Weber ausreichend versorgen zu können, brauchte es etwa acht Garnspinner. Es gab also viel weniger Weber, und diese waren fast durchwegs Männer. Für Mülligen sind jeweils etwa drei nachgewiesen. Gegen Ende des 18. Jahrhunderts gab es im Dorf sogar einen Kleinfabrikanten: Jakob Baumann (1750–1812), des «Türken» Sohn. Baumann begann mit der Verarbeitung von Garn in einem Speicher, der ihm zugleich als Wohnung diente. Unglücklicherweise fiel dieses Gebäude 1797 einem Brand zum Opfer, der aus der Nachbarschaft übergegriffen hatte. Baumann erstellte danach auf dem gleichen Platz ein neues Haus (heute Dorfstrasse 42), in welchem später der Konsum untergebracht war.

Bevor Jakob Baumann seine Tuchballen verkaufen durfte, musste er sie dem von der Regierung eingesetzten Tuchmesser Jakob Briner in Möriken zur Qualitätskontrolle unterbreiten. Dieser schickte alljährlich eine Statistik über die geprüften Tücher nach Bern. In den Aufstellungen, die jeweils den Zeitraum vom 1. Mai bis zum 30. April des folgenden Jahres umfassten, figuriert ab 1790/91 auch Jakob Baumann von Mülligen als Fabrikant. Von diesem Zeitpunkt an betätigte er sich offenbar als selbständiger Verleger, der neben der Eigenproduktion noch einige weitere Heimweber mit Aufträgen versorgte. Die Statistik vermittelt einen gewissen Eindruck über die Geschäftstätigkeit und die Produktionsschwankungen des Kleinfabrikanten Jakob Baumann am Ende des 18. Jahrhunderts. Dabei ist zu berücksichtigen, dass das Baumwollgeschäft damals in einer Krise steckte, weil Frankreich den Import gestoppt hatte.[84]

[82] siehe oben Seite 33.  [83] Staatsarchiv Bern, B III 208, Pfarrbericht Windisch.
[84] Staatsarchiv Bern, B V 177, S.219–220, 329–330, 511, 629–630, 743, 869.

*Produzierte Tuchballen*

| Jahr | gute Qualität | geringe Qualität | total |
|---|---|---|---|
| 1790/91 | 176 | 70 | 246 |
| 1791/92 | 66 | 0 | 66 |
| 1793/94 | 118 | 13 | 121 |
| 1794/95 | 184 | 17 | 201 |
| 1795/96 | 136 | 18 | 154 |
| 1796/97 | 80 | 8 | 88 |

Neben der Tuchweberei blühte im Eigenamt ein weiterer Zweig der Baumwollindustrie: die «Strumpfweberei». An eigenen «Wirkstühlen» wurden Strümpfe und Kappen hergestellt, ebenfalls im Verlagssystem, und exportorientiert. Im Bezirk Brugg verdienten sich um 1800 über hundert Meister ihren Lebensunterhalt mit diesem Gewerbe, allein in Windisch und Oberburg deren 31. Auch in Mülligen war es vertreten, doch nur durch wenige Männer.[85]

*Beschäftigung in der Spinnerei Kunz in Windisch*

Die Fabrikarbeit im heutigen Sinn – mit eigenen Gebäuden, einer dauernden Belegschaft und festen Arbeitszeiten – setzte in der Umgebung von Mülligen erst ein, als der Grossindustrielle Heinrich Kunz 1828/29 in der Reusskurve bei Windisch eine mechanische Spinnerei errichtete. Angetrieben durch die Wasserkraft der Reuss, produzierten hier Spinnmaschinen anstelle von Spinnrädern Baumwollgarn.

Die maschinelle Herstellung von Garn machte zwar die Heimspinner erwerbslos, doch schuf sie Arbeitsplätze. Auch von Mülligen aus machten sich nun viele Männer, Frauen und Kinder täglich auf den Weg in diese Fabrik, die in den folgenden Jahren und Jahrzehnten noch bedeutend ausgebaut wurde und auf dem Höhepunkt 1879 nicht weniger als 939 Personen Arbeit bot.

Ein Liste der Belegschaft nennt Anfang 1863 20 Frauen und 24 Männer aus Mülligen, die in der Spinnerei Kunz arbeiteten. In den folgenden 15 Jahren ver-

[85] vgl. dazu Max Baumann, Geschichte von Windisch, S.355–373.

zeichnet sie die Neueintritte von 107 Frauen und 95 Männern aus diesem Dorf, was die Bedeutung der Fabrikarbeit für das Überleben der Mülliger Unterschicht deutlich macht. Die Mittel- und Oberschicht, also wer genügend Land besass, schickte die Söhne und Töchter nicht in die Fabrik.

Die überwiegende Mehrzahl der Mülligerinnen und Mülliger machte unqualifizierte, eintönige Arbeit bei Kunz, sei es in der Karderei, wo schmale Baumwollbänder als Vorstufe für das Garn hergestellt wurden, sei es in der Spinnerei, wo sie bei laufenden Maschinen abgerissene Fäden wieder anknüpfen mussten. Dazu kamen einige Hasplerinnen und Spulerinnen. Das Bedienen der Spinnmaschinen, der eigentliche Spinnerberuf, war den Männern vorbehalten. Der einzige qualifizierte Beruf, den Mülliger in der Spinnerei ausübten, war der eines Schlossers, der die Maschinen montierte und reparierte. In der Schlosserei konnte gelegentlich ein Bursche aus dem Dorf eine Lehre machen.

Die Fabrikarbeit bei Kunz war hart wie in vielen frühindustriellen Betrieben. Die Arbeitszeit betrug im Sommer $14^1/_2$ Stunden, von morgens 4.30 bis 12.00 und von 12.30 bis 19.30 Uhr; im Winter waren es 13 Stunden, von 7.00 bis 12.00 und von 12.30 bis 20.30 Uhr. Dazu kamen die Fussmärsche von Mülligen nach Windisch und zurück. Die mündliche Überlieferung meldet, dass die Mülliger Kinder ihren Angehörigen täglich ein warmes Mittagessen in die Fabrik brachten, später auch in die industriellen Betriebe nach Brugg.

In der Spinnerei Kunz herrschte eiserne Disziplin. Ein Reglement legte Bussen für alle möglichen Verstösse fest, vom Zuspätkommen über das Schwatzen während der Arbeit bis zu Beschädigungen an Maschinen und Geräten. Mitwisser wurden ebenfalls bestraft, wenn sie den beobachteten Verstoss nicht meldeten. Arbeiterinnen und Arbeiter sollten sich gegenseitig denunzieren. Noch am Ende des 19. Jahrhunderts warf der Windischer Pfarrer Pettermand dem damaligen Fabrikbesitzer, das «fein ausgesonnene und in seiner Art bewundernswerte despotische Spionagesystem» vor.

Dabei erlaubten es die niedrigen Lohnansätze nicht, Ersparnisse anzulegen. Ein erwachsener Mann verdiente 1851 fünf bis zehn Batzen (= 50 Rappen bis 1 Franken) im Tag, eine Frau vier bis sechs, ein Knabe oder Mädchen zwei bis drei Batzen. Dies reichte nur knapp zum Überleben. Kartoffeln und Milch bildeten die Hauptnahrung.

Die Arbeit in den nur 2,80 m hohen Fabriksälen war höchst ungesund, die Luft staubig und ölgetränkt, der Lärm fast unerträglich. Die Fenster durfte man nicht öffnen; die Maschinen hätten rosten können. Dafür wurden die Menschen vorzeitig krank. Die schlechte Luft förderte Krankheiten wie Tuberkulose.

Als schlimmste Form frühindustrieller Ausbeutung galt die Kinderarbeit. Kunz beschäftigte kleine Buben und Mädchen ab dem neunten Altersjahr. Die Kinder verpassten darob einen regelmässigen Schulunterricht und lernten – im Gegensatz zu ihren Eltern und Grosseltern – kaum Lesen und Schreiben. Die Schulpflege Windisch klagte Kunz an, ihn kümmere das «Wohl und Wehe dieser Armen» nicht; er kenne keine Scheu, Kinder anzustellen, «weil er keine wohlfeileren Hände zu seinem Dienste finden könne». Die Windischer Knaben und Mädchen arbeiteten vor und nach dem Unterricht in der Dorfschule. Für die Mülliger war dies wegen des weiten Weges nicht möglich. Im Gegenteil: In Mülligen war man froh über jedes Kind, das in der Fabrik arbeitete; man hoffte nämlich, dadurch das Schulhaus nicht erweitern zu müssen.

Die Spinnereien von Heinrich Kunz in Windisch mit der Wehr- und Kanalanlage. Im Vordergrund (mit Treppengiebel) das alte reformierte Pfarrhaus samt Scheune.

Kunz wurde von den Behörden verpflichtet, eine Fabrikschule zu eröffnen, wo die Kinder zwischen der Arbeit täglich eine bis höchstens zwei Stunden Unterricht genossen. Das winzige Schulhäuschen steht noch heute am Weg vom Steg über die Reuss zur Fabrik. Auf Verfügung der Oberbehörden musste Kunz seine Privatschule 1841 schliessen. Alle Kinder von Mülligen mussten fortan wieder die eigene Dorfschule besuchen.

Die Arbeits- und Lebensbedingungen in den Spinnereien von Heinrich Kunz verbesserten sich nur langsam und nur unter politischem Druck. Zwar setzte noch 1862 das Fabrikpolizei-Gesetz das Mindestalter für Fabrikarbeit auf 13 Jahre und die gesamte Schul- und Arbeitszeit auf täglich zwölf Stunden fest. 1871 führte die Firma generell den Zwölfstundentag ein. Das eidgenössische Fabrikgesetz von 1877 schrieb dann die 65-Stunden-Woche als maximale Arbeitszeit vor.

Ebenfalls auf öffentlichen Druck stifteten die Erben von Heinrich Kunz von dem 20-Millionen-Vermögen 30 000 Franken als Treueprämien und 20 000 Franken für Personen, die durch einen Betriebsunfall invalid geworden waren. Die Stiftung betraf aber nicht nur die Belegschaft von Windisch, sondern jene aller acht von Kunz hinterlassenen Fabriken. Von diesen Treueprämien haben zweifellos auch Arbeitskräfte aus Mülligen Beträge zwischen 50 und 100 Franken erhalten.

Das «Bräusi-Tram». Kinder und weitere Angehörige brachten den Fabrikarbeiterinnen und -arbeitern das Mittagessen in die Betriebe von Windisch und Brugg. Nachgestellte Szene am Umzug für den Schulhausbazar. Im Löh, August 1960. Foto Lore Berner, Windisch.

*Fabrikkinder aus Mülligen*

1837 arbeiteten die 14-jährige Anna Huber und ihr 13-jähriger Bruder Johann Jakob in der Windischer Spinnerei. Offiziell besuchten sie dort auch die Fabrikschule.

Die beiden stammten aus einer mausarmen Familie. Ihr Vater, Samuel Huber, war als Vollwaise aufgewachsen und von der Gemeinde bei Pflegefamilien verdingt worden. Er hatte sein Leben zuerst als Knecht, dann als Söldner in fremden Kriegsdiensten gefristet. Nach seiner Rückkehr hatte er – bereits 38-jährig – Susanna Deubelbeiss geheiratet, die in der Folge neun Kindern das Leben schenkte, darunter Anna und Johann Jakob. Die materielle Basis dieser Familie war derart schmal, dass Sohn und Tochter ihren Lebensunterhalt als Fabrikkinder in der Spinnerei selbst verdienen mussten.

Solche Kinder hatten kaum je eine Chance, aus ihrem Elend herauszukommen. 1844 zog die ganze Familie nach Thiengen nahe bei Waldshut (im damaligen Grossherzogtum Baden). Dort betrieb die Brugger Industriellenfamilie Fischer ebenfalls eine Baumwollspinnerei in der Laufenmühle. Hier ertrank Vater Samuel in der Wutach, während die Tochter Anna 1855, erst 32-jährig, starb. Die Mutter und die überlebenden Söhne und Töchter brachten sich weiterhin gemeinsam in Thiengen durchs Leben. Eine Tochter wanderte nach Algerien aus und musste später für verschollen erklärt werden.

Erst mit 51 Jahren konnte Johann Jakob heiraten, nämlich Susette Aeschbach (1844–1898) aus Unterlauchringen, vermutlich eine Mitarbeiterin. Er starb 1906 in Thiengen.

Die einstige Fabrikschule der Spinnerei Kunz beim Windischer Reusssteg. Das Schulzimmer war 3,90 m lang und 3,00 m breit. Foto Hans Eckert.

Die Nachfolger äufneten durch Legate ein Stiftungskapital, dessen Erträge ehemaligen alten und gebrechlichen Spinnereiarbeiter zugute kommen sollten. Dieses Kapital wurde später auf die betreffenden Wohngemeinden verteilt, die es verwalteten. Mülligen erhielt 1880 Franken. Bei einem Zinsfuss von 4 Prozent ergab sich ein Ertrag von etwa 75 Franken, die beispielsweise 1934 unter drei Bezugsberechtigte aufgeteilt wurden. Dieses Legat besteht heute noch.[86]

[86] Gemeindearchiv Mülligen, Gemeindeversammlungsprotokoll I/1832/S.69–70, V/S.376, VI/S.42, 136, 353, VII/S.48. Staatsarchiv Aarau, Akten Schulwesen, Dossier «Fabrikschulen 1810–1850». Bezirksamt Brugg, Fabrikbüchli 1863–1877. Für detaillierte Informationen über die Spinnerei Kunz vgl. Max Baumann, Geschichte von Windisch, S.507–594.

*Die dorfeigene Fabrik*

Mülligen sollte im 20. Jahrhundert selbst zu einer kleinen Fabrik kommen. Im November 1908 teilte die Spinnerei Kunz, Windisch, dem Gemeinderat mit, die Firma plane, ein Fabrikgebäude im Dorf zu errichten und dort etwa 25 meist weibliche Arbeitskräfte zu beschäftigen. Bei genügendem Angebot an Personal würde sie den Betrieb verdoppeln.

Während über sechs Jahrzehnten war die Spinnerei die grösste Arbeitgeberin im Bezirk gewesen. Seit den 1890er-Jahren aber zog die rasch aufblühende Industrie in Brugg viele Beschäftigte ab. Die alte Fabrik in Windisch genoss ein geringeres Ansehen als die neuen Brugger «Geschäfte»; sie bezahlte auch niedrigere Löhne. Daher litt sie unter einem Mangel an Arbeitskräften. Dies mag ein Grund dafür gewesen sein, dass die Firmenleitung nicht mehr erwartete, dass die Arbeiterinnen täglich den Weg nach Windisch unter die Füsse nahmen, sondern dass sie einen Teil des Betriebes in die Nachbargemeinde verlagerte.

Für dieses Angebot erwarteten die Unternehmer aber auch ein Entgegenkommen von Seiten der Einwohnergemeinde Mülligen. Sie stellte das Gesuch um unentgeltliche Abtretung von Land. Die vorgesehene Parzelle lag im Stock an der Landstrasse und wurde von den Bürgern für Pflanzplätze genutzt. Diese Reutenen gehörten somit der Ortsbürgergemeinde, die auch bereit war, zuerst 1100, dann 1700 m² zu je 30 Rappen an die Einwohnergemeinde zu veräussern. Die Gemeindeversammlung stimmte diesem Kauf wegen des zu erwartenden Verdiensts zu, allerdings unter der Bedingung, dass das Land im Falle einer Einstellung des Betriebs urbarisiert und an die Gemeinde zurückfallen würde. Ausserdem beschlossen die Bürger die Einführung der Elektrizität, vorläufig allerdings nur für das Schulhaus und die Fabrik, welche für ihre Maschinen 20 PS benötigte. Den Strom lieferte die Spinnerei aus ihrem Wasserwerk in Windisch.

Die Firma Kunz erbaute nun das Fabrikgebäude (heute Hauptstrasse 62) samt Transformatorenstation und richtete darin eine Baumwollhaspelei und eine Zwirnerei ein. Der Versicherungswert betrug anfänglich 16 100 und erhöhte sich bis 1927 auf 32 000 Franken. Am 11. August 1909 wurde die Produktion mit einem Arbeiter und 25 Arbeiterinnen aufgenommen. Bereits anlässlich der Fabrikzählung von 1911 zählte die Belegschaft nebst einem Burschen 41 Frauen, dazu drei für den Reinigungsdienst. Alle Beschäftigten waren Schweizer. Acht waren noch nicht sechzehn, drei über fünfzig Jahre alt. Die Arbeitszeit betrug montags bis freitags zehn, samstags acht Stunden, was eine 58-Stunden-Woche ergab.

Sogleich nach Betriebsaufnahme forderte die Firmenleitung von der Gemeinde Steuerfreiheit für den Gewerbefonds (investiertes Vermögen) und den Erwerb aus der Produktion. Die Bezirkssteuerkommission hielt eine ermässigte Besteuerung des Gewerbefonds für zulässig, nicht aber einen Steuererlass für das Einkommen. Die Gemeinde bildete eine Kommission, die mit der Direktion einen Vertrag aushandelte, der dann von der Gemeindeversammlung genehmigt wurde. Dieser sah eine volle Besteuerung des Geschäftsvermögens vor, reduzierte das steuerbare Einkommen jedoch von damals 3600 auf 2000 Franken.

Bereits Ende 1914 stellte die Spinnerei Kunz den Betrieb ein. 1916/17 ging der Betrieb an die Weberei Brugg AG über. Die Zahl der Beschäftigen sank auf 21 Personen. Doch auch die Weberei gab die Produktion am 16. Juni 1926 auf. Die Bauten fielen an die Firma Kunz zurück, die sie ihrerseits der Gemeinde anbot.

Nun stellte sich die Frage nach der weiteren Verwendung des Gebäudes, da das Land ja der Einwohnergemeinde gehörte. Der Gemeinderat machte sich eingehend Gedanken über Nutzungsänderungen. Gemeindesaal, Arbeitsschule, Turnlokal und Räumlichkeiten für Sitzungen von Behörden, Vereinen und

Die Mülliger Fabrik, erbaut 1909.

Gesellschaften standen zur Diskussion. Auch holte er Offerten ein. Doch die Bürger wollten nichts davon wissen. An der Gemeindeversammlung waren lediglich 30 von 92 Anwesenden überhaupt bereit, auf das Geschäft einzutreten. Resigniert steht dazu im Protokoll: «Damit ist die grosse Arbeit des Gemeinderates glatt erledigt.» Immerhin erteilten die Bürger ihrer Behörde die Vollmacht, im Falle eines Streites mit der Spinnerei Kunz um Grund und Boden zu prozessieren. Damit ruhte die Angelegenheit vorderhand. Ende 1927 offerierte die Firmenleitung die Fabrik für 20 000 Franken; der Gemeinderat schlug 10 000 Franken vor. Doch wiederum traten die Bürger gar nicht auf dieses Traktandum ein.

Nach zwei weiteren Jahren des Leerstehens erklärte die Direktion kategorisch, sie wolle das Gebäude entweder verkaufen oder abbrechen, und bot nun ihrerseits einen Verkaufspreis von 10 000 Franken an. Am 6. Januar 1930 stimmte die Gemeindeversammlung dem Erwerb mit 44 gegen 30 Stimmen zu. In der Folge bewilligte sie auch einen Kredit von 1000 Franken für die Bestuhlung und eine elektrische Heizung.

Doch so weit kam es gar nicht: Noch im Frühling des gleichen Jahres interessierte sich die Firma Jacques Meyer in Wohlen für die Fabrik. Der Gemeinderat befürwortete eine Wiederansiedlung von Industrie, worauf auch die Stimmbürger den Verkauf vorzogen, und zwar zum Preis von 12 000 Franken.

Bereits am 19. September 1930 nahm Jacques Meyer & Co. die Produktion auf. Sie führte hier eine Spulerei und Winderei für ihre Strohhut-Geflechte. Die Belegschaft zählte anfänglich 30 Personen. Doch die Weltwirtschaftskrise der 1930er-Jahre machte sich auch in dieser Branche bemerkbar. 1937 war der Betrieb bereits wieder geschlossen. Er wurde aber 1942 mit neun Arbeitskräften nochmals aufgenommen. Im April 1945 war dann endgültig Schluss.

Im September 1945 zog die Firma Walther AG, Oberenfelden, in die leer stehenden Lokalitäten ein. Sie fabrizierte Besen und Bürsten. Einer anfänglichen Blütezeit in den Jahren 1946/47 mit gut 20 Beschäftigten folgte ab etwa 1951 eine Zeit der Stagnation mit einer Belegschaft von sechs bis neun Personen.

1983 erwarb Kurt Ramsauer, Metallbau, Baden-Dättwil, die Liegenschaft. Seit 1985 ist die Firma Ruchti Maschinenbau AG in der einstigen Fabrik untergebracht.[87]

---

[87] Gemeindearchiv Mülligen, Gemeindeversammlungsprotokoll IV/S.236, 237, 239–241, 250, 259, V/S.33, 269–270, 272–273, 275, 307–308, 316, VI/S.11–14, 31–35, 38–39, 41, 54. Lagerbücher ab 1898. Bundesarchiv Bern, Fabrikstatistiken, Nrn. 7171 (A) 2, 7172 (A)1/1895ff., 1912–1925, 1924ff., 7172 (B) 1967/142+143, 1973/25.

**Kies aus Mülligen**

Das Kieswerk bildet den weitaus grössten Industriebetrieb innerhalb der Gemeinde. Es hat das Bild der Landschaft einschneidend verändert, ebenso die Struktur der Landwirtschaft.

Die Anfänge dieses Unternehmens waren äusserst bescheiden. Der Dreher Albert Hauser (1899–1974) begann 1924 in seinem Baumgarten an der Birrfelderstrasse 10 Kies abzubauen, 1931 auch auf der Bärenzelg, wo die Kiesausbeute besonders ertragreich zu werden versprach. Nach ersten Erfolgen machte Hauser sich im folgenden Jahr selbständig. Ein Förderband und Rollmaterial erwarb er von der stillgelegten Zementfabrik Hausen. 1939 kam eine Kieswaschmaschine, 1946 ein hölzerner Förderturm dazu, der nach fünf Jahren durch eine neue Kiesaufbereitungsanlage mit einer Stundenleistung von 40 m³ (ab 1956 60 m³) ersetzt wurde. 1948 kaufte Hauser den ersten Lastwagen, 1954 den ersten Löffelbagger. Da mittlerweile seine Söhne Willy und Albert mitarbeiteten, hiess die Firma ab 1957 «A. Hauser + Söhne».

Hauptabnehmer des Kieswerks war anfänglich das Tiefbauamt des Kantons Aargau, zuerst für die Herbstbekiesung der Naturstrassen, ab 1935 für den Ausbau

Der dritte Lastwagen des Kieswerks A. Hauser + Söhne, Marke FBW.

Rechts: Die Gesamtanlage des Kieswerks Mülligen zwischen der A3 (oben) und der Strasse zur Trotte (rechts). Im Vordergrund das Kieswerkgebäude, der Betonturm und das Werk der Biturit AG. Darüber folgen bis zur A3: die Freideponie für Komponenten, die beiden Schlammseen und das eigentliche Abbaugebiet. Das Gebiet rechts neben der Freideponie wurde bereits wieder aufgefüllt und rekultiviert, ebenso die Fläche oben links vor der A3. Oben rechts der Weiler Trotte. Links davon das für den zukünftigen Abbau vorgesehene Gebiet Zihlhag.
Desair-Flugaufnahme von Osten/Nordosten vom 29.9.2002.

des Strassennetzes. Die Erweiterung des Betriebes wurde vor allem durch die Industrialisierung im Birrfeld ab etwa 1955 ermöglicht. Von Anfang an konnte Hauser Kies liefern, zunächst für die Kanalisation, dann für die Fabrikbauten der Kabelwerke Brugg AG, für die BBC und andere Firmen, später auch für das Kantonsspital Baden-Dättwil.

Ende 1959 wurde die Firma zur «Kieswerk Hauser AG» umgewandelt. Die Holderbank Kies- & Beton AG trat mit einer Mehrheitsbeteiligung von 51 Prozent bei. In den ersten Jahren führte Albert Hauser das Werk als Betriebsleiter, ab 1963 sein Sohn Willy. Kurz darauf erfolgte der Bau des neuen Gebäudes mit dem über 30 Meter hohen Turm, wo die Produktion seit Mitte Juni 1965 läuft und stündlich 80 bis 90 Kubikmeter Material verarbeitet werden können, zunächst mit Lochkartensteuerung, später mit Computer. 1993 kam eine neue Betonanlage dazu. Seit 1995 wird der Kies mit Wasserhochdruck (35 bar) abgebaut, was die Bereitstellung von 10 000 Kubikmeter Wandkies innerhalb von 1 1/2 Stunden ermöglicht. Der Firmenname «Holderbank» wurde im Jahr 2000 weltweit auf «Holcim» umbenannt. Der Betrieb in Mülligen heisst seither «Holcim Kies und Beton AG, Werk Mülligen».

Innerhalb des Kieswerksareals installierte sich 1967 ferner die Biturit AG, die dort im Baurecht ein Asphalt-Belagswerk für Strassenbeläge betreibt. Sieben Strassenbaufirmen sind daran beteiligt. 1983 erteilte die Gemeinde der Biturit AG die Bewilligung für einen Umbau und eine Erweiterung ihrer Aufbereitungsanlage, nachdem zuvor ein Projekt «wegen gigantischen Ausmassen» abgelehnt worden war.[88]

In Mülligen durften Kies und Sand bis auf eine Sohle von 362 Meter über Meer abgebaut werden. Eine tiefer gehende Ausbeutung ist nicht gestattet, weil der Grundwasserstrom auf einer Höhe 354 Metern fliesst. Anfänglich wurden insgesamt 30 m abgebaut, wobei 10 m wieder aufgefüllt und mit 1,50 m Roterde und 0,50 m Humus rekultiviert werden mussten.

Den bisher grössten Eingriff in die Landschaft brachte die Erschliessung der Parzelle 150. Auf Anordnung des Kantons erfolgte sie seit 1978 durch eine Abbau-Gemeinschaft mit der Firma Hunziker AG, Brugg, die in unmittelbarer Nähe ebenfalls kieshaltiges Land erworben hatte. Das ganze Areal umfasst heute etwa 40 Hektaren, von denen drei Viertel ausgebeutet sind. Die Belegschaft umfasst 20 Mann.

[88] Mitteilungsblatt der Gemeinde Mülligen 1983.

Für die Gemeinde Mülligen hat das Kieswerk eine enorme Bedeutung gewonnen. Sie deckt einen beträchtlichen Anteil des Steuerertrags. Seit 1985 bezahlt die Firma zusätzlich einen Goodwill-Beitrag für unvermeidbare Immissionen (Lärm, Strassenverschmutzung) von 30 Rappen je Kubikmeter, jährlich aber höchstens 50 000 Franken, abzüglich Gemeindesteuern bis zu höchstens 10 000 Franken. Da-

mit wird vor allem der Durchgangsverkehr durch das Dorf abgegolten, der 2004 im Durchschnitt täglich 72 Lastwagen betrug, während 238 (= 77%) auf zwei Kantonsstrassen direkt vom Kieswerk über nicht besiedeltes Gebiet wegfahren.

Die Einwohnergemeinde selbst war zudem mit ihrem eigenen Grundbesitz im Abbaugebiet ebenfalls an der Kiesausbeutung interessiert und förderte demgemäss

Kieswerkgebäude und Betonturm.
Foto Andreas Dietiker.

zugleich die Interessen des Unternehmens. Dabei ging es vor allem um die von der Gemeinde anlässlich der Güterregulierungen übernommenen Feldwege, welche man verlegen musste und deren Untergrund man ebenfalls ausbeuten konnte. Zu diesem Zweck wurden entsprechende Verträge ausgehandelt, deren Genehmigung durch die Gemeindeversammlung nicht unbestritten war. Das Zustandekommen günstiger Dienstbarkeitsverträge dankte die Hauser AG der Gemeinde jeweils mit Geschenken, so 1973, als sie ihr eine Spende von 60 000 Franken für den Kindergarten und eine solche von 10 000 Franken für das Gemeindejubiläum zukommen liess.

1985 genehmigten die Stimmbürger einen weiteren Vertrag über den Kiesverkauf unter den Feldwegen. Die Verhandlungen hatten 2½ Jahre in Anspruch genommen. Das Projekt sah eine Ausbeutung von knapp 90 000 Kubikmetern zu 4 Franken vor, was eine Summe von rund 360 000 Franken ergab. Damit liessen sich Schulden auf der Mehrzweckhalle amortisieren. Die AG Hunziker schenkte der Einwohnergemeinde ferner zwei Parzellen am Haldenrain und den Bundesfeierplatz, zusammen 63,50 Aren.[89]

Dem Unternehmen kam während der ganzen Entwicklung zugute, dass die Familie Hauser von 1954 bis 1985 im Gemeinderat Mülligen vertreten war, bis 1961 mit dem Firmengünder Albert Hauser, ab 1962 mit dem Betriebsleiter Willy Hauser, der von 1978 bis 1985 der Gemeinde sogar als Ammann vorstand.

Das neueste Projekt bildet die Ausbeutung von Kies im Gebiet Zihlhag, westlich der bisherigen Grube. Es handelt sich um eine Fläche von 7,9 Hektaren erstklassigem Landwirtschaftsland, das sich im Besitz von vier Privateigentümern und der Gemeinde Mülligen befindet und sich fast bis zum Weiler Trotte erstreckt. Im Nordwesten, wo die Untergrenze des Schotters ansteigt, und bei der Böschung zur Autobahn darf allerdings nur bis auf 367 Meter über Meer abgetieft werden. Bis zum Jahr 2021 ist geplant, hier in zwei Etappen jährlich 300 000, total 3 680 000 Kubikmeter festen Kies auszubeuten. Die gesamte, seit 1994 im Gebiet Eichrüteli/Zihlhag abgebaute Menge würde 5 340 000 Kubikmeter betragen.

Im Unterschied zur früheren Bewilligung soll die bisherige Kiesgrube höher als bisher vorgesehen, aber nicht ganz wiederaufgeschüttet werden. Das projektierte Gebiet Zihlhag aber ist vollständig aufzufüllen. Zu diesem Zweck darf die Firma nur unverschmutztes Aushubmaterial, humusarme Deckschichten und Felsausbruch verwenden; nicht erlaubte Ablagerungen durch Drittpersonen sind verboten. Die Rekultivierung sieht vor, die charakteristischen Oberflächenformen der Landschaft wiederherzustellen. Der Boden ist als Basis für die landwirtschaftliche Nutzung aufzubereiten, ebenso als Lebensgrundlage von Tieren und Pflanzen im Sinne des ökologischen Ausgleichs und als Erholungsraum für die Menschen. Diese Ziele sind bis zum Jahr 2034 zu erreichen.[90]

---

[89] Gemeindearchiv Mülligen, Protokolle der Gemeindeversammlungen IX/S.46–47, 131, 146, 198–199, 274–277, X/S.82–85. Mitteilungsblatt der Gemeinde Mülligen 1983, 1985, 1993. Aufzeichnungen und mündliche Mitteilungen von Willy Hauser, Mülligen.

[90] Gemeindearchiv Mülligen, Akten zum Kieswerk, u.a. Abbau- und Rekultivierungsprojekt 2001, Umweltverträglichkeitsbericht 2001, Abbaubewilligung vom 18.8.2004.

Wo befindet sich diese exotische Landschaft? – Blick auf eine offene Kieswand in Mülligen. Im Vordergrund das gedeckte Förderband. Foto Andreas Dietiker.

# Mülligerinnen und Mülliger

Der letzte Teil der Mülliger Geschichte ist den Menschen gewidmet, die hier gelebt und gearbeitet haben oder durch ihr Bürgerrecht mit dieser Gemeinde besonders verbunden waren.

## Mülliger Leute zählen

Volkszählungen im heutigen Sinn werden erst seit 1837 durchgeführt. Vorher war einzig jene Erhebung einigermassen zuverlässig, die der Staat Bern 1764 flächendeckend veranlasste; sie umfasste auch das Jahrzehnt seit 1754. Die Windischer Pfarrer führten 1735 und alle fünf Jahre von 1781 bis 1801 recht genaue Haushaltungsverzeichnisse, in die sie alle Mülliger Personen eintrugen. Diese lassen sich auszählen, wobei allerdings nicht immer sicher ist, ob sie in der Gemeinde oder auswärts wohnten. Vom Windischer Pfarrer stammt auch eine Angabe für 1820.
Für frühere Zeiten sind wir auf Schätzungen angewiesen. Das Habsburger Urbar (Einkommensverzeichnis) von 1305 zählt in Mülligen vier Bauernhöfe auf; dazu kam die Mühle. Aus den Jahren 1529 und 1578 sind namentliche Listen der damaligen Haushaltvorstände überliefert. Für die Mitte und das Ende des 17. Jahrhunderts lassen sich die Namen der Familienoberhäupter aus Güterverzeichnissen sowie den Tauf-, Ehe- und Totenbüchern mehr oder weniger vollständig ermitteln. Aufgrund von vielfach nachgewiesenen Erfahrungswerten rechnet man mit durchschnittlich vier bis fünf Personen je Haushaltung. Auf diese Weise ist es möglich, die frühere Bevölkerungsentwicklung wenigstens in grossen Linien aufzuzeigen.

Die Entwicklung der Einwohnerzahlen von Mülligen.

| Jahr | Haushaltungen | Personen |
|---|---|---|
| 1305 | 5 | 20–25 |
| 1529 | 6 | 24–30 |
| 1578 | 9 | 36–45 |
| 1590 | 12 | 48–60 |
| 1650 | 18 | 72–90 |
| 1700 | 27 | 108–135 |
| 1735 | 34 | 136–170 |
| 1754 |  | 146 |
| 1764 | 35 | 163 |
| 1781 | 36 | 175 |
| 1786 | 39 | 201 |
| 1791 | 44 | 233 |
| 1796 | 49 | 271 |
| 1801 | 53 | 299 |
| 1820 |  | 308 |
| 1831 |  | 310 |
| 1837 | 66 | 355 |
| 1850 | 75 | 397 |
| 1860 | 83 | 423 |
| 1870 | 83 | 418 |
| 1880 | 83 | 397 |
| 1888 | 81 | 386 |
| 1900 | 74 | 374 |
| 1910 | 70 | 392 |
| 1920 | 73 | 379 |
| 1930 | 78 | 357 |
| 1941 | 84 | 342 |
| 1950 | 90 | 377 |
| 1960 | 96 | 377 |
| 1970 | 122 | 433 |
| 1980 |  | 482 |
| 1990 |  | 674 |
| 2000 |  | 780 |
| 2005 |  | 837 |

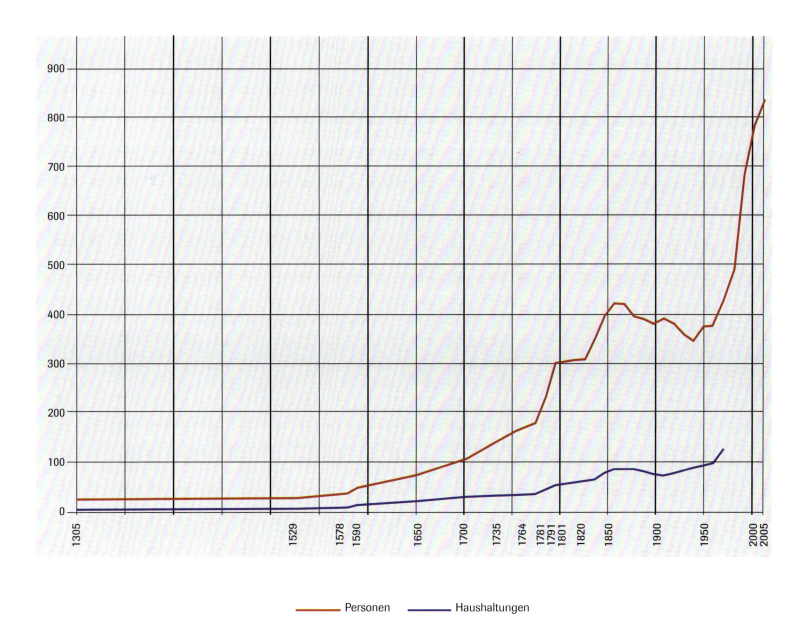

Die Bevölkerungskurve von Mülligen 1305–2005.

Diese Zahlenreihe zeigt bis 1529 ein nur geringes Wachstum auf. Dann erfolgte eine kontinuierlich scheinende Zunahme bis zu einem ersten Höhepunkt 1860. Dabei werden kurzfristige Schwankungen, etwa der Pesteinbruch von 1668, verdeckt. Ab 1860 sanken die Einwohnerzahlen tendenziell bis in die Zeit des Zweiten Weltkrieges. Diese Entwicklung wandelte sich zu einem immer stärkeren Wachstum, das durch die intensive Bautätigkeit vor allem ab 1980 bedingt war.

**Geborenwerden – Heiraten – Gebären – Sterben**

Zwischen den markanten Grenzpunkten von Geburt und Tod bildeten die Eheschliessungen, bei den Frauen dazu die Entbindungen von eigenen Kindern, markante Einschnitte im Lebenslauf der Menschen.

*Die «Normalfamilie»*

Die «Gnädigen Herren» in Bern und ihre Untertanen auf der Landschaft vertraten ganz unterschiedliche Vorstellungen darüber, wie Männlein und Weiblein zueinander fanden. Die Obrigkeit schrieb eine sehr enge Sexualmoral vor und bezeichnete alle körperlichen Kontakte vor der Hochzeit als unzüchtig. Insbesondere der voreheliche Beischlaf war strengstens verboten und wurde bestraft. Wie bereits erwähnt, musste das Chorgericht solche Verstösse aufdecken und ahnden. Das Volk hielt demgegenüber am traditionellen Kiltgang fest, der seit dem Mittelalter allgemeiner Brauch war. Ob romantisch über eine Leiter aus dem Freien oder offen durch die Haustüre – Mädchen und Burschen durften sich in der Kammer treffen, Liebesspiele treiben, ja die Nacht im gleichen Bett verbringen. Die einzige Grenze in solchen Schäferstündchen bestand im eigentlichen Geschlechtsakt. Dieser war erst erlaubt, wenn Mann und Frau sich die Ehe versprochen hatten und dann auch auf intimen Verkehr mit anderen Partnerinnen und Partnern verzichteten. Das Eheversprechen musste aber vor mindestens zwei Zeugen und mit einem «Ehepfand» (Ring, Geldstück oder andere Geschenke) erfolgen. Die Brautleute galten danach im Volk als verheiratet und durften auch den Geschlechtsakt vollziehen, und zwar – im Gegensatz zur obrigkeitlichen Auffassung – lange vor der Vermählung in der Kirche. Die jungen Frauen waren daher am Hochzeitstag oft bereits schwanger.[1] Auch viele Mülligerinnen gebaren ihr erstes Kind wenige Monate nach der Heirat.

Solange sich dieses Brauchtum insgeheim in der Privatsphäre abspielte, wurde es nicht aktenkundig. Sobald aber Meinungsverschiedenheiten über die Frage ent-

---

[1] vgl. dazu Sergius Golowin, Lustige Eidgenossen, Zürich 1972, sowie Adrian von Bubenberg, Bern 1976. J.H.A.Torlitz, Reise in die Schweiz, Kopenhagen 1807, S.211. Gottfried Ebel, Schilderung der Gebirgsvölker; Band 2, Leipzig 1802.

standen, ob ein Eheversprechen gültig sei oder nicht, gelangte ein solcher Fall vor das Chorgericht und damit auch in dessen Protokoll.

Obwohl die Berner Regierung nur die Trauung in der Kirche als ehestiftenden Akt befürwortete, war die Tradition des Heiratsversprechens im Volk so stark, dass die Obrigkeit nicht umhin konnte, dessen Verbindlichkeit anzuerkennen. Als beispielsweise 1764 eine Witwe aus Mülligen vor vier Zeugen ein schriftliches Eheversprechen mit einem Küfer aus Lenzburg unterzeichnet, die Trauung dann aber hinausgeschoben hatte, wurden die beiden durch das Oberchorgericht bereits vor der Hochzeit «ehelich zusammengesprochen». Ebenso schützte die Oberbehörde 1760 ein Heiratsversprechen Maria Rüeggers aus der Mühle mit Jakob Lüscher von Möriken, obwohl dessen Vater seine Zustimmung an «ungütliche und unbillige» Bedingungen knüpfte.

Dagegen hob sie die Verlobung des mit irdischen Gütern nicht gesegneten Mülligers Johannes Huber, genannt Brüetsch, mit Elsbeth Geissbühler aus Lauperswil 1755 auf, weil sie ihn mit der falschen Zusicherung hintergangen hatte, ihm 250 Gulden einzubringen. Er kam dann gar nicht mehr zum Heiraten, da er zwei Jahre später, erst 26-jährig, starb.

Bei manchen Brautpaaren waren die Eltern mit einer Heirat nicht einverstanden, was die Hochzeit hinauszögerte. 1710 lud das Windischer Chorgericht den 24-jährigen Balthasar Barth und die um elf Jahre ältere Ursula Baumann, beide aus Mülligen, vor. Sie gestanden, sich die Ehe versprochen zu haben; doch seien sie «gesinnt, einander wieder zu verlassen und aufzugeben», weil Baltis Eltern mit dieser Verbindung nicht zufrieden seien. Die Sittenhüter betrachteten das Versprechen aber als gültig und zitierten daher die Mutter. Diese erklärte wörtlich, «dass die Person ihr insoweit nicht zuwider, doch hätte sie lieber gesehen, dass sie noch länger gewartet hätten»; sie seien «noch ziemlich jung» und könnten in Schulden und Armut geraten, wenn sie in dieser teuren Zeit verpflichtet würden, Hochzeit zu halten. Das Oberchorgericht gestattete daher einen Aufschub von höchstens zwei Jahren, doch mit der Auflage, «dass man innert der Zeit genaue Aufsicht auf sie habe, dass sie nicht allzu genaue [= intime] Gemeinschaft miteinander pflegten».

Schwieriger gestalteten sich die Verhältnisse, als Anna Barth-Hartmann 1726 die Heirat ihres Sohnes Hans Franz mit der 40-jährigen Sara Hummel aus Seengen unter allen Umständen verhindern wollte. Geschwätzig legte die Mutter den Chorrichtern dar, diese sei «eine gar verschreite Dirne»; wegen ihres anstössigen

Lebenswandels sei sie schon aus verschiedenen Gemeinden ausgewiesen worden; auch in Mülligen habe sie sich «ziemlich unehrbar aufgeführt» und mit einem katholischen «Kerl» auf dem Ofen sowie mit einem 20-jährigen Knaben im gleichen Bett übernachtet. «Zudem haben sie ja beide nichts.» – Sara bestritt die Vorwürfe nicht, «doch sei gar keine Tätlichkeit vorgegangen, und haben sie wenig, so haben sie doch ihren jungen, gesunden Leib und wollen sich mit ihrer Handarbeit erhalten.» Der immerhin 33-jährige Sohn, bereits Witwer und Vater einer Tochter, erklärte, sie hätten sich mit Bedacht versprochen «und er begehre sie». Die Chorrichter ahnten nichts Gutes, da die drei Generationen im gleichen Haus lebten, und sie ermahnten die Heiratslustigen, «gutwillig voneinander abzustehen», alle Einwendungen zu bedenken und «fleissig zu beten». Die Hochzeit fand dennoch statt. – Die bösen Ahnungen der Chorrichter sollten bald Wirklichkeit werden. Beide Frauen waren zänkisch, beschimpften, ja schlugen sich gegenseitig, so dass die Sittenhüter immer wieder eingreifen mussten.[2]

Auch die Heimatgemeinde des Bräutigams konnte Einsprache gegen eine geplante Eheschliessung erheben, besonders wenn man befürchtete, der Heiratswillige könne aus wirtschaftlichen und charakterlichen Gründen keine Familie erhalten. Um einer absehbaren Armengenössigkeit vorzubeugen, verlangte die Gemeinde von der Braut den Nachweis eines Mindestvermögens. Da die betreffenden Protokolle verloren gegangen sind, ist nicht bekannt, wie hoch die geforderte Summe in Mülligen war. Doch verlangte beispielsweise die Gemeinde Buchs ZH 1731 von der Mülligerin Barbara Baumann 100 Taler (etwa 270 Gulden), die sie allerdings nicht besass. Da sie schwanger war und beide Brautleute auf die Heirat drangen, gestattete das Berner Oberchorgericht die Trauung trotzdem – und nicht zuletzt, um Mülligen ein ausserehelichesKind zu ersparen![3]

Aus dem 19. Jahrhundert sind die Bedingungen Mülligens für die Heirat eines Bürgers bekannt: 1833 erteilte die Gemeindeversammlung den Bewilligungsschein für eine Trauung, weil die Braut ein Vermögen von 320 alten Franken nachweisen konnte. Zudem verlangte die Gemeinde ein «Weibereinzugsgeld», eine Art Einbürgerungsgebühr, von 30 Franken; diesen Betrag erhöhte sie 1848 auf 40 Franken.

---

[2] siehe oben Seiten 18–19.
[3] Archiv der reformierten Kirchgemeinde Windisch, Chorgerichtsprotokoll II/2., 7.3.1710, 24.03.1726, 14.1.1731, 18.11.1755, 18.10.1760, 6., 17.5., 25.6.1764.

1841 verweigerten die Stimmberechtigten dem Johannes Widmer die Heirat; sie zogen es vor, dessen bereits geborenen ausserehelichen Sohn als Bürger anzuerkennen. Ähnliche Beispiele folgten, weil einem Kandidaten «wegen Armut oder Mangel an Arbeitstüchtigkeit, Fleiss und haushälterischem Sinn die nötige Gewähr abgeht, eine Familie zu ernähren oder die sonstigen Pflichten eines Hausvaters zu erfüllen».

Das kirchliche Zentrum Mülligens: Der ummauerte Kirchhof in Windisch mit Pfarrkirche und Beinhaus (heute altes Schulhaus). Hier fanden die Taufen, Hochzeiten und Begräbnisse statt. Hier besuchte man jeden Sonntag zwei Gottesdienste. – Links über dem Kirchrain das alte Pfarrhaus, daneben das Waschhäuschen. Aquarell von Samuel Bodmer in einem Grenzatlas der Republik Bern (Staatsarchiv Bern).

Umgekehrt förderte die Gemeindeversammlung die Heiraten von Bürgerinnen, weil diese dadurch das hiesige Bürgerrecht verloren und allfällige Kinder durch die Heimatgemeinde des Bräutigams unterstützt werden mussten. So bewilligte sie 1848 der Maria Huber das Weibereinzugsgeld nach Möriken in der Höhe von 60 Franken. Auf diese Weise schob eine Gemeinde der andern missliebige Bürgerinnen zu, während jene dies durch eine Einsprache zu verhindern suchte. Der Grund dafür lag ausschliesslich in der Furcht vor Armenunterstützungen und hier namentlich vor Kostgeldern für aussereheliche Kinder.[4] Diese für die Betrof-

---

[4] Gemeindearchiv Mülligen, Gemeindeprotokoll 1819/S.69–71, 1820/S.302–303, Gemeindeversammlungsprotokoll I/1833/S.118, 1841/S.300, II/S.30, 38, 40, 60, 164, 168, 179, 180, 181, III/S.25, 35–36, 44, 173.

*Gültiges oder ungültiges Eheversprechen?*

Katharina Barth, die Tochter des angesehenen und wohlhabenden Mülliger Richters Balthasar Barth, vernahm 1736 im Gottesdienst, dass der junge Müller Hans Jakob Rüegger die bevorstehende Hochzeit mit der Zofinger Stadtbürgerin Anna Barbara Ringier verkünden liess. Da Rüegger bei ihr gekiltet hatte, fühlte sie sich in ihrer Würde verletzt. Vor dem Chorgericht erzählte sie, bei einem Besuch habe er «sich verlauten lassen, wenn er einst wollte Hochzeit halten und sein Vater sich's zufrieden sein wollte, er verlangte keine andere als sie». Ihr fehlten allerdings Zeugen und Ehepfand; auch habe kein Beischlaf stattgefunden. Rüegger gestand, sie hin und wieder besucht zu haben, doch «alles mit guten Ehren und ohne an heiraten zu denken oder davon zu reden». Katharina eröffnete hierauf, sie sehe sich von ihm getäuscht; daher «verlange sie seiner so wenig als er ihrer». Das Chorgericht erklärte beide für «quitt und ledig voneinander». Rüegger konnte nun seine Zofingerin heiraten.

Vier Jahre später lagen die Dinge umgekehrt: Jakob Eichenberger von Lauffohr berichtete den Chorrichtern, er und Katharina Barth stünden vor der Hochzeit und hätten ihr Vorhaben bereits zweimal in den Kirchen von Windisch und Rein verkünden lassen. Nun sei seine Braut aber «reuig» geworden und vor lauter Unmut weggegangen; er wisse nicht wohin. So liess er den Vater vorladen, «er möge ihm seine Braut wieder zustellen». Auf die Frage nach der Zustimmung der Eltern

fenen unwürdige Heiratspolitik der Heimatgemeinden hörte 1876 mit der Regelung des Zivilstandswesens auf gesamtschweizerischer Ebene auf.

Die erste Hochzeit bedeutete zugleich die Gründung einer Familie und meist auch einer eigenen Haushaltung. Fast niemand blieb freiwillig unverheiratet, meist lediglich Behinderte.

Die Mülliger fanden ihre Lebenspartnerinnen nur zum Teil im kleinen Heimatdorf, zwischen 1650 und 1800 etwa 30 Prozent. Die überwiegende Mehrheit (63 Prozent) stammte aus dem übrigen Berner Aargau, meistens aus der näheren Umgebung des heutigen Bezirks Brugg. Gelegentlich kiltete ein Mülliger auch jenseits der Reuss in Birmenstorf oder einem andern Dorf der Grafschaft Baden; hier gab es ebenfalls reformierte Mädchen. Konfessionell gemischte Ehen waren damals undenkbar. Ehefrauen aus weiterer Entfernung, etwa aus dem Zürichbiet oder dem Schwarzwald, bildeten seltene Ausnahmen.

meinte Eichenberger, die Mutter sei zufrieden gewesen und der Vater habe «nicht viel dawider gesagt». Zudem sei dieser in Lauffohr gewesen, «um sich vernehmen zu lassen, wie viele aus seinem Haus an die Hochzeit kommen werden». Auch habe er keine Einsprache gegen die Eheverkündungen erhoben.

Vater Barth legte nun seine Sicht der Dinge dar: Der «Kerli» habe ihm angehalten, in Lauffohr einen Augenschein zu nehmen; er besitze ein Bauernhaus, das dem seinen in Mülligen wenig nachstehe, einen schönen Baumgarten samt einer hübschen Matte. Stattdessen habe Barth eine «schlechte, baufällige Hütte», statt eines Baumgartens ein «kleines Blätzli» und statt einer Matte ein unfruchtbares Stück Land angetroffen. Darauf habe er dem «Kerl» rundheraus gesagt, er solle sich nicht mehr um das «Meitli» bemühen, «es gäbe nüt draus». – Warum Barth denn nicht gleich bei der ersten Verkündung ein «Holla» gemacht habe? – Die Jungen hätten dies ohne sein Vorwissen angestellt. Aus Verdruss, übergangen worden zu sein, habe er sich der Sache nicht mehr annehmen und die Tochter «wollen fahren lassen» und gedacht «Machst du's gut, so hast du's gut». Er habe sie daher auch nicht hüten, geschweige denn anbinden wollen; als ungehorsame Tochter sei sie weggelaufen, er wisse nicht wohin. «Sie haben's ohne ihn angefangen, sie mögen's ohne ihn ausmachen.»[5]

Innerhalb der Kirchgemeinde Windisch lernte man sich auf dem sonntäglichen Kirchgang und in der Unterweisung kennen, bei grösserer Entfernung am Markttag in einem Städtchen oder an einer auswärtigen Arbeitsstelle. Als die Herren von May in Rued die Mühle und Ländereien in Mülligen besassen, ergaben sich manche Verbindungen zwischen dem Ruedertal und dem Dorf an der Reuss. Erst ab dem 19. Jahrhundert wurde der Heiratskreis grösser – dank der Niederlassungsfreiheit. Die Beziehung zur Heimatgemeinde lockerte sich, und viele junge Männer kehrten gar nicht mehr zurück.

Bei den Mülliger Mädchen mögen die Verhältnisse ähnlich gewesen sein, doch können keine Zahlen angegeben werden, da sie mehrheitlich in der Kirche des

[5] Archiv der reformierten Kirchgemeinde Windisch, Chorgerichtsprotokoll II/ 16.2.1736, 7., 13.3., 24.4.1740.

Mülliger Brautpaar im 20. Jahrhundert: Jakob Schneider und Verena Baumann, 1919. Foto Zipser, Baden.

Bräutigams heirateten und daher sang- und klanglos aus den hiesigen Quellen verschwanden.

Bei der Erstheirat war der Mülliger des 18. Jahrhunderts im Durchschnitt 26,7, die Ehefrau 24,4 Jahre alt. Die Streuung lag bei den Männern zwischen 18 und 46, bei den Frauen zwischen 16 und 38 Jahren. Die Brautleute im fortgeschrittenen Alter hatten meist auswärts gearbeitet oder in fremden Kriegsdiensten gestanden. Viele Männer konnten erst heimkehren, wenn auch die jüngsten Geschwister erwachsen waren, zumal wenn der Vater zweimal geheiratet hatte. – In der Regel war der Gatte etwas älter als seine Gattin.

Bis zum Ende des 18. Jahrhunderts behielt die Ehefrau ihren angestammten Namen, während die Kinder jenen des Vaters trugen. Erst nach 1800 setzte sich die Regel durch, dass die Gattin den Namen wechseln musste. Seit der Einführung des neuen Eherechts darf sie zwischen beiden Möglichkeiten auswählen.

Trotz der niedrigeren Lebenserwartung dauerte die erste Ehe im Durchschnitt 26,2 Jahre bis zum Tod des einen Partners. Über 40-jährige Ehen bildeten keine Seltenheit. Die überwiegende Mehrheit der Überlebenden verzichtete daher auf eine zweite oder gar dritte Eheschliessung, zumal die Witwen.

Männer verloren die Frau gelegentlich bei einer Geburt und standen dann mit oft noch kleinen Kindern alleine da. Weil der Unterhalt einer Gattin weniger kostete als die Anstellung einer Magd und weil eine Zweitehe dauerhafter war, heirateten junge Witwer meistens sehr rasch wieder. So starb Johannes Koprios erste Frau Anna Maria Killer am 19. Februar 1800 nach nur neunjähriger Ehe und hinterliess ihm zwei kleine Mädchen und einen Buben; bereits am 8. Mai des gleichen Jahres führte er Barbara Märki aus Villigen als zweite Gattin heim. Witwen mussten länger warten, damit bei einer allfälligen Schwangerschaft die Vaterschaft für eindeutig gehalten werden konnte.

Die 195 Frauen, die zwischen 1650 und 1800 einen Mülliger geheiratet hatten, brachten insgesamt 888 Kinder zur Welt, im Durchschnitt also vier bis fünf (Ø 4,6). Nur elf Gattinnen lagen nie im Wochenbett. Umgekehrt bildeten Frauen mit über acht Geburten eine kleine Minderheit (etwa 10 Prozent); das Maximum betrug 13. Bei der Mehrheit (rund 70 Prozent) lag die Zahl zwischen einer und sechs Entbindungen. Da viele Kinder im Alter von weniger als zwei Jahren starben, waren die «Normalfamilien» aber bei weitem nicht so gross.

Einen schönen Brauch förderte der Kanton Aargau im 19. Jahrhundert: Die Gemeinden sollten für jede Hochzeit sechs Bäumchen pflanzen, für jede Geburt deren zwei. Anfänglich nahm es der Gemeinderat mit dieser Sitte sehr genau; in den Jahren 1818 bis 1820 zählte er zusammen zwölf Heiraten und 33 Taufen; für diese setzte er exakt 138 Kirsch- und Apfelbäume auf den Gemeindereutenen. Später rundete er jeweils auf mehrere hundert kleine Eichen, Tannen oder Birken auf, die er im Gemeindewald anpflanzen liess.[6]

Die meisten Kinder erhielten bei der Taufe je einen Paten und eine Patin. Den Buben gab man oft den Vornamen des Paten, den Mädchen jenen der Patin. Dadurch kamen nur selten neue Namen auf. Anna, Maria, Elisabeth, Verena, Barbara und Magdalena sowie Jakob, Johannes (Hans), Friedrich (Fridli), Rudolf, Kaspar, Heinrich, Ulrich (Uli) waren sehr häufig.

Sagte aber ein Auswärtiger, gar ein Berner Patrizier, als Pate zu, gab er dem Patenkind gelegentlich einen Vornamen mit, der in dieser Gegend bisher unbekannt war. Übernahm dasselbe später selbst eine Patenschaft, konnte sich ein ungewohnter Name geradezu einbürgern. So stand dem Balthasar Barth 1686 ein gewisser Balthasar Egger Pate, worauf «Balti» in Mülligen recht gebräuchlich wurde. Bat ein stolzer Vater gar den Hofmeister zu Königsfelden als Paten, wurde das Kind sicher nach ihm benannt, so Wolfgang Barth 1651 nach dem Junker Wolfgang von Mülinen, Alexander Barth nach dem Junker Alexander von Wattenwil, Johann Franz Barth 1693 nach Johann Franz Zehnder. Emanuel fand vermutlich 1674 durch Franz Ludwig Emanuel Baumann Eingang im Dorf; seine Paten waren – nebst einer Frau – der Hofmeister Franz Ludwig Manuel und der Lenzburger Landvogt Emanuel von Graffenried. Die Junker von May liessen sich als Eigentümer der Mühle und grösserer Ländereien öfter als Paten bitten und führten dann ihren Namen ein, etwa Bartlome, Albrecht oder Beat Ludwig, welch letzterer dann zu Batludi verballhornt wurde. Ähnlich verlief es bei Mädchen: Euphrosina Susanna Friedrich oder Katharina Elisabeth Huber hiessen nach ihren Patinnen, deren Gemahle ein Amt in Königsfelden ausübten.[7]

Dass auch zwischen Mülliger Eheleuten nicht immer eitel Wonne herrschte, darüber berichten – in besonders schwerwiegenden Fällen – wiederum die Protokolle des Windischer Chorgerichts.

1713 klagte die Frau Hans Baumanns, er habe sie nachts «unschuldig geschlagen, gestossen und gekritzet». Der Mann pochte aber trotzig auf sein Recht dazu; er

---

[6] Gemeindearchiv Mülligen, Gemeindebuch 1816–1824, S.60–61, 72, 106–107, 160–161, 220. Gemeindeversammlungsprotokoll I/S.52, 136.

[7] Gemeindearchiv Windisch, Taufbücher.

*«Myni Chind und dyni Chind und öisi Chind»*

In der Gegenwart ist oft von «Patchwork-Familien» die Rede, in denen Kinder mit unterschiedlichen Elternteilen gemeinsam aufwachsen. Dies gab es schon im alten Mülligen. Heute liegt der Grund dafür bei den vielen Scheidungen; früher war es der Tod junger Väter und Mütter. Dazu ein Beispiel:
Hans Ulrich Huber (1740–1805) wohnte zuäusserst im Löh in einem kleinen, äusserst schlichten Holzhäuschen mit Strohdach. Seine Frau Dorothea Spillmann (1733–1789) brachte zwei Kinder zur Welt, 1764 Johannes und 1772 Verena. Der Grund für den grossen Abstand lag wohl darin, dass die Familie mausarm war und der Mann in Basel als Dienstknecht in Stellung war. So kam er vielleicht oft jahrelang nicht nach Hause. Daheim fristete die Frau ein kümmerliches Leben, vermutlich mit Spinnen und Taglöhnern. Zur Unterstützung erhielt sie aus Königsfelden wöchentlich drei Brote. Das Töchterchen wurde schon früh in einer Familie in Lauffohr untergebracht. Der Sohn zog 1785 in französische Kriegsdienste. Dafür kehrte der Gatte wieder für immer nach Mülligen zurück. 1789 starb Dorothea an Wassersucht.

Im Jahr danach heiratete der mittlerweile 50-jährige Witwer die bedeutend jüngere Mitbürgerin Margreth Barth (1761–1815). Sie brachte ein dreijähriges, aussereheliches Mädchen, Maria, in die Ehe. In der Folge gebar die noch junge zweite Frau fünf Kinder, von denen drei als Säuglinge starben. Die beiden jüngsten, Barbara (1797) und Anna (1800), überlebten. Sohn Johannes kam aus fremden Diensten nach Hause, Verena aus Lauffohr. So lebten zeitweilig Kinder mit drei unterschiedlichen Elternteilen unter einem Dach.

Diese «Patchwork-Familie» alten Stils zerfiel allerdings schon bald: Johannes zog in holländische Dienste, Verena als Magd nach Brugg, Aarau und schliesslich nach Malters LU. 1805 starb das Familienoberhaupt, als die Jüngsten erst acht und fünf Jahre alt waren. Die aussereheliche Maria musste sich wohl selbst durchbringen. Dabei war die Witwe nun noch vermehrt auf fremde Hilfe angewiesen. 1815 erlag sie, 44-jährig, der Tuberkulose. Das Häuschen, an dem auch die Kinder aus erster Ehe beteiligt waren, musste verkauft werden. Die Töchter aus zweiter Ehe heirateten früh, die eine nach Möriken, die andere blieb im Dorf.

Zwillingstaufe in Mülligen, 1930.
Familie Arnold Barth, vor dem Haus Hauptstrasse 22.

meinte, er habe nichts anderes getan als das, wozu er auch inskünftig befugt sein werde. Die Chorrichter kerkerten ihn daher für einen Tag im Kirchturm ein und büssten ihn zudem. Zugleich drohten sie ihm an, die Strafe zu erhöhen, wenn er solches wiederholen würde.

Auch Hans Barth, Pächter im «Hof», und seine dritte Frau führten eine «gar böse Ehe». Schon zwei Jahre nach der Hochzeit dachte sie an Scheidung. Im September 1728 begehrte sie daher von den Chorrichtern, dass sie «ihr von ihm helfen sollten». Da in Bern gerade Gerichtsferien waren, vertröstete man sie auf die Zeit nach der Ernte, allerdings mit dem Versprechen, eine erneute Klage weiterzuleiten. Doch erst im März des folgenden Jahres trat sie erneut vor die Sittenbehörde. «Er halte sie schnöde, und das wegen einer Stieftochter, der er mehr anhange als ihr.» In seiner öfteren Betrunkenheit und im Schlaf führe er «solche Reden, dass sie nicht anders könne, als jaloux sein wegen dieser Stieftochter, welche nun zu Oberburg diene und die er en passant fleissig besuche, so oft er nach Brugg zu seinem Lehensherrn gehe». Die Chorrichter hielten ihre Beschwerde für berechtigt. Sie verwarnten Barth, «allen Umgang mit dem Meitli zu meiden», und wiesen die Tochter an, einen entfernteren Arbeitsplatz zu suchen, «etwa in der Gegend von Aarau oder dort herum». Im Übrigen meldeten sie den Fall dem Landvogt. Weiteres ist darüber nicht bekannt. Jedenfalls stand das Paar später nie mehr vor dem Chorgericht. Das Joch dieser Ehe überdauerte noch fast zwanzig Jahre, bis der Mann im Sommer 1748 starb.

Vor allem Frauen zweifelten gelegentlich die eheliche Treue ihrer Lebenspartner an – mit mehr oder weniger Grund. So verdächtigte Anna Haller, Jakob Baumanns Gattin, Barbara Kleiner, Hans Hubers Frau, «dass diese ihren Mann ungebührlich anzieht». Daraus entstanden nicht nur Auseinandersetzungen in Worten, sondern auch Tätlichkeiten. In diesem Fall ergab die Untersuchung keinen begründeten Argwohn, was zur Abweisung der Klage führte. Im Protokoll ist dazu angefügt: «Die Weiber aber werden wegen ärgerlichen Worten und Werken jegliche mit 1 lb [= $^{1}/_{2}$ Gulden] bestraft.»

Auch als Susanna Vogelsang ihren Gemahl, den jungen Wagner Kaspar Baumann, anzeigte, er ziehe einer Magd in der Mühle nach, liess sich nichts beweisen. Das Chorgericht begnügte sich damit, den Mann an seine Pflichten zu erinnern und die Müllersfrau aufzufordern, die Magd baldmöglichst zu entlassen.

Formelle Scheidungen kamen äusserst selten vor, nicht aber getrenntes Leben von Ehepartnern. Männer arbeiteten jahrelang auswärts – oft aus wirtschaftlicher

Not – oder zogen sogar in fremde Kriegsdienste. Manchmal bildete auch dauernder Streit im Haus den Grund für das «Voneinanderlaufen». Das Chorgericht ermahnte solche Paare jeweils zur Versöhnung und Besserung. Als aber die Frau des Johannes Barth 1759 klagte, «er wolle nicht mit ihr hausen und gebe ihr nichts», verlangten die Behörden von ihm, entweder wieder zu ihr zu ziehen und «gemeinschaftliche Wirtschaft zu treiben» oder ihre Steuern zu bezahlen und ihr zu geben, was «zu ihrer Alimentation nötig» sei.

Als absoluter Scheidungsgrund galt Ehebruch, für den Gatten, wenn die Ehefrau von einem andern schwanger wurde, für die Gattin, wenn der Mann eine andere Frau geschwängert hatte. Als Friedrich Huber 1742 in der Mühle zu Niederlenz arbeitete und die dortige Magd ein Kind von ihm erwartete, fragten die Chorrichter seine Ehefrau formell an, ob sie die Scheidung begehre oder ihm seinen Fehler vergeben wolle. «Sie deklarierte sich für das letztere um ihrer zwei Kinder willen, sagte sie.» In der Folge schenkte sie selbst einem weiteren Knaben und fünf Mädchen das Leben, und ihr Ehebund hielt noch 42 Jahre! Bei den damaligen wirtschaftlichen und sozialen Verhältnissen war es für eine Frau mit Kindern sehr schwierig, sich allein durchzubringen. So zogen es die meisten vor, sich mit einem Fehltritt des Partners abzufinden.[8]

Es gab jedoch auch Ausnahmen: Anna Haller klagte 1672, ihr Gatte, Rudolf Baumann, habe sie vor sieben Jahren böswillig verlassen, und sie begehre nun die Scheidung. Ihre Ehe hatte von Anfang an unter einem schlechten Stern gestanden. Er hatte ihr 1665 während der Erntearbeiten im Zürichbiet die Ehe versprochen, sie geschwängert, sie aber nur auf Druck des Vaters und des Chorgerichts geheiratet. Kurz darauf – sie war bereits zum zweiten Mal schwanger – hatte er sie verlassen. Vor einer Scheidung musste sie aber seinen Aufenthaltsort ausfindig machen und ihn vor Gericht zitieren. Es gelang ihr abzuklären, dass er im Württembergischen gearbeitet habe, nun aber in französische Kriegsdienste getreten sei. Da sie dafür schriftliche Beweise vorlegte, wurde die Ehe im August 1673 geschieden. Anna Haller war dieser Schritt umso leichter gefallen, als sie eine neue Beziehung eingegangen war und nun den Hans Ulrich Koprio heiraten konnte.[9]

---

[8] Archiv der reformierten Kirchgemeinde Windisch, Chorgerichtsprotokoll II/12.11.1713, 19.9.1728, 20.3.1729, 8.4.1731, 4.11.1742, 17.3., 28.4.1743, 24.10.1745, 17.6.1759, 31.10.1762.

[9] Chorgerichtsprotokoll 28.5.1665, 11.8., 18.8, 8.9.1672, 4.8., 23.11.1673. Staatsarchiv Bern, B III 579/Nr.58.

*Ausserehelicher Kinder*

Wurde eine junge Frau ohne Eheversprechen schwanger oder bestritt der Schwängerer seine Urheberschaft, geriet sie in eine sehr schwierige Situation. Sie hatte nicht nur gegen das obrigkeitliche Sittengesetz verstossen, sondern auch gegen das Brauchtum der breiten Bevölkerung, das den Beischlaf erst nach korrekt erfolgtem Eheversprechen (vor Zeugen und mit Ehepfand) gestattete. Im Dorf wurde sie auch geächtet, weil die Gefahr bestand, dass die Gemeinde für das aussereheliche Kind aufkommen musste.

Die Taufbücher enthalten im 17. Jahrhundert keine einzige uneheliche Geburt in Mülligen. Im 18. Jahrhundert zählte man dagegen deren 34; dazu kamen sieben Vaterschaftsprozesse von Mülliger Männern, die auswärts der Zeugung eines Kindes angeklagt wurden. Im 19. Jahrhundert waren es noch mehr. Die Erklärung für diese Entwicklung liegt wohl kaum in einem allgemeinen Sittenzerfall, der nach 1700 eingesetzt hätte. Vielmehr verknappte die Zunahme der Bevölkerung die Ernährungsgrundlage im Dorf, weshalb viele junge Männer und Frauen anderswo eine Arbeit annehmen mussten. Dadurch entgingen sie der sozialen Kontrolle von Familie und Nachbarschaft, was unerlaubte Beziehungen eher ermöglichte. Von den 34 ausserehelich Geborenen wurden tatsächlich lediglich vier im privaten Rahmen Mülligens und zwei von Angestellten in der Mühle gezeugt, 28 aber auswärts. Dabei fand die unerlaubte Beziehung meist am gemeinsamen Arbeitsplatz statt; sie wurde oft noch dadurch gefördert, dass Mägde und Knechte in der gleichen Kammer schlafen mussten. Wegen der wachsenden Bevölkerung nahm auch die Zahl der Armen zu, die sich eine Heirat gar nicht leisten konnte. Es war daher kein Zufall, dass sich die Zahl der ausserehelichen Geburten in den Krisenjahren ab 1770 auffällig häuften.

Wurde eine solche Schwangerschaft entdeckt, stellte die Heimatgemeinde der Frau sofort die Frage nach dem Vater. War dieser zur Heirat bereit, erledigte sich das Problem von selbst. Das Hochzeitspaar musste dem Chorgericht lediglich eine Busse für den vorehelichen Beischlaf bezahlen. Auch durfte die Braut bei der Trauung das Kränzchen der Unschuld nicht tragen und wurde dadurch öffentlich blossgestellt; viele verheimlichten daher ihren Zustand und nahmen später eine höhere Busse in Kauf.

Nur selten kam es vor, dass ein Mann seine Urheberschaft freiwillig gestand und bereit war, für das Kind aufzukommen. So kehrte Maria Huber 1726 schwanger von ihrem Dienstort in Zürich heim. Sie konnte zwei Zettel vorweisen, nach welchen der Sohn ihres Arbeitgebers, Junker Leutnant Schmid, die Vaterschaft anerkannte. Wegen des Standesunterschieds kam für ihn eine Heirat nicht in Frage, und durch das Bekenntnis konnte er einen langwierigen Prozess vermeiden, der sein Prestige geschädigt hätte. Die Windischer Chorrichter wiesen die werdende Mutter daher an, ihre Sache sofort beim Zürcher Sittengericht «anhängig» zu machen.

Gelegentlich liess sich ein Erzeuger nachträglich noch zu einer Heirat bewegen. Abraham Läuchli von Remigen gestand zwar 1754 den Beischlaf mit der Mülligerin Katharina Grimm, bestritt aber die Vaterschaft. Lediglich «wenn das Kind von Neujahrabend an gerechnet ihn zeihen [= beschuldigen] möge, so wolle er's annehmen». Als im September ein Knabe Felix zur Welt kam, anerkannte er ihn; er wolle «aber die Hure nicht ehelichen» – und floh in fremde Kriegsdienste nach Frankreich. Da Katharina jedoch auf einem Eheversprechen beharrte, erklärte er sich schliesslich bereit, sie nach seiner Rückkehr zu heiraten. Das Oberchorgericht sprach ihm das Kind daher «als ehrlich und ehelich» zu, und zwar bereits vor der Hochzeit.

Noch schwieriger wurde die Lage einer schwangeren Frau, wenn sich der von ihr beschuldigte Mann nicht zu einem Geständnis bequemte. Blut- oder gar Gentests bestanden noch nicht. Man hatte daher ein für die gebärende Mutter besonders demütigendes, aber als erfolgreich geltendes Verfahren entwickelt: das Geburtsverhör. Stellte die Hebamme die nahe bevorstehende Niederkunft fest, musste sie zwei vom Chorgericht dazu bestimmte Männer rufen lassen. Diese kamen ins Haus und befragten die Frau «in den Schmerzen der Geburt» nach dem Erzeuger. Dabei ermahnten sie die Gebärende, die reine Wahrheit zu sagen, und führten ihr eindringlich vor Augen, in welcher Lebensgefahr sie sich befinde und dass sie vielleicht in den nächsten Minuten vor dem Richterstuhl Gottes stehen werde. Würde sie nun lügen, musste sie mit der ewigen Verdammung in der Hölle rechnen. Sofern die werdende Mutter unverrückbar am gleichen Namen festhielt, galt dies als Vaterschaftsbeweis.

Aus Mülligen sind für das 18. Jahrhundert 25 derartige Geburtsverhöre aktenkundig. In sieben Fällen wurde der nachfolgende Prozess vorzeitig abgebrochen, weil der Säugling starb. Der Makel blieb in diesen Fällen nur an den Müttern haften, während die der Zeugung Beschuldigten ungeschoren davonkamen.

Sechsmal liess sich die Vaterschaft nicht abklären, weil die Frauen nur ungenaue Angaben machten. So gab Margareth Gatscho 1770 ihren Dienstherrn, einen Landarzt zu Courgemont im Fürstbistum Basel (heute Jura), als Vater an; doch könne sie dessen Namen nicht angeben. Aufgrund eines Vertrages der beiden Staaten konnte der Fall nicht weiter verfolgt werden. Dem Oberchorgericht blieb jeweils nichts anderes übrig, als das Kind der Mutter und damit der Gemeinde Mülligen als unehelich zuzusprechen.

Auf dem Schulweg nach Windisch.
Foto Thomas Schirmann.

Bei der doppelten Anzahl, in zwölf Fällen, jedoch galt die Vaterschaft als erwiesen. Das Oberchorgericht sprach das Kind dem Vater und dessen Heimatgemeinde zu. Dazu einige Beispiele: Im November 1742 erschien Maria Fischer von Meisterschwanden vor dem Windischer Chorgericht: Sie sei seit 28 Wochen schwanger. Vater sei der bereits erwähnte Friedrich Huber, ein Ehemann aus Mülligen, der neben ihr in der Mühle zu Niederlenz gedient und sie dort «gar viel und oft beschlafen» habe. Sie wusste zwar, dass er Weib und Kind habe, doch habe er sie verführt. Nun sei Huber verschwunden; auch seine Gattin wisse nicht wohin. Die ganze Verzweiflung der Magd kam zum Ausdruck, als die Chorrichter sie fragten, wo sie denn mit dem Kind hinwolle: «Da briegete sie gar bitter und sagte: Sie habe einmal nüt daheim, nicht mehr als auf die leere Hand.» Nachdem sie im Geburtsverhör auf Huber bestanden hatte und dieser wieder heimgekehrt war, gestand er seine Vaterschaft. Das Kind wurde ihm zugesprochen; es blieb bei der Mutter, der er dafür fünf Gulden Ammenlohn und danach alle sechs Monate fünf Gulden als «halbes Tischgeld» bezahlen musste. Als Strafe für den begangenen Ehebruch mussten ferner beide 20 Tage Gefangenschaft absitzen.

Was aber geschah, wenn ein Mann den Tatbestand weiter bestritt, obwohl ein glaubwürdiges Ergebnis des Geburtsverhörs vorlag? Ein solcher Fall ereignete sich 1747, nachdem Susanna Baumann aus Mülligen den Hammerschmied

Rudolf Zimmerli von Aarburg schwer belastet hatte. Das Oberchorgericht lud die Parteien nach Bern vor. Dabei mussten sie ein Leumundszeugnis mitbringen, ebenso je eine Bescheinigung ihres zuständigen Pfarrers, dass er sie über das Wesen des Eides und die Folgen eines Meineides unterrichtet hatte. Sie kamen also in die Hauptstadt, wurden nochmals verhört und erhielten darauf die Gelegenheit, ihre Aussagen durch einen Eid zu beschwören. Dieser «Reinigungs-Eid» bildete die letzte Möglichkeit eines Mannes, die Zusprechung des Kindes noch abzuwenden. Zimmerli konnte sich aber nicht dazu durchringen; er bestritt die Tat weiterhin, verweigerte aber den Eid. Damit galt er als überführt. Susanna musste das Kind während der ersten sechs Monate nähren, erhielt dafür den Ammenlohn und konnte es Zimmerli danach übergeben. Dieser musste auch alle ihre Kosten decken. Da beide unverheiratet waren, betrug die Gefängnisstrafe für begangene Unzucht je zehn Tage.

Margreth Barth gelang der Vaterschaftsbeweis jedoch nicht. Sie hatte den Junggesellen Johannes Anliker beschuldigt, sie «an der hl. Auffahrt abends und nachher noch zweimal, da sie vom Lindhof herabkam, unter freiem Himmel beschlafen» zu haben. Anliker bestritt jedoch die «geringste Gemeinschaft». Beide beharrten auf ihren Standpunkten, Margreth auch während des Geburtsverhörs. In Bern leistete Anliker jedoch den «Reinigungs-Eid»; dadurch wies er die Beschuldigung von sich. Das Kind wurde der Mutter zugesprochen. «Wegen der unstatthaften Anklage» musste sie – über die Kosten hinaus – noch zwei Tage im Kerker absitzen.[10]

Manche Männer versuchten aber mit unredlichen Mitteln, das unerwünschte Kind doch noch der Mutter anzuhängen. Balthasar Baumann riss 1732 nach Deutschland aus und liess sich in Zweibrücken nieder. Damit nahm er zwar seine persönliche Verantwortung nicht wahr; diese ging aber auf seine Angehörigen und die Heimatgemeinde über. – Der verheiratete Joseph Jarli von Eriswil/BE, welcher mit der schon erwähnten Margareth Gatscho Ehebruch begangen hatte, versuchte diese als liederlich und daher unglaubwürdig zu disqualifizieren; doch auf Ermahnungen des Oberchorgerichts rang er sich dann doch dazu durch, den kleinen Hans Georg anzuerkennen und nach sechs Monaten auch zu übernehmen.

Es war ein beliebtes Mittel von Männern, den missbrauchten Frauen den gleichzeitigen Geschlechtsverkehr mit anderen Freiern zu unterschieben, um dadurch

[10] Staatsarchiv Bern, B III 728/S.41, 170–171.

ihre Vaterschaft in Frage zu stellen. Ein ganz übles Beispiel wurde im Mai 1774 im Dorf Mülligen selbst inszeniert, und zwar vom Sohn des damaligen Richters und Chorrichters, der in der Angelegenheit selbst den Untersuchungsrichter zu spielen versuchte: Elisabeth Siegrist, die Tochter des Pächters auf dem «Hof» zu Mülligen, klagte Heinrich Widmer als Urheber ihrer Schwangerschaft an. Dieser leugnete jedoch jeglichen Intimverkehr und versuchte, die junge Frau als Dirne darzustellen. Er zählte nicht weniger als sieben Burschen auf; diese hätten mit Karten «um sie gespielt, welcher im Kehr [= der Reihe nach] zu ihr gehen solle». Einer habe sogar verlauten lassen, «er habe bei der Siegrist gemacht, was er habe können». Die Beschuldigten bekannten zwar, gespielt zu haben, jedoch um Geld und nicht um «das Mensch». Bei den nachfolgenden Untersuchungen brachen die bewusst in Umlauf gesetzten Gerüchte buchstäblich wie ein Kartenhaus zusammen.

Im Juli kam ein Söhnchen zur Welt, das in der Taufe bewusst den Namen Heinrich erhielt. Das Geburtsverhör verlief eindeutig zu Lasten Widmers, der die Tat weiterhin bestritt. Da der Knabe jedoch erkrankte, hoffte Widmer auf dessen Tod und erreichte eine Verschiebung des Vaterschaftsprozesses. Doch Klein-Heinrich genas. Das Oberchorgericht lud nun beide Parteien zwecks Verhör und «Reinigungs-Eid» in die Hauptstadt vor. Auch diesmal war es der Mann, der die Beschwörung seiner Aussagen scheute. Kurz vor dem Termin in Bern übernahm er die Vaterschaft vor dem Windischer Chorgericht; «er lege es aber der Siegrist auf ihr Gewissen». So musste er den Knaben ebenfalls nach sechs Monaten zur Auferziehung übernehmen; von der Kindsmutter aber sollte er 15 Jahre lang einen Beitrag von 5 Kronen (etwa 9 Gulden) erhalten.

Ungünstig verlief dagegen eine etwas undurchsichtige Geschichte für Barbara Barth. Anfang 1770 gestand sie, schwanger zu sein, und zwar vom Uhrmacher Jakob Hassler von Aarau; der Geschlechtsverkehr sei wiederholt im Gasthaus zum Leuen in Lenzburg erfolgt. Das Kind, ein Emanuel, kam zur Welt, und Barbara bestand auf der Beschuldigung Hasslers. Doch dann bezichtigte sie ganz unerwartet einen Werber für fremde Kriegsdienste aus Zürich der Vaterschaft. Vor dem Oberchorgericht in Bern erklärte sie sogar, sie habe mit beiden Männern Unzucht getrieben, könne also nicht wissen, wer der Vater sei. Damit befreite sie Hassler vom «Reinigungs-Eid» und nahm in Kauf, dass das Kind ihr und der Gemeinde Mülligen zugesprochen wurde. Vier Monate später klagte Barbara Barth jedoch erneut gegen Hassler. Auf Befehl des Mülliger Richters Widmer sei sie noch vor dem Verhör in Bern zu einem Gespräch nach Wohlenschwil ins Wirtshaus aufgeboten worden. Dort habe ihr Hassler 100 Taler versprochen, wenn sie von ihrer Klage gegen ihn abstehe und einen Zürichbieter angeben würde; «gewissenloserweise» habe sie sich dazu überreden lassen. Daher sei das Kind der Gemeinde Mülligen zugefallen, sie aber habe die 100 Taler nie bekommen. Natürlich leugneten alle Beteiligten diese Version, weshalb die Geschichte im Sand verlief. In Mülligen zweifelte aber kaum jemand an der Vaterschaft Hasslers. Emanuel Barth erhielt lebenslang den Spitznamen «Hassler», der sich noch bis weit ins 20. Jahrhundert auf seine Nachkommen übertrug. Und sogar in amtlichen Dokumenten sowie in den Bürgerverzeichnissen wurde er als «Emanuel Barth alias Hassler» aufgeführt.

Es mag auch sonst interessieren, was aus den ausserehelich Geborenen geworden ist. Nur von sieben lässt sich der Lebenslauf verfolgen. Für Emanuel Barth beispielsweise musste die Gemeinde das Kostgeld bei einem kinderlosen Ehepaar übernehmen; dann «diente» er an verschiedenen Orten, kehrte immer wieder nach Mülligen zurück, heiratete schliesslich und brachte sich und seine Familie dürftig als Taglöhner, Dorfwächter und allenfalls mit Heimarbeit durch. Ein anderer war Knecht in der Mühle, ein weiterer zog in amerikanische Kriegsdienste. Sie alle führten ein unspektakuläres Leben und tauchen daher selten in den schriftlichen Quellen auf.[11]

*Sterben in Mülligen*

Der Tod bedeutete früher ein weniger ausserordentliches Ereignis als heute. Er gehörte zum Alltag. Die Kranken blieben zu Hause, bis sie – umgeben von ihren Angehörigen – starben. Die Kinder erlebten dies von klein auf mit.[12]

Leider lässt sich die Lebenserwartung in Mülligen nicht feststellen, weil manche Pfarrherren von Windisch die Totenbücher nachlässig oder zeitweilig gar nicht führten. So ist besonders die Kindersterblichkeit nur unvollständig zu erfassen

---

[11] Archiv der reformierten Kirchgemeinde Windisch, Chorgerichtsprotokoll II/18.8.1726, 16., 23.3., 22.6.1732, 4.11.1742, 17.3.1743, 23.4.1744, 2.7., 19., 27.11., 18.12.1747, 20.5., 13.9.1754, 6.3., 4.8.1755, 18.1., 26.4., 19., 20.8.1770, 30.10.1771, 10.2.1772, 29.5., 12., 30.6., 31.7., 7., 15.8., 19.9., 22., 28.11.1774.

[12] Wo keine andern Angaben gemacht werden, stützen sich die folgenden Ausführungen auf die Tauf-, Ehe- und Totenbücher ab, die sich im Gemeindearchiv Windisch befinden.

und lässt sich nicht in Prozentzahlen ausdrücken. Dennoch sollen einige Beispiele angeführt werden:

Beim Mülliger Schulmeister Hans Georg Barth (1702–1769) und seiner ersten Gattin Elisabeth Bolliger (1702–1754) sah die traurige Bilanz folgendermassen aus:

| | | |
|---|---|---|
| Felix | *1728 | †1736 |
| Friedrich | *1731 | †1733 |
| Verena | *1733 | †1742 |
| Elisabeth | *1736 | †1736 |
| Elisabeth | *1738 | †1742 |
| Anna Barbara | *1741 | †1742 |
| Johannes | *1744 | †1747 |

Als man 1742 die zweite Elisabeth zu Grabe trug, fügte der Pfarrer dem Eintrag – offenbar selbst erschüttert – den folgenden Zusatz bei: «durch dessen Sterben seine Eltern nun kinderlos worden, die doch deren 6 gehabt. Der Herr hatte sie gegeben, der Herr hat sie genommen.»

In jenem Jahr starben innerhalb weniger Wochen acht Kinder, alle an einer Hustenerkrankung, vermutlich einem besonders aggressiven Keuchhusten. Zwischen dem 7. Januar und dem 22. Februar 1804 erlagen sieben Knaben und ein Mädchen den Blattern. Meistens waren es jedoch weniger epidemische als vielmehr individuelle Krankeiten (oft der Verdauungsorgane), die das Leben von Kindern forderten.

Je nach der Gesundheit der Mutter und der Widerstandskraft der Säuglinge gab es grosse Unterschiede der Kindersterblichkeit bei den einzelnen Familien. Ein besonders markantes Beispiel bieten die zweite und dritte Generation des Geschlechts Schneider:

| *Eltern: Jakob Schneider († 1769)* | *Eltern: Heinrich Schneider († 1800)* |
| *Anna Barth († 1771)* | *Verena Heuberger († 1794)* |
|---|---|
| 1726 Hans Jakob († 1728) | 1749 Hans Heinrich (oo Verena Riniker) |
| 1727 Heinrich (oo Verena Heuberger) | 1752 Hans Jakob (oo Susanna Maria Walther) |
| 1730 Totgeburt | 1754 Anna (oo Jakob Meyer von Oberburg) |
| 1731 Anna († ungetauft) | 1756 Magdalena († 1757) |
| 1732 Anna († ungetauft) | 1758 Elisabeth (oo Johannes Ackermann) |
| 1733 Totgeburt | 1760 Johannes (oo Anna Huber) |
| 1734 Totgeburt | 1762 Felix († 1762) |
| 1736 Maria († 1741) | 1764 Isaak Jakob (oo Ursula Käser) |
| 1740 Kind († ungetauft) | 1766 Abraham († 1766) |
| 1741 Kind († ungetauft) | 1767 Verena (oo Albrecht Huber) |
| 1746 Tochter († ungetauft) | 1772 Anna Maria (oo Johannes Knecht) |

Beide Frauen brachten je elf Kinder zur Welt. Schwiegermutter Anna Barth verlor neun schon vor oder bei der Geburt und ein Töchterchen im Alter von fünf Jahren. Einzig der Stammhalter Heinrich überlebte. Ihre Schwiegertochter, Verena Heuberger, verlor drei Kinder im Säuglingsalter und zog vier Söhne und vier Töchter gross, die alle selbst Familien gründeten. Von ihnen stammen sämtliche heutigen Schneider von Mülligen ab.

Es mag nun makaber klingen, wenn zugleich auf die wirtschaftlichen Auswirkungen der unterschiedlichen Kindersterblichkeit hingewiesen wird; dennoch waren sie real: Heinrich erbte das grosse Bauerngut seines Vaters und die ansehnliche Mitgift seiner Mutter allein; er war sehr wohlhabend. Die vier Söhne aber mussten den elterlichen Hof unter sich aufteilen und zudem ihre erblich gleichberechtigten Schwestern auszahlen. Sie und ihre Nachkommen wurden nie mehr so reich wie ihr Vater und ihr Grossvater.[13]

In Mülligen starben im 18. Jahrhundert in der Regel jährlich zwischen vier und sieben Menschen. Einige Pfarrer trugen auch die Todesursache ein, am häufigs-

[13] Staatsarchiv Aarau, AA 715/S.48–69.

*Opfer der Reuss*

Am 26. August 1743 musste der Windischer Pfarrer gleich vier Ertrunkene im Totenbuch verzeichnen, darunter Susanna Elisabeth und Susanna Barth: «Zwo Schwöstern von Mülligen sind am gleichen Tag in einem Weidling nächst ob Mülligen auch verunglücket worden und in der Reuss ertrunken und auch noch gleichen Abend hier an der Reuss herausgezogen worden.»

Eine andere Situation ergab sich am 28. April 1754, als der unverheiratete Müller Emanuel Rüegger in den Fluss stürzte und am Mühlewehr beim Dörfchen Reuss geländet wurde. Rüegger hatte nur zwei Tage zuvor bei Pfarrer Wetzel ein mündliches Testament zugunsten der Kinder seines Bruders errichtet, was den Verdacht auf Freitod erregte. Selbstmörder aber durften nicht auf dem Friedhof begraben werden, sondern wurden anderswo verscharrt. Auch erbte der Staat seine Hinterlassenschaft. Kompliziert war die Sache dadurch, dass Rüegger jenseits der Landesgrenze auf dem Territorium der Grafschaft Baden herausgezogen worden war. Daher entbrannte darüber ein makaberer Konflikt zwischen den Landvögten von Königfelden und Baden, wem die Leiche «gehöre». Jener von Baden liess sie am Gebenstorfer Ufer anbinden und bewachen. Rüeggers Bruder aber sass als angesehene Persönlichkeit im Gericht und im Chorgericht und machte nun wohl seinen Einfluss geltend. Der Amtsuntervogt schickte daher die Windischer Schiffleute aus, die Leiche zu holen, «es möge dann kosten, was es wolle». Dies geschah dann auch unter Anwendung von Gewalt. Der Landvogt verfügte hierauf – wohl Rüeggers Bruder zuliebe – ein ehrenhaftes Begräbnis am 3. Mai auf dem Windischer Friedhof.[14]

ten Typhus, Auszehrung (Tuberkulose), Wassersucht, Blattern, Kindbett, Schlag oder ganz einfach «Alter».

Epidemisches Massensterben gab es hier selten – im Gegensatz zu Brugg oder auch zu Windisch, wo die Leute näher beisammen lebten und mit vielen Durchreisenden in Kontakt kamen. Die Abgelegenheit Mülligens schützte die dortige Bevölkerung vor Ansteckung. Als die Pest die Kirchgemeinde Windisch zwischen dem 12. September 1635 und dem 26. Januar 1636 heimsuchte und der Pfarrer 114 Todesfälle notierte, stammten nur gerade zwei aus Mülligen; sie starben vermutlich gar nicht an den Folgen der Pest.

[14] Gemeindearchiv Windisch, Totenbuch 1743/1754. Staatsarchiv Aarau, AA 708/S.296, AA 2773/Fasc.7.

Beim grossen Pestzug vom Oktober 1667 bis Ende 1668 wurde auch Mülligen nicht verschont. Zwar dauerte es bis zum 28. Juli 1668, bis die erste Person dieser Seuche erlag. Doch vom 13. August an häuften sich die Pesttoten. Bis zum 22. November zählte man deren 25. Besonders betroffen waren die Brüder Friedrich im Stock: Hans verlor einen, Hans Jakob zwei Söhne; Jakob wurde selbst ein Opfer der Pest; ihm folgten noch vier seiner Kinder. In der Familie Zahner starb zuerst die Grossmutter, dann ein Sohn und zuletzt ein Enkel. Zwei Familien mussten am gleichen Tag je zwei Angehörige begraben.

25 Tote auf eine Einwohnerzahl von höchstens 120 bedeutete einen schweren Schlag für Mülligen. Dennoch war die Katastrophe längst nicht so einschneidend wie in Brugg und Windisch, wo nicht weniger als je 60 Prozent der Bevölkerung der Pest zum Opfer fielen, also bei weitem nicht die Hälfte überlebte.

Neben Krankheiten forderten auch Unfälle ihre Opfer. Sie hingen meist mit den damaligen Berufs- und Lebensverhältnissen zusammen: Kaspar Barth fiel 1701 von einem Kirschbaum; Heinrich Herrmann, Knecht in der Mühle, erlitt 1724 einen Hufschlag von einem Pferd, das durchbrannte; der Richter Johannes Widmer fiel 1776 auf der Fahrt von Lenzburg von seinem Wagen; Friedrich Koprio wurde 1819 in der Mergelgrube von einer Felsbank erschlagen.

Die Toten wurden seit jeher bei der reformierten Kirche in Windisch beerdigt. Trat ein Todesfall ein, ging eine dazu bestimmte Frau, die «Leichenbitterin», von Haus zu Haus, teilte die traurige Nachricht mit und bat um Teilnahme am Begräbnis. Die Leiche wurde indessen eingesargt und daheim aufgebahrt.

Zur festgesetzten Zeit fand sich die Trauergemeinde beim Wohnhaus ein. Ursprünglich trugen jeweils vier starke Männer den Sarg an der Spitze des Trauerzuges nach Windisch. 1881 schenkte der Kaufmann Gottlieb Baumann vom Stock der Gemeinde einen Leichenwagen – zum Andenken an seine zuvor verstorbene Mutter. Zu seiner Unterbringung beschlossen die Stimmbürger, den noch heute bestehenden Anbau am Waschhaus zu errichten. Von auswärtigen Benützern verlangten sie eine Gebühr von 4 Franken.

Der Sarg wurde von da an auf diesen Leichenwagen geladen und mit einem Pferd nach Windisch geführt, gefolgt von den Angehörigen, Freunden und Nachbarn. Der Trauerzug dauerte jeweils eine Stunde. Wenn der Sigrist die Trauernden vom «Känzeli» über der Reuss aus erblickte, begann er zu läuten.

Nachdem das Zivilstandswesen 1876 vom Pfarrer auf die Gemeinde übergegangen war, bürgerte sich in Mülligen ein ganz besonderer Brauch ein: Vor dem Weg-

Ida Döbeli-Baumann, die letzte Mülliger «Leichenbitterin». Aufnahme um 1960.

gang vom Trauerhaus sprach eine Persönlichkeit aus dem Dorf, meistens der Gemeindeschreiber, einige Worte der Teilnahme, «in der Absicht, dass gerade in diesem Moment, wo die sterbliche Hülle ihrer Wohnstätte entführt wird, und somit in diesem Augenblicke einige tröstende Worte die grösste schmerzlindernde Wirkung haben werden». Es handelte sich um eine kurze Würdigung der verstorbenen Person mit einigen Angaben aus deren Lebenslauf. 1924 beschloss die Gemeindeversammlung mit grosser Mehrheit, «diesen schönen, alten, ehrwürdigen Brauch zu erhalten». Ebenso gestand sie dem Gemeindeschreiber eine Entschädigung von Fr. 2.50 je Leichengebet zu, «mit Rücksicht darauf, dass eine solche Biographie nicht in ein paar Minuten gemacht ist und der gute Sinn dieses schönen Zuges der Mülliger, welcher bekanntermassen allgemeine Beachtung findet, richtig anerkannt und verstanden wird».[15]

Bedingt durch den zunehmenden Autoverkehr, wurde der öffentliche Trauerzug 1964 abgeschafft. Die Trauergemeinde findet sich seither direkt in Windisch ein. Der Brauch des Leichengebetes beim Trauerhaus war aber schon früher weggefallen.

[15] Gemeindearchiv Mülligen, Gemeindeversammlungsprotokoll III/S.156–157, 167, V/S.219, 223–224, 227.

Leichenwagen zum Transport der Särge vom Trauerhaus zum Friedhof.

### Auf nach Mülligen: der Zuzug von Fremden

Zu allen Zeiten gab es Leute, die es nach Mülligen zog. Die einen kauften sich hier eine bäuerliche Liegenschaft, Frauen ehelichten einen jungen Mülliger, auswärtige Männer heirateten eine Erbtochter, andere suchten eine Anstellung als Knecht oder Magd, und schliesslich bauten sich manche hier ein Wohnhaus, weil ihnen die Lage gefiel und der Weg zur Arbeit kurz war.

*Einbürgerung oder Abweisung?*

Über die Bevölkerung Mülligens im Mittelalter ist ausser einigen Namen nur sehr wenig überliefert. Vom «ältesten Mülliger», dem 1273 erwähnten Müller C. (= Conrad), ist nicht einmal ein Familienname bekannt.

1361 ist ein Bauer Chuoni (= Konrad) Fuchs erwähnt; er bebaute ein Gütchen zu Mülligen, dass dem Egbrecht von Mülinen gehörte. Der gleiche Ritter besass in Lupfig einen Hof, den Uli Meyer von Mülligen bewirtschaftete. Ob es sich dabei um einen Vorfahren der späteren Inhaber der Mühle und grosser Höfe handelt, ist nicht festzustellen, aber möglich.

Aus dem 15. Jahrhundert sind einige Mülliger schriftlich belegt, und zwar als Richter und Zeugen im Gericht Eigenamt: Ulrich Schmid 1417 und 1426, Bertschi Käser 1440 und 1456, Hans Zulauf (ursprünglich Stapfer) 1453, 1456 und 1477, Heini Zulauf 1496, Hans und Heini Meyer 1456. Dazu kamen die in anderem Zusammenhang bereits erwähnten Betreiber der Mühle. Alle diese Hinweise bieten aber nur kleine Bruchstücke, die kein Gesamtbild der damaligen Mülliger Bevölkerung ergeben.[16]

Im 16. Jahrhundert werden die Informationen etwas dichter. Insbesondere bewahrt das Staatsarchiv Bern ein Verzeichnis aller Feuerstätten (Haushaltungen) aus dem Jahr 1528 auf, das hier in der originalen Schreibweise wiedergegeben wird:[17]

---

[16] Staatsarchiv Aarau, Urkunden Königsfelden Nrn. 335, 506, 550, 611, 660, 690, 692, 779, 808, 833. Habsburger Urbar II/S.528.
[17] Staatsarchiv Bern, B II 283/Nr.8.

| Haus | Haushaltvorstand |
|---|---|
| 1. | Heini Meyer, der Alt |
|  | Heini Meyer, der Jung |
| 2. | Ulle Meyer |
| 3. | Hans Buwman |
| 4. | Jakob Wygicker |
| 5. | Heini Blum |
| 6. | Junghans Wygicker |

Damals hatten die Meyer noch eindeutig die Oberhand. Die Wygicker waren auch in Windisch vertreten und hiessen später Weiker; der aufgeführte Jakob besass den weitaus grössten Hof in der Gemeinde. Der Name Blum kommt sonst in Mülligen nicht vor. Buwman («Buume») ist der einzige Name, der in Mülligen bis heute stark verbreitet ist.

Gegen 1600 traten weitere Geschlechter auf, etwa die Hintermann und Grünenfeld, die nach wenigen Generationen wieder verschwanden. Die Bevölkerung war nämlich bis ins 17. Jahrhundert sehr mobil. In den Städten und Dörfern kamen und gingen viele Menschen, die nicht die Absicht hegten, sich auf Dauer niederzulassen. Wer ein Haus kaufte, erwarb damit zugleich auch das Bürgerrecht, ohne dass sich die Gemeinde dagegen zur Wehr setzen konnte. Noch 1670 verkaufte Konrad Kummler in Mülligen ein Wohnhaus ausdrücklich samt «aller Dorfrechtsame und Gerechtigkeit», also mit dem Bürgerrecht, das auch die Berechtigung umfasste, an der Bürgerversammlung zu stimmen, das Vieh auf die Gemeinweide zu treiben und Bürgerholz zu beziehen.[18] Vermutlich musste er der Gemeinde lediglich eine kleine Gebühr von 5 Gulden bezahlen und den Mitbürgern einen Umtrunk spendieren. Auf diese Weise haben wohl alle alten Geschlechter Mülligens hier das Heimatrecht erworben.[19]

Am weitesten zurück reichen zweifellos die *Meyer*, die schon im 15. Jahrhundert in Mülligen belegt sind und vielleicht Nachkommen des erwähnten Uli Meyer von 1366 oder noch fernerer Vorfahren waren. Für die Behauptung, sie seien die

---

[18] Staatsarchiv Aarau, AA 688/20.10.1670.
[19] Da in Mülligen die betreffenden Gemeindebücher fehlen, vgl. dazu Max Baumann, Geschichte von Windisch, S.158–161, 180–193.

Meier (Verwalter) eines Meierhofes der Herren von Mülinen gewesen, fehlen jedoch jegliche Belege. Es ist sogar unbewiesen, ja höchst zweifelhaft, dass in Mülligen überhaupt je ein Meierhof als Zentrum einer grösseren Grundherrschaft bestanden hat. – 1578 waren die Meyer die weitaus reichsten Mülliger. Noch um 1650 besassen sie ausser der Mühle grosse Liegenschaften; sie waren aber stark verschuldet und mussten diesen Besitz allmählich liquidieren. Der Letzte des Geschlechts, Jakob Meyer, starb um 1710, offenbar unverheiratet.

Das älteste, bis heute bestehende Mülliger Geschlecht sind die *Baumann*, ursprünglich «Buman» oder «Buwmann» geschrieben und seit jeher «Buume» ausgesprochen. Der Name bedeutet einen Mann, der Ackerbau betrieb. Beim oben aufgeführten Hans von 1529 könnte es sich durchaus um den Stammvater der meisten jetzigen Zweige handeln.

Ins 16. Jahrhundert zurück reichen auch die *Koprio*. Stammeltern waren Ulrich Koprio und Anna Hintermann. Das Geschlecht überdauerte die Zeit meist mit einem einzigen Stammhalter. Es erlosch nach zehn Generationen mit dem Schneider Friedrich Koprio († 1885) und seiner Witwe Anna Fehlmann († 1889).

Der als Erster erwähnte Vertreter des Geschlechts *Barth* war Kaspar, ein Zimmermann, der 1633 in Mülligen starb. Auch er war vielleicht noch im 16. Jahrhundert zugezogen. Die Stammeltern aller Mülliger Barth sind Kaspar Barth († 1678, 84-jährig), ebenfalls Zimmermann, und Anna Baumann († 1678, 61-jährig). Drei ihrer Söhne begründeten je einen zum Teil weit verzweigten Stamm.

Zwischen 1620 und 1660 erfolgte eine starke Erneuerung der Mülliger Einwohnerschaft:

Vom Geschlecht *Huber* ist die erste Taufe im Jahr 1627 verbürgt. Anna Müri, die Gattin Hans Hubers, gebar hier damals ihren ersten Sohn. Nach ihrem Tod sorgte die zweite Frau mit fünf weiteren Söhnen für eine kräftige Fortpflanzung.

In der gleichen Zeit liessen sich Hans Jakob *Rinderknecht* († 1661) und Barbara Heidelsberger († 1659) in Mülligen nieder. Sie trugen 1631 ihr erstes Kind nach Windisch zur Taufe. Während drei Generationen überlebte das Geschlecht nur knapp. Doch 1730 schwängerte der schon erwähnte, ledige Johannes Rinderknecht die ebenfalls unverheiratete Katharina Baumann und machte sich dann für immer davon. Da der aus dieser Beziehung geborene Sohn Hans Jakob (1730–1784) jedoch ihm zugesprochen wurde, trug er seinen Familiennamen weiter. Auf ihn und seine Frau Barbara Wirz (1743–1800) lassen sich alle heute lebenden Rinderknecht zurückführen.

Um 1642 brachte der Konkurs des Jakob Baumann zwei weitere Familien nach Mülligen. Zwei Schwäger, Hans Ulrich Kummler und Jakob Friedrich, hatten nämlich Bürgschaft geleistet und mussten nun seine Liegenschaften übernehmen. Die *Kummler* überdauerten aber nur drei Generationen. Ihr letzter Angehöriger, Abraham, starb 1760. Die *Friedrich* besassen anfänglich den grossen Hof an der Ecke Haupt-/Birrfeldstrasse. Doch im Laufe von fünf Generationen wurde aus diesem Besitz immer weniger. Mit Emanuel Friedrich (1751–1815) starb auch dieses Geschlecht aus.

1643 liessen Hans Jakob *Grimm* († 1670) und Anna Hubmeier ihren ersten Sohn taufen. Die Familie war nie sehr zahlreich. Alle heutigen Angehörigen gehen auf Hans Jakob Grimm (1755–1829) und seine dritte Frau Barbara Barth (1752–1808) zurück.

In diese Periode gehört auch der Anfang der Mülliger *Knecht*. Kaspar besass seit spätestens 1654 ein Gütchen im Stock. Drei Jahre später gründete er mit Anna Huber von Birr einen eigenen Hausstand und damit eine eigene Sippe. Die Nachkommen breiteten sich im 19. Jahrhundert stark aus. Sie leben heute aber nur noch in zwei Zweigen weiter, die sich von Kaspar Knecht (1717–1792) und seiner zweiten Ehefrau Margreth Müller (1727–1802) ableiten.

Von keinem der Geschlechter, die sich vor 1700 in Mülligen einbürgerten, ist bekannt, woher sie zuzogen. Einige Familiennamen sind schon vorher in andern Dörfern der Kirchgemeinde nachgewiesen, so die Barth in Altenburg, die Rinderknecht in Habsburg, die Koprio, Huber und Grimm in Windisch und Oberburg. Ob die Mülliger Stämme aber tatsächlich von dort zuwanderten, müssten weitere Forschungen zeigen.

Als die Bevölkerung sich im Laufe des 17. Jahrhunderts aufgrund des Geburtenüberschusses immer stärker vermehrte, begann man allenthalben die Zuwanderung Fremder zu bremsen. Die bisher fast automatische Einbürgerung beim Erwerb eines Hauses liess die angestammte Einwohnerschaft befürchten, der Bürgernutzen müsse auf immer mehr Haushaltungen verteilt werden. Zudem hatte sich vom Staat her das Prinzip durchgesetzt, dass die Heimatgemeinde auch für die Unterstützung verarmter auswärtiger Bürger aufkommen musste. In allen Städten und Gemeinden begann man sich daher gegen aussen abzuschliessen. Die Einbürgerungen wurden mit hohen Einkaufssummen erschwert, ja praktisch fast verunmöglicht.

Auch Mülligen wollte nun den Zuzug Fremder und vor allem deren Einbürgerung hemmen. Es war vermutlich in der Mitte des 17. Jahrhunderts, als die Regierung gestattete, die Einkaufssumme auf 50 Gulden zu erhöhen; der Staat beanspruchte allerdings die Hälfte davon. Der Gemeinde Windisch und Oberburg bewilligte die Obrigkeit schon 1686 eine Verdoppelung auf 100 Gulden. Mülligen und sechs weitere Gemeinden des Eigenamtes stellten 1711 das Gesuch um dieselbe Erhöhung. Sie argumentierten, es sollten alle Gemeinden gleich gehalten werden, weil viele Fremde bei ihnen eindringen und den Boden zusammenkaufen würden, was sie in den «völligen Ruin stürzen» könnte. Diese Begründung überzeugte die «Gnädigen Herren» wegen der Schonung der Wälder (Bürgernutzen!) und der Einsparung von Almosen. Sie erteilten ihnen die entsprechen-

*Eine undurchsichtige Einbürgerung*

Am 2. Juni 1732 beschloss eine eigens dazu einberufene Gemeindeversammlung, dem Franz Karl Gatscho, genannt «Gyger Franz», und seinem Sohn Jakob das Heimatrecht von Mülligen zu erteilen. Die Dorfkasse erhielt dafür eine Einkaufssumme, vermutlich von 50 Gulden, und die Regierung bestätigte die Einbürgerung dieser Leute einige Wochen später. Merkwürdig an diesem Beschluss war die Tatsache, dass die Familie mit dem fremd klingenden Namen nie in Mülligen gelebt hatte, sondern in Bern wohnte. Wer die Sache eingefädelt hatte und aus welchen Motiven, ist nicht ersichtlich. Zu vermuten wäre etwa ein Landvogt oder Hofschreiber, der diese Leute kannte und ihnen einen Dienst erweisen wollte. Die Mülliger dürfte die Einkaufssumme gelockt haben.

Spätere Generationen haben diese Aufnahme vermutlich öfters verwünscht. 1765 begannen nämlich die Probleme. Damals traf in Mülligen die Nachricht ein, Gatscho und seine zweite Frau seien wegen Brandstiftung aus Bern verbannt worden und lebten seither in Biel. Jetzt sei er gestorben und habe aus seiner späten Ehe sechs Kinder im Alter von sechs bis sechzehn Jahren hinterlassen, für deren Unterkunft und Verpflegung nun Mülligen aufkommen müsste. Vermutlich wusste man aber in Bern von den undurchsichtigen Hintergründen der seinerzeitigen Einbürgerung. Die Regierung beschloss nämlich, aus Mitleid mit diesen Kindern, «auch in Absicht, dero [= deren] getreuen Untertanen von Mülligen eine unzweifelhafte Probe des gnädigen Wohlwollens zu erzeigen», sie auf Staats-

de Erlaubnis am 13. Februar 1711. Die Urkunde befindet sich eingerahmt im Gemeindehaus Mülligen.

Die Erhöhung bewirkte, dass im 18. Jahrhundert nur noch Interessenten das Heimatrecht erwerben konnten, deren Existenz gesichert war – mit einer Ausnahme, die noch dargelegt werden wird.[20]

[20] Originalurkunde der Konzession, eingerahmt im Gemeindehaus Mülligen. Max Baumann, Windisch, S. 180–184. Staatsarchiv Bern, Vorschlag von Seckelmeister+Venner Anfang 1711.

[21] Staatsarchiv Aarau, AA 452/S.231–258, AA 706/S.331, AA 709/S.123, 126. Archiv der reformierten Kirchgemeinde Windisch, Chorgerichtsprotokoll II/20.8.1770, 30.10.1771, 10.2.1772, 16.1.1775. Gemeindearchiv Mülligen, Gemeindeprotokoll 1818/S.54–56, 1824/S.10–19, Protokoll der Gemeindeversammlungen I/S.41–42, 62, 66, 76–77, 78, 80–81, 88, 90, 218.

kosten zu erziehen und die bäuerliche Arbeit erlernen zu lassen, damit sie dereinst ihr Brot verdienen könnten. Die zuständige Oberbehörde erwartete nun den Dank der Gemeinde und die Bestätigung des Bürgerrechts.

Ob dieser Entscheid wirklich nur durch das Wohlwollen der «Gnädigen Herren» gegenüber Mülligen begründet war, ist zu bezweifeln. Im Bürgerbrief hatte nämlich wörtlich gestanden, das Heimatrecht gelte so lange, als die Gatscho sich «wohl und ehrlich aufführen werden». In Bern befürchtete man wohl, die Gemeinde könnte sich gegen die Überbürdung der Kinder mit rechtlichen Mitteln zur Wehr setzen. Dies war nun fürs Erste abgewendet.

Für Mülligen setzten die Schwierigkeiten ab etwa 1770 dann doch ein. Gatschos Töchter gebaren insgesamt drei ausserehelichen Kinder, von denen ein Knabe, Johannes, nun wirklich im Dorf auf Kosten der Gemeinde in einer Pflegefamilie untergebracht werden musste. Auch die nächsten Generationen machten den Behörden der Gemeinde zu schaffen. Da die Leute vermögenslos, zum Teil auch ohne Verdienst waren, wurden sie immer wieder an den Heimatort abgeschoben und mussten hier aus den spärlich fliessenden Steuergeldern erhalten werden. Wie glücklich und willkommen sie hier waren, kann man sich ausdenken. Zum Vorteil Mülligens überlebten später ausschliesslich Töchter, die durch Heirat das hiesige Bürgerrecht verloren. Die letzte Witwe Gatscho starb hier 1834, was die Gemeinde von einem jahrzehntelangen Sozialproblem befreite.[21]

Sämtliche Angehörigen des Geschlechts *Schneider* gehen auf jenen schon mehrmals erwähnten Jakob Schneider vom Oberhard/Gemeinde Birmenstorf zurück.[22] Für ihn hatte sein reicher Vater Martin 1711 das Landgut des Junkers Bartholomäus May erworben – mit Wohnhaus, Scheune, Ställen und Speicher am Mülirain und samt 86 Jucharten (= rund 31 Hektaren) Acker-, Wies- und Rebland, dem Viehbestand und der ganzen Einrichtung.[23] Damit war Sohn Jakob materiell gut ausgestattet. Er heiratete 1725 die einzige Tochter Anna des angesehenen Richters Hans Barth. Die Verbreitung des Geschlechts Schneider ab der dritten Generation wurde bereits geschildert.

1717 kaufte Hans Rudolf *Rüegger*, Müller in der oberen Lindmühle, die Mülliger Mühle. Er stammte vermutlich aus Aarburg. Bei dieser Familie ist belegt, dass sie nicht mehr ohne weiteres eingebürgert wurde. Sein Sohn Abraham, nachmals Notar in Langenthal, musste nämlich 1734 formell aufgenommen werden und dafür die erwähnte Einkaufssumme bezahlen. Obwohl die Mühle nach drei Generationen nicht mehr gehalten werden konnte, blieben die Nachkommen zunächst in Mülligen. Dass dieses Geschlecht in der Schweiz überhaupt fortlebt, verdankt der noch bestehende Zweig seinem gemeinsamen Vorfahren Hans Jakob Rüegger (1766–1833), der in fremden Kriegsdiensten war und 1817 nach Amerika auswandern wollte, sich dann aber doch noch anders entschied und in der Schweiz blieb.[24]

1749 heiratete Johannes *Widmer* († 1776) von Hausen die Erbtochter Susanna Maria Grimm (1731–1791) aus Mülligen. Auch er konnte für sich und seine Nachkommen das hiesige Bürgerrecht erwerben. Da diese aber verarmten, wanderten fast alle im 19. Jahrhundert nach Amerika aus. In der Schweiz erlosch das Geschlecht mit Friedrich Widmer (1808–1886).

Die Schneider, Rüegger und Widmer wurden in Mülligen rasch integriert. Sie stiegen bereits in der ersten oder zweiten Generation in angesehene Ämter wie Richter und Chorrichter auf.

Nach der Aufnahme Johannes Widmers um 1750 bewilligten die Mülliger während beinahe zwei Jahrhunderten nur gerade drei Einbürgerungen:

1817 bewarb sich Samuel *Schwarz* (1785–1868), dessen Grossvater 1783 die Mülliger Mühle übernommen hatte und der hier seit seiner Geburt lebte, um das hie-

---

[22] Staatsarchiv Aarau, AA 691a/S.53–54.
[23] Staatsarchiv Aarau, AA 708/S.133. Gemeindearchiv Mülligen, Gemeindebuch 1817/S.34–39.
[24] siehe unten Seite 267.

sige Bürgerrecht. Bisher war er Bürger von Remigen und Villigen. Die Gemeinde verlangte eine Einkaufssumme von 450 Franken, während Schwarz nur 375 Franken bot. Beim anschliessenden Feilschen gab Schwarz schliesslich nach. Typisch an dieser Einbürgerung war, dass erst die dritte Generation das Mülliger Heimatrecht erhielt und nur Samuel Schwarz und seine Nachkommen, nicht aber seine Geschwister. Während der Mülliger Zweig später wegzog, blieb ein anderer im Dorf, zunächst im «Hof», dann in der heute noch so genannten Liegenschaft Schwarz; diese Nachfahren blieben Bürger von Remigen.

1848 wies der Regierungsrat der Gemeinde Mülligen Katharina *Köbeli* zwangsweise als Bürgerin zu. Sie gehörte den «Landsassen» an, einer aus der Berner Zeit stammenden Gruppe von Menschen, die zwar aargauische Staatsangehörige waren, aber kein Gemeindebürgerrecht besassen. Da alle Schweizerinnen und Schweizer prinzipiell Bürger des Bundes, eines Kantons und einer Gemeinde sind, verteilte die Regierung die Landsassen damals auf alle aargauischen Gemeinden. Katharina Köbeli war sehr bedürftig und lebte gelegentlich auf Kosten der Mülliger Armenkasse. 1854 wollte sie nach Amerika auswandern, erhielt aber das Geld für die Überfahrt nicht. 1862 bereitete sie der Gemeinde Sorgen, weil sie ausserehelich schwanger und daher als Fabrikarbeiterin in der Spinnerei Kunz «entfernt» wurde. Der Gemeinderat trachtete nun danach, ihre Verheiratung zu fördern. Eine solche kam 1865 zustande, nachdem der Staat 250, die Gemeinde Mülligen 200 Franken für ihre Aussteuer und das «Weibereinzugsgeld» in Uhwiesen ZH zugesichert hatten. Dadurch wurde Mülligen die ungeliebte Mitbürgerin für alle Zeiten los.[25]

Erst 1908 erfolgten zwei neue Einbürgerungsgesuche. Das eine stammte von Hirsch Amtmann in Baden, einem Juden aus Galizien; er wollte nicht in Mülligen wohnen, sondern benötigte das Bürgerrecht, um ein Hausiererpatent für die ganze Schweiz zu erhalten. Es wurde einstimmig abgelehnt. Das zweite Gesuch reichte Jakob *Leber* (1874–1924) ein; er war Jagdaufseher und stammte aus Hörholz/Wolgadingen, Grossherzogtum Baden. Da er versprochen hatte, von Windisch nach Mülligen zu ziehen, diese Zusage aber nicht einhielt, war seine Einbürgerung umstritten; sie wurde aber letztlich, bei einer Einkaufsgebühr von 700 Franken, genehmigt.

---

[25] Gemeindearchiv Mülligen, Protokoll der Gemeindeversammlungen II/S.12, 128, 136, 177, 191. Protokoll des Gemeinderates II/S.146, 156, 160, 162.

Pietro Pincosti, ein italienischer Maurer in Windisch, stellte 1928 ein gleiches Gesuch; er wurde ausdrücklich abgewiesen, weil man nur Einwohner von Mülligen aufnehmen wolle. 1932 verschärfte die Bürgerversammlung ihre Haltung sogar mit dem einstimmig gefassten Entscheid, «vorläufig grundsätzlich keine Leute in unser Gemeindebürgerrecht aufzunehmen».

*Zunamen in Mülligen*

Die Häufigkeit bestimmter Familiennamen (besonders Barth, Baumann, Huber, Schneider) und oft gleicher Vornamen führte dazu, dass die Dorfbevölkerung bestimmten Personen einen Zunamen gab. Meistens stammten diese von Vornamen, Berufen oder Übernamen. Sie vererbten sich oft über viele Generationen.[26]

| Familienname | Zuname | Erste bekannte Träger des Zunamens |
|---|---|---|
| Barth | Baltis | Balthasar Barth (1686–1742) |
| Barth | Hasslers | Emanuel Barth (1770–1846), ausserehelicher Sohn der Barbara Barth, welche den Jakob Hassler von Aarau als Vater angab |
| Barth | Jägers | Samuel Barth (*1802), genannt Jäger, Wirt zum Jäger |
| Barth | Konsümlers | Leiter des Konsums Mülligen |
| Barth | Schinggel-Brächte | Albrecht Barth (1748–1803), Sohn des Hans Jakob Barth (1723–1762), genannt «Schinggel» |
| Barth | Stähli | Heinrich Barth, guter Schütze, Übername nach dem eidg. Schützenkönig Stähli 1914 |
| Barth | Trotte-Schuemachers | Daniel Barth (1814–1871), Xanders, baute 1845 ein Haus bei der Trotte |
| Barth | Xanders | Alexander Barth (1682–1746) |
| Baumann | Burkis | Verena Baumann-Baumann, Burkis, Tochter des Burkhart Baumann (1758–1815) |
| Baumann | Gmeischribers | Johann Baumann (1851–1934), Gemeindeschreiber |
| Baumann | Isache | Isaak Baumann (1855–1922), Burkis |
| Baumann | Schniders | Johannes Baumann (1804–1873), Schneider |

1940 stimmte das Aargauer Volk einem neuen Gesetz über das Bürgerrecht zu, das den Unterschied zwischen Orts- und Gemeindebürgern einführte. Die Letzteren waren am Ortsbürgergut nicht beteiligt, was vielerorts zu einer Öffnung der Einbürgerungspolitik führte.

| Familienname | Zuname | Erste bekannte Träger des Zunamens |
| --- | --- | --- |
| Baumann | Sumbers, Sümbis | Friedrich Baumann (*1700), genannt «Sumber» (Sommer) |
| Baumann | Spillmanns | Maria Anna Baumann-Spillmann (1841–1878), erste Frau des Hans Jakob Baumann |
| Baumann | Trotte-Güstis | ? |
| Baumann | Türgge-Heiris | Jakob Baumann (1721–1792), genannt Türk |
| Huber | Brächte | Albrecht Huber (1761–1832) |
| Huber | Brüetsche | Rudolf Huber (1646–1692), Schlosswächter auf Habsburg, genannt «Brüetsch» |
| Huber | Kieners | ? |
| Knecht | Chasper-Heiris | Heinrich Knecht (1794–1868), Enkel des Kaspar Knecht (1717–1792) |
| Schneider | Hof-Heiris | Heinrich Schneider (1874–1935), Bauer auf dem «Hof» |
| Schneider | Postläufers | Heinrich Schneider (1793–1837), Postläufer (Postbote) |
| Schneider | Sächels | Isaak Schneider (1846–1905) |
| Schneider | Wagner Heiris | Heinrich Schneider (1858–1922), Wagner |
| Schneider | Zylinders | Samuel Schneider (1851–1893), Zylindermacher in der Spinnerei Kunz |

[26] Zusammenstellung von Bruno Baumann und Jakob Schneider, Mülligen.

In Mülligen wurde seither den folgenden Ausländern das Gemeindebürgerrecht erteilt. Die Einkaufssumme richtete sich nach den Einkommens- und Vermögensverhältnissen (gemäss Reglement der Gemeinde Windisch):

| Jahr | Name | Herkunft | Preis |
|---|---|---|---|
| 1965 | Zilliox Peter | Deutschland | 500 Fr. |
| 1976 | Weichselbraun Robert + 2 Söhne | Österreich | 1400 Fr. |
| 1979 | Huber Kirstin | Deutschland | 300 Fr. |
| 1984 | Munk-Heubacher Attila + Rosmarie + 2 Kinder | Österreich | 600 Fr. |
| 1987 | Marra Giuseppe | Italien | 400 Fr. |
| 1987 | Mohos-Vari Bela + Maria | Ungarn | 4000 Fr. |
| 1998 | Garavaldi Daniele | Italien | 3000 Fr. |
| 2000 | Duran Aysun | Türkei | 1000 Fr. |

*Hintersassen*

Zu allen Zeiten lebten auch Menschen in Mülligen, die hier als Fremde nur geduldet wurden. Seit der Einführung der Niederlassungsfreiheit haben sie auch das Recht, hier zu wohnen. Man hiess sie früher «Hintersassen», weil sie weniger Rechte hatten als die Bürger (kein Stimmrecht, keinen Bürgernutzen). Heute nennt man sie «Niedergelassene» und «Aufenthalter».

Zu dieser Gruppe gehörten seit jeher alle fremden Knechte und Mägde, ebenso Familien, die kein eigenes Haus besassen. In Mülligen handelte es sich beispielsweise um Pächter der Mühle oder des «Hofes». Seitdem die angestammte Bevölkerung sich gegen aussen abschloss und das Bürgerrecht vom Hausbesitz löste, gab es im Dorf auch Hauseigentümer, die Hintersassen waren. Meistens betraf es auswärtige Männer, die eine Mülliger Tochter geheiratet hatten und daher mit ihrer Familie im Dorf wohnten.

Im 18. Jahrhundert schwankte ihre Zahl je nach Umständen: 1781 waren es nur 22 von 175 Einwohnern (12,5 Prozent), 1796 aber bereits 69 von 271 (25,5 Prozent); dabei machten die kinderreichen Familien in der Mühle, im Hof und in der Trotte allein die Hälfte aus. Sie stammten allesamt aus dem übrigen Aargau. Mit dem Übergang der Mühle und des Hofes in den Besitz von Mülligern sank die Zahl der Hintersassen stark.[27]

Die folgende Tabelle zeigt den Wandel in der Zusammensetzung der Mülliger Einwohnerschaft nach Bürgerrecht seit dem 19. Jahrhundert (in Prozenten):[27]

| Jahr | Mülligen | übriger Aargau | übrige Schweiz | Ausland |
|---|---|---|---|---|
| 1837 | 85,9 | 12,1 | 2,0 | 0 |
| 1850 | 85,9 | 13,1 | 0,8 | 0,3 |
| 1860 | 85,7 | 12,3 | 1,7 | 0,7 |
| 1870 | 81,8 | 17,2 | 0,7 | 0,2 |
| 1880 | 71,8 | 22,7 | 5,5 | 0,3 |
| 1888 | 73,1 | 24,1 | 2,8 | 0 |
| 1900 | 65,0 | 29,7 | 3,5 | 1,9 |
| 1910 | 57,9 | 30,1 | 9,2 | 2,8 |
| 1920 | 58,0 | 33,8 | 7,1 | 1,1 |
| 1930 | 49,0 | 36,1 | 13,7 | 1,1 |
| 1941 | 44,7 | 33,9 | 20,5 | 0,9 |
| 1950 | 42,7 | 36,9 | 18,8 | 1,6 |
| 1960 | 36,9 | 37,7 | 20,4 | 5,0 |
| 1970 | 24,5 | 31,4 | 31,2 | 12,9 |
| 1980 | 18,9 | 73,4 | | 7,7 |
| 1990 | | 85,2 | | 14,8 |
| 2000 | | 93,5 | | 6,5 |
| 2005 | | 91,0 | | 9,0 |

Die Zahlen machen deutlich, dass die Ortsbürger erst 1930 in die Minderheit gerieten. Der Zuzug erfolgte lange Zeit vor allem aus dem übrigen Aargau; jener aus anderen Kantonen verstärkte sich seit den 1920er-Jahren. Leider ermöglichen die Statistiken der Volkszählungen seit 1980 keine Fortführung dieser Tabelle.

Der Anteil der ausländischen Bevölkerung stieg erst massgeblich mit der Hochkonjunktur der 1950er- und 1960er-Jahre, ging mit deren Abschwung bis 1980 zurück und schwankt seither. In absoluten Zahlen waren es im Jahr 2000 51, Anfang 2005 70 Personen.

[27] Archiv der reformierten Kirchgemeinde Windisch, Haushaltverzeichnisse 1781–1796. Für das 19./20. Jahrhundert siehe: Publikationen des Bundesamts für Statistik.

Unter den Ausländern machen die Asylbewerber nur eine verschwindende Minderheit aus. 1989 handelte es sich um drei Männer aus dem Libanon, 1990 um vier Pakistaner, dann um sieben Afrikaner. Da sich im Dorf keine Unterkunft finden liess, wurden sie in einem Container untergebracht. Einrichtungsgegenstände sammelte man unter der Bevölkerung, ebenso Velos, Regenschirme, Frottierwäsche, Winterschuhe, Wintermäntel, Leintücher und Wolldecken. Dank dem Rückgang der Asylbewerber konnte der Container im Jahre 2001 anderweitig vermietet werden. Gegenwärtig ist er wieder in Betrieb, und zwar mit acht Männern.[28]

Der geschilderte Zuzug auswärtiger Einwohnerinnen und Einwohner verschob die konfessionellen Verhältnisse nur sehr langsam. Waren 1850 noch 99 Prozent der Mülliger Bevölkerung reformiert, sank ihr Anteil bis 1960 lediglich auf 92,3 Prozent. Seither ergaben sich die folgenden Verschiebungen:

| Jahr | reformiert | röm.-kath. | andere/keine |
|---|---|---|---|
| 1960 | 92,3 | 7,4 | 0,3 |
| 1970 | 73,2 | 25,9 | 0,9 |
| 1980 | 62,2 | 33,8 | 4,0 |
| 1990 | 52,8 | 34,3 | 12,9 |
| 2000 | 52,7 | 34,7 | 12,6 |

Der zugezogene katholische Bevölkerungsteil besuchte den Gottesdienst anfänglich in Birmenstorf, ab 1826 auch im Chor der Klosterkirche Königsfelden, wo ein Spitalkaplan seines Amtes waltete. 1848 übertrug der Regierungsrat die Seelsorge der meisten Katholiken des Bezirks Brugg, darunter jener Mülligens, dem Kaplan in Gebenstorf, der seinerseits dem Pfarramt Birmenstorf unterstellt war. Als in Brugg um die Jahrhundertwende die Zahl der Katholiken zufolge der Industrialisierung stark zunahm, wurde dort eine katholische Kirche gebaut und 1907 eingeweiht. Hierauf forderten die Katholiken von Windisch eine Umteilung von Gebenstorf-Birmenstorf zu Brugg. Noch im gleichen Jahr wies der Bischof die Seelsorge aller im Bezirk Brugg wohnenden Glaubensgenossen dem Pfarramt Brugg zu. 1937 entstand die römisch-katholische Kirchgemeinde Brugg, in welcher seither auch die katholischen Mülliger stimmberechtigt und steuerpflichtig

[28] Mitteilungsblätter der Gemeinde Mülligen 1989–2001.

sind. Erst 1965 konnte eine neue Kirche in Windisch mit einem eigenen Pfarrer bezogen werden. Die von Brugg abgetrennte Pfarrei Windisch erhielt beinahe den gleichen Umfang wie im Mittelalter. Sie umfasst nebst Mülligen wieder das ganze Eigenamt, allerdings mit Ausnahme von Brunegg und Schinznach Bad. Die grosse Zahl der katholischen Bevölkerung erforderte bereits 1966 die Errichtung einer Filialkirche im Birrfeld. Die Mülliger Katholiken werden seither von dort aus seelsorgerlich betreut.[29]

### Fort von Mülligen: der Wegzug der Einheimischen

Junge Leute zog es oft weg von zu Hause und aus dem Dorf ihrer Kindheit. Sie wollten in der Fremde Neues kennen lernen, Abenteuer erleben, sich der heimischen Kontrolle entziehen.

*Auszug auf Zeit*

Im 18. Jahrhundert vermehrte sich die Bevölkerung stark, die Arbeit auf den Feldern aber nicht. Viele Jugendliche waren daher unterbeschäftigt. Zugleich wurde die Nahrungsgrundlage in der Mehrzahl der Familien knapp, und so war man froh, wenn die älteren Kinder auszogen und man weniger Mäuler stopfen musste. An eine baldige Heirat war nicht zu denken, solange jüngere Geschwister im Elternhaus aufwuchsen. Die meisten Jugendlichen wurden noch in Windisch konfirmiert. Doch dann hiess es: Ab in die Fremde!

In den Haushaltungsverzeichnissen, welche die Pfarrer im 18. Jahrhundert anlegten, trugen sie jeweils nach, welche Personen sich nicht in der Gemeinde aufhielten. Bei den meisten jungen Leuten fügten sie irgendwann an: «abwesend», «dient in X», «hält sich in Y auf». Viele gingen nicht sehr weit; sie suchten sich eine Stelle in einem andern Dorf des Berner Aargaus, seltener in einer Stadt. Einige Burschen aber zogen – wie schon erwähnt – in fremde Kriegsdienste.

Die meisten Jugendlichen betrachteten ihren Aufenthalt in der Fremde als vorübergehend. Die Bindung an das Heimatdorf blieb stark. Die Mehrzahl der

---

[29] Zur Geschichte der Kirchgemeinde Brugg und der katholischen Pfarrei Windisch siehe Max Baumann, Geschichte von Windisch, S.690–703.

Eltern besass ein eigenes, wenn auch bescheidenes Haus, und hier genossen sie lebenslang das Wohnrecht, solange sie nicht selbst eine Familie gründeten. Daher steht in jenen Verzeichnissen oft auch: «kam zurück», «kehrte heim» oder lateinisch «reduxit».

*Auszug für immer*

Zu allen Zeiten gab es Einzelpersonen aus Mülligen, die für immer wegblieben. Einige starben früh, junge Frauen fanden auswärts einen Lebenspartner, einige Männer konnten irgendwo in eine sohnlose Familie einheiraten oder bauten sich in ihrem Beruf eine eigene Existenz auf.

So schrieb Hans Konrad Barth 1650, er habe vor, sich zu seinem besseren Unterhalt und zur Förderung seines erlernten Maurerhandwerks ausserhalb des Staates Bern niederzulassen, nämlich in Lerch in der Markgrafschaft Baden, wo er ein Liebchen gefunden hatte.[30]

Von vier Mülligern ist bekannt, dass sie in die Pfalz auswanderten. Hans Beat Baumann (*1649) zog um 1670 nach Bliesdalheim im Herzogtum Zweibrücken, Kaspar Baumann (*1668) um 1697 nach Iggelheim nordwestlich von Speyer. Abraham Baumann (*1706) und Balthasar Baumann (*1712) liessen sich im Dorf Brenschelbach ebenfalls in Zweibrücken (nahe der heutigen deutsch-französischen Grenze) nieder. Alle gründeten dort Familien. Die Pfalz war nach langen, grausamen Kriegen derart entvölkert, dass die Obrigkeit die Besiedlung durch Fremde förderte, weshalb zahllose Schweizer dorthin auswanderten.[31]

Von etlichen Mülligern, die wegzogen, blieb jegliche Nachricht aus. Man hörte nie mehr etwas von ihnen. Die Heimatgemeinde musste ihnen aber ihr Erbe und ihr Wohnrecht sichern, und dies oft jahrzehntelang.

Die Niederlassungsfreiheit lockerte die Bindungen zur Heimatgemeinde ab dem 19. Jahrhundert. Die Industrialisierung schuf Arbeitsstätten an Fabrikorten, der Ausbau der Dienstleistungen weitere Existenzmöglichkeiten in den Wirtschaftszentren. Im bäuerlichen Bereich aber schwanden die Arbeitsplätze, zunächst durch den Übergang vom Ackerbau zur Graswirtschaft, dann durch die Mechanisierung.

[30] Staatsarchiv Aarau, AA 684/30.12.1650.
[31] Mitteilung von Dr. Peter Steiner, Reinach, betr. Hans Beat und Kaspar Baumann.

So schwärmten auch die Mülligerinnen und Mülliger in alle Teile der Schweiz, ja der Welt, aus. Viele sprengten die bisherigen Fesseln der Armut und bauten sich auswärts eine neue Existenz auf. Ins Dorf der Jugend kam man gelegentlich auf Besuch, an Begräbnisse, Klassen- und Konfirmandenzusammenkünfte. Aber an eine Rückkehr für immer dachten die wenigsten.

Die zweite Generation kannte Mülligen vielleicht noch von Ferien auf dem Bauernhof; für die dritte und alle weiteren stand der Ort nur noch in amtlichen Dokumenten. Viele Bürgerinnen und Bürger waren noch gar nie in Mülligen. Manche aber haben die Heimatberechtigung am neuen Wohnort erworben und allenfalls auf das Bürgerrecht von Mülligen verzichtet. So führt das Schweizerische Familiennamenbuch von 1968 Nachfahren der Barth aus Mülligen auf, die sich an fünf verschiedenen Orten eingebürgert hatten: Basel (1816, 1958), Riehen BS (1923), Winterthur (1945), Bubikon ZH (1947) und Zürich (1959). Seither dürften es noch mehr sein.

Anlässlich der Volkszählung von 1980 gaben 622 in der Schweiz wohnhafte Personen Mülligen als Heimatort an. Davon lebten 91 oder 14,6 Prozent am Bürgerort selbst. 297 oder 47,7 Prozent wohnten in andern Gemeinden des Kantons Aargau. 234 oder 37,6 Prozent verteilten sich auf die übrige Schweiz.

*Auf, in die Neue Welt: Die Auswanderung nach Übersee*

Von 79 Mülligerinnen und Mülligern ist verbürgt, dass sie nach Amerika auswanderten, die meisten von ihnen in die Vereinigten Staaten. Dazu kommen alle diejenigen, über welche keine schriftlichen Aufzeichnungen im Gemeinde- oder Staatsarchiv bestehen; von ihnen ist im Bürgerregister jeweils lediglich das Geburtsdatum eingetragen; der Tod wurde nie gemeldet. Man darf also mit rund hundert Personen aus Mülligen rechnen, welche die Reise über den Atlantik gewagt haben.

Die Auswanderung aus dem Aargau nach Übersee erfolgte vor allem im 19. Jahrhundert, und zwar in Schüben, die mit Wirtschaftskrisen zusammenfielen.

Eine erste Auswanderungsphase fand 1817, nach der letzten grossen Hungersnot, statt. Aus Mülligen planten damals zwei Familien (Rüegger und Rinderknecht) die grosse Reise. Aber letztlich fuhr nur der Leineweber Heinrich Rinderknecht mit seiner Frau und zwei Kindern.

Als Nächste wagten zwei ledige Frauen den entscheidenden Schritt: die Schwestern Barbara (*1801) und Verena Baumann (*1803). Sie stammten aus äusserst bedürftigen Verhältnissen, hatten die Mutter 1808 und den Vater, einen ehemaligen Söldner in französischen Diensten, 1813 verloren. Ihr Hausteil und das wenige Land waren versteigert und Barbara bei einer Tante in Windisch, Verena in eine Pflegefamilie in Mülligen verdingt worden. Den Erlös der Gant von je 145 Franken verwaltete ein Vormund. Dieser schrieb in der Waisenrechnung von 1831, beide arbeiteten seit etlichen Jahren in Basel; sie hätten zwar «nicht viel vorgespart», doch würden sie sich, so viel man vernehme, «eines ehrbaren Wandels

*Die Basler Barth, ein Zweig von Mülligen*

Für junge Mülliger war sozialer Aufstieg fast nur ausserhalb der Heimatgemeinde möglich, so auch für den Kaufmann Samuel Barth (1791–1851). Sein Vater Hans Jakob war der Sohn eines armen Schuhmachers[32], brachte es als Bauer aber doch zu einem eigenen Ochsen und wurde nach der Helvetischen Revolution Gemeinderat. Seine Mutter, Verena Finsterwald aus Stilli, starb im Kindbett, als Samuel ein Jahr alt war. So kam er als Pflegesohn zu Pate und Tante nach Rüfenach, wo er aufwuchs und die Dorfschule besuchte. Ob er im Handelshaus des Rüfenacher Grosskaufmanns Heinrich Meyer in Brugg das kaufmännische Rüstzeug erwarb, ist nicht bekannt.

1808 trat Samuel Barth als «Commis» (kaufmännischer Angestellter) in die Firma Gebrüder Otto in Basel ein. Diese betrieb im Haus zum Kaiserstuhl an der Rheingasse 23 ein Handels- und Speditionsgeschäft, besonders mit ausländischen Spezereien, Farbwaren, Baumwolle und Tabak. Dort schätzte man Samuel als «gesitteten, wackern und seinen Geschäften fleissig obliegenden Mann» und «würdigen Christen». Er gewann auch das Herz der Tochter des Hauses, Veronika Elisabeth Otto (1798–1858), mit der er 1815 Hochzeit hielt. Da ihr Vater, Emanuel Otto, damals Alleinbesitzer, früh starb, führte Barth die Firma schon bald auf eigene Rechnung. Er erwarb 1816 das Bürgerrecht von Basel, musste aber auf jenes von Mülligen verzichten. 1818 erwarb er die Hintere Klingentalmühle, die er zur dreistöckigen Fabrik zwecks Verarbeitung von Tabak erweiterte. In den 1830er-Jahren setzte der Niedergang des Geschäftes ein; das Fabrikgebäude wurde 1839 verkauft. 1847 geriet die Firma in den Konkurs, in dessen Verlauf der ganze Gebäudekomplex an der Rheingasse zur Versteigerung gelangte.

befleissen». Kurz darauf wurde Verena von einem deutschen Bäckergesellen schwanger. Die geplante Heirat kam aber offenbar nicht zustande, weil seine badische Heimatgemeinde ein Frauengut von 450 Franken verlangte, während sie nur 260 Franken besass. 1832 kam der Knabe Jakob Friedrich daher ausserehelich

[32] siehe oben Seiten 16–17.
[33] Staatsarchiv Basel, Bürgerrecht E 4/Nr.46 und F 2(1816), Nr.2. Historisches Grundbuch der Stadt Basel, Rheingasse 23 und Hintere Klingentalmühle. Leichenreden LA 1896/3.3, LB 18,27, LC 2,24. – Kantonsblatt Basel-Stadt 1810/S.207, 1813/S.210, 1817/S.149, 1847/S.54, 106. Christoph Högger, Stammtafel Barth (ungedruckt). Historisches Lexikon der Schweiz, Stichwort «Barth». Willi Gautschi, Geschichte des Kantons Aargau 1885–1953, S.103–104. Eberhard Busch, Karl Barths Lebenslauf, 5.Auflage, München 1993.

Karl Barth, Theologieprofessor in Basel, Nachkomme eines Mülliger Zweigs des Geschlechts Barth.

Die Söhne des Ehepaares Barth-Otto wuchsen in der Zeit auf, als das Geschäft noch blühte; sie genossen eine sorgfältige Ausbildung. Zwei Söhne wählten den Beruf eines Pfarrers. Der ältere, Franz Albert, begründete eine eigentliche Theologendynastie. Nicht weniger als vier Nachkommen wurden Professoren der Theologie; zwei lehrten Philosophie. Dazu kamen Ärzte, Juristen und eine ganze Reihe von Kunstmalern mit Paul Basilius Barth (1881–1955) als dem bekanntesten unter ihnen.

Aus diesen allen ragt Samuels Urenkel Karl Barth (1886–1968) besonders heraus. Als Pfarrer von Safenwil (1911–1921) lernte er die soziale Not der Arbeiterschaft kennen; er begann, sich mit gewerkschaftlichen Themen zu befassen, trat der sozialdemokratischen Partei bei und wurde Präsident des Arbeitervereins Safenwil. Er verstand die christliche Religion politisch zugunsten der Armen. Seine Predigten waren daher sozialkritisch, ebenso seine neue Deutung des Römerbriefs, die ihm die akademische Karriere öffnete. Er wurde Theologieprofessor an den deutschen Hochschulen von Münster und Bonn, verweigerte aber 1935 den Beamteneid auf den Führer Adolf Hitler und musste deswegen fluchtartig in die Schweiz zurückkehren. In der Folge lehrte er während rund drei Jahrzehnten an der Universität Basel. Auch hier engagierte er sich politisch, etwa gegen den Nationalsozialismus, den Antikommunismus und die atomare Aufrüstung der Schweiz. Karl Barth gilt als einer der bedeutendsten reformierten Schweizer Theologen des 20. Jahrhunderts.[33]

zur Welt. Ein Jahr danach beschlossen die Schwestern, zusammen mit dem Kind auszuwandern. Sie verlangten daher die Herausgabe ihres kleinen Vermögens. Um aber sicher zu sein, dass sie wirklich gingen, verhandelte der Gemeinderat direkt mit der Firma Fischer in Brugg, welche die Reise organisierte. Der Beistand bezahlte die Rechnung Fischers und händigte den Rest den beiden Frauen aus, dazu einen kleinen Betrag der Gemeinde. Im Sommer 1833 reisten sie ab.[34]

Ländliche Idylle in Mülligen: Aufnahme im Frühling. Foto Andreas Dietiker.

Die grosse Auswanderungswelle folgte ab 1853 bis etwa 1882. In dieser Zeit wanderten neun Familien mit 36 Angehörigen, 26 Männer und acht Frauen, darunter zwei mit einem ausserehelichen Kind, aus Mülligen aus. Mindestens zehn zogen nach Brasilien, alle übrigen in die USA. Insgesamt sechs Personen kehrten später wieder zurück. Der Schuster Heinrich Grimm wanderte aus, kam sieben Jahre später heim und fuhr nach kurzem Aufenthalt in der Schweiz erneut nach Amerika.

Unter den Motiven, der alten Heimat für immer den Rücken zu kehren, überwogen solche wirtschaftlicher oder persönlicher Art, zum Teil in Kombination. So hatte die Gemeinde den Wegknecht Rudolf Knecht bevormundet, weil er nach drei Heiraten noch ein ausserehelisches Kind gezeugt hatte; er zog mit dem Letzteren sowie zwei Kindern aus dritter Ehe 1856 nach Brasilien. – Heinrich Grimm wollte nach einer Zuchthausstrafe 1880 in Amerika ein neues Leben beginnen. – Von Friedrich Knecht heisst es wörtlich, er sei 1854 in die Vereinigten Staaten ausgewandert, «in der Absicht, ein besseres Auskommen zu suchen, weil es ihm hier wegen seinen schlimmen Streichen nicht gelingen wollte».

Andere sahen auch ohne «schlimme Streiche» keine positive Zukunft in der Schweiz. So zog der Schuhmacher Friedrich Knecht über den grossen Teich, «weil

---

[34] Gemeindearchiv Mülligen, Gemeindebuch 1817/S.34–37. Gemeindeversammlungsprotokoll I/S.61, 67, 75, 78, 106–108.

er nicht Aussicht hatte, in Mülligen gute Geschäfte zu machen». Den meisten ging es ähnlich. Die Witwe Anna Maria Barth, «Hasslers», wanderte mit ihren drei Kindern aus, nachdem ihr Haus im Löh 1872 abgebrannt war.

Eine Schwierigkeit, die Pläne zu verwirklichen, lag in den fehlenden Mitteln, die Reise zu finanzieren. In der Annahme, die Auswanderungswilligen könnten nie mehr in die Schweiz zurückkehren, richtetete ihnen die Gemeinde Beiträge aus. Sie verzichteten damit auf den künftigen Bürgernutzen und ersparten dem Bürgerort Sozialauslagen.

Ländliche Idylle in Mülligen: Aufnahme im Sommer. Foto Andreas Dietiker.

Für derartige Zuschüsse war jeweils die Gemeindeversammlung zuständig. Obwohl in anderen Bereichen mit Ausgaben zurückhaltend, bewilligten die Stimmbürger solche Zahlungen meistens. So sicherten sie der ausserehelich schwangeren Anna Baumann 1869 maximal 150 Franken zu, «um der Gemeinde weitere Kosten & Unannehmlichkeiten zu verhüten». Daniel Barth erhielt drei Jahre später einen Beitrag, weil er sein elterliches Erbe verprasst und «der Gemeinde noch stärker zur Last fallen» könnte. Ähnlich tönte es 1882 beim Schneider Jakob Rinderknecht, als etliche Bürger darlegten, «dass diese liederliche, arbeitsscheue Familie das von Matthias Rinderknecht ererbte Vermögen bald verbraucht und dann der Gemeinde zur Last fallen werde».

In den 1850er-Jahren kostete die Reise von Brugg nach New York für eine erwachsene Person 160 bis 220 Franken. Dazu kamen Auslagen für Kleider, Schuhe und Reisekorb sowie die Weiterfahrt ins Landesinnere und etwas Startgeld. Man musste also mit 300 bis 400 Franken rechnen. Der Gemeinderat schätzte jeweils den Ertrag ab, den die Liquidation von Hab und Gut einbringen konnte, und stellte dann Antrag an die Stimmbürger. Die Beiträge der Gemeinde bewegten sich je nach Eigenmitteln und Zahl der Auswandernden zwischen 20 und 400 Franken. Dazu kam oft noch ein kleinerer Zuschuss vom Kanton Aargau.

Nur einmal ist bekannt, dass ein Auswanderungswilliger im letzten Augenblick nicht abfuhr: 1883 plante Johannes Grimm seine Ausreise nach Chile. Die Finanzierung war geregelt; die Gemeinde bezahlte der Reiseagentur die vereinbarte Summe. Doch dann erklärte Grimm, in der Schweiz zu bleiben. Es kam deshalb zum Streit mit dem Agenten, welcher sich weigerte, das Geld zurückzuerstatten. Man einigte sich dann auf die Hälfte.

Die Beiträge sollten grundsätzlich aus den Zinsen gedeckt werden, welche das Armengut abwarf. Diese reichten jedoch oft nicht aus. Da die Bürger nicht bereit waren, Sondersteuern zu erheben, fällte man meist Bäume im Gemeindewald und verkaufte diese.

Es gab auch Auswandernde, die ihre Reise aus eigenen Mitteln beglichen, ja sogar etwas in der Schweiz zurückliessen. Der Gemeinderat ernannte in solchen Fällen einen Beistand, der dieses Kapital zinstragend anlegte und regelmässig Rechenschaft über seine Verwaltung ablegte. Häufiger kam es vor, dass Ausgewanderte in der Schweiz Eltern, Geschwister oder weitere Verwandte beerbten. Auch diese Summen wurden in gleicher Weise treuhänderisch verwaltet. Sie wurden aber nur überwiesen, wenn gesichert war, dass ihre Eigentümer nicht mehr in die Schweiz zurückkehren würden. Als beispielsweise der erwähnte Rudolf Knecht 1863 aus Brasilien die Aushändigung seines Restvermögens in der Höhe von 1214 Franken verlangte, lehnte der Gemeinderat ab, weil man nicht wisse, «welche Heimat – die alte oder die neue – die letzte sein» werde und weil noch ein verheirateter Sohn aus erster Ehe in Mülligen lebte.

Offizielle Todesurkunden von Ausgewanderten erreichten Mülligen nur aus Brasilien. Die eine betraf Heinrich Baumann, der im August 1855 auf dem belgischen Schiff «Myverheidt» weggefahren und im Oktober – kaum angekommen in Südamerika – ein Opfer der Cholera wurde.[35] Am 18. September 1878 starb die erst 29-jährige, unverheiratete Louise Knecht auf dem Landgut Bibeiras do Roque in der Privinz São Paulo im Wochenbett, ohne dass sie ihr Kind hatte zur Welt bringen können.

Im Übrigen ist über das weitere Schicksal der Ausgewanderten wenig bekannt. Bei diesem Thema empfindet man die Vernichtung der Gemeinderatsakten als besonders schmerzlich. Lediglich die erwähnten Vermögensrechnungen vermitteln einige Hinweise. So liess Heinrich Widmer seinen Beistand aus New Orleans wissen, «dass er noch lebe, viel verdiene, aber dass es ihn auch viel koste und dass er

---

[35] Staatsarchiv Aarau, Regierungsratsprotokoll 14.2.1856/Nr.377.

oft fieberkrank sei», eine Erfahrung, die viele Schweizer in den USA machen mussten. Und der schon genannte Friedrich Knecht berichtete 1861, er sei «mit dem neuen Vaterland zufrieden»; das Schusterhandwerk habe er zwar aus Gesundheitsrücksichten aufgeben müssen; er arbeite nun bei einem Farmer «und habe guten Lohn». 1866 schrieb er dem Beistand, es gehe ihm gut, er habe den Bürgerkrieg mitgemacht, und er legte sogar zwei Fotos bei, das eine in Zivil-, das andere in Militärkleidung. Der Kommentar des Beistands lautete kurz und prägnant: «Das Aussehen gesund.»

Ländliche Idylle in Mülligen: Aufnahme im Winter. Foto Andreas Dietiker.

Von vielen Ausgewanderten vernahm der Gemeinderat nie mehr etwas. Sie hatten mit ihrer alten Heimat gebrochen und wussten oft gar nicht, dass sie etwas geerbt hatten. Die Vermögensverwalter mussten daher jahrzehntelang Rechnung führen. Eine Aushändigung an die Erben in der Schweiz war nur zulässig, wenn der Eigentümer durch das Bezirksgericht Brugg für verschollen erklärt wurde. Die Gemeinde Mülligen startete 1911 eine derartige Aktion. Sie liess zehn teils in den 1850er-, teils in den 1869er-Jahren ausgereiste Personen amtlich «für tot erklären». Weitere folgten 1922 und 1934.[36]

In den USA ist das Interesse an der Herkunft der Vorfahren aus Europa weit verbreitet. Gelegentlich kommt es vor, dass Nachkommen von Ausgewanderten heute entsprechende Nachforschungen anstellen. Bis jetzt sind keine derartigen Anfragen in Mülligen bekannt. Doch in solchen Fällen kann man in der Schweiz oft noch Informationen über das fernere Schicksal von Bürgerinnen und Bürgern erhalten, die vor 150 Jahren ihre Heimat verlassen haben.

---

[36] Staatsarchiv Aarau, DIA.A/0127/04, A/0128/04, A/02/0268, A/02/0270 (Auswanderungsstatistiken 1841–1880. Gemeindearchiv Mülligen, Gemeindeversammlungsprotokolle II/S.113, 125, 128, 137, 146, 178, 184, 190, 204, III/S.27, 33, 66, 75, 108, 136, 165, 173–174, 178, 185, 196, 246. Vormundschaftsrechnungen.

**Reich und Arm**

Als die Bevölkerung im 18. Jahrhundert stark anstieg und die Armut dadurch überproportional zunahm, machte die Berner Regierung 1764 eine Umfrage bei allen Kirchgemeinden. Die erste Frage lautete: «Ist die Anzahl der Armen des Orts wirklich gross?» Der Windischer Pfarrer Wetzel antwortete darauf:
«Reiche und Arme müssen nach Salomons Ausspruch nebeneinander wohnen. Die Anzahl der Letzteren aber in hiesiger [Kirch-]Gemeinde übersteigt die Ersten so merklich, dass wenigstens acht Arme auf einen Begüterten zum Vorschein kommen. Indessen ist dies Verhältnis nicht in allen Dorfschaften hiesigen Kirchspiels gleich. Das Dorf Habsburg hat gesegnetere Insassen als andere Partes constituentes [= zugehörige Teile] meiner Gemeinde. Traun wohl, weil es kein Schenkhaus hat und dortige Bürger wirtschaftlich und häuslich sind. Oberburg und Windisch sind zwischen Armut und Reichtum geteilt und so ist es durchgehends in meiner Gemeinde, doch mit dem Unterschied, dass zu Mülligen, Hausen und Altenburg mehr Blutarme und von allen zeitlichen Mitteln entblösste Einwohner als in obigen Dorfschaften anzutreffen.»[37]
In Mülligen war die Armut also noch stärker verbreitet als in vielen Dörfern der Umgebung. Dieses Urteil deckt sich mit dem schon zitierten Ausspruch Heinrich Pestalozzis von 1769, die Mülliger seien so arm, dass sie zu äusserst tiefem Lohn zu arbeiten bereit seien.[38]
Dass die Kluft zwischen Reich und Arm in Mülligen aber nicht erst seit dem 18. Jahrhundert bestand, zeigt ein Verzeichnis der Vermögenssteuern im Amt Eigen von 1578.[39] Die Steuerbeträge sind hier auf Pfennige umgerechnet:

|  | *Pfennig* |  | *Pfennig* |
|---|---|---|---|
| Hans Meyer | 507 | Hans Keller | 18 |
| Uli Meyer | 90 | Uli Koprio | 18 |
| Jakob Baumann | 213 | Kinder Hintermann | 18 |
| Ulrich Keller | 24 | Fridli Keller | 18 |
| Heinrich Wüst | 18 | Total | 924 |

[37] Staatsarchiv Bern, B III 208.
[38] siehe oben Seite 33.
[39] Archiv der reformierten Kirchgemeinde Windisch, Band 3.1.

Die krassen Unterschiede springen sofort in die Augen. Hans Meyer und sein Sohn Uli brachten zusammen 64,6 Prozent des Steuerbetrages auf. Dazu kam Jakob Baumann mit 23,1 Prozent. Die übrigen sechs Hausväter bezahlten im Durchschnitt lediglich 2 Prozent. Die Einschätzung Hans Meyers war sicher nicht zu hoch. Man kann also sagen, er sei mindestens 28 mal reicher gewesen als die Mehrheit seiner Dorfgenossen.

*Wer galt als reich?*

In der ländlichen Gesellschaft zeigte sich der Reichtum im Landbesitz und – davon abhängig – im Viehbestand. Wer mehr Getreide produzierte, als zum Lebensunterhalt nötig war, konnte dieses auf dem Markt verkaufen und mit dem Erlös zusätzlichen Boden erwerben. Beim Geschlecht Meyer, das in Mülligen lange Zeit den Ton angab, kam Einkommen aus der Mühle dazu. Die Handänderungsbücher der Landvogtei Königsfelden zeigen auf, dass die Meyer ständig einzelne Parzellen und ganze Bauernhöfe kauften und verkauften, ja dass sie zu deren Erwerb sogar Geld entliehen.

Es wurde bereits darauf hingewiesen, dass in Mülligen in der zweiten Hälfte des 18. Jahrhunderts zwei grossbäuerliche Betriebe bestanden, die zusammen 149 der insgesamt 236 Jucharten, also 63 Prozent der Ackerfläche Mülligens, besassen: Schultheiss Frölich (nachmals Johannes Ackermann) im «Hof» und Hans Heinrich Schneider am Mülirain. 1794 verfügten die beiden Familien zusammen über 15 von 19 Ochsen, mit denen sie ihre Äcker bestellten. Ochsen galten ebenfalls als Symbole des Wohlstands.[40] Die mittleren Bauern mussten ihre Felder mit Kühen bestellen; wer kein eigenes Zuggespann besass, sah sich gezungen, seine Äckerchen durch einen Grossbauern pflügen zu lassen und die Kosten dafür im Taglohn abzuverdienen. Die Anstellung von Knechten und Mägden, Taglöhnerinnen und Taglöhnern dokumentierte somit ebenfalls den Reichtum der Grossbauern.

Ein weiteres Kennzeichen des Wohlstands bildeten die Wohn- und Wirtschaftsgebäude. Gemäss dem Brandversicherungsverzeichnis von 1809 wurden das Wohnhaus des Müllers samt Scheune (ohne die Mühlen) auf 4000, der «Hof» auf 3500 und das «Balti-Haus» (samt Speicher) auf 2150 alte Franken geschätzt. 13 Bau-

[40] siehe oben Seiten 148–149.

ernhäuser galten zwischen 1000 und 1650, die übrigen 36 weniger als 1000 Franken. 26 Häuser und Hausteile, also die Hälfte all dieser Gebäude, waren sogar nur bei einem Wert von 250 bis 500 Franken eingestuft. Zwischen dem Wohnsitz des Müllers Samuel Schwarz und dem strohgedeckten Holzhäuslein der Witwe Huber am Dorfrand im Löh bestand ein gewaltiger Unterschied in der Wohnqualität; das Verhältnis der Versicherungssummen betrug 1:14.[41]

Zur Wohnlage innerhalb der Dorfsiedlung lässt sich – etwas verallgemeinernd – sagen, dass die wohlhabenden Haushaltungen sich im 18. und am Anfang des 19. Jahrhunderts eher um das «Zentrum» gruppierten – zwischen Mülirain und «Hof». Randständige wohnten in den äussersten Häusern im Löh, Stock und Steinebühl, also buchstäblich am Rand des Dorfes. – Die höhere Mobilität ab der Mitte des 19. Jahrhunderts, die Umstrukturierung der Landwirtschaft und die intensive Bautätigkeit seit 1960 haben solche Ausgrenzungen verwischt und eine starke soziale Vermischung der Besiedlung bewirkt.

Die Grösse und Ausstattung des Wohnraums, die Möblierung, Heizung sowie die Bekleidung widerspiegelten den Reichtum der ländlichen Oberschicht ebenfalls. Dieser hob auch das Ansehen der Eigentümer bei den Mitbürgern und den Behörden. Wie schon früher dargelegt, wurden fast ausschliesslich Bauern der Ober- und der oberen Mittelschicht in die Ämter gewählt.[42]

Das Ausmass des bewirtschafteten Bodens, die Pracht der Gebäude, die Zahl des Gesindes und des Zugviehs, die Kleidung und die Ehre, in einem Gericht zu sitzen, bildeten allerdings nur äussere Merkmale des Wohlstands. Man müsste auch die Schulden abziehen, um den wahren Wert des Besitzes einzuschätzen. Über die Verschuldung sind leider nur wenige Einzelfälle bekannt; sie vermitteln jedoch kein Bild der gesamten Bevölkerung Mülligens.

Aus vorhergehenden Darlegungen ging bereits hervor, dass die gesellschaftliche Position einer Oberschichtfamilie keineswegs gesichert war. Es wurden Beispiele geschildert, wie liederliche Hausväter ihren Besitz immer mehr schmälerten. Andere konnten ihren Stand durch persönlichen Fleiss und Tüchtigkeit verbessern und aufsteigen.

In Familien mit einer grossen Zahl von Kindern musste das elterliche Gut geteilt werden. So wurden die vier Söhne des wohlhabenden Hans Heinrich Schneider 1788 verpflichtet, ihre vier Schwestern mit je 750 Gulden auszuzahlen; vom Land

---

[41] Staatsarchiv Aarau, Lagerbuch Mülligen 1809.
[42] siehe oben Seiten 60–61, 72–73.

und vom Ochsenbestand erhielt jeder einen Viertel; zudem benötigten sie eigene Unterkünfte.[43] Eine ähnliche Entwicklung war bei der Familie Ackermann im «Hof» festzustellen. Selbst wenn der Einzelne damit rechnen konnte, seinen Besitz mit einigem Frauengut wieder zu vermehren, kam eine solche Teilung einem sozialen Abstieg gleich.

*Was bedeutete Armut in Mülligen?*

Armut hiess nicht nur Wohnen in einer armseligen Holzhütte, schlechte Kleidung, zerschlissene Schuhe, Holzmangel, fehlendes Geld für den Arzt, einseitige Ernährung oder sogar Hunger. Sie bedeutete auch innere Not, ständige Angst, den Zins nicht bezahlen zu können, betrieben zu werden, in den Konkurs zu geraten, an einer öffentlichen Versteigerung auch noch um den letzten Fleck Erde, das eigene Kämmerchen, die geringe private Habe zu kommen und damit auch die persönliche Ehre zu verlieren.

[43] Staatsarchiv Aarau, AA 715/S.48–69.

Die Häuserzeile Birrfeldstrasse 2a–e im heutigen Zustand, einer der wenigen Gebäudekomplexe, die keinem Dorfbrand zum Opfer fielen. Foto Andreas Dietiker.

Armut beinhaltete die Unfähigkeit, aus eigener Kraft über die Runden zu kommen und auf fremde Hilfe angewiesen zu sein.

Bis weit in das 20. Jahrhundert war die Schweiz kein Sozialstaat mit obligatorischer Altersvorsorge, Unfall-, Kranken- und Arbeitslosenversicherung. Zwar musste die Heimatgemeinde ihre in Not geratenen Mitbürgerinnen und Mitbürger jederzeit aufnehmen und unterstützen; doch hatte diese Fürsorge stets den Anstrich des Almosens und damit der Erniedrigung.

Das Armenverzeichnis von Mülligen (siehe folgende Seite) zählte 1815 zwölf bedürftige Haushaltungen auf. Es vermittelt einige Daten über diese ärmste Schicht im Dorf.[44]

Im Hungerjahr 1817 teilte der Windischer Pfarrer Ludwig Rahn, der zugleich als Armeninspektor wirkte, die Bürgerschaft Mülligens in die folgenden Sozialgruppen ein:[45]

| *Klassen* | *Haushaltungen* |
|---|---|
| ständige Almosenempfänger | 12 = 19% |
| Hilfsbedürftige nur in Notzeiten | 10 = 16% |
| kein Almosen, aber auch keine Hilfe an andere | 17 = 27% |
| fähig für Beiträge zur Armenverpflegung | 24 = 38% |
| total | 63 = 100% |

Nur einem guten Drittel konnten somit finanzielle Opfer zugunsten der Ärmsten zugemutet werden. Alle übrigen vermochten sich knapp selbst über die Runden zu bringen, oder sie benötigten Unterstützung, entweder dauernd oder wenigstens in besonders schwierigen Situationen.

Da aber auch die hablichen Mülliger nur ungern Armensteuern bezahlten, bot die Gemeinde ihren Armen zunächst Hilfe zur Selbsthilfe: Alle Haushaltungen erhielten einen eigenen Pflanzplatz auf den Gemeindereutenen. Mittwochs und samstags durften sie im Wald Fallholz sammeln.

Als Zweites griff man auf bereits vorhandene Quellen zur Hilfestellung zurück: Die Habsburger, besonders die Königin Agnes von Ungarn, hatten das Kloster Königsfelden durch Stiftungen verpflichtet, bestimmte Mengen Getreide zu Brot

[44] Staatsarchiv Aarau, Bezirksamt Brugg, Armenrechnungen 1815.
[45] Gemeindearchiv Mülligen, Gemeindeprotokoll 1817/S.40.

*Armenverzeichnis 1815*

| Name | Erwerb | Umstände |
|---|---|---|
| Maria, Barbara und Anna Barth, Ulrichs sel. Kinder | Baumwollspinnen | «sind arm, doch fast erzogen und schwach im Gedächtnis» |
| Dorothea Koprio, Witwe, 60, 3 Kinder | Baumwollspinnen | «ist arm und hat Leibsschaden. Die Kinder arbeitsam» |
| Elisabeth Barth, Albrechts sel. Tochter | Baumwollspinnen | «ist arm, doch arbeitsam, das Kind unehelich und unerzogen» |
| Anna Gatscho, des Niklaus Ehefrau | Nähen | «ist arm und schwach, die Arbeit gering» |
| Barbara Friedrich, Emanuels Witwe | Baumwollspinnen | «Ist arbeitsam, die Kinder auch und fast erzogen» |
| Emanuel Barth | Taglöhner Ehefrau Hebamme | «ist arm, der Mann kurzsichtig, die Kinder unerzogen» |
| Verena Barth, Albrechts sel. Tochter | Baumwollspinnen | «ist arm, doch arbeitsam und erzogen» |
| Verena Rinderknecht, Jakobs Wwe | Baumwollspinnen | «Ist arm und schwach, die Arbeit gering, die Kinder erzogen» |
| Heinrich Widmer, 66 | Dorfwächter | «ist arm und schwach in der Arbeit» |
| Jakob Barth, Baltis, 40 | Taglöhner | «Der Mann arbeitsam, die Frau schwach, die Kinder unerzogen» |
| Salomea Baumann, Jörgs Witwe + Tochter Madi | Baumwollspinnen | «sind arm, doch arbeitsam» |
| Rudolf Baumanns sel. 2 Kinder | – | «sind arm, doch arbeitsam und fast erzogen» |

zu verarbeiten und zweimal wöchentlich an die Armen der Umgebung sowie an bedürftige Durchreisende zu verteilen. Daraus entwickelte sich eine Tradition, welche die Berner nicht anzutasten wagten, als sie das Kloster während der Reformation aufhoben. In der Folge beschäftigte die dortige Landvogtei einen «Klosterbäcker», welcher wöchentlich 2180 Brotlaibe buk; über das ganze Jahr machte dies nicht weniger als 113 360 Stück zu etwa 700 Gramm aus. Sie bestanden aus einer Mischung von Dinkel-, Roggen-, Gersten- und Erbsenmehl.

Die Armen von Mülligen bekamen 1768 alle Wochen 116 Brote oder jährlich 6032 Stück. Später gab es weniger, dafür vermutlich grössere Laibe, denn die Menge des zu verbackenden Getreides war fixiert. 1786 erhielten elf Haushaltungen wöchentlich insgesamt zweimal 40 Laibe. Ursprünglich mussten die Armen die Brote persönlich an der Klosterpforte abholen. Später fand die Regierung, dieser Gang hindere die Bezüger am Arbeiten und fördere den Müssiggang. Fortan bezog die Gemeinde die Brote und verteilte sie an die dazu Berechtigten.[46]

Die Regierung des Kantons Aargau änderte dieses Verteilsystem 1804. Sie liess nicht mehr Brote backen, sondern wies jeder Gemeinde ein bestimmtes Quantum Getreide zu, das vierteljährlich abzuholen war. 1815 traf es auf Mülligen 43 Viertel Mütt, ungefähr 750 kg, die damals auf zwölf Haushaltungen je nach Personenzahl verteilt wurden. Dies war bedeutend weniger als zur Bernerzeit. Die Zuteilung erfolgte durch den Windischer Pfarrer auf Antrag des Gemeinderates. Sie entsprach einer Rente auf Lebenszeit. Starb ein Empfänger, konnte ein anderer in dessen Fussstapfen treten.[47]

Die Königsfelder Brotspenden reichten natürlich zum Lebensunterhalt nicht aus. Insbesondere musste auch Geld für dringend notwendige Ausgaben zur Verfügung stehen. Zu diesem Zweck besass die Kirchgemeinde Windisch-Birr ein Armengut, das aus Vergabungen geäufnet worden war. Am Ende des 18. Jahrhunderts betrug es rund 1220 Gulden. Daneben bestand das «Schaffnerische Legat». Aus beiden Fonds durften die Zinsen zur Linderung besonderer Armut verwendet werden. Dazu kamen die Almosenspenden, welche die Kirchgänger an neun Sonntagen des Jahres in den Opferstock warfen.

Reichten die Zinsen und Spenden nicht aus, wurde die Erhebung einer Armensteuer unumgänglich. Weil die Dörfer der Kirchgemeinde das Armengut ge-

---

[46] Staatsarchiv Bern, B XII 205/S.25–33. Archiv der reformierten Kirchgemeinde Windisch, Haushaltrodel 1786.

[47] Staatsarchiv Aarau, Bezirksamt Brugg, Armenrechnungen 1815.

meinsam besassen, mussten auch alle zur Unterstützung Bedürftiger beitragen. 1793/94 kam es deswegen zu einem Konflikt Mülligens mit der Gemeinde Windisch und Oberburg, die sich weigerte, ihren Anteil an das Kostgeld eines Kindes der erwähnten Familie Gatscho beizusteuern. Der Streit gelangte bis zur Regierung nach Bern, die den Mülligern Recht gab.[48]

Auf dem Weg ins Birrfeld.
Foto Andreas Dietiker.

Mülligen besass eben kein eigenes Gemeindearmengut. Der Grundstock dazu wurde erst gelegt, als die Kirchgemeinde 1798 das gemeinsame Armengut auf die zugehörigen Ortschaften verteilte. Mülligen erhielt ein Kapital von rund 196 Gulden (= 294 alte Franken). In der Folge wurde es geäufnet, einerseits durch Vermächtnisse, anderseits aus den Einkaufssummen ortsfremder Hochzeiterinnen («Weibereinzugsgeld») sowie einem fünfprozentigen Anteil an den Loskaufskapitalien der Zehnten und Bodenzinsen. Bis 1835 war es auf 3925 Franken angestiegen.[49] Ab 1842 erhob die Gemeinde von allen auswärts wohnenden Ortsbürgern ein jährliches «Bürgergeld» von einem Franken zuhanden des Armengutes; 1916 betrug diese Armensteuer 20 Franken.

Von diesem Armenfonds durften nur die Zinsen verwendet werden (meist 5 Prozent). Da diese oft nicht ausreichten, mussten die Bürger jeweils den Bezug einer Armensteuer beschliessen. Eine solche wurde letztmals im Jahre 1930 erhoben. Gelegentlich bewilligte die Gemeindeversammlung auch einen Zuschuss aus der Gemeindekasse oder den Verkauf einiger Bäume aus dem Gemeindewald.[50]

Aus diesen finanziellen Mitteln kaufte der Armenpfleger den Bedürftigen von Fall zu Fall Kleider und Schuhe. So schickte er dem Niklaus Gatscho 1817 die fol-

---

[48] Staatsarchiv Aarau, AA 452/S.231–258.
[49] Staatsarchiv Aarau, Bezirksamt Brugg, Armenrechnungen Mülligen 1804–1805, 1817, 1835.
[50] Wo keine speziellen Nachweise angegeben sind, stützen sich die folgenden Ausführungen auf zahllose Einzelinformationen in den Gemeindeversammlungsprotokollen.

gende Ausstattung nach Bremgarten BE: ein Paar Hosen, ein Leibchen, ein Kamisol (Wams, Unterjacke), Kittel, Kappe und Hemd; Kosten samt Porto: 15,75 alte Franken. Für andere Arme bezahlte man die Kosten für Arzt, Hebamme und Begräbnis, Badekuren, Mietzinsen, Schul- und Lehrgelder.[51]

Besonders schwierig war die Unterstützung auswärtiger Ortsbürger, deren Verhältnisse zu wenig bekannt waren. Oft trafen Bittschriften ihrer Pfarrer ein, welche die genaueren Umstände schilderten. Gelegentlich kamen notleidende Ortsbürger in die Heimatgemeinde zurück, sei es aufgrund einer Ausweisung der Wohngemeinde, sei es auf Verlangen der Gemeindeversammlung. Derartige Heimkehrer brachte man jeweils im obern Stock des Schulhauses unter, welches auch als Armenhaus («Spittel») diente; 1832 lebten hier 16 Personen auf kleinem Raum. Um keine Armensteuer für deren Verpflegung erheben zu müssen, schickte man solche Bedürftige gelegentlich «im Kehrum» durch das Dorf; jede Haushaltung war aufgrund ihrer Steuerkraft verpflichtet, sie eine gewisse Anzahl Tage mit Speise und Trank zu versehen.

Kinder, Alte und Kranke musste die Gemeinde jedoch «vertischgelden». Man brachte sie einzeln bei Mitbürgern gegen Erlegung eines möglichst kleinen Kostgeldes unter. Für Johannes Barth, genannt «Stockruedihäusi», wurden 1817 beispielsweise 32 Franken für ein Jahr bezahlt; dazu kam die Getreidespende aus Königsfelden. In dieser Entschädigung waren die Verpflegung, Wäsche, Bettdecke und das Ausbessern der Kleider inbegriffen.

Als der Kanton Aargau das Armenwesen auf Anfang 1937 zur Sache der Einwohnergemeinde erklärte, übergaben ihr die Ortsbürger das Armengut in der Höhe von damals Fr. 33 754.90. Trotzdem leisteten sie weiterhin Beiträge in die Armenkasse.

Aufgrund eines Konkordats, dem im Laufe der Zeit alle Kantone beitraten, wurde die Armenunterstützung allmählich von der Heimatgemeinde auf den Wohnort übertragen. Die Auslagen werden aus den Gemeindesteuern bestritten. Wie alle Budgetposten sind sie im Laufe der Jahre stark gestiegen. Unter dem Titel «Materielle Hilfe an Private» rechnet der Mülliger Voranschlag 2005 mit Ausgaben in der Höhe von 58 000 Franken.

---

[51] Staatsarchiv Aarau, Bezirksamt Brugg, Armenrechnungen Mülligen 1817.

**Die private Lebensgestaltung unter der Berner Herrschaft**

Neben dem arbeits- und sorgenreichen Alltag schafften sich die Menschen immer wieder Gelegenheiten zur Abwechslung und Erholung. Die Art der Freizeitgestaltung veränderte sich unter den sich wandelnden politischen und wirtschaftlichen Gegebenheiten.

In vorreformatorischer Zeit legte die (damals katholische) Kirche fest, welches Verhalten moralisch gut oder schlecht sei. Sie zeigte den Menschen auf, wie sie zu leben hatten, um nach dem Tod in den Himmel zu kommen. Tägliches Gebet und sonntäglicher Gottesdienstbesuch waren vorgeschrieben. Auch für den Alltag und die zwischenmenschlichen Beziehungen legte die Kirche strenge Regeln fest. Letztes Ziel bildete die Heiligung jedes Menschen

Doch in der praktischen Seelsorge wusste man, dass das Leben nicht nur aus Gebet und Arbeit bestand. Auch dem Bedürfnis nach Erholung und Vergnügen war Rechnung zu tragen. Aus dieser Spannung zwischen Ansprüchen der Moral und der Lebenslust entwickelte sich im Mittelalter ein Kompromiss, der beides berücksichtigte: Zeiten der Strenge und des Verzichts wechselten mit Zeiten einer gewissen Lockerung ab: Der Fastenzeit ging die Fasnacht voraus, während der allerlei Allotria geduldet wurde, und dem Fasten folgte ein fröhliches Osterfest mit einem üppigen Mahl. Die arbeitsreiche Erntezeit wurde mit einem Erntedankfest abgeschlossen, das Frömmigkeit und Ausgelassenheit kombinierte. Das Kirchweihfest begann mit einem feierlichen Gottesdienst und setzte sich in einer munteren Chilbi fort. So sollte der vorreformatorische Mensch zugleich fromm und fröhlich sein können. Und wenn er oder sie gelegentlich über die Stränge schlug, gegen die moralischen Vorschriften verstiess und damit sündigte, gab es die Möglichkeit der Beichte, in welcher Gott begangene Fehler verzieh.

Die Reformation schaffte diesen Kompromiss zwischen Spannung und Entspannung ab. Die Reformatoren beurteilten das alte Brauchtum von Fasnacht, Chilbi und anderen Volksfesten vor allem als Gelegenheiten zur Sünde und daher als heidnisch. Sie waren gänzlich zu verbieten. Für die neuen Kirchenführer galt der strenge Massstab der Moral das ganze Jahr, ja das ganze Leben hindurch. Der Mensch sollte seine Zeit ganz mit Gebet und Arbeit ausfüllen. Aus dieser Sicht lehnten sie die Beichte ab, weil sie das Sündigen und den Zerfall der Sitten fördere.

*Sittengesetze und Chorgerichte*

Die Zeit der Reformation fiel in eine Epoche, in welcher auch die staatlichen Instanzen ihre Macht ausbauten. Die Regierenden erliessen immer strengere Gesetze, mit denen sie ihre Untertanen wirkungsvoller beherrschen und kontrollieren konnten. Da die reformierte Kirche sich dem Staat unterordnete, konnten die Politiker die früheren Kompetenzen der Bischöfe übernehmen und selbst jene moralischen Grundsätze bestimmen, welche ihre Herrschaft stärkten.

Auch die «Gnädigen Herren» von Bern schöpften diese Möglichkeit voll aus. Sie erliessen Sittengesetze, deren Vorschriften tief in die individuelle Lebensgestaltung der Untertanen eingriffen. Nun war es die reformierte Obrigkeit, die den obligatorischen Kirchgang sonntags und werktags vorschrieb, ebenso den jährlich mehrmaligen Empfang des Abendmahls; sie reglementierte die Kleidung und Haartracht; sie beschränkte die Wirtshausbesuche, ja sogar die Zahl der Gänge eines Hochzeitsmahls. Und vor allem stellte sie Verbote auf: Tanzen, Spielen, Rauchen, Fasnacht, Kirchweihfeste, kurz alle fröhlichen Abwechslungen im sonst oft so mühsamen und sorgenvollen Alltag waren nun während des ganzen Jahres strengstens untersagt. Insbesondere verbot die Regierung – wie schon erwähnt – auch jeglichen Sexualkontakt ausserhalb der Ehe.

Mit diesen Vorschriften strebte die gestrenge Obrigkeit nichts weniger an als die Umerziehung der Bevölkerung zu gottesfürchtigen, züchtigen, sparsamen, fleissigen und vor allem gehorsamen Menschen. Untertanen, welche diese Tugenden verwirklichten, waren angepasst und daher leicht zu führen. Sie neigten weniger zu politischer Unzufriedenheit oder gar zu Aufruhr. Damit wird klar, dass die Sittengesetze nicht in erster Linie moralisch-religiös motiviert waren. Vielmehr dienten sie dazu, die Herrschaft der «Gnädigen Herren» über die «geliebten Untertanen» auszubauen und abzusichern.

Die Vermittler dieser Tugenden waren die Pfarrer, die nun Beamte des Staates Bern wurden. Ihre Aufgabe war es, den Gemeindegliedern die von den Politikern vorgeschriebenen Tugenden einzupflanzen, ja einzuhämmern. Dazu dienten die obligatorischen Gottesdienste. Ziel der Predigten war ein Gewissen, welches das obrigkeitlich erwünschte Verhalten bejahte und Verstösse dagegen ablehnte. Dabei schreckten die Pfarrer auch vor Einschüchterungen nicht zurück. Die Menschen sollten die Strafen und den ewigen Zorn des allmächtigen Gottes fürchten und die vorgeschriebenen Normen auch aus Angst einhalten.

Kamen dennoch Verstösse gegen die Sittengesetze vor, waren diese aufzudecken und zu bestrafen. Dazu diente das Sittengericht, das oft im Chor der Kirche tagte und daher meistens Chorgericht genannt wurde. Es trat gleichsam an die Stelle des früheren Beichtstuhls, war aber ein politisches Gremium und kannte keine Vergebung der begangenen Sünden.[52]

Unmittelbar nach der Reformation schrieb die Berner Regierung für jede Kirchgemeinde die Einführung eines solchen Chorgerichts vor. Mülligen war jenem in

Blick in das Innere der reformierten Kirche von Windisch. Von der Kanzel aus hämmerte der Pfarrer der Einwohnerschaft von Mülligen alle Sonntage vormittags und nachmittags die Tugenden braver Untertanen ein, wie sich dies die «Gnädigen Herren» in Bern wünschten. Foto Hans Eckert.

Windisch zugeteilt. Dieses setzte sich aus je einem Vertreter der sechs Dörfer Windisch, Oberburg, Mülligen, Hausen, Habsburg und Altenburg sowie dem Amtsuntervogt zusammen. Der Landvogt, meist aber sein Stellvertreter, leitete die Sitzung. Der Pfarrer führte das Protokoll.

Der Hofmeister in Königsfelden ernannte die Chorrichter auf Lebenszeit. Die Wahl erfolgte auf besondere Empfehlung der einflussreichen dörflichen Kreise.

[52] Die Sittenmandate finden sich abgedruckt in: RQ Bern, Bände VI/2 und X. – Zur Funktion der Chorgerichte innerhalb des Staates Bern vgl. Max Baumann, «Zur Förderung der Ehre Gottes und zur Erhaltung bürgerlicher Zucht». Das Chorgericht als Herrschaftsinstrument im alten Bern. In: Die Schweiz im Wandel. Studien zur neueren Gesellschaftsgeschichte. Festschrift für Rudolf Braun zum 60. Geburtstag. Basel 1990.

Ihrer Funktion entsprechend sollte es sich um tugendhafte Persönlichkeiten handeln. In Mülligen waren es – wie beim Amtsgericht – meist wohlhabende Bauern, zeitweise der Schulmeister. Oft sass derselbe Mann zugleich im Amts- und im Chorgericht.

Zur Aufgabe des Chorrichters gehörte es zunächst, ständig im Dorf herumzuhorchen, ob sich offen oder insgeheim Verbotenes tat. Dazu benötigte er Einbläser und neugierige Frauen, die sich einen Spass daraus machten, nachts um die Häuser zu schleichen und zu entdecken, wo noch verdächtiges Licht brannte.

Anlässlich der sonntäglichen Zusammenkunft musste jedes Mitglied reihum vom Gehörten berichten. Der Chorweibel lud die Beschuldigten an die nächste Sitzung vor, wo sie verhört, ermahnt, verwarnt und allenfalls verurteilt wurden. An Strafen standen Bussen und Einkerkerung im Kirchturm oder in Königsfelden zur Verfügung. Unverbesserliche Sünder und schwere Vergehen, vor allem im sexuellen Bereich, wurden an das Oberchorgericht nach Bern gemeldet. Die dort gefällten Urteile mussten dann in der Kirchgemeinde vollstreckt werden.

Alle behandelten Vorfälle schrieb der Pfarrer in ein Protokoll. Im Unterschied zu katholischen Gegenden, wo Verstösse gegen die Moral dem Beichtgeheimnis unterstanden, können sie in Windisch nachgelesen werden. Sie füllen drei Bände für den Zeitraum von 1638 bis 1869, reichen also über die Berner Herrschaft hinaus. Diese Aufzeichnungen geben auch Aufschluss über das Leben und Treiben in Mülligen und betreffen besonders die Privatsphäre.[53]

*Freizeit und religiöser Alltag*

Alle Gemeindeglieder mussten zumindest die Predigt am Sonntagmorgen und die Christenlehre am gleichen Nachmittag anhören. Dazu kam die Abendpredigt an einem Werktag, wobei die Bevölkerung von Mülligen davon möglicherweise dispensiert war wegen des weiten Weges; jedenfalls sind keine Verfahren wegen Versäumens der Wochenpredigt bekannt.

Der obligatorische Gottesdienstbesuch bezweckte einerseits die schon erwähnte politische Erziehung zu braven Untertanen. Andererseits musste der Pfarrer auch alle Verfügungen der Berner Obrigkeit, des Landvogts und der Gemeindevorgesetzten von der Kanzel verlesen; da es noch kaum Zeitungen gab, diente die

[53] Archiv der reformierten Kirchgemeinde Windisch, 3 Protokolle des Chorgerichts Windisch.

Kirche als «amtliches Publikationsorgan» der Behörden; der Kirchgang sollte vor der Unkenntnis obrigkeitlicher Vorschriften schützen.

Predigt und Christenlehre hatten aber auch ihren ursprünglichen Sinn zu erfüllen, die Übermittlung des «wahren Glaubens», also der christlichen Lehre, wie sie ebenfalls die Berner Regierung definieren liess. Dazu gehörte der Kampf gegen den Aberglauben, der schwer auszurotten war. Insbesondere Angehörige von Kranken hofften oft auf Genesung mit Hilfe von Heilerinnen. So zitierten die Chorrichter 1661 drei Personen aus Mülligen, weil sie eine verrufene «Segnerin» vom Bözberg zugezogen hatten; sie wurden ermahnt, «sich inskünftig vor dergleichen Leuten zu hüten». – Als die Milch einer Ziege des Baschi Baumann 1673 regelmässig brach, vermutete er eine Hexerei hinter diesem unerklärbaren Vorgang; er begab sich daher zu einem Viehhirten nach Baden, der ihm die Vornahme bestimmter abergläubischer Rituale empfahl. Auch er musste sich dafür vor dem Chorgericht verantworten.

Die Christenlehre sollte aber auch die Einflüsse des Katholizismus abwehren. So mussten sich der «rote Buman» von Mülligen und dessen Frau 1665 vorwerfen lassen, sie würden zu wenig Sorge zu ihren (erwachsenen) Kindern tragen. Sie würden sie unter «Papisten» (Katholiken) wohnen lassen; nun seien bereits zwei Söhne «abgefallen»; die andern steckten in höchster Gefahr. Wie ernst die Obrigkeit den Fall nahm, beweist die Drohung an die Eltern: Wenn sie ihre noch ledigen Kinder nicht an reformierte Orte brächten, würden auch sie «als unnütze Leute» des Landes verwiesen.

Der zweimalige Kirchgang am Sonntag wurde genauestens kontrolliert. Wer fehlte, riskierte eine Vorladung vor das Chorgericht. So mussten 1661 ein junger Mann und drei verheiratete Frauen eine Rüge «wegen unfleissiger Besuchung der Predigt und des Gebets» über sich ergehen lassen; sie wurden eindringlich ermahnt, sich zu bessern. – 1673 versäumten zwei Webersfrauen die Morgenpredigt, die Christenlehre und den Empfang des Abendmahls; stattdessen trockneten sie Tücher. – Dass Verwarnungen oft nichts fruchteten, zeigte sich am 12. März 1682, als nicht weniger als 35 junge Leute wegen «liederlicher Besuchung der Christenlehre» vor den Sittenhütern standen, darunter sieben aus Mülligen; ihnen blühte eine scharfe Strafpredigt, eine Busse von je 5 Schilling sowie die Androhung von Gefangenschaft im Wiederholungsfall.

Manche Fehlende brachten eine Ausrede für ihr Fernbleiben vor, etwa starkes Regenwetter oder «Leibsschwachheit». Die Mülliger entschuldigten sich auch damit, sie seien im nahe gelegenen Birmenstorf zur Predigt gegangen. Damit hätten sie jedoch die Kontrolle in Windisch umgehen können. Deshalb zitierten die Chorrichter 1670 sämtliche Hausväter Mülligens; sie untersagten ihnen – «zu Vermeidung grosser Konfusion» – den Kirchgang ins Nachbardorf, weil sie nach Windisch «gehörten».

Die Vorladung vor das Chorgericht galt als Schande. Um einer solchen zu entgehen, kamen manche der äusserlichen Erfüllung der Sonntagspflicht zwar nach, doch fehlte ihnen die innere Andacht. Sie schwatzten, lachten, ja zankten sich gar während des Gottesdienstes. Gelegentlich gab es Streit wegen der vorgeschriebenen Sitzordnung, so 1659, als drei Kirchgenossen wegen des Stuhls in aller Öffentlichkeit «ärgerlich wüteten». Unter ihnen befand sich der damalige Mülliger Schulmeister Hans Heinrich Müller. Er wurde «als der strafbarste» nicht nur mit 10 Schilling gebüsst, sondern zusätzlich für 24 Stunden eingekerkert. Ein anderes Mal setzten sich sechs Gören aus Mülligen trotz vorangegangener Verwarnung provokativ in eine falsche Ecke; als der Pfarrer sie vor allen Leuten in die «Weiberstühle» wies, standen sie demonstrativ auf und liefen aus dem Gotteshaus hinaus. Vor dem Chorgericht entschuldigten sie sich dann für ihr unkorrektes Verhalten.[54]

Der zweimalige Kirchgang nach Windisch verfolgte nebst der politischen und religiösen Belehrung zugleich den Zweck, den Sonntag möglichst auszufüllen. Dadurch sollte wenig Zeit für weltliche Dinge, vor allem für private Vergnügungen, bleiben, zumal beim jungen, lebenslustigen Volk.

Die Protokolle des Chorgerichts zeigen auf, dass besonders der Sonntagnachmittag für unerlaubte Arbeiten und nichtkirchlichen Genuss von Freizeit lockte. In solchen Fällen musste man sich zwischen Arbeit, Vergnügen und Christenlehre entscheiden. So soll Elisabeth Künzli, Hans Jogli Friedrichs Frau, während der Sonntagspredigt «geanket» (Butter gemacht) und Hans Heinrich Baumann «zum Ärgernis anderer Leute» ein «Heuhüsli» abgebrochen haben. Drei Mülliger begaben sich eines Sonntags nach Wohlenschwil, um mit dem Schmied abzurechnen; dort «beweinten» sie sich auch ziemlich stark. Selbst der Chorrichter Rudolf Huber scheute sich nicht, an einem Sonntag Kirschen zu pflücken.

---

[54] Chorgerichtsprotokoll I/19.9.1658, 11.9.1659, 6.1.1661, 15.9.1661, 8.6.1662, 11.6.1665, 19.6.1670, 9.10.1670, 21.9.1673, 9.11.1673, 16.11.1679, 12.3.1682, II/17.9.1713, III/1784.

Besonders ärgerten sich die Sittenwächter, wenn reformierte Angehörige sich am Wochenende im katholischen Baden belustigten, statt die Gottesdienste zu besuchen. 1671 verboten sie den Fährleuten von Windisch und Mülligen sogar unter Strafe, «dergleichen Leute an dergleichen Tagen über die Reuss zu führen».[55]

*Tanzen und Fröhlichsein*

Doch allen Verboten zum Trotz: Die katholische Nachbarschaft lockte fast unwiderstehlich. Dort war all das – wenigstens zeitweise – erlaubt, was die gestrenge Berner Obrigkeit grundsätzlich untersagte: Fasnacht, Chilbi, Erntefeste. So wollten auch viele Mülligerinnen und Mülliger gelegentlich von den verbotenen Früchten kosten. Sie hofften, dabei nicht erwischt oder wenigstens nicht verraten zu werden.

Dennoch fanden sich immer wieder Denunzianten, die dem Pfarrer oder den Sittenhütern verbotenes Tun hinterbrachten, teils aus moralischer Entrüstung, teils aus Rache. Die örtlichen Chorrichter verschlossen zwar oft Augen und Ohren; doch von Zeit zu Zeit konnten sie nicht umhin, Verstösse bei den Sitzungen anzugeben. Namentlich wenn ein besonders sittenstrenger Pfarrherr in Windisch wirkte, übte dieser starken Druck auf die Mitglieder des Chorgerichts aus. Brachten sie über mehrere Wochen nichts vor, wurden sie getadelt und aufgefordert, ihre Pflicht besser zu erfüllen.

Das Tanzen war der reformierten Obrigkeit ein besonderer Dorn im Auge. Sie verurteilte das «mutwillige, leichtfertige» Herumspringen, weil es mit «ärgerlichen Gebärden und bösen, unzüchtigen Gedanken» verbunden sei und zu «Neid, Hass, Totschlag und dergleichen» führe. Tanzen bedeutete Sündigen!

Doch es liess sich nicht unterdrücken. Tanzen entsprach einem urmenschlichen Bedürfnis, das gerade die Mülligerinnen und Mülliger in unmittelbarer Nähe befriedigen konnten. An der Fasnacht brauchten sie bloss im Schutz der Nacht über die Reuss zu fahren und sich dort zu vermummen, um unerkannt der heimlichen Lust zu frönen. Sie wurden meistens nicht erwischt!

Zu einer Anzeige kam es eher, wenn sie am helllichten Tag an einer Chilbi teilnahmen. Im Sommer 1650 wurden sechs Männer und fünf Frauen aus Mülligen

---

[55] Chorgerichtsprotokoll I/12.1.1668, 9.4.1671, 17.12.1671, 23.2.1679, 9.12.1688, 21.5.1693.

mit je 5 Schilling gebüsst, weil sie am Kirchweihfest in Birmenstorf getanzt hatten. Vermutlich aus Rache verpetzte eine Mülligerin den Hans Jogli Friedrich 1678, er habe nicht nur an einem Sonntag Holz und Stauden verkauft, sondern sei am gleichen Tag nach Birmenstorf an die Chilbi gegangen und habe dort sogar den Spielleuten Wein und Braten bezahlt. Diese Untat büsste er mit 24-stündiger Gefangenschaft.

Die Faszination des Verbotenen war aber stärker als alle Strafen. 1686 mussten sich nicht weniger als 42 Personen wegen Teilnahme an der Birmenstorfer Chilbi verantworten, darunter 18 aus Mülligen. Diesmal wurden die Bussen abgestuft: Hausväter und Hausmütter bezahlten einen Gulden (= 15 Batzen), Burschen 5 bis 10, Töchter 7½ Batzen. Zwei kleine Mülliger Buben sollten «von den Eltern oder, wo sie es nicht versehen, durch den Profosen mit der Rute gezüchtigt werden».

Dieser Anlass allein brachte Bussengelder in der Höhe von 26 Gulden 10 Batzen ein. Davon erhielten die Berner Staatskasse und der Hofmeister in Königsfelden je ein Drittel; den Rest durften die Chorrichter unter sich verteilen; auf jeden traf es rund einen Gulden, was 2½ Taglöhnen eines Handwerkers entsprach – und dies an einem Sonntag, da Arbeit verboten war! Was Wunder, dass sich der Mülliger Schulmeister Kaspar Erismann, dessen 15-jähriger Sohn auch unter den Gebüssten war, die kritische Bemerkung erlaubte, es gehe den Sittenwächtern bei der «Abstrafung der Fehlbaren nur allein um das Geld und nicht um ihre Besserung». Für diese Respektlosigkeit gegenüber dem «ehrsamen Chorgericht» wurde er gezwungen, um Verzeihung zu bitten und zu bekennen, dass er den Chorrichtern Unrecht getan habe; zusätzlich musste er «zu wohlverdienter Strafe – damit er sehe, dass es dem Chorgericht nicht ums Geld zu tun sei – 24 Stunden in der Gefangenschaft abbüssen».

Auch solche Massnahmen fruchteten wenig. Die Mülliger liessen sich die Freude an der Chilbi nicht nehmen. 1696 zogen 46 Personen – beinahe das halbe Dorf! – nach Birmenstorf. Ganze Familien, Meister mit ihren Knechten, Jugendliche und Kinder zogen das vergnügliche Fest ennet der Konfessionsgrenze dem Kirchgang nach Windisch vor.[56]

An anderen katholischen Orten in der Nähe wurde ebenfalls alljährlich Kirchweihe gefeiert. Bis nach Wohlenschwil zog man von Mülligen aus «auf den Tanz».

---

[56] Chorgerichtsprotokoll I/15.7.1650, 11.8.1678, 22.8.1686, 26.9.1686, 23.8.1696, II/19.3.1775.

Besonders die Chilbi in Mellingen hatte es dem jungen Volk angetan. Beliebt war auch der dortige «Schnittertanz» nach Abschluss der Getreideernte. Im Städtchen an der Reuss war die Gefahr kleiner, entdeckt und angegeben zu werden, denn wer sich an einem Volksfest in Mellingen aufhielt, hütete sich, andere zu beschuldigen, um sich nicht selbst zu verraten.[57]

Blühende Kirschbäume auf dem Birrfeld. Foto Andreas Dietiker.

Wenn sich aber auch im eigenen (reformierten!) Dorf Gelegenheit zu einem Tänzchen bot, packte man die Gelegenheit beim Schopf. Es brauchte nur ein Geiger oder ein Dudelsackpfeifer aufzutreten – und schon waren alle obrigkeitlichen Verbote vergessen. 1692 wurden zehn Frauen und Männer «wegen leichtfertigen und mutwilligen Wesens und Tanzens» in der Mühle gebüsst. Andere Tanzgelegenheiten boten sich in der Wirtsstube zu Hausen. Eines Sonntags 1741 ging es im Gasthaus am Fahr Windisch hoch zu und her; 30 junge Leute mussten sich danach wegen Tanzens verantworten, darunter mehrere aus Mülligen, ebenso die Söhne des Wirts und der Dudelsackpfeifer aus Birrhard.

Doch dieses Vergnügen liess sich einfach nicht ausrotten. Noch 1785 gestattete der Müller zu Mülligen einem Geiger aus der Grafschaft Baden, zum Tanz aufzuspielen. Schwerer wog allerdings, dass Hans Heinrich Schneider, selbst Mitglied des Chorgerichts, in seinem Haus am Mülirain neun Tänze gestattete. «Wegen unexemplarischen Verhaltens» brummten ihm seine Amtskollegen die doppelte Busse auf.

Wie keck sich das junge Volk gelegentlich gebärdete und wie wenig ernst es das Verbot nahm, zeigt die Tatsache, dass sogar in der Weinstube zu Königsfelden, also in unmittelbarer Nähe der landvögtlichen Residenz, getanzt wurde. 1683/84 erfolgte deswegen eine ausgedehnte Untersuchung. Nicht weniger als 68 Burschen und Mädchen aus der ganzen Umgebung hatten sich hier getroffen, 62 hat-

[57] Chorgerichtsprotokoll I/24.2.1667, 24.3.1667, 28.4.1667, 21.6.1668, 12.10.1673, 1.8.1675, 9.12.1688.

ten getanzt, die übrigen sechs «sonst ein mutwilliges Wesen getrieben»; unter ihnen fehlten auch solche aus Mülligen nicht. Dieses ungenierte Benehmen büssten die Männer mit einem ganzen, die Frauen mit einem halben Gulden.[58]

*Spielen und Rauchen*

In den Augen der Obrigkeit war auch das Spielen verwerflich, namentlich um Geld. Es widersprach der Tugend der Sparsamkeit und galt überhaupt als unnützes Tun, das vom Arbeiten, Beten und Schlafen abhielt.

Dennoch frönten die Mülliger Männer dem Kartenspiel und dem Kegeln; spielende Frauen kommen in den Protokollen kaum vor. Besonders die Mühle erwies sich als geeignet für die verbotene Kurzweil, weil sie etwas abseits des Dorfes lag. Doch auch auswärts wurde gespielt. So musste sich der Schuhmacher Hans Barth 1743 vor die Chorrichter stellen, weil er am letzten Markt in Mellingen viel Geld verspielt hatte; er wurde «zu besserer Hauslichkeit ermahnt und zu mehr Sorgfalt für Weib und Kind». Barth versprach Besserung.[59]

Das Rauchen, Schnupfen und Kauen von Tabak kam erst auf, als Soldaten die neue Gewohnheit aus dem Dreissigjährigen Krieg (1618 bis 1648) heimbrachten. Die Berner Regierung verbot dieses Genussmittel alsbald. Sie ernannte sogar «Tabakvisitatoren», um Raucherwaren aller Art einziehen zu lassen. Doch schon bald zeigte es sich, dass das Verbot wenig Beachtung fand.

Auch im Eigenamt fand der Tabakgenuss viele Liebhaber. 1675 wurden die Chorrichter der Kirchgemeinde Windisch ermahnt, dem betreffenden Gesetz mehr Nachachtung zu verschaffen. Das Rauchen, Schnupfen und Kauen hatte sich aber schon derart durchgesetzt, dass die Chorrichter sich überfordert fühlten. In jedem Dorf wurden daher zusätzliche «heimliche Mitseher» ernannt, welche das verbotene Vergnügen aufspüren und melden sollten.

Tatsächlich liess sich der Mülliger Konrad Kummler beim Rauchen erwischen. Die Sittenhüter brummten ihm dafür eine horrende Busse von 25 Gulden (etwa 60 Taglöhne) auf, die abschreckend wirken sollte.

---

[58] Chorgerichtsprotokoll I/24.2., 28.41667, 25.11., 2.12., 9.12.1683, 27.1.1684, 17.1./25.2.1692, II/20.9.1739, 5.3.1741, III/9.1.1785.

[59] Chorgerichtsprotokoll I/24.3.1639., 12.5.1650, 17.3. 1743, 19.3.1775, 13.3.1783, 15.2.1784.

Doch in Mülligen blieb es bei dieser einen Strafe. Die «Gnädigen Herren» vermochten sich in diesem Bereich nicht durchzusetzen. Sie beschlossen daher, den Tabakkonsum zwar zu tolerieren – aber so, dass auch die Staatskasse davon profitierte. Der Tabak wurde durch eine indirekte Steuer verteuert. Einige geschäftstüchtige Personen in Brugg erhielten ein «Tabak-Patent»; in ihrem Laden konnten sich die Mülliger inskünftig mit dem dringend gewünschten Suchtmittel eindecken.[60]

Winterruhe auf dem Birrfeld.
Foto Andreas Dietiker.

*Trinken, Fluchen, Verprügeln und anderes «Unwesen»*

Die Berner Obrigkeit wünschte sich bekanntlich fromme, tugendhafte, sparsame Untertanen. Alkoholkonsum schickte sich für solche nicht, zumal nicht «über den Durst hinaus» und nicht in Gasthäusern oder Weinstuben. Die Sittengesetze beschränkten daher die Öffnungszeiten und den Weinkonsum; sie verboten auch das Zechen ohne sofortige Bezahlung. Das Geld sollte ohnehin gespart oder für sinnvollere Ausgaben verbraucht werden. Zudem arteten Trinkgelage oft in Lärm, Streit, Fluchen und Schlägereien aus.

Dennoch wollten sich viele Männer und Frauen fröhliche Trinkrunden nicht durch Sittenhüter vergällen lassen, auch in Mülligen nicht. Die Chorgerichtsbücher sind denn auch voll von Verstössen in diesem Bereich, wobei auch hier nur jene Fälle zur Sprache kamen, für welche eine Anzeige vorlag:

Gewissen Mülligern war der Heimweg und erneute Kirchgang zwischen Morgenpredigt und nachmittäglicher Christenlehre manchmal zu beschwerlich, und so verbrachten sie die Zwischenzeit in der Gaststube am Fahr Windisch – bei Speise und Trank und unter allerlei Gesprächen. Die Busse dafür betrug je fünf Schil-

[60] Chorgerichtsprotokoll I/8.2.1675, 19.11.1976. Max Baumann, Wider die Laster des Rauchens, Spielens und Tanzens, in: Brugg erleben, Band 2/S.433–435.

ling. Wenn der eine oder andere dann schwankend zur Christenlehre kam, war sie höher.

Am Sonntag nach dem Nachmittagsgottesdienst traf man sich gelegentlich im Haus des reichen Hans Heinrich Schneider am Mülirain, der gleichzeitig im Chorgericht sass. Oft dauerte der Umtrunk über die zugelassene Stunde (18 Uhr!) hinaus. Dies veranlasste die erboste Susanna Baumann etwa, ihren Gatten, den Schulmeister Hans Jakob, heimzuholen. Als es einmal weder um acht noch um neun Uhr abends fruchtete, packte sie den Gemahl «aus Eifer» am Kopf. Das ging nun den Schneiders eindeutig zu weit. Die Frau beschimpfte Susanna, und der Chorrichter warf sie kurzerhand aus dem Haus; sie behauptete später, er habe ihr dabei auch einige Schläge versetzt. So endete der Trunk vor dem Chorgericht und vor dem Hofmeister.

Eine frühere Schulmeistersfrau trank selbst öfters zu viel, so dass sie sich manchmal auf der Strasse übergeben musste. Dies wurde damals als «Unzucht» und als besonders schwerwiegend beurteilt. Einmal musste sie ein solches Vergehen in der Gefangenschaft abbüssen, weil sie eine Geldstrafe wegen Armut gar nicht hätte bezahlen können.

Das junge Volk begab sich nach ausgelassenen Abenden nicht immer still und züchtig nach Hause. Nach dem Brugger Lichtmessmarkt 1662 hielten sich Kaspar Barths Sohn und der Müllerknecht noch bei einem Kameraden auf und sollen dann «im Heimgehen mit Jauchzen und Schreien ein ärgerliches Leben geführt haben». Bei anderen Anlässen nahmen die jungen Mülliger eine Abkürzung durch das Dorf Oberburg; sie grölten dabei und wurden dann wegen «nächtlichen Rumorens und Lärmens» angezeigt; sie erhielten die Anweisung, das Dörfchen zu meiden und über die heutige Mülligerstrasse heimzukehren. Überhaupt galt jegliches «Nachtschwärmen» als strafbar.

Oft arteten solche Trinkgelage stark aus, auch bei Leuten in gesetztem Alter. Das Chorgerichtsprotokoll berichtet bespielsweise 1668, dreizehn Männer, darunter acht Mülliger, hätten sich in der erwähnten Weinstube zu Königsfelden «nicht allein toll und voll gesoffen, sondern auch übel geflucht, ja gar zu Streichen geraten und einander übel traktiert»; sie wurden dafür gleich nach dem Gottesdienst «anderen zum Exempel» für etliche Stunden öffentlich eingesperrt und mit je 10 Schilling gebüsst.

Dass sich das Aushorchen und Spionieren von Mitbürgern nicht immer lohnte, musste Ruedi Zahner 1663 erfahren. Er war um das Haus des Ruedi Meyer gestrichen, als dieser mit Hans Huber ein Mass Wein trank. Weil sie ihn dabei ertappten, bedachte er sie mit üblen Schimpfwörtern, so dass sie Zahner beim Chorgericht anzeigten. Dort wollte er sich damit herausreden, die beiden hätten ihn nur aus Neid und Missgunst angezeigt, weil er ihre Gesellschaft, ihr «Zechen und Prassen», meide. Und er berichtete gleich von einem Fall, den er offenbar ebenfalls ausspioniert hatte: Meyer und Huber hätten sich kürzlich an einem Sonntag in Bernhard Koprios Haus getroffen und dort die Zeit «mit Fressen und Saufen, mit [Dudel-]Sackpfeifen und Tanzen bis über Mitternacht» zugebracht. Ein weiterer Teilnehmer bezeugte, sie seien dort tatsächlich «lustig gewesen» und hätten einem Dudelsackspiel zugehört; von einem Tanz wisse er nichts. Wegen seiner Scheltworte musste Zahner hierauf einen Gulden Busse bezahlen, Meyer und Huber «wegen ihres liederlichen Wesens und Entheiligung des Sabbats» aber nur $^{1}/_{4}$ Gulden.

Orchideen auf dem Eitenberg.
Foto Thomas Schirmann.

Auch sonst herrschte oft Zank und Streit in Mülligen. Nachbarinnen machten sich das Leben schwer, Schwägerinnen beschimpften sich ehrverletzend, Trinkkumpane gerieten aneinander bis zu Schlägereien, Brüder leisteten sich einerseits Bürgschaft, anderseits befeindeten sie sich und schreckten selbst vor Tätlichkeiten nicht zurück. Die Chorrichter versuchten zu beschwichtigen, zu Versöhnlichkeit zu ermahnen, zu verwarnen; sie sprachen Kerkerstrafen aus und drohten ständig mit noch härteren Massnahmen, insbesondere mit öffentlicher Verrufung von der Kanzel, mit Wirtshausverbot, ja mit der Überweisung an die «Gnädigen Herren».

Das Fluchen im Zorn und Streit wurde als besonders schwerwiegend verurteilt. «Herrgottsakrament» galt zugleich als Missbrauch des Namens Gottes und der heiligen Sakramente. Hans Jörg Baumann wurde 1697 wegen besonders «gräulichen Fluchens und Schwörens» für 48 Stunden eingekerkert; danach musste er auf den Knieen vor dem Chorgericht Abbitte leisten. 1720 meldete der Mülliger

Chorrichter, etliche «Buben» würden «so übel schwören, zu jedermanns Entsetzen, mit neuen und bisher ganz unerhörten schrecklichen Schwüren». Er erhielt den Auftrag, deren Eltern aufzufordern, «dass sie dieselben mit der Rute scharf züchtigen sollen»; anschliessend mussten sie vor dem Pfarrer erscheinen, «um eine gute Vermahnung zu empfangen».

Zum Abschluss noch ein ulkiges Bild: Am Montag nach Weihnachten 1670 hatten sich Konrad Kummler und Fridli Baumann in Birmenstorf «mit Wein übernommen». Als sie über die Reuss fahren wollten, fielen sie in das eiskalte Wasser. Sie konnten sich zwar retten, doch ihre Hüte schwammen auf dem Fluss davon![61]

[61] Zahllose Beispiele aus den Chorgerichtsprotokollen, z.B. 12.4.1654, 2.3.1662, 5.10.1662, 25.1., 15.2.1663, 2.4.1665, 7.1.1666, 22.1.1667, 30.6.1667, 26.4./24.5.1668, 27.6.1669, 22.1.1671, 26.1.1679, 11.5.1679, 23.9.1681, 2.12.1683, 21.8.1687, 7.11.1697, 11.4.1710, 14.7.1720, 17.4.1757, 28.2.1762, 19.2.1775, 14.9.1783, 9.1.1785.

*Lebemann und/oder Bösewicht?*

Konrad Kummler (1646–1720) war Bauer im heute noch stehenden Hochstudhaus. Er stand in jüngeren Jahren mindestens zwanzig Mal vor dem Windischer Chorgericht. Als Halbwüchsiger beteiligte er sich an den Nachtbubenstreichen. Später gehörte er meistens dazu, wenn irgendwo ein Gelage stattfand.

1665 heiratete er seine Nachbarin Margreth Zahner, die drei Kindern das Leben schenkte. Die Ehe verlief nicht glücklich. Er «traktierte sein Weib übel mit Streichen», weil sie den Flachs zu nahe beim Backofen trocknete. Auch sonst stritt er sich oft mit seiner Frau und andern Leuten. Er rauchte, spielte und trank viel.

Im April 1678 rügte ihn das Chorgericht erstmals «wegen liederlichen Wesens und schlechtem Versehen seiner Haushaltung», zwei Monate später erneut, diesmal «wegen seines liederlichen und versoffenen Lebens wie auch liederlichen Kirchgangs». Nachdem sich seine Frau immer wieder beklagt hatte, wurde er bevormundet. Auch das half nichts. Statt zu arbeiten, ging er 1681 nach Birmenstorf an die Chilbi, blieb dort über Nacht und brachte dann Kumpane zum Spielen nach Hause. Die Chorrichter bestraften ihn dafür mit zweimal 24-stündiger Gefangenschaft und Busse. Sie drohten ihm Verrufung von der Kanzel und Wirtshausverbot an; der Frau aber rieten sie, sie möge ihn «in Speise und Trank zu Hause gebührlich halten und mit Freundlichkeit ihn zu gewinnen suchen». Doch schon vier Wochen nach dieser Verwarnung gehörte er zu den Männern, die sich zwischen den beiden Sonntagsgottesdiensten beim Fahr Windisch betranken.

### Organisierte Freizeitgestaltung im 19. und 20. Jahrhundert: Die Vereine

Die Helvetische Revolution verkündete die Versammlungs- und Vereinsfreiheit. Während die Mussestunden unter Bern vor allem im privaten Bereich verbracht wurden und die Leute sich oft spontan zusammenfanden, wurde die Freizeit nun regelmässig, zielgerichtet und in festen Gruppen gestaltet – in Vereinen.[63]

---

[62] Chorgerichtsprotokoll I/5.10.1662, 26.4.1668, 22.1.1671, 22.10.1671, 17.12.1671, 26.10.1673, 12.11.1676, 19.11.1676, 10.3.1678, 21.4.1678, 9.6.1678, 23.3.1679, 6.4.1679, 6.3.1681, 21.8.1681, 23.9.1681, 20.4.1684:, 2.8.1685, 12.8.1688, 10.3.1689.

[63] Die folgenden Ausführungen stützen sich auf Mitteilungen der betreffenden Vereine sowie auf das Mitteilungsblatt der Gemeinde Mülligen.

---

Dann kehrte etwas Ruhe ein – bis zum April 1684. Nun wurde er «abermals wegen seines liederlichen versoffenen Lebens und Versäumnis des Gottesdiensts, sonderlich [= besonders] weil er am Palmsamstag sich toll und voll gesoffen, am Palmtag niemals den Gottesdienst besucht wie auch den folgenden Freitag, an Maria Verkündigung, so in die Osterwoche gefallen, in keine Kirche gegangen» war. Für den Fall, dass er sich nicht bessere, drohten ihm die Sittenhüter nun an, alle seine Fehler aus dem Chorgerichtsmanual zusammenzusuchen und den «Gnädigen Herren» nach Bern zu überschicken. Die gleiche Drohung wiederholten sie ein Jahr später. Doch dies beeindruckte Kummler kaum. Bis 1689 stand er noch mehrmals vor den Chorrichtern «wegen seines kontinuierlichen, versoffenen und verschwelgerischen Lebens». Weil alle Massnahmen vergeblich seien, setzten sie ihn wiederum in Gefangenschaft und erteilten ihm die «letzte» Verwarnung.[62]

Es sollte tatsächlich die letzte sein. Offenbar war seine Frau gestorben. 1689 heiratete Kummler Maria Täll, die hablichte Witwe des Heinrich Barth, die wenigstens vier Söhne in die Ehe brachte und in der Folge weitere fünf Kinder gebar. Diese Gattin verstand es offenbar, ihn «mit Freundlichkeit zu gewinnen», vielleicht auch mit Nachdruck. Jedenfalls erwähnten ihn die Protokolle des Chorgerichts nie mehr!

Der älteste noch bestehende Dorfverein ist die *Feldschützengesellschaft* Mülligen. Sie wurde 1872 gegründet. Anfänglich stand ihr kein fester Schiessplatz zur Verfügung. Man stellte die Scheiben jeweils im Fohracher auf und räumte sie nachher wieder ab. Aufgrund der Militärverordnung bemühte sich der Verein zusammen mit dem Gemeinderat ab 1898 um eine definitive Lösung. Nach langwierigen Verhandlungen mit den Landbesitzern kam 1902 eine solche im Innern Lettenacker (am Fusse der Eitenberg-Reben) zustande. Ein fester Scheibenstand wurde errichtet, später auch ein Zeigerschutzhäuschen. Die Scheiben mussten aber weiterhin auf Karren zugeführt werden. Diese Lösung befriedigte auf die Dauer nicht, zumal die Grundeigentümer nur obligatorische Übungen zulassen und das Grundstück wieder mit Bäumen bepflanzen wollten. Verschiedene Projekte kamen jedoch nicht zustande; Verhandlungen für einen Landkauf scheiterten am geforderten Preis. Der Bodenerwerb für einen definitiven Schiessplatz gelang erst 1922, worauf die Schützen im folgenden Jahr einen betonierten Zugscheibenstand am Fusse der Eitenbergreben und 1926 ein Schützenhaus im Lettenacker bauten – grösstenteils im Frondienst. Beide blieben über 60 Jahre lang in Betrieb.

Das Mülliger Schützenhaus im Lättenacker, 1926 erbaut, 1990 abgebrochen.

Dann aber mussten sie der A3 weichen, deren Linienführung quer durch das Schiessareal führen sollte. Die Anlage liess sich nicht halten, weil ein Überschiessen der Nationalstrasse wegen der Unfallgefahr nicht gestattet wurde, eine Überdeckung der A3 aber zu teuer war. 1982 ergab sich die Gelegenheit, einen Gemeindeverband (Birrhard, Mägenwil, Mellingen, Mülligen und Wohlenschwil) zu gründen, welcher im Mühlescheer/Gemeinde Wohlenschwil bis 1988 eine kleinregionale Schiessanlage errichtete. Mit einem «Ende-Feuerschiessen» nahmen die Mülliger 1990 für immer Abschied von ihrem alten Schiessplatz.[64]

Der *Turnverein Mülligen* entstand 1912 als Vereinigung junger Männer, die sich körperlich ertüchtigen und ihre Leistungen – vor allem im Geräteturnen – mit anderen Altersgenossen im Wettkampf messen wollten. Das Training erfolgte zunächst im Freien. Die jahrzehntelangen Bemühungen um eine Turnhalle wurden bereits geschildert.[65] Das gesellschaftliche Leben im Dorf belebten sie mit Unter-

---

[64] Gemeindearchiv Mülligen, Gemeindeversammlungsprotokolle IV/S.101–102, 150, 196–197, 208–209, 209–210, 282, V/S.15–16, 18–19, 22–23, 25, 134–135, 152, 155, 166–167, 174–175, 178, 188, S.210, 254, 270–271, X/S.46, 104, 142, XI/S.122.

[65] siehe oben Seiten 126–129.

Der Turnverein Mülligen mit Fahne im Sommer 1962, im Jahr des 50-jährigen Bestehens.

haltungsabenden, bei denen sie ein turnerisches Programm, aber auch Theater und Tanz darboten. Die Teilnahme an Turnfesten war selbstverständlich. 1937, 1982 und 2003 organisierte der Turnverein ein Kreisturnfest.

Im Laufe der Zeit öffnete sich der Turnverein für weitere Bevölkerungsgruppen: 1937 wurde zum ersten, 1958 zum zweiten Mal eine Damenriege gegründet. 1963 folgte die Männerriege, 1970 die Jugendriege und das Altersturnen (nun Seniorenturnen), 1972 die Mädchenriege und schliesslich 1988 die Frauenriege. Damit können sich nun alle Altersgruppen beider Geschlechter sportlich betätigen. Der Turnverein fördert bewusst den Breiten- wie den Wettkampfsport, ebenso die Mannschaftsspiele. Besonders erfolgreich war er im Korbballspiel. Im Jahr 2000 schlossen sich der Turnverein und die Damenriege zum STV Mülligen zusammen.

Ein *(Männer-)Gesangsverein* bestand in Mülligen seit 1827, wie eine alte Fahne beweist. In der zweiten Hälfte des 19. Jahrhunderts betätigten sich ein Männer- und ein Töchterchor nebeneinander. Beide schliefen später ein. 1921 gründete die Lehrerin Anna Wild erneut einen Töchterchor, der sich 1924 zum Gemischten Chor erweiterte. Gemäss Statuten bezweckte er «die Pflege und Förderung des Volksgesangs sowie die Hebung des gemütlichen und geselligen Lebens unter

Der Gemischte Chor Mülligen unter der Leitung von Adolf Schneider. Aufnahme nach 1970.

Die Fahnen des Sängervereins Mülligen von 1827 sowie des Männerchors Mülligen von 1898 (Vorder- und Rückseite).

seinen Mitgliedern und der Einwohnerschaft». Der Chor nahm an Gesangsfesten teil und sang auch in der Kirche, in Spitälern und im Altersheim Windisch. Im Dorf führte er Familienabende mit Theateraufführungen durch und wirkte an Weihnachtsfeiern, Jubiläen und Veranstaltungen der Konsumgenossenschaft mit. Während einigen Jahren bot er ein Silvestersingen an verschiedenen Plätzen des Dorfes. 1948 organisierte er den Bezirkssängertag, an welchem 32 Vereine teilnahmen. Mitgliederschwund und häufiger Dirigentenwechsel machten dem Verein immer mehr zu schaffen. 1991 stellte er die Proben ein. Ende 1993 verabschiedete sich der Gemischte Chor nach einem Abendgottesdienst mit Kaffee und Kuchen von der Bevölkerung; dann löste er sich auf.[66]

Im Bezirk Brugg bildete sich 1929 ein *Landfrauenverband*. Er bezweckte die Weiterbildung der Bäuerinnen; zudem sollte er «der genossenschaftlichen Produkteverwertung dienen und das gegenseitige Verständnis zwischen Stadt als Konsument und Land als Produzent fördern». Innerhalb des Bezirks schlossen sich zunächst die Bäuerinnen mehrerer Gemeinden zusammen, so jene von Mülligen, Birrhard, Hausen und Windisch. In der Folge verselbständigten sich die einzelnen Dörfer. 1934 ist erstmals der *Landfrauenverein Mülligen* als selbständige Sektion erwähnt. Zunächst standen typisch bäuerliche Themen auf dem Programm, so Kurse über Fleischverwertung und Schweinehaltung. Schon früh öffnete sich der Verein mit Aktivitäten nach aussen: Suppentag, Eierverkauf, Obstmarkt. Mit dem Rückgang der bäuerlichen Bevölkerung verlagerte sich die Zusammensetzung der Mitglieder auf alle Kreise. Heute zählt der Verein um die fünfzig Frauen zwischen dreissig und achtzig Jahren, die sich monatlich einmal treffen.

Der *Gemeinnützige Frauenverein* Mülligen entstand 1932. Wie sein Name besagt, wirkt er vor allem im sozialen und wohltätigen Bereich. Als Hauptaufgabe nennen die Statuten die Unterstützung der Mitglieder bei «gesundheitlichen Gebrechen oder längeren Ausfällen infolge Krankheit und Unfall», vor allem durch persönliche Mithilfe, seltener durch finanzielle Beiträge. Der Verein führt regelmässige Aktivitäten durch, beispielsweise Kurse («Krankenpflege zu Hause»), einen Spaghetti-Plausch oder einen «Bure-Zmorge». Auch beteiligt er sich am dörflichen Leben mit einem Oster- und Adventsmarkt, mit Kerzenziehen und Christbaumverkauf. Seit 2003 erfolgt ein engeres Zusammenwirken mit dem Landfrauenverein. Gegenwärtig zählt der Frauenverein etwa dreissig Mitglieder.

[66] Zusammenstellung der Angaben durch Bruno Baumann, Mülligen.

Mülligen auf der Landkarte Freiamt von Johann Adam Rüdiger, 1722 (Reproduktion aus der Sammlung Schauenburg).

Die Präsidentinnen und Präsidenten der verschiedenen Vereine treffen sich seit 1988 alljährlich zu einer Konferenz, bei der ein Veranstaltungskalender zusammengestellt wird.

Einzelne Vereine beteiligen sich jeweils auch an Aktivitäten der Gemeinde, etwa der 1.-August-Feier. Ebenso wirken sie bei grösseren Festivitäten mit, etwa dem 700-Jahr-Jubiläum 1973 oder der Foto-Ausstellung 2000.

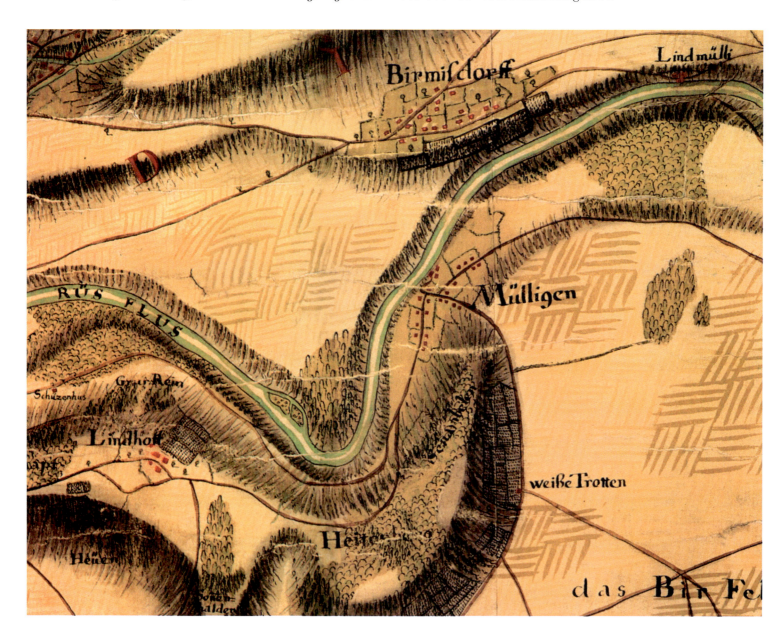

**Das Dorf Mülligen**

*Die alte Dorfsiedlung*

Mülligen war während Jahrhunderten eine geschlossene Dorfsiedlung. Die Trotte bildete den einzigen Einzelhof; dort wohnten aber vermutlich erst ab 1780 Leute. Ebenso war Mülligen eine Strassensiedlung. Mit Ausnahme der Mühle reihten sich alle Häuser entlang den Strassenzügen nach Windisch, Birrhard und dem Birrfeld. Daraus entstanden die Dorfteile Löh, Stock und Oberdorf-Steinebühl.

Die Landkarte des Eigenamtes von Hans Konrad Gyger um 1660 zeigt Mülligen mit 16 Bauernhäusern und den Gebäuden der Mühle. Bis zu den Karten von Johann Adam Rüdiger (1715/1722) war ihre Zahl auf 20, bis zum ersten genauen Plan 1787 auf 23 angewachsen. Trotz Verdoppelung der Einwohnerschaft hatte sich die Siedlung somit nur wenig ausgedehnt; vor allem im Löh hatte die Gemeinde kleine Parzellen der Allmend als Bauplätze zur Verfügung gestellt, die aber nicht mehr alle entlang der Landstrasse lagen. Zweifellos wohnte man nun enger beisammen; allein zwischen 1764 und 1801 stieg die durchschnittliche Anzahl Personen je Haushaltung von 4,6 auf 5,6. Zudem teilte man zahlreiche Häuser – quer über den Giebel, dem First nach oder nach Stockwerken; andere erweiterte man mit einem Anbau. Das Verzeichnis der Brandversicherung zählte 1809 49 Hausteile auf.

Obwohl sich die Bevölkerung bis 1860 noch um mehr als einen Drittel vermehrte, hielt sich die Bautätigkeit in Grenzen. Innerhalb von fünfzig Jahren wurden nur 13 neue Wohnhäuser errichtet, die meisten zwischen 1835 und 1848, als die allgemeine Wirtschaftslage sich etwas verbessert hatte. Man baute aber weiterhin bescheiden. Der Versicherungswert der einzelnen Neubauten lag im Durchschnitt bei etwa 1600 alten Franken – mit einer Ausnahme: Das 1847 errichtete Gasthaus zum Rössli wurde auf 8000 Franken geschätzt!

In den 1870er- und 1880er-Jahren beschränkte man sich ausschliesslich auf den Wiederaufbau abgebrannter Häuser. Danach stagnierten die Einwohnerzahlen bis 1960, weshalb auch nur ganz vereinzelt gebaut wurde: von 1889 bis 1946 lediglich neun Wohnhäuser. Daher veränderte sich auch das Dorf- und Siedlungsbild kaum. Mülligen blieb ein Strassendorf.

*Die Mülliger Dorfbrände*

Die drei grossen Dorfbrände der Jahre 1797, 1872 und 1885. Die eingezeichneten Häuser entsprechen der Siedlung von 1885. Computerdarstellung von Felix Kaufmann vor dem Hintergrund der Michaeliskarte.

Das Dorf Mülligen wurde öfter von schweren Feuersbrünsten heimgesucht. Bis zum 18. Jahrhundert gibt es darüber allerdings keine Nachrichten. Eine erste Brandkatastrophe ist für das Jahr 1712 erwähnt, eine zweite 1734: Damals brannte dem Hans Georg Baumann das Haus ab; der Rat von Brugg sprach ihm zur Lin-

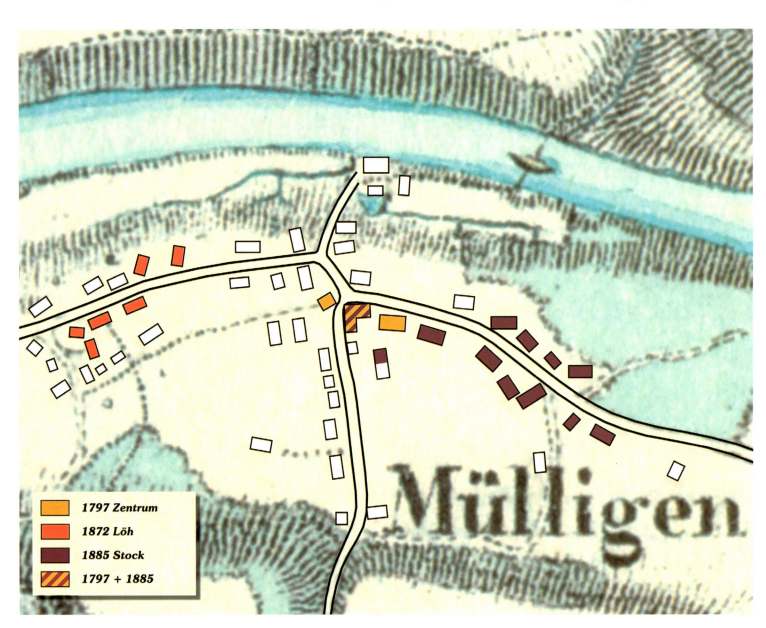

derung seiner Not eine Getreidespende zu. Auch 1751 muss das Feuer zerstörerisch gewütet haben. Wiederum zeigte die Brugger Behörde Erbarmen: Sie bewilligte den «Brunstbeschädigten von Mülligen» einen Transport mit dem Fuhrwerk des Spitals. Mehr ist von diesen Fällen nicht bekannt.[67]

Genaueres ist erst über eine Feuersbrunst von 1797 zu erfahren. Am 20. Oktober spielten offenbar der vierjährige Johannes Huber und sein um ein Jahr jüngerer Bruder Friedrich mit dem Feuer. Dabei geriet ihr Heim, das Stammhaus der Mülliger Huber, in Brand. Es besass zweifellos ein Strohdach, weshalb der Wind brennende Halme auf das gegenüberliegende Eckhaus Haupt-/Birrfeldstrasse trug und dieses ebenfalls enzündete. Bald stand auch der danebenstehende, erst kurz zuvor zu einem Wohnhaus umgebaute Speicher in Flammen. Neun Haushaltungen mit 51 Personen wurden obdachlos. Vier Schweine verbrannten. Zum Verlust der Gebäude kam das gesamte Inventar: Möbel, Kleider, Hausrat, Vorräte (Getreide, Heu, Stroh, Kartoffeln, Butter, Fett, Dörrobst, Wein), Wagen, Pflüge, Webstühle, Garn und Tuch sowie militärische Ausrüstungen. Brandversicherungen kannte man damals weder für Gebäude noch für das Inventar. Der gesamte Schaden wurde auf 7227 Gulden geschätzt, was etwa 50 Jahreslöhnen eines Handwerkers entsprach. Die «Gnädigen Herren» zu Bern erwiesen sich im wörtlichen Sinn als gnädig und bewilligten die Sammlung einer Liebessteuer (freiwillige Kollekte in den unteraargauischen Städten und Landvogteien). Für den Wiederaufbau stellte der Rat zu Brugg Ziegel und Kalk aus der Ziegelhütte zur Verfügung – allerdings gegen Geld oder Holz![68]

Noch schlimmer wütete das Feuer am 29. August 1872: Alle sechs Häuser entlang der Landstrasse im Löh (bis und mit der heutigen Liegenschaft Hauptstrasse 29) fielen ihm zum Opfer. Diesmal waren 17 Haushaltungen mit 61 Personen betroffen. Für die Brandgeschädigten gingen viele Spenden ein, Lebensmittel, Kleidungsstücke, Bettwaren und Geräte, dazu Fr. 7830.70 in bar. Vier Häuser wurden wieder aufgebaut.

Am katastrophalsten aber wirkte sich der Dorfbrand vom 23. April 1885 aus. Er brach im Heustock der Witwe Elisabeth Barth-Leutwyler (jetzt Birrfeldstrasse 3) aus, einer Liegenschaft, die schon 1797 abgebrannt war. Der starke Westwild liess hierauf innerhalb kurzer Zeit ein Haus nach dem andern auflodern. Die meisten

---

[67] StABrugg, Bände 45/S.293, 48/S.166. J.Müller, Der Aargau, Zürich/Aarau 1871, Band 2/S.126.
[68] Archiv der reformierten Kirchgemeinde Windisch, Haushaltrodel 1796. Staatsarchiv Aarau, AA 452/S.841–862. StABg, AA 65/S.211, 217, 221.

Eigentümer arbeiteten oben auf den Äckern des Birrfelds, in der Gipsmühle oder in der Spinnerei Windisch. Bis sie auf den Platz kamen, war es schon zu spät. Auch die Feuerwehren aus 22 Gemeinden mit ihren Spritzen konnten nichts mehr ausrichten. Fast der ganze Dorfteil im Stock – auf beiden Seiten der Strasse – lag danach in Schutt und Asche. Im «Hof» brannte die Scheune nieder, während das Wohnhaus verschont blieb. Alles Vieh konnte im letzten Moment befreit werden – bis auf eine Kuh, vier Schweine und einige Hühner. Dreizehn Häuser, zum Teil mit zwei oder mehr Hausteilen, waren niedergebrannt, 18 Familien mit 85 Personen obdachlos; doch alle überlebten.

Innerhalb des Trümmerfeldes erhob sich ein einziges Gebäude unversehrt, der einstige, zum Wohnhaus umgebaute steinerne Stock mit Ziegeldach (heute Liegenschaft Hauptstrasse 42). Man erzählte sich nachher, dessen Eigentümerin habe ebenfalls auf dem Feld gearbeitet und auf den Feueralarm hin ganz bestimmt erklärt, ihr Haus werde nicht abbrennen – und so war es! Die Frau geriet dadurch in den Ruf einer Hexe. Es war aber eher der massive Steinbau mit dem Ziegeldach, welches dem Feuer standhielt; fast alle abgebrannten Häuser hatten nämlich aus Holz bestanden und waren strohgedeckt gewesen.

Wiederaufgebaute Häuser nach dem Dorfbrand im Stock:
Links: Hauptstrasse 27.
Rechts: Hauptstrasse 52.

Sofort erhob sich natürlich die Frage nach der Brandursache. Ein beträchtlicher Teil der Geschädigten war rasch bereit, Schuldige zu bezeichnen. Beim Feuerausbruch befanden sich nämlich nur zwei Personen im Brandgebiet, die Bäuerin, in deren Heustock das Feuer ausgebrochen war, eine ältere Witwe, und deren Sohn. Kaum jemand sprach zwar von gewollter Brandstiftung, viele aber von Nachlässigkeit; die Frau sei eine alte «Schnapserin», die vielleicht mit der Glut unsorgfältig umgegangen sei, der Sohn rauche. Beide wurden in Untersuchungshaft genommen. Dort bestritten sie jegliche Schuld; der Sohn rauche nie in Stall und Scheune. Die Verhöre der Nachbarn ergaben ein derart vages, auf blossen Vermutungen beruhendes Bild, dass der Staatsanwalt die Untersuchung nach gut drei Wochen einstellte und die Verhafteten entliess. Auch der Regierungsrat begnügte sich mit diesem negativen Ergebnis.

Der Windischer Pfarrer Ami Constantin Pettermand, ein besonders volksnaher Seelsorger, führte bereits am folgenden Sonntag, dem 26. April, einen Gottesdienst im Freien beim damaligen Schulhaus durch. «Im Hintergrunde die Mauerreste und verkohlten Balken, umgeben von halb versengten Blütenbäumen, rings im Kreise die Männer, Frauen und Kinder ernsten Angesichts und vielfach

Tränen im Auge.» Feierlich und von Herzen sei das Lied «Befiehl Du Deine Wege» erklungen. Pfarrer Pettermand versuchte mit den Versen 6–8 von Psalm 95 Trost zu spenden: «Kommt, lasst uns anbeten und knieen und niederfallen vor dem Herrn, der uns gemacht hat. Denn Er ist unser Gott und wir das Volk seiner Weide und Schafe seiner Hand. Heute, so ihr seine Stimme höret, so verstocket euer Herz nicht, wie zu Meriba geschah, wie zu Massa in der Wüste, da mich eure Väter versuchten, mich prüften und sahen mein Werk.»

Sogleich bildete sich ein neunköpfiges Hilfskomitee, bestehend aus Gemeinderäten, Pfarrern, dem Lehrer und dem Gerichtspräsidenten. Sie gelangten mit einem Aufruf an die Bevölkerung, der als Flugblatt verbreitet und in vielen Zeitungen veröffentlicht wurde. Der Stadtrat von Brugg hatte noch am Unglückstag die Mundvorräte bei Bäckern und Metzgern aufgekauft und auf einem Wagen nach Mülligen gebracht. In der folgenden Zeit trafen weitere Hilfsgüter ein, darunter insgesamt 12,75 Tonnen Kartoffeln, dazu Würste, Käse, dürre Bohnen und Apfelschnitze, weisse Bohnen und Erbsen, Fleisch, Würste, Kaffee, ausserdem über 12 Tonnen Heu und 9 Tonnen Stroh für die Tiere. An Kleidungsstücken kamen beispielsweise 190 Kittel, 127 Gilets, 141 Paar Hosen, 391 Frauen- und 421 Männerhemden, 123 Frauenröcke, 437 Kinderkleider, 805 Strümpfe, 190 Jacken,

Wiederaufgebaute Häuser nach dem Dorfbrand im Stock:
Links: Hauptstrasse 47 (heute gemeindeeigene «Liegenschaft Schwarz»).
Rechts: Hauptstrasse 44-48.
Fotos Andreas Dietiker.

Der Brand in Mülligen am 23. April 1885. Titelblatt des Rechenschaftsberichts des «Hülfskomitees».

174 Unterkleider, 203 Schürzen zusammen, ausserdem Bettzeug, ganze Tuchballen, Betten, Geschirr und Besteck, landwirtschaftliche Geräte und Brennholz. Das Mülliger Schulhaus und die Windischer Pfarrscheune vermochten die Gaben kaum zu fassen. Vielerorts wurde Geld gesammelt. An Bargeld gingen 224 Einzel- und Sammelspenden von Privaten und Gemeinden im Gesamtbetrag von Fr. 16765.20 ein, dazu 4000 Franken vom Kanton Aargau. Die Gebäude waren zwar obligatorisch versichert gewesen, nicht aber das Mobiliar.

Sofort wurde mit dem Wiederaufbau begonnen. Ein neuer Überbauungsplan des Kantons fand keine Billigung, weil die Keller noch erhalten waren und die Geschädigten die Häuser wieder am gleichen Ort errichten wollten. In Anbetracht des Übergangs zur Milchwirtschaft nutzte man zudem die Gelegenheit, grössere Scheunen und Ställe zu bauen. Bereits ein Jahr nach dieser Katastrophe standen 13 Bauernhäuser wieder, nun im Stil des zu Ende gehenden 19. Jahrhunderts.

Das Hilfskomitee bemühte sich, die eingegangenen Gelder nach möglichst objektiven Kriterien zu verteilen. Die Vergabe erfolgte völlig transparent. In einem gedruckten Bericht war jeder Einnahmen- und Ausgabenposten aufgeführt. Dennoch waren nicht alle Empfänger zufrieden. Das Komitee fügte seinem Bericht daher den folgenden Absatz bei:

«Wie wir uns von vorneherein darauf gefasst gemacht haben, ist es uns nicht gelungen, jedem Wunsche des Einzelnen gerecht zu werden. Den Äusserungen der Unzufriedenheit und des Undanks halten wir das Bewusstsein möglichst erfüllter Pflicht entgegen und schliessen unsern Bericht, indem wir, namens der Brandbeschädigten, allen Wohltätern in der Nähe und Ferne den innigsten Dank aussprechen. Möge sie Gott vor ähnlichen Heimsuchungen bewahren! Ihm, der Wunden schlägt, aber auch Wunden heilt, sei für seine gnädige Durchhülfe in grosser Not von Herzen Lob und Preis gesagt; er walte schützend und segnend über den neu errichteten Häusern und erfülle ihre Bewohner mit seinem Frieden!»[69]

*Mülligen wird grösser*

Wie schon erwähnt, wurden nach dem Grossbrand von 1885 während mehr als einem halben Jahrhundert lediglich neun neue Wohnhäuser gebaut. Danach, al-

[69] Staatsarchiv Aarau, Lagerbücher 1850 und 1876. Gemeindearchiv Mülligen, Untersuchungsbericht der Staatsanwaltschaft. Archiv der ref. Kirchgemeinde Windisch, Dossier mit Korrespondenz Pfarrer Pettermands. Gedruckter Bericht des Hilfskomitees «Der Brand in Mülligen am 23. April 1885», Brugg 1886

Die Entwicklung der Besiedlung Mülligens 1880–2000. Zwischen 1880 und 1955 veränderte sich das Siedlungsbild nur geringfügig. Die meisten Häuser standen nach wie vor den beiden Durchgangsstrassen entlang. Die Landeskarte des Jahres 2000 widerspiegelt dagegen die rege Bautätigkeit in der zweiten Hälfte des 20. Jahrhunderts. Reproduziert mit Bewilligung von swisstopo (BA057150).

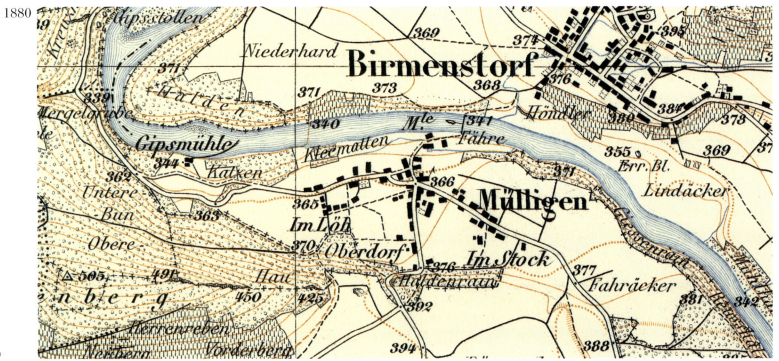

1955

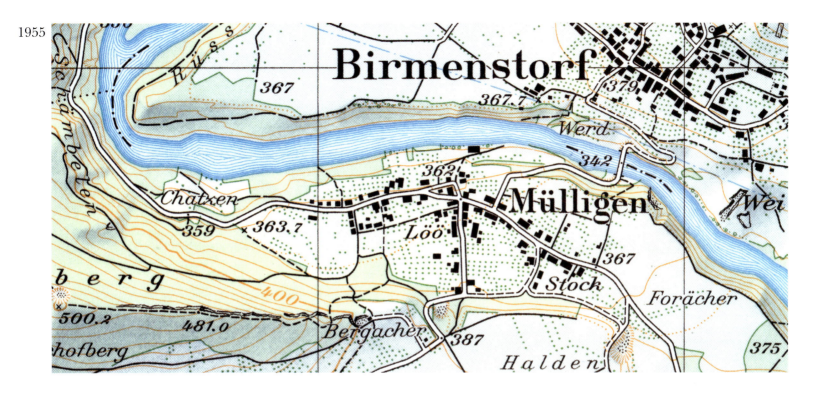

2000

so während der Weltwirtschaftskrise und dem Zweiten Weltkrieg, ruhte die Bautätigkeit ganz. Sie setzte erst nachher zaghaft wieder ein, wie die folgende Tabelle zeigt:

| Jahre | Neubauten |
|---|---|
| 1947–1959 | 11 |
| 1960–1969 | 19 |
| 1970–1979 | 22 |
| 1980–1989 | 30 |
| 1990–1999 | 32 |
| 2000–2004 | 11 |

Der Aufschwung begann 1956 und setzte sich in den 1960er- und 1970er-Jahren fort. Den intensivsten Bauboom erlebte Mülligen zwischen 1984 und 1998 mit 57 Neubauten.

Die Überbauung erfolgte nun nicht mehr den alten Strassen entlang, sondern eher flächenmässig, wobei ganz allmählich neue Dorfteile entstanden. Nachdem

Blick auf die Einfamilienhaussiedlung im Stockfeld mit Bauten seit 1962. Foto Andreas Dietiker.

bereits 1934 ein einzeln stehendes Haus im Bergacker errichtet worden war, verdichtete sich dieses Quartier seit 1958 langsam. Die ältesten Wohnbauten im Stockfeld stammen aus dem Jahr 1950. Die grossflächige Überbauung erfolgte vor allem in den 1960er- und 1970er-Jahren (Stockfeld- und Fohrackerstrasse, Blumen-, Garten- und Kindergartenweg). Gegen Osten dehnte sich die Besiedlung ab 1973 dem Mitteldorfweg entlang aus, ab 1984 über den Sandackerweg hinaus ins Löh, ab 1991 bis östlich des Schwändiwegs. Die neuesten Überbauungen erfolgen seit 1994 östlich der Birrfeldstrasse (Oberdorf-/Chriesiweg).

Die Neubauten ab 1947 waren zunächst ausschliesslich einzeln stehende Einfamilienhäuser. Die ältesten Mehrfamilienhäuser stehen zuäusserst im Löh (Hauptstrasse 4/1966) und im Stockfeld (Stockfeldstrasse 2/1967). Als nächste folgten 1972–1974 jenes am Nussweg (Nr.1, anstelle des alten «Balti-Hauses») sowie am Mitteldorfweg (Nrn. 5–9). Bis in die 1980er-Jahre überwogen dann wieder die Einfamilienhäuser.[70]

---

[70] Neubauten aufgrund des Lagerbuches und einer Häuserkartei im Gemeindearchiv Mülligen.

Blick durch den Zwischenraum zwischen Birrfeldstrasse 2 d und e. Dahinter die neueste Überbauung am Chriesiweg. Foto Andreas Dietiker.

Ein neues Wohnkonzept brachten 1984 und 1986 die vom Architekturbüro Metron ausgeführten Reihenhaussiedlungen in der Chleematte und im Löh. Hier wurden Projekte verwirklicht, in welchen jede Haushaltung ihren eigenen Wohnteil besitzt, aber nicht im Sinne der Vereinzelung, sondern auf gemeinsamem Land und mit einem gemeinschaftlichen Zwischenraum. In der Chleematte wurde das Hochstudhaus miteinbezogen, wobei sich die Scheune im gemeinsamen Besitz aller Hauseigentümer befindet und für verschiedene Aktivitäten zur Verfügung steht. Im Löh gibt es zu diesem Zweck das blaue Gebäude als Gemeinschaftshaus. Typisch für dieses integrative Wohnkonzept war das von den Eigentümern der Chleematte, den Architekten und der Jugendanwaltschaft getragene Experiment mit einer betreuten Wohngruppe von Jugendlichen, die im Westteil des Hoch-

Die Reihenhaussiedlung Löh mit dem Blauen Haus. Die Stele rechts von Heiner Richner ist 6 Meter hoch (Beton und Mineralfarbe). Foto Thomas Schirmann.

studhauses untergebracht waren. Dieser Versuch, der während zwölf Jahren lief, löste seinerzeit heftige Diskussionen im Dorf aus. Obwohl solche Wohnkonzepte sozialpolitischer Art im ehemaligen Bauerndorf völlig ungewohnt waren, wird von Neuzuzügern immer wieder betont, wie rasch sie von der angestammten Bevölkerung akzeptiert und integriert wurden. Einzelne von ihnen nehmen heute auch politische Funktionen innerhalb der Dorfgemeinschaft wahr.[71]

Mit den ausserhalb der alten Strassenzüge und zurückversetzt liegenden Überbauungen hat Mülligen seine jahrhundertealte Anlage als Strassendorf verloren und einen stark veränderten Siedlungscharakter erhalten.

[71] Mitteilungen von Ueli Rüegg, Windisch.

Überbauung Chleematte.
Foto Thomas Schirmann.

Blick über Mülligen gegen Birmenstorf.
Im Vordergrund der Weiler Trotte, 1999.
Foto Multimage, Brugg.

# Quellen und Literatur

### Handschriftliche Quellen

Archiv der Landi Maiengrün, Protokolle der Landwirtschaftlichen Genossenschaft Mülligen-Birrhard

Archiv der reformierten Kirchgemeinde Windisch
- Protokolle des Chorgerichts Windisch
- Kirchenrechnungen (17./18. Jahrhundert)
- Bevölkerungsverzeichnisse von Mülligen 1735, 1781, 1786, 1791, 1796, 1801, 1815
- Akten zum Dorfbrand Mülligen 1885

Bundesarchiv Bern
- BO#9001/1423: Schulenquête Stapfer
- Fabrikstatistik

Gemeindearchiv Mülligen
- Protokolle der Gemeindeversammlungen
- Protokolle des Gemeinderates
- Akten des Gemeinderates ab 1893
- Bürgerregister (jetzt im Regionalen Zivilstandsamt Birr)
- Fertigungsprotokolle
- Gemeinderechnungen
- Vormundschaftsrechnungen
- Armenrechnungen
- Akten zum Dorfbrand 1885
- Vereinsarchive

Gemeindearchiv Windisch
- Tauf-, Ehe- und Totenbücher der Kirchgemeinde Windisch

Kantonsarchäologie Brugg: Dokumentation zu Mülligen

Staatsarchiv Aarau
>Urkunden des Klosters Königsfelden
>Bücher- und Aktenarchiv vor 1798 gemäss Repertorium von Walther Merz
>Archiv des helvetischen Kantons Aargau
>Archiv seit 1803:
>>Protokolle des Regierungsrates
>>Akten des Regierungsrates (gemäss Signaturen in den Anmerkungen)
>>Wirtschaftskontrollen
>>Bevölkerungstabellen
>Archiv des Bezirksamts Brugg
>>Armenrechnungen
>>Lagerbücher Mülligen 1806, 1809, 1829, 1850, 1875, 1898

Staatsarchiv Bern
>Ratsmanuale
>Bestände B II, III, V, VI, XII
>Atlanten

**Gedruckte Quellen**

Habsburger Urbar. Herausgegeben von Rudolf Maag. 2 Teile. Basel 1894, 1899/1904. In: Quellen zur Schweizergeschichte, Bände 14 und 15.

150 Jahre Kanton Aargau im Lichte der Zahlen 1803–1953. Aarau 1954.

RQ Bern: Sammlung Schweizerischer Rechtsquellen, II. Abteilung: Die Rechtsquellen des Kantons Bern, Erster Teil: Stadtrechte.

Mitteilungsblatt der Gemeinde Mülligen.

Schweizerische Statistik. Herausgegeben vom Statistischen Bureau des eidgenössischen Departements des Innern. Bern 1862ff.

Statistische Quellenwerke der Schweiz. Herausgegeben vom Eidgenössischen Statistischen Amt. Bern 1930ff.

Moderne Wohnblocks.
Foto Andreas Dietiker.

Frühling am Eitenberg.
Foto Andreas Dietiker.

**Literatur**

Hier werden nur Werke aufgeführt, die mehrmals benützt wurden. Alle übrigen sind in den Fussnoten genannt.

Barth Ernst: Das Dorf Mülligen. Maschinenschrift o.J.

Barth Markus: Aus der Geschichte von Mülligen 1880–1932 mit Bezügen auf die Gegenwart. Maschinenschrift o.J.

Baumann Max: Stilli. Von Fährleuten, Schiffern und Fischern im Aargau. Der Fluss als Existenzgrundlage ländlicher Bevölkerung. 2. Auflage. Zürich 1996.

Baumann Max: Geschichte von Windisch. Vom Mittelalter zur Neuzeit. Windisch 1983.

Historisch-Biographisches Lexikon der Schweiz, Neuenburg 1921–1934.

Hunziker Edith: Kurzinventar der von der Aargauischen Denkmalpflege aufgenommenen Gebäude in der Gemeinde Mülligen. Manuskript.

Maurer Emil: Die Kunstdenkmäler des Kantons Aargau, Band 2. Die Bezirke Lenzburg und Brugg. Basel 1953.

Merz Walther: Die mittelalterlichen Burganlagen und Wehrbauten des Kantons Aargau. 3 Bände. Aarau 1905–1929.

Rudolf Max: Geschichte der Gemeinde Birmenstorf. Aarau 1983.

Schneider Adolf: 700 Jahre Mülligen. Windisch 1973.

Widmer Hans-Peter: Ein bisschen Heimweh nach Mülligen. In: Brugger Neujahrsblätter 2003, S. 197–210.

Das Gatter ist geschlossen – Ende des Buches!
Foto Andreas Dietiker.

## Personenregister

Abegg 184
Ackermann 31, 123, 148, 149, 210, 248, 275, 277
Aeschbach 217
Amtmann 259
Anliker 244
Anner 21
Arsik 198
Bächler 187
Barth 16, 17, 18, 19, 25, 27, 30, 36, 37, 39, 53, 71, 72, 73, 76, 77, 79, 83, 96, 97, 119, 127, 175, 191, 196, 231, 234, 235, 237, 238, 239, 240, 244, 245, 246, 247, 248, 249, 250, 254, 255, 258, 260, 266, 267, 268, 269, 271, 279, 282, 292, 294, 297, 305
Baumann 16, 17, 20, 21, 23, 27, 29, 34, 36, 38, 39, 41, 53, 73, 75, 76, 79, 80, 83, 120, 188, 209, 212, 231, 236, 237, 239, 240, 243, 244, 250, 253, 254, 255, 260, 261, 266, 268, 271, 272, 274, 275, 279, 287, 288, 294, 295, 296, 304
Bodmer 34, 233
Bollag 152
Bolliger 39, 184, 247
Bossart 36
Bracher 83
Brack 31
Briner 212
Byland 36
Dätwiler 188
Deubelbeiss 110, 217
Döbeli 250
Duran 262
Egg 17
Egger 237
Eichenberger 234, 235
Erismann 37, 290
Ernst 198
Fehlmann 254
Fellmann 41
Finsterwald 268
Fischer 53, 124, 180, 243, 270
Frei 133, 198
Fricker 71
Friedrich 20, 34, 36, 38, 114, 147, 237, 250, 255, 279, 288, 290
Frischknecht 124
Frölich/Fröhlich 29, 30, 31, 32, 39, 123, 130, 148, 275
Fuchs 55, 252
Gall 188, 191
Garavaldi 262
Gatscho 243, 244, 256, 257, 279, 281
Geissbühler 231
Giedemann 198
Graf 125
von Graffenried 237
Grimm 31, 36, 53, 83, 206, 242, 255, 258, 270, 272
Grünenfeld 253
Guggenheim 152
Gyger 17, 34, 152, 153, 168, 199, 303

von Habsburg 43, 44, 47, 48, 49, 50, 51, 52, 53, 54, 57, 68, 173, 200, 202, 227, 278
Hägler 74
Haller 36, 239, 240
Hassler 245, 246, 260
Hauenstein 36, 114
Hauser 83, 89, 221, 222, 224, 225
Hediger 38
Hegi 59
Heidelsberger 254
Herrmann 250
Heuberger 248
Hintermann 253, 254, 274
Hirt 86, 188, 202
Hitler 269
Hoffmann 16
von Homberg 48
Hoppeler 187, 188
Hottinger 184
Huber 17, 19, 23, 24, 28, 31, 39, 61, 69, 75, 76, 79, 83, 114, 120, 121, 124, 125, 181, 195, 210, 217, 231, 233, 237, 238, 239, 240, 241, 243, 248, 254, 255, 260, 261, 262, 288, 295, 305
Hubmeier 255
Humbel 204
Hummel 18, 231
Hunziker 74, 77, 83, 225
Jarli 244
Käser 17, 36, 38, 248, 252
Kaufmann 21, 304
Kauw 51
Keller 30, 274
Killer 236
Kleiner 239
Knecht 20, 31, 38, 65, 83, 248, 255, 261, 270, 272, 273
Knoblauch 174
Köbeli 259
König 15
Koprio 31, 119, 206, 236, 240, 250, 254, 274, 279, 295
Kuhn 21
Kull 198
Kummler 20, 31, 36, 114, 253, 255, 292, 296, 297
Kunz 96, 97, 163, 205, 206, 208, 213, 214, 215, 216, 217, 218, 219, 220, 259, 261
Künzli 288
von Kyburg 48
Läuchli 187, 242
Leber 259
Lecourbe 201
von Lenzburg 48
Leutwyler 20
Lier 107, 191
Lüpold 155
Lüscher 231
Manuel 237
Märki 236
Marra 262
Maurer 37
von May 23, 25, 37, 55, 153, 155, 182, 183, 184, 235, 237, 258
Meyer 16, 20, 23, 25, 26, 27, 147, 170, 182, 184, 220, 248, 252, 253, 254, 268, 274, 275, 294, 295

Michaelis 15, 168, 169, 304
Mohos 262
in der Müli 53
von Mülinen 23, 25, 49, 52, 53, 54, 55, 57, 71, 153, 180, 182, 183, 204, 237, 252, 254
Müller 31, 53, 184, 200, 255, 288
von Münchingen 49, 50
Munk 262
Müri 254
Näpfli 198
von Nassau 48
von Österreich siehe von Habsburg
Otto 268
Pérignon 46
Pestalozzi 32, 33, 212, 274
Pettermand 214, 307, 308
Rahn 278
Ramsauer 220
Rauber 21, 192, 197, 202, 206, 208
Rengger 33
Richner 313
Rinderknecht 38, 39, 254, 267, 271, 279
Ringier 25, 184, 234
Riniker 73, 248
Rösli 198
Ruchti 198, 220
Rüdiger 155, 303
Rüegger 18, 25, 26, 63, 65, 73, 74, 83, 166, 184, 185, 188, 190, 204, 231, 234, 249, 258
Sädelmann 182
Schaffner 280
Schatzmann 31, 73, 95, 191
Schelldorfer 79

Schirmann 198
Schmid 53, 242, 252
Schneider 18, 23, 24, 25, 27, 53, 65, 83, 107, 147, 148, 149, 190, 191, 196, 210, 236, 247, 248, 258, 260, 261, 275, 276, 291, 294, 300
Schulthess 32, 33
Schwarz 53, 73, 111, 184, 185, 186, 187, 190, 191, 204, 258, 259, 308
Siegrist 245
Simmen 114
Spiess von Tann 52
Spillmann 238, 261
Spörri 61
Stapfer 53, 180, 181, 252
Täll 297
Truchsess von Habsburg 49, 50
Truchsess von Waldegg 57
von Ungarn 50, 52, 278
Vallette 102
Voegtlin 105
Vogelsang 239
Vogt 63, 184
Wagner 54
Wahlen 175
Walther 220, 248
Wartmann 102
Wassmer 15
von Wattenwil 237
Weichselbraun 262
Wernli 200, 201
Wetzel 120, 212, 249, 274
Widmer 23, 24, 36, 233, 245, 250, 258, 272, 279
Wild 124, 300

Wildi 83
Wirz 254
Wüst 31, 38, 187, 274
Wunderli 206
Wyacker/Wygicker 34, 147, 253
Wyler 152
Zahner 250, 294, 296

Zehnder 237
Zilliox 262
Zimmerli 244
Zollinger 206
Zulauf 53, 252
Zwingli 57, 58

## Ortsregister

Aarau 65, 115, 122, 129, 187, 188, 238, 239, 245, 260

Aarberg 182

Aarburg 244, 258

Altenburg (seit 1901 bei der Gemeinde Brugg) 47, 70, 255, 274

Baden (Stadt, Grafschaft) 44, 49, 64, 94, 98, 105, 115, 152, 182, 234, 249, 259, 287, 289, 291

Basel (Stadt, Kanton) 16, 104, 106, 176, 238, 243, 267, 268, 269

Benken BL 16

Bern (Stadt, Republik) 34, 50, 53, 54, 57, 58, 59, 60, 61, 65, 66, 67, 68, 69, 104, 106, 109, 113, 114, 119, 121, 148, 152, 157, 167, 173, 176, 182, 183, 189, 200, 203, 209, 212, 233, 237, 239, 244, 245, 246, 252, 256, 257, 259, 281, 284, 285, 286, 287, 289, 290, 292, 293, 297

Beznau (Gemeinde Döttingen) 203

Bibeiras do Roque/São Paulo (Brasilien) 272

Biel 256

Birmenstorf 16, 23, 31, 38, 64, 92, 98, 100, 102, 103, 105, 111, 114, 136, 160, 179, 184, 196, 199, 201, 202, 204, 234, 258, 264, 290, 296

Birr 28, 44, 45, 47, 65, 70, 107, 108, 151, 189, 280

Birrenlauf (seit 1938 Schinznach Bad) 47, 70, 102, 174, 265

Birrfeld 17, 33, 34, 44, 45, 68, 89, 95, 98, 100, 103, 118, 134, 135, 176, 179, 199, 265, 303

Birrhard 17, 28, 34, 36, 44, 45, 47, 61, 70, 98, 100, 105, 110, 111, 146, 151, 156, 157, 162, 174, 193, 194, 195, 199, 291, 299, 301, 303

Bliesdalheim/Herzogtum Zweibrücken (Pfalz) 266

Bonn D 269

Bözberg 31, 44, 52, 69, 287

Bremgarten BE 282

Brenschelbach/Herzogtum Zweibrücken (Pfalz) 21, 266

Brugg (Gemeinde, Bezirk) 29, 30, 45, 48, 50, 52, 53, 54, 57, 62, 64, 68, 69, 70, 90, 94, 95, 98, 99, 104, 105, 106, 108, 114, 115, 116, 126, 130, 131, 153, 160, 179, 180, 181, 182, 187, 193, 196, 203, 209, 211, 213, 214, 216, 218, 219, 222, 234, 238, 250, 264, 270, 273, 293, 301, 304, 305

Brunegg 47, 49, 70, 265

Bubikon 267

Buchs ZH 232

Courgement 243

Dättwil (seit 1962 bei der Gemeinde Baden) 103, 222

Döttingen 102

Egliswil 18

Eigenamt 17, 43, 47, 48, 52, 55, 57, 58, 59, 60, 61, 68, 69, 152, 155, 163, 173, 256, 265, 274, 292, 303

Endingen 110, 111, 152

Eriswil 244

Fislisbach 92

Freiamt 207

Fricktal 65, 109

Gebenstorf 33, 44, 100, 105, 200, 206, 249, 264
Gnadental 51
Habsburg 19, 46, 47, 49, 70, 116, 203, 255, 261, 274, 285
Hausen 36, 47, 70, 73, 94, 95, 98, 136, 139, 151, 152, 160, 173, 220, 258, 274, 285, 301
Heidelberg D 187
Hendschiken 195
Hirschthal 188
Holderbank 68, 222
Hörholz/Wolgadingen, Grossherzogtum Baden 259
Hornbach/Pfalz 21
Hottwil 30
Iggelheim/Pfalz 266
Interlaken 184
Kasteln 54, 196
Koblenz 205
Königsfelden 25, 37, 49, 50, 51, 52, 53, 54, 55, 57, 58, 59, 60, 61, 66, 68, 113, 115, 124, 150, 152, 153, 155, 157, 164, 169, 173, 180, 181, 182, 184, 196, 202, 203, 204, 237, 249, 264, 278, 280, 282, 285, 286, 290, 291, 294
Konstanz D 50
Kulm 115
Langenthal 25, 184, 258
Lauffohr (seit 1970 bei der Gemeinde Brugg) 102, 234, 235, 238
Lauperswil 231
Lausanne 187
Lengnau AG 152
Lenzburg 38, 98, 115, 184, 187, 211, 231, 237, 245, 250

Lerch/Markgrafschaft Baden 266
Lupfig 28, 38, 44, 45, 47, 70, 108, 150, 151, 152, 156, 173, 174, 189
Luzern 205
Mägenwil 299
Malters 238
Meisterschwanden 243
Mellingen 98, 105, 199, 200, 291, 292, 299
Mönthal 166
Möriken 155, 212, 231, 233
Mühling Oe 53, 180
Mülhausen/Elsass 152
Mülinen BE
Münster D 269
Muri AG 115
Murten 182
New Orleans USA 272
New York USA 271
Niederlenz 240, 243
Nyon 38, 183
Oberburg (heute Gemeinde Windisch) 21, 27, 47, 60, 70, 196, 199, 213, 239, 248, 255, 256, 274, 281, 285, 294
Oberentfelden 220
Oron 155
Pfäffikon ZH 21
Rein 63, 234
Remigen 184, 185, 242, 259
Reuss (Gemeinde Gebenstorf) 201, 249
Rheinfelden 49
Riehen 267
Riniken 31
Rued 25, 37, 153, 183, 184, 235
Rüfenach 268
Rüschlikon 184

Safenwil 269
Schaffhausen 106
Schenkenberg 196
Scherz 47, 70
Schinznach Bad siehe Birrenlauf
Schinznach (Dorf) 110
Schöftland 25, 37, 153, 155, 182, 183, 184
Schwarzwald D 234
Seengen 231
Speyer D 266
Staretschwil (seit 1854 bei der Gemeinde Oberrohrdorf-Staretschwil) 181
Starrkirch SO 187
Stilli 44, 45, 102, 188, 200, 202, 203, 205, 268
Suhr 160
Thiengen D 217
Turgi 93, 94
Uhwiesen 259
Untersiggenthal 44
Veltheim 21, 170
Versailles F 209
Villigen 45, 63, 236, 259
Waldshut D 50, 217
Wettingen 51
Wildegg 49
Windisch 15, 17, 27, 28, 45, 47, 49, 50, 51, 52, 53, 60, 62, 64, 68, 70, 71, 79, 82, 90, 91, 92, 95, 98, 99, 100, 101, 104, 111, 114, 115, 116, 122, 131, 132, 138, 151, 156, 163, 169, 170, 173, 184, 188, 189, 192, 196, 199, 200, 201, 202, 203, 205, 206, 208, 211, 213, 214, 215, 216, 217, 218, 227, 231, 233, 234, 235, 237, 243, 245, 246, 249, 250, 254, 255, 256, 259, 261, 268, 274, 278, 280, 281, 285, 286, 288, 289, 290, 291, 292, 293, 296, 301, 306
Winterthur 194, 195, 267
Wohlen 220
Wohlenschwil 246, 288, 290, 299
Würenlingen 94
Zofingen 25, 184, 234
Zürich 104, 106, 151, 176, 187, 234, 240, 242, 245, 246, 267
Zurzach 53

## Verzeichnis der Illustrationen

| | |
|---|---|
| Ansichtskarte von Mülligen | 8 |
| Urkunde zur Einbürgerungsgebühr | 14 |
| Dorfplan um 1735 | 15 |
| Karte Eigenamt von H.C. Gyger um 1660 | 17 |
| Kleinbauernhaus im Löh | 18 |
| Hochstudhaus | 20–22 |
| Grossfamilie vor Scheune am Mülirain | 23 |
| Wohnhaus, ehemals Speicher am Mülirain | 24 |
| Dorfkern Mülligen von Südwesten 1926 | 26 |
| Ehemaliger Speicher am Nussweg | 27 |
| Stammhaus des Geschlechts Huber | 28 |
| Ehemaliges Haus Birrfeldstrasse 2d | 29 |
| Landsitz «Hof» | 30 |
| Stukkaturen im «Hof» | 31 |
| Heinrich Pestalozzi und Anna Schulthess | 32 |
| Eingangsportal im «Hof» | 33 |
| Mülligen 1705 von S. Bodmer | 35 |
| Mülligen 1784/85 | 37 |
| Archäologische Funde | 40/41 |
| Rodungsdorf Mülligen | 42 |
| Landwirtschaftliche Erschliessung Birrfeld | 45 |
| Habsburg | 46 |
| Klosteranlage Königsfelden 1669 von A. Kauw | 51 |
| Königin Agnes von Ungarn | 52 |
| Schloss Kasteln um 1840 von J.F. Wagner | 54 |
| Mülligen 1778 | 56 |
| Verwaltungsbezirk Königsfelden 1815 von F. Hegi | 59 |
| Herbststimmung an der Reuss | 66 |
| Winterstimmung an der Reuss | 69 |
| Gemeindewappen und Siegel von Mülligen | 71 |
| Leuchtende Farben in der verschneiten Reusslandschaft | 75 |
| Eiszapfen am Tuffgestein des Reussufers | 77 |
| Dunst über der Reuss | 79 |
| Ehemaliger Kanal der Gipsmühle | 81 |
| Altes Schulhaus | 82 |

| | |
|---|---:|
| Neues Gemeindehaus und Schulhaus | 83 |
| Baumstämme im überschwemmten Uferbereich | 84 |
| Oberer Dorfbrunnen | 87 |
| Altes Wasserreservoir | 88 |
| Neues Wasserreservoir | 89 |
| Kläranlage | 93 |
| Historischer Weg auf dem Eitenberg | 98/99 |
| Fuhrwerk und Automobil | 100 |
| A3 bei Mülligen | 101 |
| Mülliger Brücke | 103 |
| Mülliger Post 1924–1970 | 106 |
| Mülliger Post 1971–1995 | 107 |
| Mülliger Post | 108 |
| Feuerwehrspritze 1868 | 110 |
| Gemeindewaschhaus | 112 |
| Bauzonenplan 2003/04 | 117 |
| Privates Wohn- und Schulhaus | 120 |
| Erstes Gemeindeschulhaus | 123 |
| Mülliger Schuljugend 1905 | 124 |
| Blick in das Unterstufenzimmer | 125 |
| Ehemalige Turnhalle | 128 |
| Altes Schulhaus beim Abbruch | 130 |
| Mehrzweckhalle | 133 |
| Flugbetrieb im Birrfeld | 135 |
| Naturblumenwiese | 142 |
| Flurnamenkarte | 144/145 |
| Getreidefeld im Fohracker | 149 |
| Pferdegespann im Gebiet Neumatt | 150 |
| Heuwagen mit vorgespanntem Pferd und Ochsen | 151 |
| Im Hof Trotte | 153 |
| Weinbau am Eitenberg auf Landkarte von J.A.Rüdiger | 154 |
| Ackerarbeit mit Vielfachgerät | 157 |
| Abgeerntetes Feld in der Neumatt | 158 |
| Käserei Mülligen | 161 |
| Zuchtstier «Diamant» | 163 |
| Boxenlaufstall der Swissgenetics | 164 |
| Besamungsstation (heute Swissgenetics) | 165 |

| | |
|---|---|
| Waldgebiete gemäss Michaeliskarte | 169 |
| Waldschäden nach Sturm Lothar 1999 | 172 |
| Denkmal Güterregulierung: Brunnen im Bergacker | 176 |
| Nutzungsplan Kulturland 2003 | 177 |
| Überdeckte Felder zur Intensivbeebauung | 178 |
| Mühle Mülligen 1778 | 181 |
| Wolfgang von Mülinen | 183 |
| Margaretha von May-von Mülinen | 183 |
| Johann Rudolf von May | 183 |
| Grundrissplan Mühleanlagen 1879 | 185 |
| Giebelofen in der Mühle | 186 |
| Doppelscheune bei der Mühle | 188 |
| Wirtschaftsschild zur Mühle | 189 |
| Wirtschaft zum Jäger, heute «Waldheim» | 190 |
| Gasthaus zum Rössli 1898/2004 | 191 |
| Volg Mülligen und Vorgängerbau | 192/193 |
| Fuhrwerk vor altem Konsum | 194 |
| Fahr Mülligen mit letztem Fährmann | 197 |
| Personenfähre bei zugefrorener Reuss | 201 |
| Personenschiff am Reussufer | 201 |
| «Fährmann, hol über!» | 202 |
| Blick auf das «Chatzegrien» | 204 |
| Gipsmühle Mülligen, Zeichnung und Querschnittplan | 207 |
| Gipsmühle Mülligen, Situationsplan | 208 |
| Mühlesteine der Gipsmühle | 210 |
| Spinnereien von Heinrich Kunz in Windisch | 215 |
| «Bräusi-Tram» | 216 |
| Fabrikschule in Windisch | 217 |
| Fabrikgebäude in Mülligen | 219 |
| Lastwagen des Kieswerks A. Hauser + Söhne | 221 |
| Kieswerk Mülligen, Flugaufnahme | 223 |
| Kieswerkgebäude und Betonturm | 224 |
| Offene Kieswand in Mülligen | 226 |
| Bevölkerungskurve Mülligen | 229 |
| Kirchhof Windisch | 233 |
| Mülliger Brautpaar | 236 |
| Zwillingstaufe | 239 |

| | |
|---|---|
| Schulweg nach Windisch | 243 |
| Letzte «Leichenbitterin» | 250 |
| Leichenwagen | 251 |
| Karl Barth | 269 |
| Ländliche Idylle im Frühling | 270 |
| Ländliche Idylle im Sommer | 271 |
| Häuserzeile Birrfeldstrasse 2a–e | 277 |
| Weg ins Birrfeld | 281 |
| Inneres der reformierten Kirche Windisch | 285 |
| Blühende Kirschbäume | 291 |
| Winterruhe auf dem Birrfeld | 293 |
| Orchideen auf dem Eitenberg | 295 |
| Schützenhaus | 298 |
| Turnverein | 299 |
| Gemischter Chor | 300 |
| Fahnen des Sängervereins und Männerchors | 300/301 |
| Mülligen 1722, Landkarte von J.A.Rüdiger | 302 |
| Dorfbrände 1797, 1872, 1885: Plan | 304 |
| Wiederaufgebaute Häuser nach Dorfbrand im Stock | 306–309 |
| «Brand in Mülligen»: Rechenschaftsbericht | 309 |
| Besiedlung Mülligen 1880, 1955, 2000 | 310/311 |
| Einfamilienhaussiedlung Stockfeld | 312 |
| Häuserzeile Birrfeldstrasse 2d/e | 313 |
| Reihenhaussiedlung Löh | 314 |
| Überbauung Chleematte | 315 |
| Blick auf den Weiler Trotte | 316 |
| Moderne Wohnblocks in Mülligen | 319 |
| Frühling am Eitenberg | 320 |
| Gatter geschlossen – Ende des Buches! | 322 |

## Dank

Der Gemeinderat dankt folgenden Sponsoren/Sponsorinnen und Gönnern/Gönnerinnen, welche die Herausgabe dieses Buches finanziell unterstützt haben:

**Hauptsponsor:**
Holcim Kies und Beton AG, Zürich, Werk Mülligen.

**Sponsoren ab Fr. 2000.– und mehr:**
Barth Heinrich (1915–2003), Mülligen (Legat).
Baumann-Meier Bruno und Heidi, Mülligen.
Elektrizitäts-Genossenschaft Mülligen.
L+W AG, Elektrotechnische Anlagen, Hausen.

**Gönner:**
Aero-Club der Schweiz, Regionalverband Aargau.
Allianz Suisse, Versicherungen Zürich, GA Wettingen.
Arsik Zadik, Autospritzwerk, Mülligen.
Biturit AG, Mülligen.
Bracher Gebrüder, Landwirtschaftsbetrieb, Mülligen.
Ernst Auto-Kühler-Service, Mülligen.
Frei Daniel, Schreinerei GmbH, Mülligen.
Ganzheitliches Naturzentrum Eliane Näpfli, Mülligen.
Gemeinnütziger Frauenverein Mülligen.
Hotz Gartenbau AG, Untersiggenthal.
Killer R. AG, Glas- und Gebäudereinigung, Gebenstorf.
Landi Maiengrün, Hendschiken.
Meier Gebrüder AG, Tiefbauunternehmungen, Brugg.
Meyer Hans AG, Transporte und Aushubarbeiten, Birr.
SVP Mülligen.
Swissgenetics, Mülligen.
Valetti Bauunternehmung AG, Windisch.
Wüst Haustechnik AG, Lupfig.

Aebli Patrik, Mülligen.

Barth Ernst (Gemeindeschreiber) Erben.

Bracher Hans Ulrich, Mülligen.

Burkard Hans, Stockfeldstrasse, Mülligen.

Grünenfelder Leo, Mülligen.

Hägler-Ammann Peter und Catherine, Mülligen.

Hauser-Haas Marie-Louise und Willy, Mülligen.

Heiniger Ernst, Mülligen.

Huber Hans Rudolf, Mülligen.

Kaufmann-Umiker Felix und Brigit, Mülligen.

Leissing-Schafroth Walter und Ursula, Mülligen.

Lugano-Huber Familie, Mülligen.

Schelldorfer Alfred und Richard Alice, Mülligen.

Schneider-Marolf Jakob, Mülligen.

Schneider-Meier Emil und Elisabeth, Mülligen.

Wildi Max, Mägenwil.

Wüst Walter, Hausen.

Zellweger Lukas, Mülligen.